데이터구조 에센스

이형원 著

PREFACE

데이터 구조를 1993년부터 가르쳐 왔으니 적지 않은 학생들을 대상으로 강의한 셈이다. 강의 첫 시간이 되면 이 과목이 컴퓨터 관련 학문 분야를 전공하는 학생들에게 얼마나 중요하며 필수적인 과목인지를 적지 않은 시간을 들여서 강조한다. 학기 중에도 틈이 날 때마다 나중에 후회하지 말고 예습복습 철저히 하고 과제물 베끼지 말고 스스로 프로그래밍해서 제출하라고 협박과 회유를 섞어 잔소리를 하곤 한다. 어느 해든지 약간의 차이는 있지만 제법 잘 하는 학생들이 있기 마련이라 그들의 열정과 창의력에 흐뭇해하고 커다란 보람을 느끼는 한편 대부분의 학생들은 데이터 구조가 너무 어려운 과목이라고 입을 모은다. 어느 교재로 강의하는 것이 좋을까하는 고민을 매년 반복하면서 가장 훌륭한 교재를 선정했다고 생각했음에도 여전히 학생들은 어렵고 방대한 책 속에서 방황하고 헤매는 듯하다.

이 책을 저술하겠다고 마음먹은 가장 큰 이유는 바로 데이터 구조를 어려워하는 학생들 때문이다. 이 책의 제목처럼 필수적인 데이터 구조 핵심만 추려서 가능한 쉬운 문장을 통해 표현하려고 노력하였다. 이 책은 데이터 구조를 처음 공부하고자 하는 학생들을 대상으로 한다. C 언어를 한 학기 이상 공부한 학생들은 혼자서도 충분히 이해할 수 있는 수준이라 생각한다. 이 책은 1부와 2부로 나누어져있는데 1부에서는 데이터 구조를 학습하기 전에 반드시 짚고 넘어가야할 C 프로그래밍의 핵심 내용을 포함하여 데이터 구조의 기초를 다루며, 2부에서는 다양한 데이터 구조의 세계를 여러 이론과 예제들을 통해 경험하도록 구성하였다.

이 책에서 가장 심혈을 기울인 점은 독자들로 하여금 강의실에 있다고 느끼도록 하자는 것이었다. 현장감 속에서 대화하듯이 편안하게 책을 읽어나갈 수 있도록 말이다. 하나씩 차근차근 따라가다 보면 어느새 자신도 모르게 생각의 틀이 점점 갖춰져 나가는 독자들의 모습을 상상해본다.

이 책의 C 프로그램들은 모두 저자가 직접 코딩하고 테스트한 결과물이다. 물론 저자마다 프로그래밍 스타일이 다르므로 독자에 따라서는 낯설게 느껴질 수도 있을 것이다. 이 책의 프로그램을 바탕으로 더 좋은 코드를 만드는 것은 여러분의 몫이다.

핵심적인 내용만 추리다 보니 미처 포함하지 못한 주제와 예제가 여럿 있다. 저자 스스로 여러 번 읽어도 편하게 읽히지 않는 내용도 있다. 미처 발견하지 못한 수정 사항이 남아 있을 것으로 생각한다. 수록된 프로그램에도 책으로 옮기고 편집하는 과정에서 작은 오류가 끼어 들어갔을 수도 있겠다. 러시아 월드컵으로 밤낮이 바뀌어 정신이 좀 없을 때 원고를 쓰기도 했다. 개정판에서 충분히 보완하겠지만 그때까지는 독자들의 넓은 이해를 바란다.

이 책은 모두 13개의 장으로 구성되어 있으며 각각의 분량은 거의 비슷하게 배분하여 지루하지 않도록 하였다. 만약 강의용 교재로 사용하는 경우, 매주 하나의 장을 강의한다면 13주 동안 다룰 수 있는 분량이다. 한 학기 15주를 기준으로 나머지 2주는 중간고사와 기말고사로 사용하면 될 것이다.

감사함을 전할 분들이 많다. 훌륭한 데이터 구조 관련 책을 먼저 낸 저자들께 감사한다. 어떻게 보면 이 책 구석구석에 그들로부터 영향 받지 않은 곳이 한 군데도 없다. 이 책의 제작 과정 내내 애쓰신 21세기사 이범만 대표님과 출판사 관계자분들께 감사드린다. 복잡한 그림과 코드를 상대하느라 고생하셨다. 마지막으로 이 서문을 읽고 있는 독자들에게 감사한다. 모쪼록 끝까지 읽기를... 건투를 빈다.

2019. 1. 20
이 형원

CONTENTS

PART 2   추상 데이터 구조

CHAPTER 11   그래프   299

CHAPTER 12   가중치 그래프   333

P A R T **1**

데이터 구조의 기초

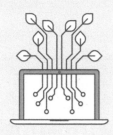

CHAPTER **1**

데이터 구조의
정의와 표현

1.1 데이터 구조: 데이터를 담는 그릇

어릴 적 생각을 해보니 호주머니만 있어도 충분했던 것 같다. 집 밖을 나설 때 기껏해야 동전이나 구슬, 딱지 정도 챙겨나가면 별 문제가 없었다. 점점 자라면서 챙겨야할 것들이 많아지면서 지갑이 필요해졌다. 구겨지지 않게 넣고 다녀야할 종이돈, 학생증이나 운전면허증 같은 신분증, 신용카드를 비롯한 각종 카드들, 그리고 카페에서 발급한 쿠폰 등을 잘 보관하려면 그리고 편리하게 사용하려면 지갑이 꼭 있어야했다. 일상생활에서 사물을 관리하기 위한 그릇을 사용하는 예는 부지기수이다. 필기구는 필통에, 이벤트나 일정은 휴대폰 다이어리에, 책은 책장에, 리포트는 USB 메모리에 정리하여 보관하고 필요할 때마다 이용한다. 물건이나 자료는 특별한 구조를 갖는 그릇을 활용하면 그냥 방치하는 것보다 훨씬 효과적으로 정리하고 관리할 수 있다. 방안에 물건들이 아무렇게나 어지럽게 널려있는 경우와 나름대로의 원칙에 따라 책장, 옷장, 책상과 같은 가구에 말끔히 정리가 잘되어 있는 경우, 어느 쪽이 원하는 물건을 쉽고 빠르게 찾을 수 있겠는가.

[그림 1.1] 잘 정리된 달걀

인간은 집, 학교, 회사, 상가 등의 건축물은 말할 것도 없고 가방, 지갑 같은 소지품에서 책장, 냉장고와 같은 집기에 이르기까지 수없이 많은 구조와 더불어 살아갈 뿐만 아니라 심지어 회사 조직, 학생회, 동문회, 향우회 등 인적 구조에 소속되어 생활한다. 이처럼 일상생활에서 구조란 특정한 개체들의 모임을 효율적으로 이용하고 관리할 수 있도록 실세계에 마련한 구체적인 방법이다.

"구조"를 좀 더 들여다보자. 네이버 국어사전에서 "구조"를 검색하면 다음 내용이 가장 앞에 나온다.

구조(構造)
[명사]
1. 부분이나 요소가 어떤 전체를 짜 이룸. 또는 그렇게 이루어진 얼개.
2. [같은 말] 구조물(일정한 설계에 따라 여러 가지 재료를 얽어서 만든 물건).
3. 〈광업〉 탁상, 섬유상 따위와 같은 광물의 형태.

우리가 이야기하는 "구조"는 두 번째 등장하는 "구조물", 즉 구조를 갖는 개체로 생각하면 무리가 없다. 괄호 안에 이어지는 정의에 따르면 구조물은 첫째, 설계를 해서 만들고 둘째, 여러 가지 재료를 얽어서 만든다. 예를 들어 지갑의 경우, 사용하는 사람의 성별·연령대·직업, 쓰임새[1] 등에 잘 들어맞도록 지갑의 내부 얼개를 달리 설계하여야 하며 가죽, 천, 금속 등의 재료를 잘 얽어서 만들어야 한다.

그렇다면 데이터 구조란 무엇일까? 필통이 필기구를 담는 구조물이라면 데이터 구조는 데이터를 담는 구조물, 즉 배열이나 구조체처럼 데이터를 담는 그릇이다. 넓은 의미에서 데이터란 원하는 정보를 추출하기 위해 사람이나 기계가 사용하는 값을 뜻하지만, 여기에서 데이터는 정보를 얻어내기 위해 컴퓨터 프로그램이 저장하고 처리하는 자료를 말한다. 데이터 구조는 소프트웨어 세상에서의 구조라는 점에서 일상에서의 구조와 차별된다. 데이터 구조는 데이터를 효율적으로 이용하고 관리할 수 있도록 프로그램 내에 마련하는 그릇과 이의 구체적인 사용방법을 의미한다. 프로그램에서 다루려는 데이터는 미리 결정되어 있을 수도 있고 프로그램이 실행되는 도중에 필요에 의해서 만들어지기도 한다. 우리의 목표는 주어진 문제를 해결하기 위해 필요한 데이터를 효율적으로 다룰 수 있는 데이터 구조를 선택하거나 고안하여 프로그램 내에 준비해 놓는 것이다.

사용자의 특징이나 쓰임새에 따라 지갑의 내부 얼개를 달리 설계하여야 하듯이, 해결해야 하는 문제의 특성이나 다루고자 하는 데이터의 성질[2]에 따라 데이터 구조를 설계해야 한다. 여러 재질의 재료를 잘 얽어서 지갑을 만들어야 하는 것처럼, 프로그래밍 언어에서 제공하는 기본적인 데이터 구조를 효과적으로 얽어서 새로운 데이터 구조를 만들 수 있어야 한다. 이 책은 이러한 능력을 키워주는 훈련 매뉴얼이다.

---

1   예를 들어 카드지갑, 명함지갑, 동전지갑, 여행지갑
2   데이터양, 데이터에 접근하는 방법, 데이터의 변경여부 등

1.2 알고리즘

1.2.1 데이터 구조와 알고리즘

알고리즘(algorithm)[3]이란 주어진 문제를 해결하기 위한 단계적인 절차를 의미한다. 알고리즘은 명확하게 정의된 유한한 개수의 명령어 집합으로서, 초기 상태와 초기 입력으로부터 시작한 후 각 명령어 실행 시 일련의 상태를 지나게 되며 궁극적으로는 출력물을 생성해내고 종료된다.

라면 끓이는 방법을 생각해보자. 각자 나름대로 라면을 맛있게 끓이는 방법이 있을 것이다. 필요한 재료는 라면봉지안 내용물과 물이다. 저자의 경우, 1) 먼저 물을 끓이고 나서, 2) 면과 함께 스프와 후레이크 등의 재료를 같이 넣고, 3) 면이 익을 때까지 더 끓이고 4) 불을 끄는 과정을 거친다. 어떤 사람은 1) 물에 스프와 후레이크 등의 재료를 넣고 2) 물을 끓이고 나서, 3) 면을 넣고 익을 때까지 더 끓이고 4) 불을 끄는 과정을 거친다. 어느 방법이던 주어진 문제(라면 끓이기)를 해결하기 위한 단계적인 절차이고 명확하게 정의된 유한한 개수(4)의 명령어 리스트로 표현되는데 초기 상태(빈 냄비)와 초기 입력(재료)으로부터 시작한 후 각 명령어 실행 시 일련의 상태를 지나게 되며 궁극적으로는 출력물(맛있는 라면)을 생성해내고 종료된다. 따라서 두 방법 모두 라면 끓이기 알고리즘이다[4]. 라면 끓이기 알고리즘이라는 절차에 따라 라면을 끓이려면 필요한 재료를 어딘가에 보관하고 관리하여야 한다. 예를 들어 물이 담긴 종이컵, 그리고 라면과 기타 재료가 들어있는 라면 봉지가 재료를 담는 그릇이며 바로 프로그램에서의 데이터 구조에 해당한다[5].

숫자 리스트에서 가장 큰 수를 찾는 문제를 생각해보자. 입력 데이터를 위한 저장 공간으로 무엇이 필요할까? 여러분은 당연히 배열을 생각할 것이다. 배열에 숫자들을 저장하면 되고 배열은 최댓값을 찾는 프로그램의 데이터 구조로 충분하다. 데이터 구조가 결정되었으니 알고리즘을 설계할 차례이다. 가장 단순한 방법은 한 번에 하나씩 리스트에 있는 수를 검사하는 것이다. 첫 번째 수가 가장 크다고 가정하고 리스트의 남은 숫자들에 대해, 하나씩 조사하여 그 수가 현재까지의 최댓값보다 클 경우 새로운 최댓값으로 지정한다. 이 과정이 끝나면 마지막에 새로운 최대값으로 지정된 값이 최댓값이다.

---

3 9세기경 당대 최고 과학자인 무하마드 이븐무사 알콰리즈미(al-Khwārizmī)의 이름에서 유래되었다.
4 완벽한 알고리즘이 되려면 물의 양, 끓이는데 걸리는 시간 등을 변수로 만들어 입력받아야 한다.
5 종이컵 n개 분량의 물이 필요하다면 배열을, 라면 봉지는 구조체를 각각 사용하면 될 것이다.

숫자 리스트에서 특정 값을 찾는 문제를 생각해보자. 위 예제와 마찬가지로 배열을 데이터 구조로 사용하면 된다. 배열에 데이터가 저장되어 있을 때 적용 가능한 가장 단순하고 쉬운 알고리즘은 최댓값을 찾는 알고리즘과 비슷하게 한 번에 하나씩 리스트에 있는 모든 수를 검사하는 것이다. 이와 같이 탐색 대상이 되는 모든 데이터에 대해 차례대로 하나씩 순차적으로 탐색하는 방식을 **순차 탐색**(sequential search)이라고 한다. 만약 데이터가 정렬된 상태로 배열에 저장되어 있다면 다른 알고리즘을 사용할 수 있다. 배열이 정렬되어 있는 경우에는 순차 탐색을 사용해도 결과를 얻어낼 수 있지만 **이진 탐색** (binary search) 알고리즘을 사용하는 것이 훨씬 효율적이다. 이진 탐색은 배열 중앙에 위치한 데이터를 찾고자하는 값과 비교함으로써 탐색 대상을 절반씩 줄여나가는 방법이다. 만약 중간에 위치한 데이터가 찾고자하는 값과 같다면 성공적으로 탐색이 종료되며 찾고자하는 값이 더 작다면 중앙에 위치한 데이터보다 작은 값들을 대상으로 탐색을 계속 진행하며 찾고자하는 값이 더 크다면 중앙에 위치한 데이터보다 큰 값들을 대상으로 탐색을 계속 진행한다. 이 과정은 탐색 대상이 하나라도 남아있는 동안 계속된다. 순차 탐색과 이진 탐색은 배열에 데이터가 저장되어 있는 경우 사용가능한 알고리즘이라면, 다른 데이터 구조를 사용하는 경우를 생각해보자. 만약 데이터가 10장에서 다룰 이진 탐색 트리라는 데이터 구조에 저장되어 있다면 이진 탐색 트리에서 데이터를 탐색하는 알고리즘을 통해 원하는 값을 찾을 수 있다.

Algorithms + Data Structures = Programs

마치 수학 공식처럼 보이는 이 문장은 유명한 컴퓨터 과학자인 Niklaus Wirth[6]가 1976년에 저술한 전세계적으로 매우 유명하고 영향력이 있었던 책([그림 1.2]) 제목인데, 알고리즘과 데이터 구조의 깊은 관련성을 직관적으로 보여준다. 데이터 구조와 알고리즘이 프로그램을 구성한다는 사실을 매우 중요하게 생각했다는 점에 주목하여야 한다. 프로그램은 주어진 문제를 해결하기 위해 데이터를 처리하는 알고리즘을 포함하고 있으며 이 데이터는 데이터 구조에 저장 관리된다. 어떤 데이터 구조를 사용하는가에 따라 사용할 수 있는 알고리즘이 달라질 수 있으며, 프로그램 효율성과 성능에까지 영향을 미친다. 따라서 프로그램을 실행했을 때 최적의 결과를 가져오는 데이터 구조와 알고리즘을

---

6 니클라우스 비르트(1934년~)는 Pascal, Modula 등 다양한 프로그래밍 언어를 설계한 스위스의 컴퓨터 과학자이다. 1984년 혁신적인 컴퓨터 언어들을 개발한 공로로 컴퓨터과학 분야의 노벨상이라 불리는 튜링상을 받았다.

사용해야 한다. 반드시 그런 것은 아니지만 데이터 구조가 간단해지면 알고리즘이 복잡해지고, 데이터 구조가 복잡하면 알고리즘이 간단해지는 경향이 있다.

[그림 1.2] Wirth가 저술한 책의 표지(위키피디아)

1.2.2 프로그램 개발 단계

알고리즘은 다양한 경우의 입력값을 언제나 정확하게 처리하여 올바른 결과값을 생성해야 하므로 알고리즘을 개발하여 컴퓨터에서 실행할 완벽한 프로그램으로 만들기 위해서는 다음과 같은 단계를 거치는 것이 바람직하다.

① **정의 및 분석 단계** : 해결해야할 문제를 정확히 이해하고 요구사항을 구체적으로 정의하며 타당성을 조사한다.
② **입출력 설계 단계** : 입력과 출력으로 사용될 변수들의 종류와 타입을 결정하고 설계한다. 만약 파일, 데이터베이스 등이 필요하다면 이에 대한 설계를 수행한다.
③ **알고리즘 설계 단계** : 정의된 문제로부터 해답을 얻기 위한 과정을 정확하게 설계한다. 특히 가능한 경우를 모두 고려하여, 다루지 않는 경우가 발생하지 않도록 주의한다.
④ **코딩 단계** : 하나의 프로그래밍 언어를 선택하여 설계된 알고리즘을 구현한다.
⑤ **테스트 단계** : 다양한 테스트케이스를 대상으로 프로그램의 정확성, 효율성 등을 검사하고 이를 통과할 때까지 디버깅 과정을 거친다.

1.2.3 알고리즘의 조건

알고리즘이 가져야할 대표적인 조건 또는 특징을 살펴보면 다음과 같다.

① **입력**: 알고리즘은 일반적으로 하나이상의 외부로부터의 입력을 갖는다. 경우에 따라서는 외부입력이 없는 알고리즘이 가능하다.

② **출력**: 알고리즘은 하나이상의 출력을 생성한다. 출력은 대개 호출한 알고리즘으로 반환되거나 파일, 데이터베이스, 화면 등을 변경한다. 즉, 해당 알고리즘이 생성하는 결과물이 존재한다는 것을 의미한다.

③ **명확성**: 알고리즘을 구성하는 각 명령어는 분명하고 모호하지 않아야 한다. 예를 들어 "x와 y가운데 작은 수를 선택하라."라는 명령어는 두 변수의 값이 주어지면 누가 보더라도 분명한 의미를 갖는다. 그러나 "x 또는 y를 z에 더하라.", "배열에서 비교적 큰 수를 선택하라." 등의 명령어는 알고리즘을 구성하는 명령어가 될 수 없다. 앞의 라면 끓이기 알고리즘에서도 물의 양이나 면이 익을 때까지 걸리는 시간과 같은 정보가 명확해야 완전한 알고리즘이라 할 수 있다.

④ **유효성**: 알고리즘을 구성하는 각 명령어는 컴퓨터에서 실행이 가능하여야 한다. 따라서 종이와 연필만 가지고도 시뮬레이션이 가능하여야 한다. 예를 들어 정수의 사칙연산, 배정연산, 비교 연산 등은 유효한 명령어들이다. 그러나 "사용자가 입력할 숫자를 미리 선택하라."는 명령어는 유효하지 않다.

⑤ **유한성**: 알고리즘은 한번 시작하면 반드시 종료하여야 한다. 따라서 명령어를 유한번 수행한 후 종료하여야 한다. 또한, 종료하더라도 현실적인 실행시간의 유한성을 가져야 한다. 예를 들어 원자로에서 사용되는 방사능누출감지 알고리즘이 실제 방사능 누출 후 오랜 시간이 지나서야 감지 결과를 알리고 종료한다면 현실적으로 사용하기는 불가능하다.

⑥ **정확성**: 알고리즘은 모든 가능한 입력에 대해 항상 정확한 해답을 알려주어야 한다. 단 하나의 예외도 있어서는 안 된다. 예를 들어 평균을 구하는 알고리즘에서 0점인 과목을 제대로 처리하지 못한다면 누구도 그 알고리즘을 사용하지 않을 것이다.

1.2.4 알고리즘의 표현

알고리즘은 일상적인 언어, 의사코드(pseudocode), 흐름도(flowchart), 프로그래밍 언어 등 다양한 방법으로 표현가능하다. 정렬되어 있지 않은 숫자 리스트에서 가장 큰 수를 찾는 문제에 대한 알고리즘을 다양한 방법으로 표현해보자. 해답을 찾으려면 한 번에 하나씩 리스트에 있는 모든 수를 검사해야 한다.

(1) 일상 언어

상대적으로 단순한 이 예제에서는 일상적인 언어로 표현한 알고리즘도 그리 복잡하지는 않다. 그러나 언제나 모호한 표현으로 인해 의사소통에 어려움을 가져올 수 있으며 다른 표현 방법에 비해 간결하지 못하다.

알고리즘 1.1   **최댓값 찾기: 일상 언어**

```
1    알고리즘 maximum
2        첫 번째 수가 가장 크다고 가정한다.
3        리스트의 남은 숫자들에 대해, 하나씩 조사하여
4            그 수가 현재까지의 최댓값보다 클 경우 가장 큰 수로 지정한다.
5        이 과정이 끝나면 가장 큰 수라고 마지막에 지정된 값이 최댓값이다.
```

(2) 의사코드

의사(擬似)라는 단어는 "실제와 비슷하다"라는 의미로, 의사코드란 컴퓨터에서 실행이 가능한 코드는 아니지만 이와 유사한 모습을 지니는 코드를 일컫는다. 정형적인 문장과 제어 구조를 표현하면서도 특정 프로그래밍 언어의 상세한 구현 레벨까지 신경을 쓰지 않아도 되는 장점이 있다. 프로그래머라면 누구라도 쉽게 이해할 수 있는 키워드를 사용하며 경우에 따라서는 회사나 조직 내의 알고리즘 설계자들로 하여금 내부적으로 정의된 의사코드를 따르도록 강제하기도 한다. [알고리즘 1.2]는 가상의 의사코드로 작성된 것으로 알고리즘의 시작을 나타내는 procedure, 반복문을 정의하는 for each, 조건문을 나타내는 if, 반환문을 표현하는 return과 같은 키워드를 사용하여 세부 사항을 나타내었다. 또한 대입문으로 ← 기호를 사용하였다.

🖳 **알고리즘 1.2**　**최댓값 찾기: 의사코드**

```
1   procedure maximum
2       입력 : 정수형 배열 List[0..n-1]
3       출력 : 배열 List의 최댓값
4
5       max ← List[0]
6       for each List[i] where i=1,2,...,n-1 do
7           if List[i] > max then max ← List[i]
8       return max
```

(3) 흐름도

흐름도 또는 순서도는 특정한 기호를 사용하여 제어 흐름을 도식적으로 표현한 다이어그램이다. 흐름도는 페이지의 상단에서 시작하여 아래로 진행하도록 표현하며 중요한 기호는 크게 네 가지로, 제어 흐름을 나타내는 화살표, 명령문에 해당하는 사각기호, if-then-else에 해당하는 다이아몬드 형태의 판단기호, 제어 흐름의 합류를 표시하는 작은 원기호이다. 알고리즘의 구조와 복잡성을 시각적으로 확인할 수 있다는 장점이 있으나 복잡한 알고리즘의 경우 상당한 공간이 필요하기 때문에 여러 페이지에 걸쳐 나타내어야 하는 문제점이 있으며 계층적 블록 구조나 중첩된 제어 구조를 표현하는데 한계가 있다. 따라서 의사코드나 프로그래밍 언어와 병행하여 사용하면 효과를 극대화할 수 있다.

🖳 **알고리즘 1.3**　**최댓값 찾기: 흐름도**

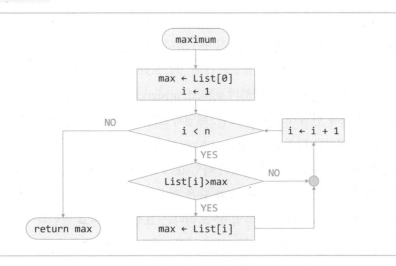

(4) 프로그래밍 언어

알고리즘이 실행되려면 결국 특정 프로그래밍 언어로 작성된 프로그램이 필요하다. 따라서 별도의 도구를 사용하는 대신 프로그래밍 언어를 이용하여 알고리즘을 기술하기도 한다. 다만 특정 프로그래밍 언어의 상세한 구현 레벨까지 신경을 쓰다보면 핵심적인 알고리즘 구조에 집중하기 어려운 단점이 있다. 이 책에서는 독자들을 위해 C 언어를 사용하여 완전한 프로그램의 형태로 알고리즘을 기술하되 경우에 따라서는 앞의 세 가지 표현 방법을 혼용하여 표현하도록 한다.

알고리즘 1.4 최댓값 찾기: C 언어

```
1  int maximum(int List[], int n) {
2      int i, max;
3      max = List[0];
4      for (i = 1; i < n; i++)
5          if (List[i] > max) max = List[i];
6      return max;
7  }
```

1.3 추상 데이터 타입

1.3.1 데이터 타입

C 프로그래밍 언어에 대한 기본 지식이 있다면 모든 변수나 상수 값은 정해진 데이터 타입을 갖는다고 배웠을 것이다. C는 char, int, float, double 이상 4개의 기본 데이터 타입(primitive data type)을 제공하며 signed, unsigned, short, long과 같은 키워드를 통해 융통성을 갖도록 변경가능하다. 또한, 배열과 포인터처럼 기본 데이터 타입으로부터 만들어낸 파생 데이터 타입(derived data type)과 구조체와 공용체처럼 프로그래머에 의해 새로 만들어지는 사용자 정의 데이터 타입(user-defined data type)을 지원한다. 그럼 데이터 타입이란 무엇인가? 아마도 C와 같은 절차적 프로그래밍 언어에 익숙한 사람들은 int 데이터 타입, char 데이터 타입 등 드러나는 표현만 가지고 판단하여 데이터 타입을 "해당 타입의 변수가 취할 수 있는 값의 집합" 정도로 인식하고 있을 것이다. 이는 불완전한 정의이다. 데이터 타입이란 해당 타입의 변수가 취할 수 있는 값의 집합과 이 값들

에 적용할 수 있는 연산의 집합을 말한다. 예를 들어 C의 int 데이터 타입은 정수들의 집합과 정수간 적용 가능한 연산들의 집합으로 다음과 같이 표현할 수 있다.

```
int 데이터 타입
    데이터 집합: { 최소정수값, …, -2, -1, 0, +1, +2, …, 최대정수값 }
    연산 집합: { +, -, *, /, %, =, ==, !=, >, <, … }
```

데이터 타입의 데이터는 컴퓨터 내에서 어떻게 표현되는지도 정의되어야 한다. 따라서 데이터는 컴파일러나 시스템 환경에 따라 달라질 수 있다. 예를 들어, 32비트 플랫폼에서 int 타입은 -2,147,483,648(-2^{31})에서 2,147,483,647($2^{31}-1$)의 값을 가질 수 있다.

📋 예제 1.1   데이터 타입의 크기

각자의 컴퓨터 환경에서 C 언어가 지원하는 데이터 타입의 크기를 알아보자. sizeof 함수를 사용하면 바이트 단위로 데이터 타입의 크기를 알아낼 수 있다.

🔲 프로그램 1.1   데이터 타입의 크기

```
1   int main() {
2       printf("char 길이는 %d\n", sizeof(char));
3       printf("int 길이는 %d\n", sizeof(int));
4       printf("float 길이는 %d\n", sizeof(float));
5       printf("double 길이는 %d\n", sizeof(double));
6       printf("문자 포인터 길이는 %d\n", sizeof(char*));
7       printf("정수 포인터 길이는 %d\n", sizeof(int*));
8   }
```

🖥 실행결과

```
char 길이는 1
int 길이는 4
float 길이는 4
double 길이는 8
문자 포인터 길이는 4
정수 포인터 길이는 4
```

데이터 타입의 연산은 프로그래밍 언어에서 제공하는 연산자나 라이브러리 함수, 사용자 정의 함수 등으로 구현가능하다. C와 같은 절차적 언어에서는 데이터 타입을 정의할 때 연산의 집합을 포함시킬 구체적인 방법을 제공하지 않기 때문에 데이터와 연산의 매핑은 프로그래머가 감당해야 한다. 그에 반해 C++와 Java 같은 객체 지향적 언어는 클래스라는 개념을 통해 연산의 집합을 포함하여 데이터 타입을 정의할 수 있다.

1.3.2 추상 데이터 타입

추상화(abstraction, 抽象化)란 여러 사물이나 개념에서 공통되는 특성이나 속성 따위를 추출하여 파악함을 뜻한다. 컴퓨터과학 분야에서 추상화는 관심 있는 사항들에 더욱 집중하기 위해 여타 구체적이고 물리적인 상세한 내용이나 속성을 제거하는 과정을 말한다. 이러한 추상화 개념은 컴퓨터 과학 분야와 소프트웨어 개발에 있어 아주 기본적인 개념으로 여러 분야에서 활용되었고 추상화 과정은 모델링, 추상화의 결과는 모델이라고도 부른다.

추상 데이터 타입(Abstract Data Type: ADT)은 무엇인가를 추상화한 데이터 타입이다. 데이터 타입에서 무엇을 추상화했을까? 즉, 무엇에 집중하고 무엇을 제거 또는 배제했을까? 추상 데이터 타입은 한마디로 구현에 관한 사항을 배제한 데이터 타입이다. 데이터를 구체적으로 어떻게(how) 표현하고 연산들을 구체적으로 어떻게(how) 구현한다는 상세한 내용을 배제하고 오로지 데이터와 연산이 무엇(what)인가를 정의한다. 일반적으로 데이터는 집합을 사용하여 정의하고 연산은 연산의 이름, 매개변수, 연산의 기능, 연산의 결과를 정의한다.

예를 들어, C에서는 int 데이터 타입을 제공하고 있지만 이와 유사한 MyInt 추상 데이터 타입을 새로 정의해보면 [ADT 1.1]과 같다. 추상 데이터 타입을 정의하는데 특별한 표준 방식은 없으며 어떻게(how)가 아닌 무엇(what)을 정의한다면 어떤 표현법도 사용가능하다. [ADT 1.1]는 각 정수가 메모리에서 어떻게 표현되어 있는지, 각 연산이 어떻게 구현되는지에 대한 설명을 포함하고 있지 않다. 연산의 종류와 기능은 정의하는 사람에 따라 달라질 수 있다. 예를 들어 정수 x의 다음 정수를 반환해주는 연산 successor(x)의 경우, x와 INT_MAX와 같을 때 x를 반환하지 않고 오류를 반환하도록 정의할 수도 있다.

```
</>    ADT 1.1      MyInt

1  데이터: 최소정수값(INT_MIN), …, -2, -1, 0, 1, 2, …, 최대정수값(INT_MAX)
2  연산:
3    add(x,y): if( (x+y) <= INT_MAX ) return x+y
4            else return INT_MAX
5    sub(x,y): x-y가 INT_MIN보다 같거나 크면 x-y를 반환,
6            그렇지 않으면 INT_MIN을 반환
7    equal(x,y): if( x==y ) return TRUE
8              else return FALSE
9    successor(x): x와 INT_MAX가 같다면 x를 반환, 그렇지 않으면 x+1을 반환
```

[ADT 1.2]는 회사에 고용된 직원에 대한 임금을 처리하는 Employee 추상 데이터 타입이다. 사번(id)과 임금(salary)이라는 두 데이터와 네 개의 연산이 정의되어있다.

```
</>    ADT 1.2      Employee

1  데이터: char id[5], int salary
2  연산:
3    init_salary(id, s): 사번이 id인 직원의 임금을 s로 초기화한다.
4    change_salary(id, m): 사번이 id인 직원의 임금을 m만큼 변경한다.
5    pay_salary(id): 사번이 id인 직원의 임금을 지급한다.
6    get_salary(id): 사번이 id인 직원의 임금이 얼마인지 확인한다.
```

추상 데이터 타입의 장점은 무엇일까? 첫째, 데이터와 데이터에 적용할 수 있는 연산을 하나로 묶어내는 구조를 제공한다는 것이다. 둘째, 데이터에 접근할 수 있는 연산은 오로지 외부로 공개되는 연산이며 임의로 사용자가 직접 데이터에 접근하지 못하도록 제한해야 함을 나타낸다는 것이다. 예를 들어 [ADT 1.2]에서 salary 데이터는 init_salary 연산과 change_salary 연산을 사용하지 않고는 변경이 불가능하다. 셋째, 구현에 관한 세부 사항을 외부로 공개하지 않았지만 연산의 기능과 주요 정보만으로도 이 데이터 타입을 이용하는데 어려움이 없다는 점이다. 개발자는 추상 데이터 타입에 정의된 내용만 사용자[7]에게 공개하고 구현에 대한 구체적이고 상세한 내용은 외부에 감춘다. 사용자는 공개된 추상적 특성에 대한 인터페이스만을 사용하고 개발자가 이를 어떻게 구현했는지는

---

7 더 정확하게는 사용자 코드

알 수도 없고 알 필요도 없다. 개발자는 얼마든지 구현을 변경할 수 있으며 구현의 결과가 인터페이스의 변경으로 이어지지 않는다면 사용자 코드에 전혀 영향을 주지 않는다.

추상 데이터 타입은 말 그대로 추상적인 개념이므로 그 자체로는 프로그램이 동작할 수 없기 때문에 결국 프로그래밍 언어로 구현되어야 사용이 가능하다. 추상 데이터 타입은 MIT 대학의 Liskov 교수팀에 의해 1974년 프로그래밍 언어 CLU 개발 시에 처음 제안되었고 이후 다양한 객체 지향 프로그래밍 언어의 개발에 많은 영향을 주었다. C++와 Java 같은 객체 지향 프로그래밍 언어에서는 다행히도 클래스를 사용하여 추상 데이터 타입을 상당 부분 구현할 수 있다. C++와 Java에서는 **캡슐화**(encapsulation) 기능을 제공하는 클래스를 통해 객체를 정의하는데 클래스는 데이터와 데이터에 적용할 수 있는 연산을 하나로 묶어내는 구조를 제공하는 한편, 외부로 공개되는 연산을 통해서만 데이터에 접근 가능하도록 제한한다[8]. C는 객체 지향 언어가 아니기 때문에 클래스와 같은 캡슐화 구조가 없어 불리하다. 대신 데이터는 구조체를 이용하여 표현하고 연산은 함수를 이용하여 표현하되, 앞에서 이야기했듯이 데이터와 연산의 매핑에 대한 책임은 프로그래머가 감당해야 한다.

1.3.3 추상 데이터 타입과 데이터 구조

흔히 혼동하는 두 개념인 추상 데이터 타입과 데이터 구조간의 관계에 대해 알아보자. 데이터 구조는 추상 데이터 타입을 프로그래밍 언어로 구현한 결과물을 가리키는 말이다. 즉, 추상 데이터 타입은 데이터를 사용자 관점에서 보는 것이고, 데이터 구조는 물리적 구현 관점에서 보는 것이다. 사용자는 물리적 구현 관점에 관심을 가질 필요가 없다. 예를 들어 int 타입 변수 데이터가 있을 때 사용자는 정수가 메모리에서 어떻게 구현되는지 알 필요 없이 int 타입 변수로만 생각하고 사용하면 된다. 대부분 두 용어를 혼용해서 사용하지만 추상 데이터 타입과 데이터 구조는 구분해서 사용하는 것이 원칙이다. 이 책에서는 새로운 데이터 구조를 다룰 때마다 먼저 사용자 관점에서 추상 데이터 타입을 정의한 후에 데이터와 연산을 각각 구조체와 함수로 구현하여 데이터 구조를 완성하기로 한다.

---

8 감기약 캡슐은 특정 질환에 효과가 있는 여러 성분의 약을 하나로 모아 담아놓은 것으로, 환자는 복용법만 알면 되지 캡슐 안 내용은 알 필요가 없다.

1.4 데이터 구조의 분류

[그림 1.3] 데이터 구조의 분류

데이터 구조는 [그림 1.3]과 같이 분류할 수 있다. **단순 데이터 구조**는 정수, 실수, 문자 등과 같이 대부분의 프로그래밍 언어에서 제공하는 기본 데이터 타입에 해당하며 특별한 구조를 갖지 않기 때문에 데이터 구조에서 제외시키기도 한다. **복합 데이터 구조**는 데이터 구조들을 결합시켜 여러 개의 데이터를 담을 수 있도록 구현한 데이터 구조이며 복합 데이터 타입(composite data type)이라 부르기도 한다. 배열은 동일한 데이터 타입의 원소들을 일렬로 묶어 순서에 맞춰 차례대로 메모리에 저장하는 구조로, 인덱스를 이용한 임의 접근(random access) 방식[9]을 사용하여 원하는 원소에 접근한다. 구조체[10]는 타입이 다를 수도 있는 원소들을 하나로 묶어 메모리에 저장하는 구조로, 각 원소의 이름을 가지고 원하는 구성 요소에 접근한다. 연결리스트는 동일한 데이터 타입의 원소들을 일렬로 묶은 후 순서와는 무관하게 메모리에 저장하는 구조로, 순차 접근(sequential access) 방식을 통해 원하는 원소에 접근한다.

단순 데이터 구조나 복합 데이터 구조는 프로그램 상에서 구현 방법이 명확한 데이터 구조이지만 **추상 데이터 구조**는 구현 방법이 정해져있지 않은 데이터 구조이다. 예를 들

---

9   직접 접근(direct access)이라고도 한다.
10 레코드 또는 튜플이라고도 한다.

어 추상 데이터 구조인 스택은 배열을 통해서도 구현 가능하고 연결리스트를 통해서도 구현 가능하다[11]. 모든 추상 데이터 구조는 배열과 연결리스트로 구현할 수 있으며 구현 방식에 따른 장단점이 존재한다. 추상 데이터 구조는 선형 데이터 구조와 비선형 데이터 구조로 분류할 수 있는데, 저장된 원소들이 순서를 형성하게 되면 선형 데이터 구조이고 원소들 간에 일차원 이상의 보다 복잡한 관계가 존재하면 비선형 데이터 구조이다. [표 1.1]에 추상 데이터 구조와 이와 유사한 일상생활에서의 예를 비교하였다.

[표 1.1] 데이터 구조 vs. 현실 세계

데이터 구조	현실 세계
리스트	빌보드 차트, 버킷리스트, 체크리스트
스택	갑티슈, 뷔페식당의 접시, 탄창
큐	식당 대기줄, 은행 대기줄, 극장 매표소
트리	정부조직, 행정구역, 족보
그래프	도로망, 항공망, 지도

리스트는 가장 일반적인 선형 구조로, 순서를 가지고 나열되어 있는 원소들의 모임을 다룰 때 사용한다. 스택과 큐는 리스트에 제약사항을 추가한 특수한 리스트라 볼 수 있는데 스택은 한쪽 끝이 막혀 있어 원소의 입력과 출력이 반대쪽 끝에서만 발생하는 데이터 구조이며 큐는 대기열 즉 줄서기를 모델링해야 할 때 사용하는 구조이다. 트리는 정부 조직이나 행정구역과 같은 계층 구조를 나타내는데 적합하며 그래프는 통신망이나 고속버스노선도와 같이 구성요소들 간의 네트워크 관계를 표현하는데 사용한다.

1.5 포인터

이 책에서는 독자들의 수준을 고려하여 정수, 실수와 같은 단순 데이터 구조를 별도로 설명하지는 않는다. 그러나 단순 데이터 구조 중에서 포인터는 C 언어를 대표하는 개념으로 존재감이 상당하면서도 다루기 쉽지 않은 대상이기도 하다. 이 절에서는 구체적인

---

11 앞 절에서 설명했듯이 추상 데이터 타입을 구현한 결과가 데이터 구조이다. 따라서 "스택(추상 데이터 타입)은 배열 스택(데이터 구조) 또는 연결된 스택(데이터 구조)으로 구현한다."라고 말하는 것이 정확한 표현이다.

데이터 구조를 공부하기 전에 반드시 알아야하는 포인터의 기본 개념을 다지고자 한다. 포인터에 대한 자세한 내용은 C 언어와 관련된 서적을 참고하기 바란다.

1.5.1 포인터의 기본 개념

물리적으로 **포인터**(pointer)는 메모리에 위치한 다른 값의 메모리 주소를 저장하는 변수이다. 일반적인 변수는 데이터가 저장된 주소대신 사용하는 이름이므로 그 변수를 통해 데이터에 직접 접근하지만 포인터는 그 이름에서 알 수 있듯이 주소를 통해 간접적으로 데이터에 접근한다. 이러한 간접 접근 방식은 함수의 매개변수 전달이나 연결리스트 구현 등에서 여러 가지 장점을 제공하는 반면, 쉽게 발견하지 못하는 논리적 오류를 가져올 가능성이 높기 때문에 주의 깊게 다뤄야 한다.

논리적으로 포인터는 데이터가 저장된 위치를 가리킨다. 포인터를 통해 데이터가 저장된 메모리 주소를 가리키고(reference; 참조) 포인터를 통해 메모리 주소에 저장된 값을 가져온다(dereference; 역참조). 포인터를 선언하는 기본 형식은 다음과 같다.

데이터타입 *변수이름;

포인터는 변수이므로 포인터 변수 선언 시에 어떤 데이터 타입의 포인터인지, 다시 말해서 어떤 데이터 타입의 데이터를 가리키는지 지정해야 한다. 포인터는 어떤 위치도 가리킬 수 있으므로 기본 데이터 타입이나 사용자 정의 타입의 데이터뿐만 아니라 포인터도 가리킬 수 있다[12]. 다음은 포인터 변수 선언[13]의 예이다.

```
int *p2i;        //포인터 변수 p2i는 int 타입 데이터를 가리킴
char *p2c;       //포인터 변수 p2c는 char 타입 데이터를 가리킴
struct s *p2s;   //포인터 변수 p2s는 구조체 s 타입 데이터를 가리킴
A *p2A;          //포인터 변수 p2A는 A 타입 데이터를 가리킴
int **p2p2i;     //포인터 변수 p2p2i는 int를 가리키는 포인터를 가리킴
```

12　이러한 포인터를 이중 포인터(double pointer)라 한다.

13　int *p2i;와 int* p2i;는 같은 표현이다. 관습적으로 전자의 표현을 사용한다.

1.5.2 포인터 연산자

포인터를 사용할 때 가장 중요한 연산자는 **주소 연산자 &(ampersand)**와 **간접참조 연산자 *(asterisk)**이다. &는 변수 앞에 사용되는데 연산의 결과는 변수의 주소이다. *는 포인터 변수 앞에 사용하여 포인터 변수가 가리키는 주소에 접근한다. [프로그램 1.2]는 포인터의 기본 연산을 보여준다.

프로그램 1.2   포인터 연산의 활용

```
1  #include <stdio.h>
2  int main() {
3      int i = 5, *p2i = NULL;
4      p2i = &i;
5      printf("i=%d, *p2i=%d\n", i, *p2i);
6      *p2i = *p2i + 100;
7      printf("i=%d, *p2i=%d\n", i, *p2i);
8  }
```

실행결과

```
i=5, *p2i=5
i=105, *p2i=105
```

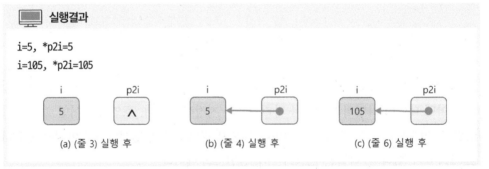

| (a) (줄 3) 실행 후 | (b) (줄 4) 실행 후 | (c) (줄 6) 실행 후 |

(줄 3)에서 int를 가리키는 포인터 변수 p2i를 선언하고 NULL로 초기화하였다[14]. 포인터 변수 선언에 사용하는 *는 간접참조 연산자가 아니라 포인터 변수임을 나타내는 수식어이다. (줄 4)를 실행하면 변수 i의 주소가 포인터 변수 p2i에 저장됨으로써 p2i가 변수 i를 가리킨다. 그 결과 *p2i와 i는 같은 메모리 주소를 공유하게 된다. (줄 6)은 간접참조 연산자가 대입문의 왼쪽과 오른쪽에 사용될 때의 차이점을 보여준다. 대입문 왼쪽의 *p2i는 p2i가 가리키는 메모리 주소를 의미하고 대입문 오른쪽의 *p2i는 p2i가 가리키는 메모리 주소에 저장된 값을 말한다. 따라서 p2i가 가리키는 위치에 저장된 값인 5에 100을 더하여 다시 p2i가 가리키는 위치에 저장하게 된다.

---

14 그림에 표시된 ∧는 NULL 포인터를 의미한다.

1.5.3 포인터 매개변수

C 언어에서 함수의 매개변수 전달은 **값에 의한 호출(call by value)** 방식으로 이루어진다. 이 방식에서는 호출 함수의 매개변수 값이 호출된 함수의 매개변수로 복사되기 때문에 호출된 함수의 매개변수는 독립적인 지역 변수처럼 동작하게 된다. 결국 호출된 함수에서 매개변수 값이 변경되더라도 호출 함수의 매개변수에는 아무런 영향을 주지 않는다. 따라서 호출된 함수는 호출 함수의 매개변수를 사용만 하며, 호출된 함수가 처리한 결과는 명시적인 return 문에 의해서만 호출 함수로 전달할 수 있다. C 언어가 값에 의한 호출을 기반으로 하는 이유는 함수 간의 독립성을 해치는 예기치 못한 부작용(side effect)을 막기 위함이다.

때로는 값에 의한 호출로 원하는 목적을 달성하기 어렵거나 불가능한 상황이 발생한다. 호출된 함수에서 호출 함수의 매개변수를 변경해야 하거나 둘 이상의 값을 반환해야 하는 경우가 이에 해당한다. 포인터를 사용하면 호출된 함수의 매개변수가 변경됨에 따라 호출 함수의 매개변수에 그대로 영향을 주는 이른바 **참조에 의한 호출(call by reference)** 효과를 낼 수 있다.

⟨/⟩ 프로그램 1.3   포인터 매개변수의 사용

```
1   #include <stdio.h>
2   // 두 변수의 값을 교환
3   void swap(int *p2a, int *p2b) {
4       int temp;
5       temp = *p2a;
6       *p2a = *p2b;
7       *p2b = temp;
8   }
9
10  int main() {
11      int a,b;
12      printf("교환할 두 정수를 입력하시오.\n");
13      scanf("%d %d", &a, &b);                  // 출력 매개변수
14      printf("교환 전: a=%d, b=%d \n", a, b);   // 입력 매개변수
15      swap(&a, &b);                            // 입출력 매개변수
16      printf("교환 후: a=%d, b=%d \n", a, b);
17  }
```

🖥 **실행결과**

교환할 두 정수를 입력하시오.
4 7
교환 전: a=4, b=7
교환 후: a=7, b=4

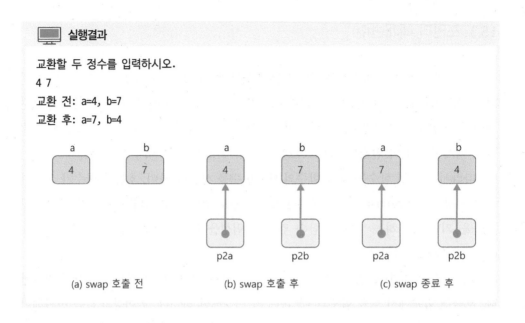

(a) swap 호출 전   (b) swap 호출 후   (c) swap 종료 후

[프로그램 1.3]은 외부로부터 읽어 들인 두 변수의 값을 서로 교환하는 프로그램이다. (줄 3)의 swap 함수는 둘 이상의 값을 반환해야 하므로 return 문 대신 포인터 매개변수를 사용하였다. 먼저 (줄 15)의 swap 함수 호출문은 교환하기 원하는 두 변수의 주소 &a와 &b를 (줄 3)의 포인터 매개변수 p2a와 p2b로 전달하고 주소가 복사된다. swap 함수의 실행이 끝나면 포인터 매개변수 p2a와 p2b가 가리키는 위치의 값이 서로 교환되고 그 결과 두 변수 a와 b의 값이 바뀐 것을 확인할 수 있다.

참고로 매개변수의 유형은 크게 입력 매개변수, 출력 매개변수, 입출력 매개변수로 구분할 수 있다. 이 가운데 입력 매개변수를 제외한 나머지 두 유형은 변수의 주소를 매개변수로 전달해야 한다. (줄 14, 16)의 printf 함수는 호출된 함수 내에서 사용되지만 변경되지 않는 **입력 매개변수**를 사용하는 함수이므로 변수의 값을 매개변수로 전달하면 되고 (줄 13)의 scanf 함수는 호출된 함수 내에서 사용되지는 않지만 변경되는 **출력 매개변수**를 사용하는 함수이므로 변수의 주소를 매개변수로 전달해야 하고 (줄 15)의 swap 함수는 호출된 함수 내에서 사용도 되고 변경도 되는 **입출력 매개변수**를 사용하는 함수이므로 역시 변수의 주소를 매개변수로 전달해야 한다. 변수의 주소를 매개변수로 전달하는 경우 포인터 변수로 받아야함을 잊지 말자.

1.5.4 포인터 사용에서 주의사항

포인터는 잘만 사용하면 매우 효율적인 프로그래밍이 가능하지만 정의되지 않은 데이터 객체에 접근하려는 시도를 할 위험성이 높아 프로그램 오류나 비정상적인 종료를 유발시키는 악명 높은 대상이기도 하다. 포인터를 사용할 때 주의해야할 점을 알아본다.

- 포인터 선언 시 반드시 초기화해야 한다. C 언어에서는 변수를 선언만 하고 초기화를 해주지 않으면 이전에 메모리에 남아있던 쓰레기 값을 가질 수 있기 때문에 선언과 동시에 초기화를 하는 습관을 들여야 한다. 만약 초깃값으로 가리킬 대상이 정해지지 않았다면 **널 포인터**로 초기화한다. 널 포인터는 〈stdio.h〉 헤더파일에 정의되어있는 매크로 상수인 NULL을 사용하면 된다.

```
int *p2i = NULL;
```

- 포인터 변수의 데이터 타입과 포인터 변수가 가리키는 데이터의 데이터 타입이 일치하여야 한다. 만약 일치하지 않지만 사용하기 원하는 경우에는 **명시적 타입 변환** (explicit type casting)을 통해 데이터 타입을 일치시켜주면 된다. 아래 예는 서로 다른 데이터 타입을 대입문에 사용했기 때문에 컴파일러 경고가 발생하는 코드와 타입을 변환하여 일치시킴으로써 정상적으로 동작하는 코드를 보여준다.

```
int *p2i = NULL;
char *p2c = NULL;
p2c = p2i;              // 컴파일러 경고
p2c = (char *)p2i;      // int 타입 포인터를 char 타입 포인터로 타입 변환
```

1. 알고리즘이 가져야할 조건에 대해 설명하시오.

2. 다음 각 문장은 알고리즘의 조건 중 어느 항목을 만족시키지 못 하는가 ?

   (1) x를 0으로 나누어라.

   (2) 10을 1 증가시켜라.

   (3) if (i>1) if (j>1) then k=TRUE else k=FALSE

   (4) 양수 i가 음수가 될 때까지 i에 10을 곱하라.

   (5) while (1) i++;

3. 배열에 저장된 수를 모두 더하는 알고리즘을 일상 언어, 의사코드, 흐름도, C 언어로 작성하시오.

4. [ADT 1.1] MyInt의 부족한 부분을 보완하여 자신만의 추상 데이터 타입을 정의하시오.

5. 집합에 대한 추상 데이터 타입을 정의하시오. 연산으로 집합 생성, 원소 추가, 원소 삭제, 집합에 특정 원소 포함 여부 확인, 합집합, 교집합, 차집합 등을 포함해야 한다.

6. 자판기에 대한 추상 데이터 타입을 정의하시오.

7. C++와 Java에서 제공하는 캡슐화 기능을 조사하고 구체적인 예를 통해 C 언어와 비교하시오.

8. 다음 중 올바른 코드를 모두 고르시오.

```
int i = 100;
int *p2i = &i;
```

(1) p2i = &i;

(2) *p2i = 10

(3) *i = NULL;

(4) p2i = &(i + 1);

(5) p2i = &i + 1;

(6) *p2i = i + 1;

(7) p2i = 1000;

(8) p2i++;

9. 포인터를 이용하여 문자열을 역순으로 만드는 프로그램을 작성하시오. 예를 들어 apple은 elppa로 바꾼다.

10. 포인터를 이용하여 배열에 저장된 수를 모두 더하는 프로그램을 작성하시오.

CHAPTER **2**

알고리즘 분석

2.1 성능 평가

일상에 사용되는 다양한 물건들은 언제나 평가의 대상이다. 라면만 하더라도 칼로리와 지방은 어느 정도인가? 사용된 재료가 어느 나라에서 생산되었나? 개당 가격은 얼마인가? 등의 다양한 기준에 따라 소비자 단체나 공신력 있는 기관들이 신중히 비교평가하고 그 결과를 널리 알린다. 자동차도 배기량, 연비, 안전성, 가격 등의 기준을 바탕으로 다양한 평가를 받고 등급이 매겨지기도 한다. 이렇게 제품에 대한 평가를 하는 이유는 당연하게도 다양한 기호를 가진 소비자들에게 최선의 선택을 위한 정보를 제공하기 위함이다.

프로그램도 예외는 아니어서 새로운 프로그램을 만들고자하는 개발자와 이미 개발된 프로그램을 사용하려는 사용자에게 유용한 정보를 제공하기 위해 평가되어야 한다. "프로그램의 코드가 읽기 쉬운가?", "프로그램이 정의된 요구사항을 만족하는가?" 등과 같은 기준은 그 잣대가 명확하지 않는 정성적 관점에서의 평가이기 때문에 객관적인 평가 기준이라 말하기 어렵다. 그럼 프로그램은 무엇을 기준으로 평가받는가? 바로 시간과 공간이라는 자원의 사용량이다. 구체적으로는, 프로그램을 실행시켜 완료하는 데 필요한 컴퓨터 시간의 양을 평가 기준으로 하는 **시간 복잡도**(time complexity)와 프로그램이 실행되는 동안 사용하는 메모리 공간의 양을 평가 기준으로 하는 **공간 복잡도**(space complexity) 개념을 사용한다. 따라서 효율적인 프로그램이라 하면 결과를 내기까지 실행 시간이 짧으면서 하드웨어의 메모리 자원을 적게 사용하는 프로그램이다. 다만 최근 하드웨어 기술의 발전으로 인해 메모리의 가격이 상대적으로 많이 하락한 까닭에 메모리 사용량보다는 실행 시간이 더 중요하게 다루어지므로 일반적으로 실행 시간을 효율성의 첫 번째 기준으로 삼는다. 즉 프로그램에 있어 가장 중요한 성능의 기준은 실행 시간이다. 물론 예외도 있다. 한정된 메모리를 갖는 임베디드 시스템 같은 경우에는 공간도 매우 중요하다. 이 책에서는 별다른 이야기가 없으면 실행 시간을 기준으로 프로그램을 평가한다.

실행 시간을 기준으로 프로그램을 평가한다는 것은 모든 프로그램의 성능을 절대적으로 평가할 수 있다는 것이며 평가 결과는 각 프로그램의 고유한 특성을 나타내는 유용한 정보이다. 더 나아가, 성능평가 결과는 객관적인 수치를 제공하기 때문에 프로그램의 비교에도 매우 유용하다. 그러나 기준이 무엇이 되던 라면과 자동차를 평가하는 것이 큰 의미가 없듯이 서로 다른 일을 하는 프로그램은 직접적 비교 대상이 아니며 동일한 일을 수행하는 프로그램을 대상으로 성능을 비교하는 것이 주목적이다. 다음 예를 통하여 동일한 문제를 해결하는 두 프로그램을 비교하여 보자.

예제 2.1 1부터 n까지 정수의 합 구하기

1부터 n까지 정수들의 합을 구하는 두 프로그램을 생각해보자. [프로그램 2.1]의 알고리즘 sum1은 반복문을 이용하여 합을 구하는 방법이고 알고리즘 sum2는 등차수열의 합 공식을 이용한 방법이다.

프로그램 2.1 1부터 n까지 정수의 합

```
1   int sum1(int n) {                    int sum2(int n) {
2       int total=0, i;                      int total=0;
3       for ( i = 1 ; i <= n ; i++ )         total = n*(1+n)/2;
4           total += i;                      return total;
5       return total;                    }
6   }
```

프로그램 sum1은 n회 반복을 거쳐서 결과값을 계산하고 프로그램 sum2는 반복문 없이 하나의 문장을 수행함으로써 결과값을 계산한다. 따라서 프로그램 sum1은 입력 매개 변수인 n이 커질수록 실행 시간이 오래 걸리게 되고 프로그램 sum2는 n의 값에 관계없이 일정한 실행 시간이 걸린다. 따라서 sum1의 시간복잡도가 더 높다는 것을 짐작할 수 있으며 sum2가 더 효율적인 프로그램임을 판단할 수 있다.

2.2 공간 복잡도

프로그램이 필요로 하는 공간은 고정 공간과 가변 공간으로 구성된다. 고정 공간은 프로그램의 입출력 크기나 횟수에 관계없이 실행하기 전에 미리 결정되어 있는 메모리 공간을 말하며 프로그램의 코드가 저장되는 공간 및 변수, 상수를 위한 공간을 포함한다. 가변 공간은 프로그램의 실행 과정에서 입출력의 횟수, 크기, 값에 따라 변하는 메모리 공간을 말한다. 프로그램의 공간 복잡도를 분석할 때는 일반적으로 가변 공간만을 대상으로 한다.

예제 2.2 1부터 n까지 정수의 합 구하기: 공간 복잡도

[프로그램 2.2]는 정수의 합을 순환문을 이용하여 구하는 프로그램 sum3이다. 정수의 합을 구하는 sum1, sum2, sum3의 공간 복잡도를 비교하여 보자.

- sum1: 입력 매개 변수 n과 지역 변수 total, i 모두 n의 값과 관계없이 항상 일정한 공간을 차지하기 때문에 고정 공간만을 필요로 한다. 따라서 가변 공간은 없다.
- sum2: 역시 입력 매개 변수 n과 지역 변수 total 모두 n의 값과 관계없이 항상 일정한 공간을 차지하기

때문에 고정 공간만을 필요로 한다. 따라서 가변 공간은 없다.

- sum3: (줄 3)의 함수가 호출될 때마다 매개 변수와 복귀 주소(함수를 수행하고 나서 돌아올 위치)를 저장해야 한다. 한번 순환 호출할 때마다 매개 변수 n을 저장하기 위한 4 바이트와 복귀 주소를 저장하기 위한 4 바이트가 필요하고, 총 n번 순환 호출된다는 점에 비추어보면 모두 8n 바이트의 가변 공간이 필요하다.

프로그램 2.2   1부터 n까지 정수의 합(순환)

```
1    int sum3(int n) {
2        if (n > 0)
3            return sum3(n-1) + n;
4        else return 0;
5    }
```

2.3 시간 복잡도

2.3.1 실행 시간 측정

실행 시간을 기준으로 프로그램의 성능을 평가하는 가장 확실한 방법은 알고리즘을 프로그램으로 완성한 후 컴퓨터에서 실행시켜 소요된 시간을 측정하는 것이다. 자동차를 운전하여 연비를 측정하는 것에 비유할 수 있다. 측정된 시간을 비교하면 어느 프로그램의 성능이 더 우수한지 확인할 수 있기 때문에 단순하면서도 정확한 성능평가 방법이다.

컴퓨터에서 C 프로그램의 실행 시간을 측정하는 방법의 공통점은 실행 시간을 측정하기 위한 코드의 시작 지점과 종료 지점에서 시간 측정과 관련된 라이브러리 함수를 호출하고 그 시간 차이를 이용하여 실행 시간을 구한다는 것이다. 이는 100m 달리기를 할 때 출발 시 스톱워치를 누르고 결승점 통과 시 스톱워치를 눌러 기록을 재는 것과 유사하다. 가장 대표적인 것이 C 언어가 제공하는 clock 함수를 사용하는 방법이다([프로그램 2.3]). clock 함수는 프로그램이 시작되고 나서 얼마나 흘렀는가를 CPU 클럭수로 알려주는데 time.h 헤더파일에 정의되어 있다. 실행 시간을 측정하기 위한 코드가 시작하는 지점과 종료하는 지점에서 clock 함수를 호출하여(줄 6, 8) 차이를 구하고 이를 초당 클럭수를 나타내는 상수인 CLOCKS_PER_SEC로 나누면 초단위의 실행 시간을 얻을 수 있다(줄 9).

프로그램 2.3   clock 함수를 이용한 실행 시간 측정

```
1   #include <stdio.h>
2   #include <time.h>
3   void main(void) {
4       clock_t start, stop;
5       double result;
6       start = clock();
7       // 실행시간을 측정하고자하는 코드 또는 코드를 호출하는 부분을 여기에
8       stop = clock();
9       result = (double)(stop - start)/CLOCKS_PER_SEC;
10      printf("걸린 시간은 %f 초입니다.\n", result);
11  }
```

그러나 이러한 방식의 측정 방법은 불행하게도 다음과 같은 심각한 문제점들을 안고 있기 때문에 매우 제한적으로 사용될 수밖에 없다.

① 컴퓨터마다 처리 속도가 다르기 때문에 적어도 동일한 하드웨어를 사용하는 컴퓨터에서 실행 시간을 측정하여 비교하여야 한다. 그러나 모든 프로그램을 동일한 하드웨어 환경에서 측정하는 것은 현실적으로 불가능하며 새로운 스펙의 컴퓨터가 등장할 때마다 기존 모든 프로그램의 성능을 측정하는 것은 더더욱 불가능하다.

② 같은 알고리즘이라도 실제 구현에 사용한 프로그래밍 언어와 컴파일러에 따라 실행 속도가 달라질 수 있으며 동일한 알고리즘에 동일한 프로그래밍 언어를 사용했다 하더라도 개인의 프로그래밍 스타일에 따라 측정 결과가 달라질 수 있다.

③ 동일한 프로그램이라도 실행할 때마다 속도가 달라질 수 있다. UNIX같은 다중 사용자 시스템은 CPU를 다수의 사용자가 동시에 사용하므로, 같은 프로그램이라도 측정 시점에 얼마나 많은 사용자가 접속 중 인가에 따라 실행시간이 달라질 수 있다.

④ 프로그램의 실행 시간은 입력 데이터의 속성과 깊은 관계가 있지만 모든 가능한 입력 데이터에 대해 측정하는 것은 시간적으로 거의 불가능하다. 입력 데이터의 개수나 크기에 대한 모든 경우를 고려해야 하며 이러한 조합의 수는 거의 무한대에 가깝다. 같은 크기의 데이터라 하더라도 측정 시 사용한 데이터가 아닐 경우 항상 같은 결과를 얻는다는 보장도 없다.

⑤ 측정을 하려면 프로그램이 완성되어야 한다. 복잡한 알고리즘은 프로그래밍하고 테스트하는데 드는 시간과 비용이 만만치 않으며 혹시라도 측정 결과가 좋지 않다면 프로그램 개발에 들인 노력이 모두 허사가 될 수도 있다.

2.3.2 시간 복잡도 함수

실행 시간을 측정하는 방식에 대한 근본적인 해결책은 결국 측정하지 않고 프로그램 또는 알고리즘의 성능을 평가하는 것이며 이를 **알고리즘 복잡도 분석**(algorithm complexity analysis) 또는 **알고리즘 분석**(algorithm analysis)이라 한다[15]. 이는 계산이나 추론 등을 통하여 시간 복잡도와 공간 복잡도를 결정하는 작업이다.

사실 측정하지 않고 알고리즘의 실행 시간을 정확히 알아낼 수는 없다. 알고리즘 분석에서는 대안으로, 지하철을 이용하여 목적지까지 가는데 걸리는 시간은 중간에 지나가는 지하철역의 수로부터 대략적으로 짐작할 수 있는 것처럼, 실행 시간을 가늠할 수 있는 간접적인 지표를 시간 복잡도의 기준으로 사용한다.

실행 시간을 가늠할 수 있는 정보로는 명령문 실행 횟수와 연산 실행 횟수가 있다. 알고리즘은 명령문들의 집합이고 각 명령문은 여러 연산[16]들로 구성되어 있으므로 명령문이나 연산의 실행 횟수를 구하면 알고리즘의 성능을 평가하고 여러 알고리즘을 비교할 수 있다. 연산 실행 횟수는 복잡도 분석을 위한 유용한 데이터이지만 알고리즘의 크기가 커지게 되면 이를 계산하는 일이 매우 번거로울 수밖에 없다. 명령문 실행 횟수의 경우 모든 명령문을 실행할 때 동일한 시간이 걸린다고 가정하기 때문에 정확도에서는 약간 손해를 보겠지만, 상대적으로 간단하고 편리하게 구할 수 있다. 대개 명령문 실행 횟수가 많은 알고리즘이 느리고 시간 복잡도는 높으며, 반대로 명령문 실행 횟수가 적은 알고리즘은 빠르고 시간 복잡도는 낮다.

명령문 실행 횟수가 상수인 알고리즘도 있지만 대부분은 입력 데이터의 개수나 값[17]에 따라 명령문 실행 횟수가 변하게 된다. 예를 들어 최댓값을 찾는 문제는 탐색 대상 숫자의 개수에 따라, 행렬을 곱하는 문제는 행렬의 행과 열의 값에 따라, 정렬은 정렬 대상 원소의 개수에 따라 명령문 실행 횟수가 달라지고 실행 시간도 영향을 받게 된다. 이는 명령문 실행 횟수가 입력데이터의 크기에 대한 함수가 된다는 것을 뜻한다. 이런 이유로 시간 복잡도는 **시간 복잡도 함수** T로 정의하며, 입력 데이터가 n이라면 $T(n)$이라 표기한다. 수학적으로 강력한 도구인 함수를 사용함으로써 간결하면서도 우아한 방법으로 시간 복잡도를 표현할 수 있다[18].

---

15 프로그램 분석이라 하지 않는 이유는 프로그램 없이 알고리즘만 있어도 분석이 가능하기 때문이다.
16 덧셈, 뺄셈, 곱셈, 나눗셈과 같은 산술 연산, 비교 연산, 대입 연산 등
17 앞으로는 입력 데이터의 크기로 통칭하여 부르기로 한다.
18 실행시간 측정의 네 번째 문제점과 비교해보라.

📋 **예제 2.3**   1부터 n까지 정수의 합 구하기: 명령문 실행 횟수

[프로그램 2.1]과 [프로그램 2.2]의 프로그램들을 대상으로 명령문 실행 횟수를 구해보자.

- sum1: (줄 2) 대입 연산을 포함하는 명령문이 1회 실행, (줄 3) for 문은 반복을 빠져나가게 하는 마지막 실행을 포함하여 총 $n+1$회 실행, (줄 4) for의 조건에 따라 n회 실행, (줄 5) 반환문은 1회 실행하므로 총 명령문 실행횟수는 $2n+3$이므로 $T(n) = 2n+3$이다.
- sum2: (줄 2)에서 (줄 5)의 명령문이 한 번씩만 실행되므로 $T(n) = 3$이다.
- sum3: (줄 2)는 참인 경우가 n번, 가장 마지막에 거짓이 되는 경우가 1번이므로 총 $n+1$회 실행된다. (줄 3)은 (줄 2)가 참인 경우에만 실행되므로 n회 실행, (줄 4)는 (줄 2)가 거짓인 경우에만 실행되므로 1회 실행된다. 따라서 $T(n) = 2n+2$이다.

평균적인 명령문 실행 시간을 복잡도 함수에 곱하면 대략적인 실행 시간이 나오겠지만 복잡도 함수만으로도 충분한 정보를 제공한다.

[표 2.1] 1부터 n까지 정수의 합 구하기: 명령문 실행 횟수의 비교

알고리즘	명령문 실행 횟수

```int sum1(int n) {```
 ```   int total=0, i;```
 ```   for (i = 1 ; i <= n ; i++)```
 ```   total += i;```
 ```   return total;```
 ```}```
	1
	 n+1
	 n
	 1

```int sum2(int n) {```
 ```   int total=0;```
 ```   total = n*(1+n)/2;```
 ```   return total;```
 ```}```
	1
	 1
	 1

```int sum3(int n) {```
 ```   if (n > 0)```
 ```   return sum3(n-1) + n;```
 ```   else return 0;```
 ```}```
	n+1
	 n
	 1

예제 2.4 두 행렬의 합

[표 2.2]는 차원이 rows × cols인 이차원 배열 A와 B를 더하여 배열 C에 저장하는 알고리즘이다. 명령문 실행 횟수를 기준으로 하여 시간 복잡도를 계산해 보자. 입력의 크기를 결정하는 요인이 rows와 cols 두 개이므로 시간 복잡도 함수도 rows와 cols에 대한 함수가 된다.

첫 번째 for 문은 반복을 벗어나게 하는 마지막 실행을 포함하여 rows+1회가 실행된다. 두 번째 for 문은 첫 번째 for 문의 각 i에 대해 cols+1회 실행되므로 rows*(cols+1)회 실행된다. 마지막 명령문은 rows*cols회 실행된다.

[표 2.2] 두 행렬의 합 구하기 알고리즘의 시간 복잡도

알고리즘	명령문 실행 횟수
```void add_matrix(...){ int i, j; for (i = 0 ; i < rows ; i++) for (j = 0 ; j < cols ; j++) C[i][j] = A[i][j]+B[i][j]; }```	rows+1 rows*(cols+1) rows*cols
T(rows, cols)	2*rows*cols + 2*rows + 1

앞에서 살펴본 예제 알고리즘의 경우, 입력 데이터의 크기가 시간 복잡도에 영향을 주는 유일한 변수이기 때문에 하나의 시간 복잡도 함수만 존재한다. 따라서 입력 데이터의 크기가 같으면 언제나 동일한 명령문 실행 횟수를 갖는다. 예를 들어 [표 2.1]의 알고리즘 sum1의 경우 1부터 100까지의 합을 구하는데 필요한 명령문 실행 횟수는 2*100+3=203으로 언제나 동일하며 [표 2.2]의 add_matrix를 사용하여 어떤 5행 6열의 두 행렬의 합을 구하더라도 명령문 실행 횟수는 2*5*6+2*5+1=71로 언제나 동일하다.

그러나 어떤 알고리즘들은 입력 데이터의 크기가 같아도 명령문 실행 횟수가 다를 수 있다. 예를 들어 1장에서 언급한 순차 탐색 알고리즘은 입력 데이터의 크기가 100개로 같다 하더라도 입력 데이터 집합에 따라 시간 복잡도가 달라진다. 만약 찾고자 하는 수가 배열의 첫 번째 원소라면 단 한 번의 비교 명령문으로 알고리즘은 종료하게 되고 만약 찾고자 하는 수가 배열에 없다면 100번의 비교 명령문을 거친 후 종료하게 된다. 즉 비교 명령문의 실행 횟수는 최소 1회에서 최대 100회에 이르게 되고 하나의 시간 복잡도 함수로 나타낼 수 없다. 이러한 경우는 바로 다음 주제에서 설명할 점근 복잡도를 이해하고 나면 자연스럽게 해결가능하다.

2.4 점근 복잡도

2.4.1 점근 분석

시간 복잡도 함수 $T(n)$은 다항식 $a_m n^m + a_{m-1} n^{m-1} + \cdots + a_2 n^2 + a_1 n + a_0$의 형태를 띤다. 복잡한 수학식을 앞에 놓고 알고리즘을 분석하고 비교하는 일은 간단치 않은 작업이다. 의미를 잃지 않으면서 좀 더 간단하게 복잡도를 표현하고 비교할 수 있는 방법은 없을까?

점근 분석(asymptotic analysis)은 복잡도 함수를 단순한 형태의 근사 함수로 표현함으로써 간단하지만 효과적으로 복잡도 분석을 가능하게 하는 방법이다. 점근 분석은 함수나 수열의 극한(limit)을 다루는 해석학(mathematical analysis)에 뿌리를 두고 있는데, 해석학에서는 주어진 두 함수 $f(n)$과 $g(n)$의 값이 n이 매우 커짐에 따라 점점 근접해지면 두 함수를 점근적으로[19] 동등하다고 이야기한다. 이 개념을 알고리즘 분석에 적용하면, 실제 복잡도 함수는 $f(n)$이라 하더라도 점근적으로 동등하면서 단순한 형태를 갖는 $g(n)$을 복잡도 함수로 대신 사용하자는 것이다. 결론적으로 이야기하자면 점근 분석에서 사용하는 복잡도 함수는 다항식의 항 가운데 차수가 가장 큰 항(들)만을 택해 계수를 1로 하여 사용한다. 예를 들어 $f(n) = 10n^3 + 5n^2 + 3n - 1000$은 $g(n) = n^3$으로, $f(n,m) = 5m^3 - 4m^2 + 5n^2 + 2n - 15$는 $g(n,m) = m^3 + n^2$으로 단순화시킨다.

그런데 이렇게 최고차항을 제외한 항들과 계수를 무시해도 복잡도를 표현하는데 있어 문제가 없을까? 먼저 최고차항을 제외한 나머지 항이 얼마나 복잡도에 영향을 얼마나 주는지 살펴보기 위해 함수 $n^3 + n^2 + n + 1$을 생각해보자([표 2.3]). n이 10일 때 전체에서 최고차항인 n^3이 차지하는 비율은 90%이고 나머지 항들이 차지하는 비율은 10%이다. n이 점점 커져 10,000일 때 최고차항이 차지하는 비율은 99.99%이고 나머지 항들이 차지하는 비율은 0.001%로 무시해도 좋을 값이다. 따라서 입력 데이터의 크기가 커질수록 최고차항을 제외한 나머지 항들은 거의 영향을 주지 않으므로 복잡도를 나타낼 때 함수에서 최고차항만을 고려하여도 충분하다.

---

19 점근(漸近)은 "점점 근접한다"라는 말이다.

[표 2.3] 함수에서 최고차항이 차지하는 비율

n	n^3+n^2+n+1	n^3 (비율)	n^2+n+1 (비율)
1	4	1 (25.00%)	3 (75.00%)
10	1,111	1,000 (90.00%)	111 (10.00%)
100	1,010,101	1,000,000 (99.00%)	10,101 (1.000%)
1,000	1,001,001,001	1,000,000,000 (99.90%)	1,001,001 (0.100%)
10,000	1,000,100,010,001	1,000,000,000,000 (99.99%)	100,010,001 (0.001%)

다음으론 계수가 얼마나 복잡도에 영향을 주는지 알아보기 위해 세 함수 $10^{10}n$, $10^5 n^2$, n^3을 생각해보자([표 2.4]). n의 값이 작을 때는 지수에 상관없이 계수의 값이 함수의 값을 좌우한다. 그러나 n이 10^5일 때 세 함수 값이 같아지고 n이 더 커지면 커질수록 계수에 관계없이 지수가 큰 함수가 훨씬 빠른 속도로 증가한다. 이 함수가 시간 복잡도 함수라면 n이 10^9일 경우 복잡도가 $10^{10}n$인 알고리즘을 실행하는데 1초가 걸린다면 복잡도가 $10^5 n^2$인 알고리즘과 n^3인 알고리즘은 각각 10^4초(2시간47분)와 10^8초(3.17년)가 걸리게 된다. 이는 입력의 크기가 커짐에 따라 복잡도 함수의 값이 계수가 아닌 차수에 영향을 받는다는 것을 의미한다.

[표 2.4] 함수에서 지수와 계수의 영향력

n	$10^{10}n$	$10^5 n^2$	n^3
10	10^{11}	10^7	10^3
10^3	10^{13}	10^{11}	10^9
10^5	10^{15}	10^{15}	10^{15}
10^7	10^{17}	10^{19}	10^{21}
10^9	10^{19}	10^{23}	10^{27}

[표 2.3]와 [표 2.4]를 통해 살펴본 것처럼 입력의 크기가 충분히 크다면 계수가 1인 최고차항만을 사용하더라도 실행 시간을 추정하고 분석하는데 큰 어려움이 없다. 점근 분석은 다항식으로 구성된 복잡도 함수에서 비교적 불필요하다고 판단되는 정보를 제거함으로써 복잡도 분석을 용이하게 한다.

지금까지 복잡도 함수의 단순화가 미치는 영향이 미미하다는 것을 확인하였고 이제 살펴볼 것은 점근 분석에서 사용되는 주요 함수들이다. 자주 사용되는 함수를 [표 2.5]에 나타내었으며 아래로 내려갈수록 복잡도가 증가한다. 점근 분석에서는 이러한 함수를 사용하여 복잡도에 등급을 매긴다. 가전제품에 에너지 소비효율 등급을 부여하고 쇠고

기에도 품질 등급을 매기듯이 등급을 정한다. 동일한 등급의 알고리즘은 말 그대로 동급이며 동일한 복잡도 집합에 속한다.

[표 2.5] 점근 분석의 주요 함수들(n: 입력의 크기)

함수	이름	설명
1	상수형	입력의 크기와 관계없이 복잡도가 거의 일정
$\log n$	로그형	복잡도가 서서히 증가하며 로그함수의 밑은 대개 2가 생략
n	선형	입력의 크기에 비례적으로 복잡도가 증가
$n \log n$	선형로그형	선형과 로그형이 결합된 형태
n^2	2차형	입력의 제곱에 비례하여 복잡도가 증가
n^3	3차형	입력의 세제곱에 비례하여 복잡도가 증가
2^n	지수형	입력이 커짐에 따라 기하급수적으로 복잡도가 증가
$n!$	팩토리얼형	

[표 2.6]과 [그림 2.1]은 입력의 크기에 따라 여러 함수들의 값이 어떻게 증가하는지 보여준다. 상수형은 n이 증가하여도 항상 일정한 함수값을 가지며 로그형이나 선형은 n이 증가하여도 그리 크게 증가하지는 않는다. 반면 지수형과 팩토리얼형은 n이 증가함에 따라 더욱 빠르게 함수값이 증가하는 것을 알 수 있다. n이 64정도만 되어도 함수값은 뚜렷한 차이가 난다.

[표 2.6] 함수의 값(n: 입력의 크기)

함수 \ n	1	2	4	8	16	32	64
1	1	1	1	1	1	1	1
$\log n$	0	1	2	3	4	5	6
n	1	2	4	8	16	32	64
$n \log n$	0	2	8	24	64	160	384
n^2	1	4	16	64	256	1,024	4,096
n^3	1	8	64	512	4,096	32,768	262,144
2^n	2	4	16	256	65,536	4.29×10^9	1.84×10^{19}
$n!$	1	2	24	40,326	2.09×10^{13}	2.63×10^{35}	1.27×10^{89}

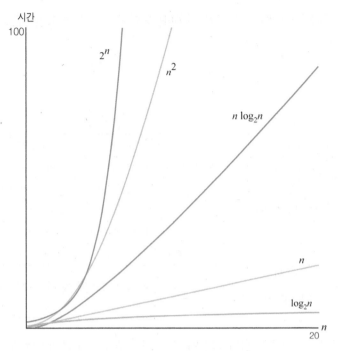

[그림 2.1] 그래프로 나타낸 복잡도 함수

[표 2.7]은 초당 천억(10^{11})개의 연산을 처리하는 가상의 컴퓨터에서 걸리는 시간을 함수에 따라 보여준 것이다. 상수형 함수의 알고리즘은 입력의 크기와 관계없이 항상 0.01 나노초만에 종료한다. $\log n$, n, $n\log n$ 등의 복잡도 함수를 갖는 알고리즘은 n이 백만(10^6) 정도 되더라도 1초가 되기 전에 종료하지만 n^3의 복잡도 함수를 갖는 알고리즘은 116일이나 걸린다. $n!$의 복잡도를 갖는 알고리즘은 n이 50정도만 되어도 사용이 불가능하다.

[표 2.7] 초당 천억개의 연산을 처리하는 가상의 컴퓨터에서의 처리시간(s:초)

함수 n	1	$\log n$	n	$n\log n$	n^2	n^3	$2n$	$n!$
1	0.01ns	0ns	0.01ns	0ns	0.01ns	0.01ns	0.01ns	0.01ns
10	0.01ns	0.03ns	0.10ns	0.33ns	1ns	$0.01\mu s$	$0.01\mu s$	$36.3\mu s$
50	0.01ns	0.06ns	0.50ns	2.82ns	25ns	$1.25\mu s$	3.13시간	$9.6*10^{45}$년
100	0.01ns	0.07ns	1ns	6.64ns	100ns	$10\mu s$	$4*10^{11}$년	
1,000	0.01ns	0.10ns	10ns	99.7ns	$10\mu s$	10ms		
10,000	0.01ns	0.13ns	100ns	$1.33\mu s$	1ms	10s		
100,000	0.01ns	0.17ns	$1\mu s$	$16.6\mu s$	100ms	2.78시간		
1,000,000	0.01ns	0.20ns	$10\mu s$	$199\mu s$	10s	116일		

2.4.2 점근 표기법

점근 분석의 결과로 얻어지는 복잡도인 **점근 복잡도**(asymptotic complexity)는 **점근 표기법**(asymptotic notation)을 사용하여 나타낸다. 점근 표기법에는 등급을 매기는 기준에 따라 크게 세 가지가 있다([표 2.8]). 이 가운데 O 표기법이 일반적으로 사용된다.

[표 2.8] 점근 표기법

유형	이름	의미	표기 예
O	Big O	점근적 상한	$O(1), O(\log n), O(n), O(n^2)$
Ω	Big Omega	점근적 하한	$\Omega(1), \Omega(\log n), \Omega(n), \Omega(n^2)$
Θ	Big Theta	점근적 상한과 하한의 일치	$\Theta(1), \Theta(\log n), \Theta(n), \Theta(n^2)$

지금부터 세 가지 유형의 점근 표기법에 대해 상세히 알아보자. 점근 복잡도는 시간 복잡도 뿐 아니라 공간 복잡도에도 사용하지만 시간 복잡도에 초점을 맞추어 설명한다.

> **정의 2.1 O 표기법**
>
> 시간 복잡도 함수 $T(n)$이 주어졌을 때, 모든 $n \geq n_0$에 대하여 $T(n) \leq c \cdot g(n)$을 만족하는 함수 $g(n)$과 양의 상수 c와 n_0가 존재하면 $T(n) = O(g(n))$이다.

$T(n) = O(g(n))$은 "입력의 크기 n이 충분히 커짐에 따라 시간 복잡도 함수 $T(n)$은 기껏해야 $c \cdot g(n)$ 즉, $g(n)$의 비율로 증가한다."와 같은 뜻이다. 예를 들어 $T(n) = O(\log n)$이라면 이 알고리즘은 입력의 크기 n이 커짐에 따라 기껏해야 $\log n$에 비례하는 시간이 걸린다는 의미이다. [그림 2.2]는 n_0보다 큰 모든 n에 대해 $c \cdot g(n)$이 $T(n)$보다 같거나 큰 상황을 그래프로 보여준다.

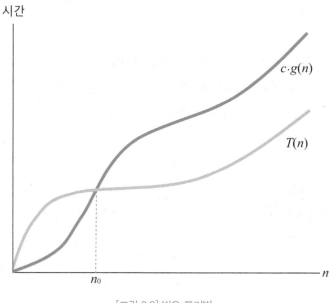

시간

$c \cdot g(n)$

$T(n)$

n_0

n

[그림 2.2] 빅오 표기법

📋 **예제 2.5**   **빅오 표기법**

- $T(n)=2n+4$이라면, $n \geq 4$일 때 $T(n) \leq 3n$이므로 $T(n)=O(n)$
- $T(n)=2n+4$이라면, $n \geq 2$일 때 $T(n) \leq 2n^2$이므로 $T(n)=O(n^2)$
- $T(n)=3n^2+2n+4$이라면, $n \geq 2$일 때 $T(n) \leq 5n^2$이므로 $T(n)=O(n^2)$
- $T(n)=3n^2+5n+12$이라면, $n \geq 3$일 때 $T(n) \leq 2n^3$이므로 $T(n)=O(n^3)$
- $T(n)=2n+4$이라면, $n \geq n_0$일 때 $T(n) \leq c \cdot 1$을 만족하는 c와 n_0가 존재×. 따라서 $T(n) \neq O(1)$

"기껏해야"[20]에서 알 수 있듯이 O 표기법[21]은 점근적 상한(upper bound)을 나타낸다. 최고차항의 차수가 n^2인 $3n^2 + 2n + 4$, $5n^2 + \log n + 2$ 뿐만 아니라 최고차항의 차수가 n^2보다 낮은 $2n + 4$, $3\log n + 5$, $3n\log n + 4n$ 등도 모두 $O(n^2)$이다. 반면 최고차항의 차수가 n^2보다 높은 $10n^3 + 5n^2 + 3n - 100$은 $O(n^2)$이 아니다. 일반적으로, $T(n)$이 $a_m n^m + a_{m-1}n^{m-1} + \ldots + a_2n^2 + a_1n + a_0$의 다항식으로 표현되는 경우 최고차항만을 택해 계수를 1로 하여 $T(n) = O(n^m)$이라 하면 된다. 보통 $O(g(n))$에서 $g(n)$의 차수가 높을수록 알고리즘의 복잡도도 점근적으로 높다.

---

20 "복잡해봐야", "높아봐야", "최대로 하여도", "at most" 등으로 대신할 수 있다.

21 O는 함수의 차수(order)를 의미한다. "$T(n) = O(g(n))$이다"는 영어로 "T of n is big oh of g of n" 또는 "T of n is order of g of n"으로 읽는다.

그렇다면 어떤 경우에 정확한 복잡도 함수대신 점근적 상한을 사용할까? 첫째, 정확한 복잡도는 모르고 상한은 아는 경우이다. 예를 들어 어떤 알고리즘의 복잡도는 정확히 모르지만 절대로 n^2을 넘지 않는 것이 확실하다면 이 알고리즘의 점근 복잡도는 $O(n^2)$이라 이야기한다. 둘째, 입력 데이터에 따라 복잡도가 달라지는 경우이다. 하나의 복잡도 함수를 사용할 수 없기 때문에 복잡도의 상한, 즉 가장 차수가 높은 복잡도 함수를 대상으로 빅오 표기법을 사용한다. 셋째, 관례적인 사용이다. 정확한 복잡도를 알더라도 복잡도의 상한을 표현하는 도구인 빅오 표기법을 써서 나타낸다.

이처럼 O 표기법은 점근적 상한이라는 개념을 복잡도에 접목함으로써 매우 유용한 정보를 제공하지만 주의해야 할 점이 있다. 다름 아닌 점근적 상한이라는 경계가 주는 불확실성이다. 점근 복잡도가 $O(n^2)$이라고 하는 대신 $O(n^3)$, $O(2^n)$이라 해도 틀린 주장이 아니다. "기껏해야 세 시간 걸린다."가 참이라면 "기껏해야 네 시간 걸린다."도 정확하지는 않지만 거짓은 아니다. 하지만 빡빡한 상한이 느슨한 상한보다 정확한 정보를 제공하는 것이므로 빡빡한 상한 즉 정의를 만족하는 가장 낮은 차수를 사용하는 것이 원칙이다.

참고로, 점근 복잡도에서 사용하는 "="은 수학에서 사용하는 "~와 같다(is equal to)"를 의미하는 건 아니고 일상적인 대화에서 사용하는 "~이다(is)"의 의미이다. "$T(n)$은 $O(g(n))$이다"라는 말과 "$T(n) = O(g(n))$"이라는 표현은 동일하다고 생각하면 된다. 점근 복잡도가 알고리즘에게 복잡도 등급을 부여한다는 측면에서 보면 "$T(n) = O(g(n))$"대신 "$T(n) \in O(g(n))$"이라고 하는 것이 더 정확한 표현일 것이다. 다만 그동안 관례적으로 "="를 사용해 온 것을 참작하여 이 책에서는 계속 "$T(n) = O(g(n))$"이라 표현하기로 한다.

◉ 정의 2.2 Ω 표기법

시간 복잡도 함수 $T(n)$이 주어졌을 때, 모든 $n \geq n_0$에 대하여 $T(n) \geq c \cdot g(n)$을 만족하는 함수 $g(n)$과 양의 상수 c와 n_0가 존재하면 $T(n) = \Omega(g(n))$이다.

Ω 표기법은 O에 대칭적인 개념이다. $T(n) = \Omega(g(n))$은 "입력의 크기 n이 충분히 커짐에 따라 시간 복잡도 함수 $T(n)$은 적어도 $c \cdot g(n)$ 즉, $g(n)$의 비율로 증가한다."와 같은 뜻이다. 예를 들어 $T(n) = \Omega(\log n)$이라면 이 알고리즘은 입력의 크기 n이 커짐에 따라 적어도 $\log n$에 비례하는 시간이 걸린다는 의미이다. [그림 2.3]는 n_0보다 큰 모든 n에 대해 $c \cdot g(n)$이 $T(n)$보다 같거나 작은 상황을 그래프로 보여준다.

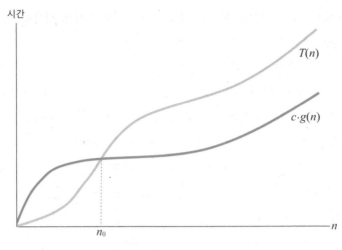

[그림 2.3] 빅오메가 표기법

예제 2.6 빅오메가 표기법

- $T(n) = 2n+4$이라면, $n \geq 1$일 때 $T(n) \geq 2n$이므로 $T(n) = \Omega(n)$
- $T(n) = 2n+4$이라면, $n \geq 1$일 때 $T(n) \geq 6 \cdot 1$이므로 $T(n) = \Omega(1)$
- $T(n) = 3n^2+2n+4$이라면, $n \geq 1$일 때 $T(n) \geq 2n^2$이므로 $T(n) = \Omega(n^2)$
- $T(n) = 3n^2+5n-12$이라면, $n \geq 3$일 때 $T(n) \geq 10n$이므로 $T(n) = \Omega(n)$
- $T(n) = 2n+4$이라면, $n \geq n_0$일 때 $T(n) \geq c \cdot n^2$을 만족하는 c와 n_0가 존재$\times$. 따라서 $T(n) \neq \Omega(n^2)$

"적어도"[22]에서 알 수 있듯이 Ω 표기법은 점근적 하한(lower bound)을 나타낸다. 최고차항의 차수가 n^2인 $3n^2 + 2n + 4$, $5n^2 + \log n + 2$ 뿐만 아니라 최고차항의 차수가 n^2보다 높은 $10n^3 + 5n^2 + 3n - 100$, $3n^4$ 등도 모두 $\Omega(n^2)$이다. 반면 최고차항의 차수가 n^2보다 낮은 $2n + 4$는 $\Omega(n^2)$이 아니다. 일반적으로, $T(n)$이 $a_m n^m + a_{m-1} n^{m-1} + \ldots + a_2 n^2 + a_1 n + a_0$의 다항식으로 표현되는 경우 최고차항만을 택해 계수를 1로 하여 $T(n) = \Omega(n^m)$이라 하면 된다.

그렇다면 어떤 경우에 점근적 하한을 사용할 수 있을까? 첫째, 정확한 복잡도는 모르고 하한은 아는 경우이다. 예를 들어 어떤 알고리즘의 복잡도는 정확히 모르지만 n^2을 넘는 것이 확실하다면 이 알고리즘의 점근 복잡도는 $\Omega(n^2)$이라 이야기한다. 둘째, 입력 데이터에 따라 증가율이 달라지는 경우이다. 하나의 복잡도 함수를 사용할 수 없기 때문에 복잡도의 하한, 즉 가장 차수가 낮은 복잡도 함수를 대상으로 빅오메가 표기법을 사용한다. 점근적 하한은 일반적으로 덜 매력적인 정보이다. 따라서 Ω 표기법보다는 O나 다

---

22 "단순해도", "낮아도", "최소한", "재수가 좋다면", "at least" 등으로 대신할 수 있다.

음에 살펴볼 Θ 표기법이 주로 사용되며 Ω 표기법은 다른 두 표기법을 보완하기 위한 용도로 쓰인다.

O 표기법과 마찬가지로 점근적 하한이라는 경계가 주는 불확실성에 주의해야 한다. 점근 복잡도가 $\Omega(n^2)$이라고 하는 대신 $\Omega(n)$, $\Omega(\log n)$이라 해도 틀린 주장이 아니다. "적어도 세 시간 이상 걸린다."가 참이라면 "적어도 두 시간 이상 걸린다."도 정확하지는 않지만 거짓은 아니다. 하지만 **빡빡한** 하한이 느슨한 하한보다 정확한 정보를 제공하는 것이므로 **빡빡한** 하한 즉 정의를 만족하는 가장 높은 차수를 사용하는 것이 원칙이다.

> 📖 **정의 2.3** Θ 표기법
>
> 시간 복잡도 함수 $T(n)$이 주어졌을 때, 모든 $n \geq n_0$에 대하여 $c_1 g(n) \leq T(n) \leq c_2 g(n)$을 만족하는 함수 $g(n)$과 양의 상수 c_1, c_2, n_0가 존재하면 $T(n) = \Theta(g(n))$이다[23].

$T(n) = \Theta(g(n))$은 "입력의 크기 n이 충분히 커짐에 따라 복잡도 함수 $T(n)$은 약 $g(n)$의 비율로 증가한다."와 같은 뜻이다. 예를 들어 $T(n) = \Theta(\log n)$이라면 이 알고리즘은 입력의 크기 n이 커짐에 따라 약 $\log n$에 비례하는 시간이 걸린다는 의미이다. [그림 2.4]는 n_0보다 큰 모든 n에 대해 $T(n)$이 $c_1 g(n)$보다 같거나 크고 $c_2 g(n)$보다 같거나 작은 상황을 그래프로 보여준다.

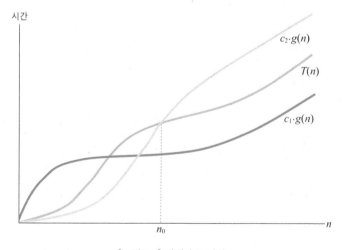

[그림 2.4] 빅세타 표기법

---

23 "$T(n) = O(g(n))$이고 $T(n) = \Omega(g(n))$이면 $T(n) = \Theta(g(n))$이다."와 동일한 의미이다.

📄 **예제 2.7** 빅세타 표기법

- $T(n)=2n+4$이라면, $n \geq 4$일 때 $2n \leq T(n) \leq 3n$이므로 $T(n)=\Theta(n)$
- $T(n)=3n^2+2n+4$이라면, $n \geq 2$일 때 $2n^2 \leq T(n) \leq 5n^2$이므로 $T(n)=\Theta(n^2)$
- $T(n)=2n+4$이라면, $n \geq n_0$일 때 $c_1 n^2 \leq T(n) \leq c_2 n^2$을 만족하는 c_1, c_2, n_0가 존재$\times$.
  따라서 $T(n) \neq \Theta(n^2)$

"약"[24]에서 알 수 있듯이 Θ 표기법은 점근적 상한과 하한이 일치함을 나타낸다. 최고 차항의 차수가 n^2인 $3n^2 + 2n + 4$, $5n^2 + \log n + 2$ 등은 $\Theta(n^2)$이고, 최고차항의 차수가 n^2 보다 낮은 $3n - 10$, $3\log n + 5$, $3n\log n + 4n$ 등과 최고차항의 차수가 n^2보다 높은 $10n^3 + 5n^2 + 3n - 100$, $3n^4$ 등은 $\Theta(n^2)$이 아니다. 일반적으로, $T(n)$이 $a_m n^m + a_{m-1} n^{m-1} + \ldots + a_2 n^2 + a_1 n + a_0$의 다항식으로 표현되는 경우 최고차항만을 택해 계수를 1로 하여 $T(n) = \Theta(n^m)$이라 하면 된다.

Θ 표기법은 상한과 하한이라는 경계를 사용하지 않기 때문에 O나 Ω 표기법보다 정밀하다. 정확한 복잡도 함수를 안다면 Θ 표기법을 사용하는 것이 바람직하다. 다만 이미 언급했다시피 Θ 표기법 대신 종종 O 표기법이 사용된다.

점근 표기법은 동일한 기능을 수행하는 두 알고리즘을 비교하는데 매우 유용하게 사용할 수 있다. 예를 들어 알고리즘 A의 시간 복잡도는 $\Theta(n^2)$이고 알고리즘 B의 시간 복잡도는 $\Theta(n^3)$이라 하자. 복잡도 함수의 차수에서 드러나듯이 알고리즘 A가 알고리즘 B 보다 빠르다고 이야기할 수 있다. 단, "입력의 크기가 충분히 커짐에 따라"라는 전제가 붙는다. 만약 알고리즘 A의 시간 복잡도 $T(n) = 10^5 n^2$이고 알고리즘 B의 시간 복잡도 $T(n) = n^3$이면 다른 나머지 조건이 모두 동일한 경우 입력의 크기 n이 10^5보다 작을 때는 오히려 알고리즘 B가 더 빨리 실행된다([표 2.4] 참조). 따라서 두 알고리즘가운데 무엇을 선택할 것인가는 n의 값이 어느 정도인가에 달려있다. 입력의 크기가 작을 경우에는 어떤 복잡도의 알고리즘을 사용하여도 실행 시간엔 별 차이가 없거나 오히려 복잡도가 낮은 알고리즘이 더 느릴 수 있으므로 입력의 크기가 실행 시간에 영향을 줄 정도로 충분히 큰 경우를 대상으로 복잡도를 분석하자는 것이 점근 분석의 취지이다.

---

24 "대략적으로", "거의", "almost", "more or less" 등으로 대신할 수 있다.

2.4.3 점근 복잡도 쉽게 구하기

시간 복잡도 함수 $T(n)$을 구하기만 하면 누구나 쉽게 점근 표기법으로 나타낼 수 있다. 시간 복잡도 함수는 2.3절에서 다룬 것처럼 명령문 실행 횟수를 계산하여 구하면 되지만 프로그램이 조금만 커져도 시간과 노력이 많이 든다. 여기에서는 프로그래밍을 완벽히 끝내지 않아도 알고리즘만 주어지면 간단하게 점근 복잡도를 구하는 방법을 알아보고자 한다. 시간 복잡도 함수는 명령문 실행 횟수를 모두 합한 값에 비례한다는 점을 마음에 새기고 아래 몇 가지 간단한 규칙을 살펴보자.

- **규칙1)** 입력 크기에 따라 실행 횟수가 결정되는 순차적인 명령문 (블록)은 각각의 점근 복잡도 함수를 더한다.
- **규칙2)** 입력 크기에 따라 실행 횟수가 결정되는 중첩된 명령문 (블록)은 각각의 점근 복잡도 함수를 곱한다.
- **규칙3)** 호출되는 부프로그램은 해당 점근 복잡도 함수를 반영한다.

간단히 정리하자면 반복문 위주로 점근 복잡도를 고려하면 된다. 위의 규칙들이 어떻게 적용되는지 [표 2.9]의 샘플 알고리즘을 통해 살펴보자. 이 알고리즘은 입력의 크기에 따라 실행 횟수가 결정되는 2개의 반복문(줄 6, 10)과 하나의 함수 호출문(줄 4)이 순차적으로 등장하므로 이들의 점근 복잡도를 모두 더하면 된다(규칙1). (줄 2)의 반복문은 입력의 크기와 관계없이 항상 1,000번 반복하므로 $\Theta(1)$이 되어 전체 복잡도에 영향을 주지 않는다. (줄 6)의 중첩된 반복문은 바깥쪽 for가 n회, 안쪽 for가 n회 반복하므로 이를 곱하면 $\Theta(n^2)$이 된다(규칙2). (줄 10)의 반복문은 m회 반복하고 한번 반복할 때마다 func2 실행 시 $\Theta(n)$의 시간이 걸리므로 이를 곱하면 $\Theta(mn)$이 된다(규칙1,3). 앞에서 언급한 함수를 모두 더하면 $\Theta(m + n^2 + mn)$이고 여기에서 최고차항을 남기면 이 알고리즘의 점근 복잡도는 $\Theta(n^2 + mn)$이다. $O(n^2 + mn)$이라 해도 좋다.

[표 2.9] 접근 분석을 위한 샘플 알고리즘

줄	알고리즘	접근 복잡도

1
2
3
4
5
6
7
8
9
10
11
12
	`void sample(int n, int m) {`
	`    for ( i = 0 ; i < 1000 ; i++ ) { ... }`
	`    ...`
	`    func1(m);   // func1의 복잡도는 ` $\Theta(m)$ `이라 가정`
	`    ...`
	`    for ( i = 0 ; i < n ; i++ )`
	`        for ( j = 0 ; j < n ; j++ ) { ... }`
	`    ...`
	`    // func2의 복잡도는 ` $\Theta(n)$ `이라 가정`
	`    for ( i = 0 ; i < m ; i++ ) func2(n);`
	`    ...`
	`}`
		$\Theta(1)$
		
		$\Theta(m)$
		
		$\Theta(n^2)$
		
		$\Theta(mn)$

	계	$\Theta(n^2+mn)$

for 문이 아닌 while 문의 경우 반복 횟수를 알아내는 것이 좀 더 복잡하다. 조건식을 거짓으로 만드는 상황을 추적하여 반복 횟수를 알아내야 한다. 또한 반복문이 아닌 순환 문의 경우도 다른 방법을 사용하여 복잡도를 구해야 하는데 이에 관해서는 5장에서 자세히 설명하기로 한다.

2.4.4 최악, 최선, 평균 복잡도

[예제 2.4]의 두 행렬의 합 구하기 알고리즘의 시간 복잡도는 $\Theta(rows*cols)$로, 입력의 크기인 행의 수와 열의 수가 같으면 실행 시간에 대한 점근 복잡도도 같다. 이렇게 입력의 크기가 같기만 하면 언제나 복잡도가 일정한 알고리즘은 쉽게 점근 복잡도를 구할 수 있다. 반면 입력 데이터의 집합 또는 순서에 따라 실행 시간이 달라지는 알고리즘이 존재하는데 이러한 알고리즘의 복잡도를 구하기 위해서는 좀 더 세밀한 접근이 필요하다. 대개 다음 세 가지 경우로 분류하여 각각의 점근 복잡도를 분석한다.

① **최악의 경우 분석**(worst case analysis)
② **최선의 경우 분석**(best case analysis)
③ **평균적인 경우 분석**(average case analysis)

최악의 경우는 알고리즘의 실행이 가장 오래 걸리는 경우이며 최선의 경우는 반대로 알고리즘의 실행이 가장 빨리 끝나는 경우이다. 평균적인 경우는 모든 가능한 입력 집합에 대한 실행 시간의 평균을 구하는 경우를 말한다. 당연히 평균적인 경우의 복잡도는 최악의 경우의 복잡도보다 같거나 낮으며 최선의 경우의 복잡도보다 같거나 높다. 최악의 경우와 최선의 경우 복잡도가 같다면 평균적인 경우도 같을 수밖에 없고 이러한 알고리즘은 점근 복잡도를 하나의 Θ 표기법으로 나타낼 수 있다. 평균적인 경우의 복잡도는 최악과 최선의 중간 정도로 생각하기 쉽지만 의외로 최악의 경우 복잡도와 같거나 최선의 경우 복잡도와 같은 예를 많이 볼 수 있다. 13장에서 다룰 버블 정렬이나 삽입 정렬은 최선의 경우 $\Theta(n)$이고 최악의 경우 $\Theta(n^2)$인데 평균적인 경우 $\Theta(n^2)$이며 퀵 정렬은 최선의 경우 $\Theta(n\log n)$이고 최악의 경우 $\Theta(n^2)$인데 평균적인 경우 $\Theta(n\log n)$이다.

이 세 가지 중 최악의 경우 분석이 가장 중요하다. 예를 들어 원전의 방사능 유출을 알리는 알고리즘은 어떠한 상황에서도 정해진 시간 내에 입력 데이터를 분석하여 경고를 발생시켜야 하며 일기예보 알고리즘은 어떠한 기후 데이터에 대해서도 정해진 시간 내에 결과를 산출해야 한다. 평균적인 경우 분석은 말 그대로 알고리즘의 평균적인 성능을 알고자 할 때 사용한다. 가능한 모든 입력 데이터 집합에 대해 확률 분포를 이용하여 평균적인 실행 시간을 분석하게 되는데 대개 그 과정이 매우 복잡하여 구하기 힘든 경우가 많다. 또한 양극화가 심한 국가에서 1인당 국민소득이 실제 소득과는 거리가 멀듯이 각 경우별로 편차가 아주 심한 알고리즘에서는 의미 있는 정보를 제공하지 못한다.

최악의 경우는 여럿 있을 수도 있지만 최악의 경우 시간 복잡도는 유일하다. 최선의 경우도 여럿 있을 수도 있지만 최선의 경우 시간 복잡도는 유일하다. 평균적인 경우 시간 복잡도 역시 유일하다. 따라서 이 세 가지 경우의 점근 복잡도는 Θ 표기법으로 나타내는 것이 원칙이다. 물론 O 표기법을 관례적으로 사용하기도 한다.

▤ **예제 2.8** **순차 탐색의 최악, 최선, 평균 복잡도**

탐색은 매우 중요하고 기본적인 알고리즘이며 배열, 연결리스트, 트리, 그래프 등 다양한 데이터 구조에 저장된 항목들을 대상으로 사용할 수 있다. 여기에서는 배열에 n개의 정수가 저장되어 있을 때 어떤 주어진 값을 배열에서 찾아 그 위치를 알려주는 알고리즘을 생각하여보자.

가장 단순하면서도 쉬운 방법은 배열의 앞에서부터 찾고자하는 값을 하나씩 조사하는 것이다. [프로그램 2.4]를 보자. 만약 배열에 찾고자하는 값이 있다면 배열의 해당 인덱스가 반환되고(줄 4) 배열에 찾고자 하는 값이 없다면 −1이 반환된다(줄 5). 이와 같이 탐색 대상이 되는 모든 데이터에 대해 차례대로 하나씩 순차적으로 탐색하는 것을 순차 탐색이라고 한다. 순차 탐색은 데이터의 수가 상대적으로 적고 정렬되어있지 않을 때 충분히 사용가능한 알고리즘이다.

프로그램 2.4   순차 탐색

```
1   int sequential_search(int n, int list[], int num) {
2       int i;
3       for ( i = 0 ; i < n ; i++ )
4           if (list[i] == num) return i;
5       return -1;
6   }
```

순차 탐색 알고리즘의 최악, 최선, 평균 복잡도를 구해보자.

1) 최악의 경우는 찾고자 하는 수 num이 배열의 마지막 원소이거나 배열에 없는 경우로 (줄 3)을 n번 반복해야 한다. 따라서 O 표기법으로 나타내면 $O(n)$이다.

2) 최선의 경우는 찾고자 하는 수 num이 배열의 첫 번째 원소인 경우로 (줄 3)을 1번 실행하면 끝이다. 따라서 O 표기법으로 나타내면 $O(1)$이다.

3) 평균적인 경우는 모든 가능한 경우를 고려해야 하지만 분석을 단순화하기 위해 찾고자하는 수 num이 배열에 반드시 존재하며 배열 내의 원소는 모두 다르다고 가정하자. 그렇다면 num은 배열 인덱스 0과 $n-1$ 사이 어딘가에 $1/n$의 확률로 존재한다. 즉 모든 가능한 경우는 n가지 경우이며 각각은 모두 동일한 확률을 갖는다. 따라서 각 경우의 반복 횟수를 모두 합한 후 n으로 나누면 평균 반복 횟수를 얻는다.

$$(1+2+3+4+ \ldots + n)/n = \{n(n+1)/2\}/n = (n+1)/2$$

따라서 O 표기법으로 나타내면 $O(n)$이다. 순차 탐색에서는 최악의 경우와 평균적인 경우의 점근 복잡도가 같다는 것을 알 수 있다.

1. 다음 로그 함수에 대한 중요한 성질들을 증명하시오. 단, 밑수는 1보다 크다.

    (1) $\log_a 1 = 0$

    (2) $\log_a bc = \log_a b + \log_a c$

    (3) $\log_a \dfrac{b}{c} = \log_a b - \log_a c$

    (4) $\log_a b^c = c \cdot \log_a b$

    (5) $a^{\log_a b} = b$

    (6) $a^{\log_b c} = c^{\log_b a}$

2. 점근 표기법에 대한 다음 물음에 답하시오.

    (1) 점근 표기법을 사용하는 이유는?

    (2) $O(n)$, $\Omega(n)$, $\Theta(n)$의 의미를 설명하시오.

    (3) Θ 표기법에 의해서 시간 복잡도를 표시할 수 없는 알고리즘의 예를 드시오.

3. 다음은 알고리즘의 연산횟수를 나타낸 것이다. O 표기법으로 표현하시오.

    (1) $n^2 + 3n$

    (2) $(n + 100)(n - 25)$

    (3) $100n + 10$

    (4) $1{,}000{,}000{,}000$

    (5) 1 이하가 될 때까지 n을 10으로 나눈 횟수

4. $O(n^3)$의 시간 복잡도를 가지는 알고리즘이 1개의 입력을 1초에 처리한다. 이 알고리즘이 10개의 입력을 처리하는 대략적인 시간은?

5. 정수 n개가 저장된 배열에 대해 다음 각 작업의 최악, 최선의 시간 복잡도를 구하시오.

   (1) 배열의 i번째 숫자를 출력한다.

   (2) 배열안의 숫자 중에서 최댓값을 찾는다.

   (3) 배열의 모든 값을 더한다.

6. 함수 n^2과 $10n + 5$의 값이 n에 따라 어떻게 변하는지 비교하고 언제 $10n + 5$의 값이 더 작아지는지 확인하시오.

7. 함수 func의 시간 복잡도가 $O(n^2)$일 때 다음 반복문 전체의 시간 복잡도는?

   (1) `for ( i = 1 ; i < n ; i++ ) func( );`

   (2) `for ( i = 1 ; i < n ; i *= 2 ) func( );`

8. 다항식의 값을 구하는 일반적인 방법은 각 항을 각각 계산하여 모두 합하는 것이다. 예를 들어 $4x^3 + 5x^2 + 3x + 1$은 $4*(x*x*x) + 5*(x*x) + 3*x + 1$로 계산한다. 이 때 곱셈의 횟수는 6회이고 덧셈의 횟수는 3회이다. 또 다른 방법은 일명 호너의 규칙(Horner's rule)을 이용하는 것으로 $4x^3 + 5x^2 + 3x + 1$은 $((4*x + 7)*x + 3)*x + 1$로 정리하여 계산한다. 이 경우 곱셈의 횟수는 3회이고 덧셈의 횟수는 3회이다. 두 방법의 시간 복잡도를 구하고 비교하시오.

9. 프로그램 2.3에서 소개한 clock 함수를 이용하여 순차 탐색과 이진 탐색의 실행 시간을 측정하시오. 탐색할 배열의 값은 무작위로 생성하고 배열 원소의 개수를 점차 늘려가면서 최악의 경우를 기준으로 비교하시오.

10. 다음 두 프로그램에 대한 물음에 답하시오.

```c
float iterative_sum(float list[], int n) {
    float sum = 0;
    int i;
    for ( i=0 ; i<n ; i++ ) sum += list[i];
    return sum;
}

float recursive_sum(float list[], int n) {
    if (n) return recursive_sum(list, n-1) + list[n-1];
    return 0;
}
```

(1) 두 프로그램의 시간 복잡도는?

(2) 두 프로그램의 공간 복잡도는?

(3) 두 프로그램 중 어느 것을 사용하는 것이 효율적인가? 그 이유는?

11. 행렬의 덧셈에 관한 다음 두 프로그램에 대해서 아래 물음에 답하시오.

```c
void add1(...) {
    for ( int i = 0 ; i < rows ; i++ )
        for ( int j = 0 ; j < cols ; j++ )
            C[i][j] = A[i][j] + B[i][j];
}
void add2(...) {
    for ( int i = 0 ; i < cols ; i++ )
        for ( int j = 0; j < rows ; j++ )
            C[i][j] = A[i][j] + B[i][j];
}
```

(1) 두 프로그램의 점근 시간 복잡도를 각각 구하시오.

(2) rows > cols인 경우 어떤 프로그램이 효율적인가?

(3) rows = cols인 경우, 즉 정방 행렬인 경우 어떤 프로그램이 효율적인가?

12. 알고리즘의 복잡도를 최악의 경우 $\Theta(n)$이라고 하는 것과 최악의 경우 $O(n)$이라 하는 것의 차이를 설명하시오.

13. 다음은 점근 복잡도를 계산할 때 자주 사용하는 성질이다. 각각을 증명하시오.

    (1) $\displaystyle\sum_{i=1}^{n} i = \frac{n(n+1)}{2}$

    (2) $\displaystyle\sum_{i=1}^{n} i^2 = \frac{n(n+1)(2n+1)}{6}$

    (3) $\displaystyle\sum_{i=1}^{n} i^3 = \left\{\frac{n(n+1)}{2}\right\}^2 = \left(\sum_{i=1}^{n} i\right)^2$

14. 다음 알고리즘의 시간 복잡도를 구하시오.

```
void sort(int list[], int n) {
    for ( int i = 0 ; i < n-1 ; i++ )
      for ( int j=i+1 ; j < n ; j++ )
        if (list[j] < list[i]) S[i]와 S[j]를 교환;
}
```

복합 데이터 구조:
구조체와 배열

구조체와 배열은 그 자체로도 데이터 구조이지만 다른 데이터 구조를 구현하는데 사용되기도 한다. 이 장에서는 다양한 추상 데이터 구조를 C 언어로 구현하기 위해 반드시 알아야 하는 복합 데이터 구조인 구조체와 배열을 학습한다.

3.1 구조체

3.1.1 구조체 정의와 선언

지갑이나 가방은 여러 가지 유형의 물건들을 담을 수 있는 구조를 가지고 있다. 명절에 마트에서 흔히 볼 수 있는 종합선물세트도 서로 다른 물건들을 모아 포장하여 판매하는 상품이다. 프로그램에서도 이와 유사하게 다양한 타입의 데이터를 하나로 묶어서 관리해야하는 경우가 다반사이다. **구조체(structure)**는 데이터 타입이 다를 수 있는 변수들을 서로 다른 이름을 부여하여 하나로 묶어 메모리에 저장하는 구조로, C 언어에서는 struct라는 예약어를 사용하여 나타낸다. 구조체를 구성하는 변수를 멤버라 한다.

구조체는 그 구조를 먼저 정의하고 구조체 변수를 선언해야 사용이 가능하다. 구조체를 정의하면 단지 새로운 사용자 정의 데이터 타입이 만들어진다. 구조체 변수를 선언해야 비로소 데이터를 저장할 수 있다. 예를 들어 제목(title), 개봉연도(release), 관객수[25](viewers)라는 멤버를 가진 영화(Movie) 구조체를 정의하고 변수를 선언해보자.

```
// 구조체 정의와 변수 선언 1
struct Movie {          // 태그 Movie는 생략해도 좋다.
    char title[50];     // 제목
    int release;        // 개봉연도
    int viewers;        // 관객수(단위: 만명)
} m1, m2;

// 구조체 정의와 변수 선언 2
struct Movie {          // 태그 Movie는 생략하면 안 된다.
    char title[50];
    int release;
    int viewers;
```

---

25 관객수의 단위는 만명이다.

```
};
...
struct Movie m1, m2;

// 구조체 정의와 변수 선언 3
typedef struct Movie {    // 태그 Movie는 생략해도 좋다.
    char title[50];
    int release;
    int viewers;
} Movie;
...
Movie m1, m2;
```

첫 번째 방법은 구조체 Movie 정의와 구조체 변수 m1, m2 선언을 동시에 하는 것으로 구조체 Movie 타입의 변수를 더 선언하지 않는다면 구조체 이름에 해당하는 **구조체 태그 (tag)**는 생략해도 좋다. 다만 태그가 생략된 구조체는 나중에 다시 사용할 수가 없다. 두 번째 방법은 구조체를 먼저 정의하고 필요한 지점마다 구조체 변수를 분리하여 선언하는 방식이다. 일반적으로 구조체는 함수 외부에 전역적으로 정의하고 구조체 변수는 함수 내에서 선언하여 사용한다. 구조체 변수를 선언할 때 변수 앞에 "struct 구조체_태그_이름"을 붙여야 한다. 구조체 변수를 분리해서 선언하므로 구조체를 정의할 때 구조체 태그가 반드시 필요하다. 마지막 방법은 typedef을 사용하여 구조체 정의에 새로운 타입 이름을 명시적으로 부여하는 것이다. 구조체 변수를 선언할 때 struct를 사용하는 불편함이 없기 때문에 가장 권장하는 방법이다. 두 번째 방법과 마찬가지로 함수 외부에 구조체를 전역적으로 정의하고 함수 내에서 구조체 변수를 선언하여 사용한다. 구조체 태그를 구조체 타입과 다른 이름을 사용해도 되지만 이 책에서는 혼동을 피하기 위해 구조체 태그와 구조체 타입에 같은 이름을 사용하기로 한다. 구조체 태그는 생략해도 무방하다[26].

3.1.2 구조체 연산과 초기화

구조체 변수 내부의 멤버에 접근하려면 **멤버접근 연산자** .(dot)를 사용한다. 주의해야 할 것은 .의 앞과 뒤에는 반드시 변수 이름이 나와야 한다는 것이다.

---

26 태그가 생략된 구조체를 익명 구조체(anonymous structure)라고 한다.

```
strcpy(m1.title, "명량");
m1.release = 2014;
m1.viewers = 1761;
```

구조체 변수도 변수이므로 선언할 때 초기화하지 않으면 쓰레기 값을 갖는다. 구조체 변수의 값을 초기화하려면 중괄호 { } 안에 멤버 변수들의 초깃값을 구조체 멤버가 정의된 순서대로 ,와 함께 나열하거나 순서와 관계없이 . 연산자를 사용하여 명시적으로 지정하면 된다. 초기화에서 배제된 멤버들의 값은 모두 0으로 초기화된다. 다음 선언들은 모두 동일한 초깃값을 갖는다.

```
Movie m1 = {"명량", 2014, 0};
Movie m2 = {"명량", 2014};
Movie m3 = {.release=2014, .title="명량"};
```

구조체 변수의 값을 복사하기 위해서는 일일이 멤버를 복사할 필요 없이 대입 연산자 =를 사용하면 된다. 다만 구조체는 ==, !=, 〉 등의 관계 연산자를 사용할 수 없기 때문에 두 구조체 변수의 멤버가 모두 같은 값을 갖는지 확인하려면 모든 멤버들의 값을 비교하여야 한다.

```
Movie m1 = {"명량", 2014, 1761};
Movie m2 = m1;
if (!strcmp(m1.title, m2.title)
    && m1.release==m2.release
    && m1.viewers==m2.viewers)
        printf("같은 영화입니다.");
// 다음 문장은 컴파일 에러
// if (m1==m2) printf("같은 영화입니다.");
```

m1

명량
2014
1761

m2

명량
2014
1761

3.1.3 중첩 구조체

마치 종합선물세트 안에 또 다른 작은 선물세트가 들어있는 경우처럼 구조체를 포함하는 구조체도 가능하다. 구조체 안에 구조체가 들어있는 경우를 **중첩 구조체**라 한다. 구조체는 멤버 변수로 구성되어 있으므로 중첩 구조체는 구조체 타입의 멤버 변수를 포함하게 된다. 앞에서 다룬 Movie 구조체의 release 필드를 자세한 개봉날짜로 바꿔서 선언해보자.

```c
// 구체적인 날짜를 나타내는 구조체 Date 정의
typedef struct Date {
    int year;
    int month;
    int day;
} Date;

// 구조체 Date를 포함하는 중첩 구조체 NestedMovie 정의
typedef struct NestedMovie {
    char title[50];
    Date release;
    int viewers;
} NestedMovie;
```

중첩 구조체의 초기화는 일반 구조체와 마찬가지로 중괄호를 사용하되 각 구조체 멤버 변수는 중괄호를 중첩함으로써 초기화한다. 중첩 구조체의 구조체 멤버에 접근할 경우엔 구조체 안에 구조체가 있는 형태이므로 . 연산자를 두 번 사용해야 하며 .의 앞과 뒤에는 타입 이름 대신 반드시 변수 이름이 나와야 한다. 다음은 중첩 구조체의 초기화와 멤버 접근을 보여준다.

```c
NestedMovie m1 = {"명량", {2014, 7, 30}, 1761};
NestedMovie m2;
strcpy(m2.title, "신과함께-죄와벌");
m2.release.year = 2017;
m2.release.month = 12;
m2.release.day = 20;
m2.viewers = 1441;
```

3.1.4 구조체 포인터

구조체 포인터는 구조체를 가리키는 포인터이다. 일반 포인터와 마찬가지로 구조체 포인터 변수 선언 시에 어떤 구조체 타입을 가리키는 포인터인지 지정해야 한다. 구조체 포인터가 가리키는 구조체의 멤버에 접근하는 방법은 두 가지이다. 첫째, 일반적인 . 연

산자를 이용하려면 구조체 포인터 앞에 간접참조 연산자 *를 붙여야 한다. 두 번째 방법
은 구조체 포인터 다음에 간접 멤버접근 연산자 ->를 사용하는 방식인데 첫 번째 방법보
다 간단하기 때문에 주로 사용된다.

> (*구조체포인터이름).멤버이름[27]
> 구조체포인터이름->멤버이름

다음은 구조체 포인터를 통해 멤버에 접근하는 예이다. 선언된 구조체 포인터를 이용
하여 멤버 변수에 접근하는 두 가지 방식을 보여준다.

```
Movie m;
Movie *p2m = &m;
(*p2m).viewers = 10;
printf("관객수=%d 관객수=%d\n", m.viewers, (*p2m).viewers);
p2m->viewers = 20;
printf("관객수=%d 관객수=%d\n", m.viewers, p2m->viewers);
```

[프로그램 3.1]은 참조에 의한 호출 효과를 가져오기 위해 구조체 포인터를 함수의 매
개변수로 사용하는 예이다. (줄 21)에서 구조체 포인터 p2m을 매개변수로 넘겨주면, 호
출된 init_movie 함수에서 구조체의 값을 변경하게 되고 그 결과가 호출 함수 main의 매
개변수에 그대로 반영된다(줄 22~23). 물론 (줄 21)의 주석문처럼 구조체 포인터 변수대
신 구조체 변수의 주소를 함수의 매개 변수로 사용해도 된다.

⟨/⟩ 프로그램 3.1   구조체 포인터의 사용

```
1   #include <stdio.h>
2   #include <string.h>
3
4   // 구조체 정의
5   typedef struct Movie {
6       char title[50];
7       int release;
8       int viewers;
9   } Movie;
```

---

27 괄호를 빠뜨리면 *(구조체포인터이름.멤버이름)이라는 의미가 되기 때문에 주의한다.

```
10
11   // 구조체 멤버 초기화 함수
12   void init_movie(Movie *p2Movie) {
13       strcpy(p2Movie->title, "");
14       p2Movie->release = 0;
15       p2Movie->viewers = 0;
16   }
17
18   int main() {
19       Movie m = {"명량", 2014, 1761};
20       Movie *p2m = &m;
21       init_movie(p2m);  // init_movie(&m);
22       printf("m 초기화 후: 제목=%s, 개봉연도=%d, 관객수=%d\n",
23               m.title, m.release, m.viewers);
24   }
```

🖥️ **실행결과**

m 초기화 후: 제목=, 개봉연도=0, 관객수=0

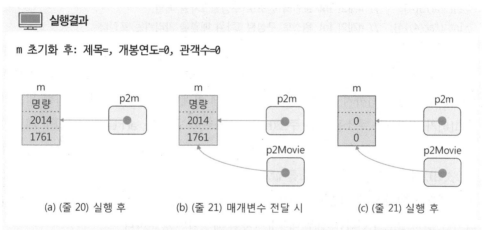

| (a) (줄 20) 실행 후 | (b) (줄 21) 매개변수 전달 시 | (c) (줄 21) 실행 후 |

3.2 배열

3.2.1 배열이란?

 배열(array)은 가장 자주 사용되는 데이터 구조 중 하나로 거의 모든 프로그래밍 언어에서 기본적으로 제공하는 복합 데이터 구조이다. 배열은 같은 데이터 타입의 원소를 하나의 이름으로 모아놓은 유한집합으로 다음과 같은 두 가지 특징을 갖는다.

- 배열의 각 원소는 물리적으로 연속된 메모리 공간을 차지한다.
- 배열의 각 원소는 인덱스를 이용하여 접근한다.

3.2.2 배열의 선언과 초기화

배열 원소는 모두 동일한 타입이기 때문에 배열 선언과 일반 변수 선언은 큰 차이가 없다. 유일하게 배열에서 추가로 고려해야 할 것은 바로 배열 크기 즉 원소 개수이다. 배열 크기는 배열 이름 다음에 나오는 [ ] 안에 표기된다. 다음 네 가지 선언 유형만 이해하면 배열을 다루는데 어려움이 없을 것이다.

```
int arr1[4];      // 4개의 int 원소로 구성된 1차원 배열
int arr2[2][4];  // 2행 4열 총 8개의 int 원소로 구성된 2차원 배열
int *arr3[4];     // 4개의 int 포인터 원소로 구성된 1차원 배열
int (*arr4)[4];  // 4개의 int 원소로 구성된 1차원 배열을 가리키는 포인터
```

arr1은 int 타입의 1차원 배열이다. 어떤 배열이던지 인덱스는 0부터 시작하므로 arr1[0]부터 arr1[3]까지 4개의 원소가 메모리에 차례대로 저장되는데 첫 번째 원소인 arr1[0]가 저장되는 주소를 **기준 주소(base address)**라고 한다. arr1은 int 타입의 배열이므로 각 원소 arr1[i]가 저장되어 있는 메모리 주소는 기준 주소 + i×sizeof(int)이다 ([표 3.1]). 배열 이름은 기준 주소를 값으로 하는 포인터 상수인데 변수가 아니기 때문에 한번 배열 선언이 있게 되면 해당 배열의 이름은 다른 값으로 지정할 수 없다. 추상 데이터 구조를 배열로 구현하는 경우 대부분 1차원 배열이면 충분하다.

[표 3.1] int 타입 arr1[4] 배열의 메모리 주소

배열 원소	메모리 주소
arr1[0]	기준 주소
arr1[1]	기준 주소 + 1 × sizeof(int)
arr1[2]	기준 주소 + 2 × sizeof(int)
arr1[3]	기준 주소 + 3 × sizeof(int)

1차원 배열을 초기화하려면 { } 안에 첫 번째 원소의 초깃값부터 차례대로 나열한다. 지정된 초깃값의 개수가 원소의 개수보다 적으면 나머지 원소들은 모두 0으로 초기화된다. 선언과 동시에 초기화를 하는 경우 배열의 크기는 생략 가능하다. 다음 선언들은 모

두 동일한 초깃값을 갖는다.

```
int arr1[4] = {1, 2, 3, 0};
int arr1[4] = {1, 2, 3};
int arr1[ ] = {1, 2, 3, 0};
```

arr2는 int 타입의 2차원 배열이다. 수학의 행렬처럼 세로 길이인 행과 가로 길이인 열을 갖는다. 1차원 배열의 원소는 하나의 인덱스로 접근하지만 2차원 배열의 원소는 2개의 인덱스를 사용하여 접근한다. C에서는 **행우선 순서(row major order)**로 원소가 메모리에 자리를 잡기 때문에 행의 값이 작은 원소부터 저장되며 행의 값이 같다면 열의 값이 작은 원소부터 저장된다. 각 원소 arr2[i][j]가 저장되어 있는 메모리 주소는 기준 주소 + (i×열의 수+j)×sizeof(int)이다([표 3.2]). 추상 데이터 구조가운데 그래프는 2차원 배열로 구현한다.

2차원이상의 배열을 다차원 배열이라 하는데 3차원 배열은 2차원 배열이 여러 개 모인 배열이고 4차원 배열은 3차원 배열이 여러 개 모인 배열이다. 차원이 높아질 때마다 [ ]가 하나씩 추가된다. 예를 들어 3차원 배열은 "배열이름[2차원배열의 수][행의 수][열의 수]"로 정의한다. 이론적으로는 차원 제한 없이 사용가능하지만 3차원 이상의 배열은 쓰임새도 좁고 다루기 쉽지 않기 때문에 거의 사용하지 않는다.

[표 3.2] int 타입 arr2[2][4] 배열의 메모리 주소

배열 원소	메모리 주소
arr2[0][0]	기준 주소
arr2[0][1]	기준 주소 + $(0 \times 4 + 1) \times$ sizeof(int) = 기준 주소 + $1 \times$ sizeof(int)
arr2[0][2]	기준 주소 + $(0 \times 4 + 2) \times$ sizeof(int) = 기준 주소 + $2 \times$ sizeof(int)
arr2[0][3]	기준 주소 + $(0 \times 4 + 3) \times$ sizeof(int) = 기준 주소 + $3 \times$ sizeof(int)
arr2[1][0]	기준 주소 + $(1 \times 4 + 0) \times$ sizeof(int) = 기준 주소 + $4 \times$ sizeof(int)
arr2[1][1]	기준 주소 + $(1 \times 4 + 1) \times$ sizeof(int) = 기준 주소 + $5 \times$ sizeof(int)
arr2[1][2]	기준 주소 + $(1 \times 4 + 2) \times$ sizeof(int) = 기준 주소 + $6 \times$ sizeof(int)
arr2[1][3]	기준 주소 + $(1 \times 4 + 3) \times$ sizeof(int) = 기준 주소 + $7 \times$ sizeof(int)

2차원 배열을 초기화하려면 { } 안에 초깃값을 열의 수만큼씩 { }로 다시 묶어서 나열한다. 귀찮다고 생각하면 하나의 { } 내에 쭉 나열해도 문제없다. 1차원 배열과 마찬가지로 지정된 초깃값의 개수가 원소의 개수보다 적으면 나머지 원소들은 모두 0으로 초기화된

다. 선언과 동시에 초기화를 하는 경우 행의 개수는 생략 가능하다. 다음 선언들은 모두 동일한 초깃값을 갖는다.

```
int arr2[2][4] = {{1, 2, 3, 0}, {4, 5, 6, 0}};
int arr2[2][4] = {1, 2, 3, 0, 4, 5, 6, 0};
int arr2[2][4] = {{1, 2, 3}, {4, 5, 6}};
int arr2[ ][4] = {1, 2, 3, 0, 4, 5, 6, 0};
```

arr3는 포인터 배열(Array of Pointer) 즉 포인터 변수를 여러 개 모아놓은 배열이다. 따라서 배열의 각 원소가 int 타입을 가리키는 포인터이다. arr3는 1차원 배열이므로 arr3[0]부터 arr3[3]까지 4개의 원소가 메모리에 차례대로 저장되는데 각각이 가리키는 int 타입 데이터들은 임의의 메모리 주소에 위치하게 된다. int나 char와 같은 기본 데이터 타입에 대한 포인터 배열은 일반 배열에 비해 뚜렷한 장점이 없어 잘 사용되지 않지만 구조체에 대한 포인터 배열은 메모리 낭비를 줄이는 효과가 있어 자주 사용된다. 구조체 포인터 배열은 뒤에서 다시 다룬다. 추상 데이터 구조 가운데 그래프를 연결리스트로 구현하는 경우 구조체 포인터 배열을 사용하게 될 것이다.

arr4는 배열이 아니라 배열에 대한 포인터[28], 줄여서 배열 포인터(Pointer to Array)이다. arr4 포인터가 가리키는 지점에 배열 크기가 4인 int 타입 배열이 자리를 잡고 있다. 배열 원소를 가리키는 일반 포인터와 배열 전체를 가리키는 배열 포인터는 쓰임새가 다르므로 확실히 구분해야 하며 뒤에서 다시 다루기로 한다.

3.2.3 배열과 포인터

C 언어의 배열과 포인터는 매우 관련성이 깊기 때문에 배열을 포인터처럼, 포인터를 배열처럼 사용할 수 있다. 배열과 포인터의 혼용은 프로그래밍의 융통성을 높이는 한편, 초보자들에겐 C 언어를 어렵게 만드는 장벽으로 작동한다. 배열과 포인터의 연결 고리에서 가장 중요한 사실은 배열 이름을 마치 포인터처럼 사용할 수 있다는 점이다. 그 이유는 배열 이름이 배열의 첫 번째 원소가 저장되어 있는 주소 상수이기 때문이다. 배열 이름이 가리키는 곳에 배열의 첫 번째 원소가 저장되어 있으므로 배열 이름은 포인터 변수처럼 사용이 가능하다[29]. 예를 들어 arr이 1차원 배열이라면 다음 관계가 성립한다.

---

28 [ ]의 우선순위가 *보다 높기 때문에 ( )가 없으면 배열로 인식된다.

이는 arr이 포인터 변수여도 동일하게 성립한다.

```
arr   = &arr[0]  ⇒  *arr      = arr[0]
arr+1 = &arr[1]  ⇒  *(arr+1) = arr[1]
arr+2 = &arr[2]  ⇒  *(arr+2) = arr[2]
…
arr+i = &arr[i]  ⇒  *(arr+i) = arr[i]
```

배열 이름을 포인터처럼 사용할 수도 있지만 배열 원소를 가리키는 별도의 포인터 변수를 사용하여 배열 원소에 접근할 수 있다. [프로그램 3.2]는 포인터 변수 p2i가 배열 arr의 첫 번째 원소를 가리키게 한 다음 포인터 변수와 배열 이름을 혼용해서 사용한 예를 보여준다.

프로그램 3.2 배열과 포인터

```
1  #include <stdio.h>
2  int main() {
3      int arr[4] = {0, 1, 2, 3};
4      int *p2i = arr;
5      for ( int i = 0 ; i < 4 ; i++ )
6          printf("arr[%d]=%d, p2i[%d]=%d, *(arr+%d)=%d, *(p2i+%d)=%d\n",
7                  i, arr[i], i, p2i[i], i, *(arr+i), i, *(p2i+i));
8  }
```

실행결과

```
arr[0]=0, p2i[0]=0, *(arr+0)=0, *(p2i+0)=0
arr[1]=1, p2i[1]=1, *(arr+1)=1, *(p2i+1)=1
arr[2]=2, p2i[2]=2, *(arr+2)=2, *(p2i+2)=2
arr[3]=3, p2i[3]=3, *(arr+3)=3, *(p2i+3)=3
```

---

29 배열 이름은 상수이므로 배열의 시작 주소는 변경할 수 없다는 점만 주의하자.

마지막으로 배열 원소를 가리키는 일반 포인터와 배열 전체를 가리키는 배열 포인터의 차이를 알아보자. 배열 전체를 가리키기 위해서는 다음 두 가지를 주의해야 한다. 첫째, 배열 포인터 선언 시 어떤 크기의 배열을 가리킬지 명시해야 한다. 둘째, 배열 포인터에 값을 주려면 가리킬 배열 이름 앞에 주소 연산자 &를 붙여야 한다.

[프로그램 3.3]은 일반 포인터와 배열 포인터의 사용 예를 보여준다. (줄 6)의 p2i는 배열 arr1의 첫 번째 원소를 가리키는 일반 포인터이고 (줄 7)과 (줄 8)의 p2arr1과 p2arr2는 int 타입 4개 원소로 구성된 배열의 시작 주소를 가리키는 배열 포인터이다. p2arr1은 배열 arr1을 가리키고 p2arr2는 배열 arr2[0]을 가리킨다. 2차원 배열 arr2는 4개의 원소를 갖는 1차원 배열 arr2[0]과 arr2[1]로 구성되어 있으므로 arr2[0]은 배열 이름이다. arr2[0]의 시작 주소인 &arr2[0]는 결국 2차원 배열 arr2의 시작 주소와 같고 이는 곧 배열 이름 arr2와 같으므로 &arr2[0]대신 arr2를 사용해도 좋다(줄 8). 실행결과에서 알 수 있듯이 일반 포인터 p2i의 값을 증가시키면 배열의 다음 원소를 가리키지만 배열 포인터 p2arr2의 값을 증가시키면 다음 원소가 아닌 다음 배열의 원소 즉 int 타입 원소 4개만큼 건너뛴 위치를 가리키게 된다.

프로그램 3.3   일반 포인터와 배열 포인터

```c
#include <stdio.h>
int main() {
    int i, j;
    int arr1[4] = {0, 1, 2, 3};
    int arr2[2][4] = {{0, 1, 2, 3}, {4, 5, 6, 7}};
    int *p2i = arr1;
    int (*p2arr1)[4] = &arr1;
    int (*p2arr2)[4] = &arr2[0]; // (*p2arr2)[4] = arr2;와 같음

    for ( i = 0 ; i < 4 ; i++ )
        printf("*(p2i+%d)=%d, (*p2arr1)[%d]=%d, p2arr1[0][%d]=%d\n",
                i, *(p2i+i), i, (*p2arr1)[i], i, p2arr1[0][i]);
    for ( i = 0 ; i < 2 ; i++ ) {
        for ( j = 0 ; j < 4 ; j++ )
            printf("(*(p2arr2+%d))[%d]=%d ", i, j, (*(p2arr2+i))[j]);
        printf("\n");
    }
}
```

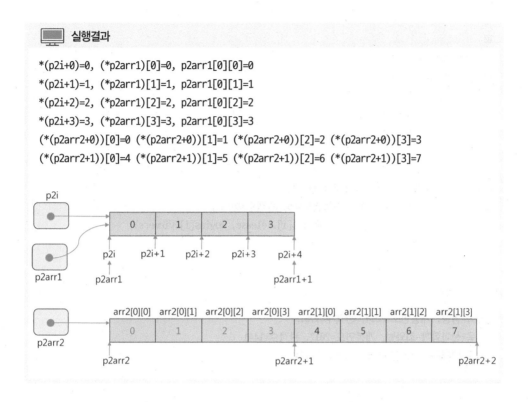

실행결과

```
*(p2i+0)=0, (*p2arr1)[0]=0, p2arr1[0][0]=0
*(p2i+1)=1, (*p2arr1)[1]=1, p2arr1[0][1]=1
*(p2i+2)=2, (*p2arr1)[2]=2, p2arr1[0][2]=2
*(p2i+3)=3, (*p2arr1)[3]=3, p2arr1[0][3]=3
(*(p2arr2+0))[0]=0 (*(p2arr2+0))[1]=1 (*(p2arr2+0))[2]=2 (*(p2arr2+0))[3]=3
(*(p2arr2+1))[0]=4 (*(p2arr2+1))[1]=5 (*(p2arr2+1))[2]=6 (*(p2arr2+1))[3]=7
```

3.2.4 구조체 배열

배열은 어떤 타입의 원소도 허용하기 때문에 사용자가 정의한 구조체 타입을 원소로 하는 구조체 배열도 가능하다. 구조체 배열도 배열이므로 각 원소는 인덱스를 이용하여 접근하며 각 원소 자체가 구조체이므로 각 원소의 멤버에 접근하려면 멤버접근 연산자 . 를 사용하면 된다.

프로그램 3.4   구조체 배열

```c
1   #include <stdio.h>
2   #define MAX_SIZE 100
3
4   // 구조체 정의
5   typedef struct Movie {
6       char title[50];
7       int release;
8       int viewers;
9   } Movie;
```

```
10
11   int main() {
12       Movie movies[MAX_SIZE] = {
13           {"명량", 2014, 1761},
14           {"신과함께-죄와벌", 2017, 1441},
15           {"베테랑", 2015, 1341}
16       };
17
18       for ( int i = 0 ; i < 3 ; i++ )
19           printf("제목=%s, 개봉연도=%d, 관객수=%d\n",
20               movies[i].title, movies[i].release, movies[i].viewers);
21   }
```

🖥 **실행결과**

제목=명량, 개봉연도=2014, 관객수=1761
제목=신과함께-죄와벌, 개봉연도=2017, 관객수=1441
제목=베테랑, 개봉연도=2015, 관객수=1341

	movies[0]	movies[1]	movies[2]
title	명량	신과함께-죄와벌	베테랑
release	2014	2017	2015
viewers	1761	1441	1341

[프로그램 3.4]의 (줄 12)를 보면 구조체 하나당 58 바이트가 필요하므로 배열 movies 가 차지하는 공간은 58×100=5,800 바이트이다. 그러나 실제로 사용되는 공간은 58×3=174 바이트에 불과하다. 저장할 영화의 수를 알고 있다면 배열의 크기를 미리 결정할 수 있으므로 낭비되는 공간이 없겠지만, 그렇지 못하다면 최대로 공간을 배정할 수밖에 없어 메모리를 낭비할 가능성이 높다. 이러한 경우 구조체 배열대신 구조체 포인터 배열을 사용하면 메모리 낭비를 줄일 수 있다. [프로그램 3.5]는 구조체 포인터 배열을 사용한 예를 보여준다. (줄 15)에 선언된 ptrs2movie는 구조체 Movie 타입을 가리키는 포인터 배열로, 각 포인터는 4 바이트씩 자리를 차지하므로 4×100=400 바이트면 충분하다. 영화에 대한 정보가 저장된 구조체 m1, m2, m3을 위한 공간이 58×3=174 바이트이므로 400+174=574 바이트가 실제로 사용되었다. 물론 100개의 포인터가 모두 사용된다면 구조체 배열보다 메모리 공간을 더 차지하겠지만 실제 사용량이 예측 사용량보다 낮은 경우 메모리 낭비를 줄일 수 있다. 다만 [프로그램 3.5]와 같이 프로그래밍하는 경우는 극히 드물다는 점에 유의해야 한다. 저장할 영화의 수가 3개라는 사실이 미리 결정되어 있

으므로 프로그램 실행 전에 미리 정해진 크기의 메모리를 할당하는 구조체 배열을 사용하면 충분하다[30]. 저장할 영화의 수를 예측하기 어려운 상황에서는 구조체 포인터 배열과 더불어 프로그램 실행 도중에 동적으로 메모리를 할당하는 동적 메모리 할당 기법을 사용해야 한다. 동적 메모리 할당에 관해서는 4장에서 자세히 다룬다.

프로그램 3.5   구조체 포인터 배열

```
1    #include <stdio.h>
2    #define MAX_SIZE 100
3
4    // 구조체 정의
5    typedef struct Movie {
6        char title[50];
7        int release;
8        int viewers;
9    } Movie;
10
11   int main() {
12       Movie m1 = {"명량", 2014, 1761};
13       Movie m2 = {"신과함께-죄와벌", 2017, 1441};
14       Movie m3 = {"베테랑", 2015, 1341};
15       Movie *ptrs2movie[MAX_SIZE] = {&m1, &m2, &m3};
16
17       for ( int i = 0 ; i < 3 ; i++ )
18           printf("제목=%s, 개봉연도=%d, 관객수=%d\n",
19               ptrs2movie[i]->title,
20               ptrs2movie[i]->release,
21               ptrs2movie[i]->viewers);
22   }
```

---

30 #define MAX_SIZE 3

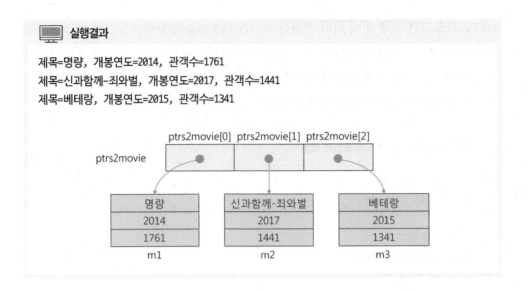

3.2.5 배열과 함수

[프로그램 3.6]을 보면서 배열을 함수의 매개변수로 전달하는 상황을 생각해보자. 배열 전체를 복사해서 전달하는 것은 매우 비현실적이므로 배열의 이름을 매개변수로 전달한다(줄 13, 16). 배열의 이름은 주소 상수이므로 호출된 함수에서는 포인터 변수(줄 3) 또는 크기를 생략한 배열(줄 7)로 선언하여 전달받는다. 주소를 매개변수로 넘겨주었기 때문에 호출된 함수에서 배열의 값을 변경하게 되면 호출 함수에 영향을 미치게 된다. 배열의 이름만을 매개변수로 전달하였다고 가정할 때, 호출된 함수 입장에서 보면 배열의 시작은 알 수 있으나 배열의 크기는 알 수가 없다. 따라서 보통 배열의 크기를 배열의 이름과 더불어 매개변수로 전달한다(줄 3). 만약 배열 일부를 전달해야 할 경우에는 부분 배열의 시작과 마지막 인덱스를 매개변수로 전달한다(줄 7).

프로그램 3.6   배열을 매개변수로 전달

```
1    #include <stdio.h>
2
3    void increase_arr(int *list, int n) {
4        for ( int i = 0 ; i < n ; i++ ) (*(list+i))++;
5    }
6
7    void increase_part_of_arr(int list[], int from, int to) {
8        for ( int i = from ; i <= to ; i++ ) list[i]++;
```

```
 9    }
10
11    int main() {
12        int arr[] = {0, 1, 2, 3};
13        increase_arr(arr, 4);
14        for ( int i = 0 ; i < 4 ; i++ ) printf("arr[%d]=%d ", i, arr[i]);
15        printf("\n");
16        increase_part_of_arr(arr, 1, 3);
17        for ( int i = 0 ; i < 4 ; i++ ) printf("arr[%d]=%d ", i, arr[i]);
18    }
```

🖥 **실행결과**

```
arr[0]=1 arr[1]=2 arr[2]=3 arr[3]=4
arr[0]=1 arr[1]=3 arr[2]=4 arr[3]=5
```

2차원 배열을 매개변수로 전달하는 경우, 호출 함수에서는 1차원 배열과 마찬가지로 배열 이름을 매개변수로 넘기면 된다. 호출된 함수에서는 다음과 같은 세 가지 방식 중 하나로 매개변수를 전달받아야 한다. 첫째, 2차원 배열의 행과 열의 수를 모두 표시한다. 둘째, 2차원 배열의 열의 수만 표시한다. 셋째, 열의 수로 구성된 배열을 가리키는 배열 포인터를 사용한다. 세 가지 방식의 공통점은 모두 열의 개수를 명시하는 것으로 배열 차원에 대한 정보를 전달하기 위함이다.

```
void pass_2d_array(int (*p2arr)[4]) {
// void pass_2d_array(int p2arr[][4]) {
// void pass_2d_array(int p2arr[2][4]) {
    …
}

int main() {
    int arr[2][4] = {{0, 1, 2, 3}, {4, 5, 6, 7}};
    pass_2d_array(arr);
}
```

3.3 구조체와 배열의 활용: 박스오피스

국내에서 개봉된 영화들을 대상으로 한국 영화와 외국 영화로 나누어 누적관객수 순서대로 박스오피스를 별도로 관리하고 있다고 가정하자. 한국 영화와 외국 영화 박스오피스를 누적관객수 순으로 하나의 박스오피스로 합치는 프로그램을 작성하고자 한다. 1장에서 배운 것처럼 박스오피스 추상 데이터 타입을 먼저 정의하고 프로그램을 작성해야겠지만 비교적 단순한 문제이므로 바로 프로그래밍에 들어가도록 한다. 먼저 이 문제에 사용할 데이터 타입을 생각해보자. 복수의 영화를 저장하려면 구조체 배열 또는 구조체 포인터 배열을 사용하면 된다. 이 예에서는 구조체 배열을 사용하되 영화의 수 즉 실제로 배열에 저장된 원소의 수를 기억하기 위한 변수 length를 추가하여 새로운 구조체 타입을 만들어 사용한다[31]. 박스오피스를 관리하기 위한 데이터 타입 ArrayBO는 다음과 같이 정의할 수 있다.

```
#define MAX_SIZE 100

// 영화 정보를 저장하는 구조체 Movie 정의
typedef struct Movie {
    char title[50];             // 영화제목
    int release;                // 개봉연도
    int viewers;                // 누적관객수
} Movie;

// 중첩 구조체 ArrayBO 정의
typedef struct ArrayBO {
    int length;                 // 저장된 영화의 수
    Movie movies[MAX_SIZE];     // 영화 정보를 저장하는 구조체 배열
} ArrayBO;
```

데이터 타입 ArrayBO의 멤버 배열 movies에는 누적관객이 많은 영화부터 차례대로 저장되며 멤버 변수 length는 저장된 영화의 개수이다. 각 영화는 제목, 개봉연도, 관객수로 이루어진 구조체 Movie 타입으로 정의된다. 구조체 배열을 사용하였기 때문에 저장할

---

31 구조체 배열과 원소의 수를 구조체로 묶지 않고도 프로그래밍이 가능하지만 추상 데이터 타입의 데이터들은 한 곳(하나의 구조체)에 모아놓는 것이 바람직하다. 지금은 익숙하지 않아 조금 불편하더라도 훨씬 효과적이다. 객체 지향 언어에서는 데이터뿐만 아니라 연산들도 클래스라는 틀 안에 묶어 정의한다. 앞으로도 이러한 접근 방식을 계속 따를 것이다.

영화의 수는 한계가 있다. 이 예에서는 최대 100개까지 허용한다. [그림 3.1]에 ArrayBO의 구조를 나타내었다.

[그림 3.1] 중첩 구조체 ArrayBO

[프로그램 3.7]은 박스오피스 병합 프로그램이다. main 함수에서 (줄 52)와 (줄 56)에 선언된 변수 domestic과 foreign은 각각 한국 영화와 외국 영화의 박스오피스에 해당한 다. 초기화된 직후 두 변수의 상태는 하단 그림을 참조하라. 두 박스오피스를 하나로 합 치는 함수인 merge_BO를 호출하면 하나로 병합된 박스오피스를 생성할 수 있다. (줄 28) 의 merge_BO 함수가 [프로그램 3.7]의 핵심이다. 이 함수는 박스오피스 a와 b를 합쳐서 c 를 만들어내는데 이 합병 과정에는 일종의 팀 간 개인전 방식이 사용된다[32]. 각 박스오 피스가 관객수에 따라 이미 정렬되어 있으므로 두 박스오피스에서 선수를 하나씩 앞에 서부터 출전시켜 관객수가 더 많은 승자를 차례대로 박스오피스 c에 추가한다. 패자 쪽 은 그대로 두고 승자 쪽에서는 그 다음 영화가 대결에 나선다. merge_BO의 매개변수로 구 조체 주소를 전달하는 것에 의문을 가질 수 있다. 박스오피스 a와 b는 merge_BO 내에서 변경되지 않기 때문에 포인터 변수로 받지 않아도 된다. 다만 구조체 배열 전체를 복사 하는데 걸리는 시간과 복사된 공간을 절약하기 위해서 주소를 전달한다. 앞으로도 구조 체를 함수에 전달하는 경우에는 구조체 주소를 매개변수로 넘기는 것을 원칙으로 한다.

조금 더 자세히 프로그램을 살펴보자. (줄 33~43)은 대결을 펼칠 영화가 양쪽 박스오 피스에 모두 남아 있는 한, 계속 승자를 박스오피스 c에 추가하도록 만든다. 영화를 c에 추가하는 작업은 별도의 add_movie 함수를 통해 이루어진다. add_movie 함수에서는 반드 시 구조체 포인터를 매개변수로 사용해야 함을 주의하라. 두 박스오피스 중 적어도 어느 한쪽의 모든 영화가 소진되어 (줄 33)의 조건이 거짓이 되면 소진되지 않은 박스오피스 의 영화를 전부 차례대로 c에 추가해도 순서를 위배하지 않고 원하는 결과를 얻을 수 있 다(줄 45, 47). 결국 모든 영화가 c에 저장되고 나서야 합병이 종료되므로 merge_BO 함수 의 실행 시간은 합병 대상이 되는 두 박스오피스의 원소수에 비례한다. 만약 두 박스오 피스에 저장된 원소가 각각 n개와 m개라면 결국 모든 원소들이 박스오피스 c에 하나씩

---

32 유명한 정렬 방법 중 하나인 합병정렬(merge sort)에서 사용하는 기법이다.

차례대로 저장되므로 merge_BO 함수는 $O(n+m)$임을 알 수 있다.

중첩 구조체와 구조체 배열이 사용되었기 때문에 ., ->, [] 등이 복잡하게 얽힌 코드를 통해 구조체 Movie의 멤버에 접근할 수밖에 없다. C 프로그래밍이 익숙하지 않은 초보자의 경우 당황스러울 수 있지만 데이터 타입의 포함 관계를 찬찬히 따져보면 이해하기에 어려움이 없을 것이다. [프로그램 3.7]은 배열, 구조체, 포인터 등을 종합적으로 다루는 예제이므로 코드가 머릿속에 그려지도록 반복적으로 학습하기를 권한다.

프로그램 3.7   구조체 배열을 이용한 박스오피스 합병 프로그램

```c
1   #define MAX_SIZE 100
2   #include <stdio.h>
3   #include <stdlib.h>
4
5   // 영화 정보를 저장하는 구조체 Movie 정의
6   typedef struct Movie {
7       char title[50];                  // 영화제목
8       int release;                     // 개봉연도
9       int viewers;                     // 누적관객수
10  } Movie;
11  // 중첩 구조체 ArrayBO 정의
12  typedef struct ArrayBO {
13      int length;                      // 저장된 영화의 수
14      Movie movies[MAX_SIZE];          // 영화 정보를 저장하는 구조체 배열
15  } ArrayBO;
16
17  // 구조체 배열 뒤에 영화를 추가하는 함수
18  void add_movie(ArrayBO *BO, Movie m) {
19      if (BO->length == MAX_SIZE) {
20          printf("영화를 더 이상 추가할 수 없습니다.\n");
21          exit(1);
22      }
23      BO->movies[BO->length] = m;      // 마지막 원소 다음에 추가
24      BO->length++;
25  }
26
27  // 두 박스오피스를 하나로 합치는 함수
28  ArrayBO merge_BO(ArrayBO *a, ArrayBO *b) {
29      ArrayBO c;                       // 합병된 박스오피스
30      int idx_a=0, idx_b=0;            // 구조체 배열 movies의 인덱스 변수
31
32      c.length = 0;
```

```
33      while (idx_a < a->length && idx_b < b->length) {
34          if (a->movies[idx_a].viewers >= b->movies[idx_b].viewers) {
35              // a 관객수 >= b 관객수인 경우
36              add_movie(&c, a->movies[idx_a]);
37              idx_a++;
38          }
39          else {  // a 관객수 < b 관객수인 경우
40              add_movie(&c, b->movies[idx_b]);
41              idx_b++;
42          }
43      }
44      // 아직 남아있는 a 영화들을 추가
45      for ( ; idx_a < a->length ; idx_a++ ) add_movie(&c, a->movies[idx_a]);
46      // 아직 남아있는 b 영화들을 추가
47      for ( ; idx_b < b->length ; idx_b++ ) add_movie(&c, b->movies[idx_b]);
48      return c;
49  }
50
51  int main() {
52      ArrayBO domestic = { 4, { {"명량", 2014, 1761},
53                                {"베테랑", 2015, 1341},
54                                {"도둑들", 2012, 1298},
55                                {"암살", 2015, 1270} } };
56      ArrayBO foreign  = { 3, { {"아바타", 2009, 1333},
57                                {"인터스텔라", 2014, 1030},
58                                {"겨울왕국", 2014, 1029} } };
59      ArrayBO merged = merge_BO(&domestic, &foreign);
60
61      for ( int i = 0 ; i < merged.length ; i++ )
62          printf("제목=%s, 관객수=%d\n",
63              merged.movies[i].title, merged.movies[i].viewers);
64  }
```

🖥️ **실행결과**

제목=명량, 관객수=1761
제목=베테랑, 관객수=1341
제목=아바타, 관객수=1333
제목=도둑들, 관객수=1298
제목=암살, 관객수=1270
제목=인터스텔라, 관객수=1030
제목=겨울왕국, 관객수=1029

domestic

length		movies[0]	movies[1]	movies[2]	movies[3]
4	title	명량	베테랑	도둑들	암살
	release	2014	2015	2012	2015
	viewers	1761	1341	1298	1270

foreign

length		movies[0]	movies[1]	movies[2]
3	title	아바타	인터스텔라	겨울왕국
	release	2009	2014	2014
	viewers	1333	1030	1029

merged

length		movies[0]	movies[1]	movies[2]	movies[3]	movies[4]	movies[5]	movies[6]
7	title	명량	베테랑	아바타	도둑들	암살	인터스텔라	겨울왕국
	release	2014	2015	2009	2012	2015	2014	2014
		1761	1341	1333	1298	1270	1030	1029

1. 다음 중 배열의 선언 및 초기화가 잘못된 것을 모두 선택하고 그 이유를 설명하시오.

    (1) int array1[4] = { };

    (2) int array2[4] = { 10 };

    (3) int array3[4] = { 10, 20, 30, 40 };

    (4) int array4[ ] = { };

    (5) int array5[ ] = { 10, 20, 30, 40 };

    (6) int array6[2][2] = { 10, 20, 30, 40 }

    (7) int array7[ ][2] = { 10, 20, 30, 40, 50, 60, 70, 80 }

    (8) int array8[2][ ] = { 10, 20, 30, 40, 50, 60, 70, 80 }

2. 다음 중 구조체 변수의 선언 및 초기화가 잘못된 것을 모두 선택하고 그 이유를 설명하시오.

    ```
    struct 3D {
        int x, y, z;
    };
    ```

    (1) struct 3D point1;

    (2) struct 3D point2 = { 0 };

    (3) struct 3D point3 = { 1, 2, 3 };

    (4) 3D point4 = { 1, 2, 3 };

3. 행렬곱을 수행하는 프로그램을 작성하시오.

4. 희소 행렬은 0이 아닌 원소의 수가 매우 적은 행렬이다. 희소 행렬을 2차원 배열에 저장하게 되면 대부분 0으로 채워지게 된다. 0이 아닌 원소들만 구조체 배열에 저장하면 이러한 메모리 공간의 낭비를 막을 수 있다. 행렬 A가 희소 행렬의 예이다.

$$A = \begin{pmatrix} 2\,0\,1\,3\,0\,7\,0\,0 \\ 0\,0\,8\,5\,6\,0\,0\,9 \\ 4\,0\,0\,0\,0\,0\,0\,0 \end{pmatrix}$$

다음은 희소 행렬을 저장하기 위한 구조체 타입 정의이다.

```
typedef struct term {
        int col;                // 행의 값
        int row;                // 열의 값
        int value;              // (col, row)의 값
} term;
term a[MAX_TERMS], b[MAX_TERMS];
```

희소 행렬 A가 구조체 배열 a에 저장된 결과는 아래 왼쪽과 같다. 0이 아닌 원소들 9개에 대상으로 행의 값, 열의 값, 원소의 값이 저장된다. 행과 열의 값은 0부터 시작한다. 배열의 첫 번째 원소는 희소 행렬의 메타 정보로, 희소 행렬의 행의 수, 열의 수, 0이 아닌 원소 개수를 나타낸다. 원소들은 행의 값에 따라 오름차순으로 정렬된 행우선 방식으로 저장되어 있다. 우리의 목표는 구조체 배열 a에 저장된 희소 행렬을 전치하여 구조체 배열 b에 저장하는 것이다.

a[]	row	col	value
0	3	8	9
1	0	0	2
2	0	2	1
3	0	3	3
4	0	5	7
5	1	2	8
6	1	3	5
7	1	4	6
8	1	7	9
9	2	0	4

→

b[]	row	col	value
0	8	3	9
1	0	0	2
2	0	2	4
3	2	0	1
4	2	1	8
5	3	0	3
6	3	1	5
7	4	1	6
8	5	0	7
9	7	1	9

아래 함수는 희소 행렬의 전치 함수이다. 배열 row_terms는 전치된 행렬에서 각 행의 원소 개수를 나타내며 배열 starting_pos는 전치된 행렬에서 각 행의 원소가 저장되는 시작 인덱스를 나타낸다. 참고로 함수 transpose에서 전치하기 직전의 두 배열은 다음과 같다.

	0	1	2	3	4	5	6	7
row_terms[]	2	0	2	2	1	1	0	1
starting_pos[]	1	3	3	5	7	8	9	9

빈 칸을 채워 프로그램을 완성하시오.

```
void transpose(term a[], term b[]) { /* a를 전치시켜 b에 저장 */
    int row_terms[MAX_COL], starting_pos[MAX_COL];
    int i, j, num_col = a[0].col, num_terms = a[0].value;
    b[0].row = num_cols;
    b[0].col = a[0].row;
    b[0].value = num_terms;
    if (num_terms > 0) {
        for ( i = 0 ; i < num_cols ; i++ ) row_terms[i] = 0;
        for ( i = 1 ; i <= num_terms ; i++ ) ①;
        starting_pos[0] = 1;
        for ( i = 1 ; i < num_cols ; i++ ) starting_pos[i] = ②;
        for ( i = 1 ; i <= num_terms ; i++ ) {
            j = starting_pos[s[i].col]++;
            b[j].row = a[i].col;
            b[j].col = ③;
            b[j].value =  ④;
        }
    }
}
```

5. 정방 행렬 가운데 대각선을 중심으로 아래에만 값이 존재하는 행렬을 하삼각 행렬이라 한다. 하삼각 행렬을 2차원 배열에 저장하게 되면 절반 정도의 메모리 공간이 낭비된다. 하삼각 행렬을 1차원 배열에 저장하면 메모리 낭비 문제를 해결할 수 있다. 아래 그림처럼 2차원 배열 A의 원소 중 하삼각 부분만 1차원 배열 B에 저장한다.

$$A = \begin{pmatrix} x_{11} & 0 & 0 & 0 & \cdots\cdots\cdots & 0 \\ x_{21} & x_{22} & 0 & 0 & \cdots\cdots\cdots & 0 \\ x_{31} & x_{32} & x_{33} & 0 & \cdots\cdots\cdots & 0 \\ x_{41} & x_{42} & x_{43} & x_{44} & \cdots\cdots\cdots & 0 \\ .. & .. & .. & .. & \cdots\cdots\cdots & \\ .. & .. & .. & .. & \cdots\cdots\cdots & \\ x_{n1} & x_{n2} & x_{n3} & x_{n4} & \cdots\cdots\cdots & x_{nn} \end{pmatrix}$$

$$B = \begin{pmatrix} x_{11} & x_{21} & x_{22} & x_{31} & x_{32} & x_{33} & x_{41} & x_{42} & x_{43} & x_{44} & x_{51} & x_{52} & \cdots\cdots\cdots & x_{nn} \end{pmatrix}$$

하삼각 행렬인 2차원 배열 A를 입력받아 1차원 배열 B에 저장하고 A[i][j]의 값을 B에서 찾아 주는 프로그램을 작성하시오. 다음 실행 화면을 참고하라.

```
C:\Windows\system32\cmd.exe

n의 값을 입력 : 3
하부삼각행렬 A의 [1]행 [1]열의 값을 입력하세요 : 1
하부삼각행렬 A의 [2]행 [1]열의 값을 입력하세요 : 2
하부삼각행렬 A의 [2]행 [2]열의 값을 입력하세요 : 3
하부삼각행렬 A의 [3]행 [1]열의 값을 입력하세요 : 4
하부삼각행렬 A의 [3]행 [2]열의 값을 입력하세요 : 5
하부삼각행렬 A의 [3]행 [3]열의 값을 입력하세요 : 6


행렬 A는

1 0 0
2 3 0
4 5 6

변환된 행렬 B는

1, 2, 3, 4, 5, 6,

찾을 A행렬의 인자의 행과 열을 입력하세요.(i,j)
2,2
찾을 행렬 A[2][2]의 값 : 3
배열 B에서 찾은 값 : 3
계속하려면 아무 키나 누르십시오 . . .
```

6. 온라인 쇼핑몰의 로그인 프로그램을 만들려고 한다. 회원이 로그인을 시도하는 경우 ID와 패스워드가 등록된 사용자인지 확인하고 비회원이 로그인을 시도하는 경우 회원 가입 절차를 진행하는 프로그램을 작성하시오.

CHAPTER **4**

복합 데이터 구조:
연결리스트

이 장에서는 다양한 추상 데이터 구조를 C 언어로 구현하기 위해 반드시 알아야 하는 복합 데이터 구조인 연결리스트를 학습한다.

4.1 연결리스트의 구조와 표현

4.1.1 배열 vs. 연결리스트

배열은 원소들이 순서를 형성하는 선형 데이터 구조를 구현하는 데 주로 사용한다. 배열은 사용이 간단하다는 장점이 있는 반면 두 가지 측면에서 제약이 있다. 배열의 가장 큰 단점은 크기가 고정된다는 점이다. 프로그램이 실행이 시작되고 나면 배열의 크기를 마음대로 줄이거나 늘일 수 없다. 따라서 아래와 같은 코드는 컴파일 에러를 발생시킨다.

```
int n;
scanf("%d", &n);
int arr[n];    // 컴파일 에러
```

```
int n=10;
int arr[n];    // 컴파일 에러
```

배열의 크기를 잘못 예측하여 실제보다 작은 크기로 선언하게 되면 저장 공간이 부족하게 되고 반대로 실제보다 큰 크기로 선언하게 되면 저장 공간을 낭비하게 된다. 정확한 크기를 예측할 수 있거나 편차가 그리 크지 않는 경우를 제외하고는 이러한 위험성이 항상 존재한다. 예를 들어 한 대학의 입학지원서를 배열로 구현한다면 어떨까? 해마다 지원자의 수가 달라지기 때문에 배열의 크기를 미리 결정하기 어렵다. 배열처럼 프로그램 실행 전에 크기가 결정되는 메모리 할당 방법을 **정적 메모리 할당(static memory allocation)**이라 한다. 배열의 두 번째 단점은 원소 간 논리적 순서와 물리적 순서가 동일하기 때문에 중간에 원소를 삽입하거나 삭제하는 경우 이미 저장된 원소들을 이동시켜야 한다는 점이다. 특히 맨 앞에 원소를 삽입하거나 맨 앞 원소를 삭제하는 경우 모든 데이터를 일일이 한 칸씩 이동시켜야 한다. 이와 같이 배열은 사용이 간단한 반면 융통성이 떨어지는 데이터 구조라 할 수 있다.

배열 대신 선형 데이터 구조를 구현할 수 있는 방법은 없을까? **연결리스트**(linked list)를 사용하면 배열을 대신하여 선형 데이터 구조를 구현할 수 있다([그림 4.1]). 연결리스트는 데이터와 데이터를 일종의 끈으로 연결해 놓은 것이다. 끈을 따라 이동하면 다음 데이터에 접근할 수 있다. C 프로그램에서는 연결리스트의 끈을 포인터로 구현한다.

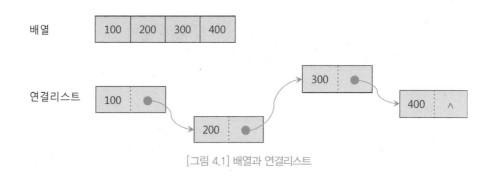

[그림 4.1] 배열과 연결리스트

연결리스트는 배열이 가진 단점을 훌륭히 극복해낸다. 연결리스트는 크기를 동적으로 변경할 수 있기 때문에 실행 도중 필요한 만큼 메모리를 확보할 수 있고 필요 없는 메모리는 삭제가능하다. 따라서 프로그램 실행 전에 크기를 예측하기 어려운 데이터 집합을 다루어야 하는 경우 유용하다. 연결리스트처럼 프로그램이 실행되는 동안에 메모리를 할당하는 방식을 **동적 메모리 할당**(dynamic memory allocation)이라 한다[33]. 동적으로 메모리를 할당하면 데이터가 메모리에 논리적 순서대로 저장되지 않고 메모리에 흩어져 저장되기 때문에 원소를 삽입하거나 삭제하는 경우 기존의 데이터들을 굳이 이동시킬 필요가 없다. 연결리스트의 원소는 포인터를 이용하여 서로 연결되기 때문에 삽입이나 삭제 시 물리적으로 원소를 이동하는 대신 포인터를 조작하면 된다. [그림 4.2(a)]는 데이터 100과 200 사이에 데이터 150이 삽입되는 상황을 보여준다. 점선으로 표시된 포인터 대신 굵게 표시된 두 개의 포인터를 새로 설정하면 데이터의 이동 없이 원하는 결과를 얻을 수 있다. [그림 4.2(b)]는 데이터 100과 300 사이에 있는 데이터 200을 삭제하는 상황을 보여준다. 점선으로 표시된 두 개의 포인터 대신 굵게 표시된 포인터를 새로 설정하면 데이터의 이동 없이 삭제 후의 연결리스트를 얻을 수 있다.

---

33 연결리스트를 사용할 때 정적 메모리 할당 방법을 쓸 수도 있지만 그럴 바에는 배열을 사용하면 된다.

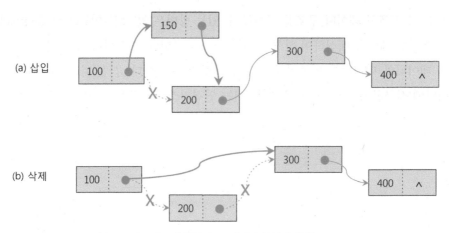

[그림 4.2] 연결리스트에서의 삽입과 삭제

　연결리스트는 장점만 있는가? 아니다. 단점도 있다. 첫째, 배열과 반대로 다루기 어렵다. 메모리를 확보하고 해제하는 메모리 관리 작업을 프로그래머가 책임지고 직접 구현하여야 하므로 오류가 발생할 위험이 배열을 다룰 때보다 크게 높아진다. [그림 4.2]에서 확인할 수 있듯이 포인터를 잘 다루어야 한다는 점도 상대적으로 부담이 될 수밖에 없다. 둘째, 연결리스트는 포인터 필드를 통해 연결되기 때문에 포인터를 따라서만 노드에 접근할 수 있다. 이러한 순차 접근 방식을 사용한다는 점에서는 인덱스를 통해 직접 원소에 접근하는 배열보다 불리하다. 셋째, 포인터를 저장할 공간이 추가적으로 필요하다. 물론 배열에서 사용되지 않고 낭비되는 공간보다 적다면 이익이 되고 감수할 만하다. 결국 배열의 장점은 연결리스트의 단점이고 배열의 단점은 연결리스트의 장점이다. 따라서 선형 데이터 구조를 구현할 때 배열을 사용하는 것이 좋은가 아니면 연결리스트를 사용하는 것이 좋은가는 다양한 측면을 고려하여 결정해야 한다.

4.1.2 동적 메모리 할당

　동적 메모리 할당은 프로그램 실행 도중에 메모리를 시스템으로부터 할당받는 것이다. 프로그램에서 필요한 만큼의 메모리를 시스템으로부터 동적으로 할당받아서 사용하고, 사용이 끝나면 시스템에 메모리를 반납한다. 필요한 만큼만 그때그때 할당받고 사용하고 반납하기 때문에 메모리의 낭비나 부족 없이 매우 효과적으로 메모리를 사용할 수 있다.

연결리스트뿐만 아니라 일반 변수를 대상으로도 동적 메모리 할당 방식을 사용할 수 있다. 어떤 경우이던 동적 메모리 할당 방식을 사용하려면 C 언어의 메모리 할당 함수와 메모리 반납 함수를 이용해야 한다. 동적 메모리 할당 함수는 stdlib.h와 malloc.h 헤더 파일에 정의되어 있으니 두 헤더 파일 중 하나를 포함하여야 한다. 일반적으로 malloc 함수를 이용하여 메모리를 할당받고[34] free 함수를 통해 메모리를 반납한다. 다음은 동적으로 메모리를 할당받고 반납하는 예이다.

```c
#include <stdlib.h>
int main() {
    int *p2i = NULL;
    p2i = (int *)malloc(sizeof(int));      // 동적 메모리 할당
    ...                                     // 동적 메모리 사용
    free(p2i);                              // 동적 메모리 반납
}
```

malloc와 free 함수를 구체적으로 살펴보자.

(1) 동적 메모리 할당 함수 void *malloc(size_t size)

malloc 함수는 동적으로 메모리를 할당하는 함수로 size 바이트만큼 메모리를 할당하고 그 시작 주소를 반환한다[35]. 크기를 바이트 단위로 직접 지정하는 것은 불편하거니와 계산 실수 가능성이 높기 때문에 보통은 sizeof 연산자를 사용하여 자동적으로 size가 계산되도록 한다. 반환되는 주소의 타입이 void* 타입이므로 주소를 받는 포인터의 타입에 맞춰 명시적인 타입 변환을 시켜주어야 한다. 다음은 malloc 함수를 이용하여 메모리를 할당하는 예이다.

```c
char *p2c = (char *)malloc(10);             // 문자 10개 공간 할당
int *p2i = (int *)malloc(sizeof(int));      // 정수 1개 공간 할당
int *p2arr = (int *)malloc(sizeof(int) * 100); // 정수 100개 공간 할당
Movie *p2m = (Movie *)malloc(sizeof(Movie)); //구조체 Movie 1개 공간 할당
```

---

34 다른 메모리 할당 함수로 calloc, realloc 함수가 있다. calloc 함수는 메모리 할당 시 자동 초기화를 실행하는 함수이며 realloc 함수는 동적으로 할당된 메모리의 크기를 수정하여 다시 할당해주는 함수이다.

35 size_t는 unsigned int와 동일한 타입이다.

(2) 동적 메모리 반납 함수 void free(void *ptr)

free 함수는 동적으로 할당된 메모리를 더 이상 사용할 필요가 없을 때 시스템에 반환하는 함수이다. 할당된 메모리를 가리키는 포인터 ptr을 매개변수로 전달하면 된다. free 함수를 사용하지 않아도 컴파일에는 문제가 없다. 하지만 반납하지 않고 계속 메모리 할당만 하게 되면 메모리 누수(memory leak)가 누적되어 메모리 공간 부족 현상이 발생하게 되고 결국 프로그램 동작이 중지되는 상황이 올 수 있으므로 항상 free 함수를 사용하는 습관을 가져야 한다. 참고로 Java 언어에서는 메모리 반납을 프로그래머가 직접 수행하지 않고 프로그램이 바쁘게 돌아가지 않는 유휴 시간동안 시스템 차원에서 정리한다.

[프로그램 4.1]은 동적 메모리 할당을 이용하여 정수와 구조체를 할당하고 값을 설정한 후 출력해본 예제 프로그램이다. malloc 함수가 정상적으로 실행되면 할당된 메모리의 주소를 반환하지만, 메모리를 할당하는 데 실패하는 경우에는 널 포인터를 반환하게 되고 프로그램이 비정상적으로 종료하게 된다. 따라서 메모리 할당이 실패할 경우를 대비하여 널 포인터 검사를 통해 안전한지를 확인한 후에 사용하여야 한다. (줄 16~19)와 (줄 26~29)는 이러한 널 포인터 접근을 막기 위한 코드이다. 동적 메모리 할당을 하고 나면 포인터를 통해서만 해당 메모리에 접근할 수 있으며 free 함수의 실행 후에는 메모리 반납이 이루어지고 포인터 p2i와 p2m이 가리키는 곳은 쓰레기(garbage) 값으로 채워져 이전 값을 잃어버리게 된다. 이 때 포인터가 가리키는 메모리만 반납되고 포인터는 살아 있음에 유의하기 바란다. 포인터 p2i와 p2m는 함수가 종료할 때까지 여전히 다른 메모리 공간을 가리키는 용도로 사용가능하다.

프로그램 4.1 동적 메모리 할당

```
1   #include <stdio.h>
2   #include <stdlib.h>
3   #include <string.h>
4
5   // 영화 정보를 저장하는 구조체 Movie 정의
6   typedef struct Movie {
7       char title[50];         // 영화제목
8       int release;            // 개봉연도
9       int viewers;            // 누적관객수
10  } Movie;
11
```

```
12   int main() {
13       int *p2i = (int *)malloc(sizeof(int));
14       Movie *p2m = (Movie *)malloc(sizeof(Movie));
15
16       if (p2i == NULL) {
17           printf("정수 메모리 할당 실패\n");
18           exit(1);
19       }
20       else {
21           *p2i = 10;
22           printf("메모리 할당 후: %d\n", *p2i);
23           free(p2i);
24       }
25
26       if (p2m == NULL) {
27           printf("구조체 메모리 할당 실패\n");
28           exit(1);
29       }
30       else {
31           strcpy(p2m->title, "명량");
32           p2m->release = 2014;
33           p2m->viewers = 1761;
34           printf("메모리 할당 후: 제목=%s, 개봉연도=%d, 관객수=%d\n",
35                   p2m->title, p2m->release, p2m->viewers);
36           free(p2m);
37       }
38   }
```

🖥️ **실행결과**

메모리 할당 후: 10
메모리 할당 후: 제목=명량, 개봉연도=2014, 관객수=1761

연결리스트를 본격적으로 다루기 전에 배열과 동적 메모리 할당과의 연관성을 살펴보기로 한다. 앞에서 설명했다시피 배열하면 정적 메모리 할당을 떠올리게 되는데, 반드시 그런 것만은 아니다. 배열도 동적 메모리 할당 방식을 이용하여 생성할 수 있는데 이를 **동적 배열**이라고 한다. [프로그램 4.2]는 동적 1차원 배열과 동적 2차원 배열을 다루는 예이다. 프로그램을 단순화하기 위해 메모리 할당이 실패하는지 검사하는 코드는 생략하였다. (줄 6)에 동적 배열을 가리킬 두 개의 포인터가 선언되어 있으며 이 포인터를 이용하여 할당된 메모리에 접근한다. 배열과 포인터는 같은 의미를 가지므로 1차원 배열은 포인터로, 2차원 배열은 포인터의 포인터로 가리킨다. 각 배열의 원소 개수는 프로그램 실행 이후에 결정되어 그 개수만큼 메모리가 할당되고 사용 후 반납된다. 1차원 동적 배열은 원소 개수만큼 malloc 함수를 통해 공간을 할당하고(줄 10) 포인터를 배열 이름인 것처럼 사용하면 된다(줄 12~13). 2차원 배열은 조금 더 까다롭다. 메모리 할당은 두 단계에 걸쳐 이루어지는데 1단계로 행을 동적 할당하고(줄 21) 2단계로 각 행에 대한 열을 동적 할당한다(줄 23~24). 메모리 반납은 동적 할당의 역순으로 이루어진다(줄 32~33).

프로그램 4.2   동적 배열

```c
#include <stdio.h>
#include <stdlib.h>

int main() {
    int row, col;
    int *arr1=NULL, **arr2=NULL;  // 1차원 배열과 2차원 배열에 대한 포인터

    printf("1차원 배열의 크기: ");
    scanf("%d", &col);
    arr1 = (int *)malloc(sizeof(int) * col);
    for ( int i = 0 ; i < col ; i++ ) {
        arr1[i] = i;
        printf("arr1[%d]=%d ", i, arr1[i]);
    }
    printf("\n");
    free(arr1);

    printf("2차원 배열의 행과 열: ");
    scanf("%d %d", &row, &col);
    // 2차원 배열 메모리 할당 1단계: 행을 동적 할당
    arr2 = (int **)malloc(sizeof(int *) * row);
    // 2차원 배열 메모리 할당 2단계: 각 행에 대해 열을 동적 할당
    for ( int i = 0 ; i < row ; i++ ) {
        arr2[i] = (int *)malloc(sizeof(int) * col);
        for ( int j = 0 ; j < col ; j++ ) {
            arr2[i][j] = col * i + j;
            printf("arr2[%d][%d]=%d ", i, j, arr2[i][j]);
        }
        printf("\n");
```

```
30        }
31        // 2차원 배열 메모리 반납: 메모리 할당의 역순
32        for ( int i = 0 ; i < row ; i++ ) free(arr2[i]);
33        free(arr2);
34   }
```

🖥 **실행결과**

```
1차원 배열의 크기: 5
arr1[0]=0 arr1[1]=1 arr1[2]=2 arr1[3]=3 arr1[4]=4
2차원 배열의 행과 열: 3 4
arr2[0][0]=0 arr2[0][1]=1 arr2[0][2]=2 arr2[0][3]=3
arr2[1][0]=4 arr2[1][1]=5 arr2[1][2]=6 arr2[1][3]=7
arr2[2][0]=8 arr2[2][1]=9 arr2[2][2]=10 arr2[2][3]=11
```

4.1.3 연결리스트의 기본 구성 요소: 자체 참조 구조체

[그림 4.1]과 [그림 4.2]에 포현된 것처럼 연결리스트에서는 리스트를 구성하는 원소가 포인터로 연결된다. 이 때 연결리스트 상의 원소를 **노드(node)**라고 부르며 노드는 데이터를 저장하기 위한 공간과 다른 노드를 연결하는 포인터를 위한 공간으로 구성된다. 노드는 당연히 구조체로 구현하는데 그 이유는 적어도 하나의 데이터와 적어도 하나의 포인터를 갖기 때문이며 이를 각각 **데이터 필드**와 **링크 필드**라고 부른다.

연결리스트 상의 노드들은 모두 동일한 구조를 가져야 한다. 그렇지 않으면 포인터 필드의 데이터 타입을 하나로 통일시킬 수가 없다. 따라서 포인터 필드를 포함하는 구조체와 포인터가 가리키는 구조체의 데이터 타입은 같다. 이처럼 구조체의 포인터 필드가 자신이 속해있는 구조체와 동일한 데이터 타입의 노드를 가리키기 때문에 연결리스트에 사용하는 구조체를 **자체 참조 구조체(self-referential structure)**라 한다. 아래 정의된 Node는 자체 참조 구조체로서 link 필드가 Node 타입의 노드를 가리킨다[36]. Node 구조체에서 데이터 필드의 타입은 DataType으로 정의되어 있는데 define 문에 따라 결국 int 타입으로 처리된다. 굳이 이렇게 불편한 방식을 사용하는 이유는 간단하다. 만약 구조체 내부의 데이터 필드 타입을 int 등으로 고정시키고 나서 어떤 이유에서든 타입을 변경하게 되면 이미 구현된 함수들을 일일이 수정하여야 하기 때문이다. 언제든지 다른 타입의 데

---

[36] 자체 참조 구조체를 정의할 때는 구조체 태그를 반드시 사용하여야 함을 주의하라.

이터를 다뤄야 한다면 define의 int 대신 필요한 타입으로 대치하면 된다. 매크로 정의 대신 typedef을 사용하여도 같은 효과를 낼 수 있다. 중괄호 안에 있는 링크 필드를 정의할 때 struct를 빠뜨리는 실수를 하게 되면 선언되지 않은 식별자라는 컴파일 오류가 발생하니 주의해야 한다.

```
#define DataType int        // typedef int DataType;
typedef struct Node {
    DataType data;          // 데이터 필드
    struct Node *link;      // 링크 필드
} Node;
```

한 노드에서 다음 노드로 이동하려면 노드의 포인터를 따라가면 된다. 따라서 노드의 포인터를 따라가면 시간이 걸리더라도 연결리스트의 모든 노드를 방문할 수 있다. 다만 연결리스트 상의 첫 번째 노드를 방문해야 다른 노드의 방문이 가능해진다. 이를 위해서 연결리스트마다 첫 번째 노드를 방문할 수 있는 방법이 필요한데 **헤드 포인터**(head pointer)라는 포인터 변수를 별도로 두어 맨 앞의 노드를 가리키게 한다. 앞으로 헤드 포인터는 연결리스트의 이름으로 사용할 것이다. 헤드 포인터에 대해서는 다음 절에서 자세히 설명한다.

4.1.4 연결리스트 유형

선형 리스트를 구현하기 위한 연결리스트는 [그림 4.3]과 같이 구분할 수 있다. **단순 연결리스트**(singly linked list)는 노드들을 하나의 방향으로 연결시킨 것으로 맨 마지막 노드에서는 다음 노드로 이동할 수 없다. 끝이 막힌 일방통행로를 떠올리면 된다. **원형 연결리스트**(circular linked list)는 단순 연결리스트를 수정하여, 마지막 노드의 링크 필드가 맨 처음 노드를 가리키도록 만든 것이다. 순환 일방통행로에 해당한다. **이중 연결리스트**(doubly linked list)는 각 노드마다 두 개의 링크 필드를 보유하되 한 링크는 다음 노드를 가리키고 다른 한 링크는 이전 노드를 가리키도록 역할을 부여하여 결과적으로 양 방향으로 이동이 가능하도록 만든 것이다. 양쪽 끝이 막힌 양방통행로에 해당한다. **원형 이중 연결리스트**(circular doubly linked list)는 이중 연결리스트를 보완하여, 마지막 노드의 다음 노드는 맨 처음 노드가 되도록 하고 맨 처음 노드의 이전 노드는 마지막 노드가 되도록 만든 것이다. 순환 양방향통행로와 유사하다.

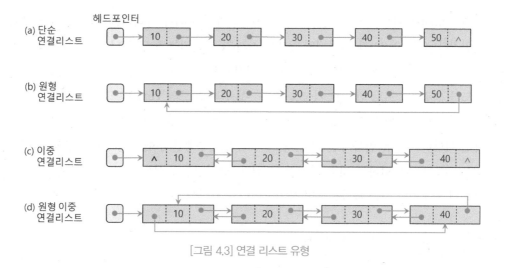

[그림 4.3] 연결 리스트 유형

4.2 단순 연결리스트

4.2.1 단순 연결리스트의 정의와 표현

단순 연결리스트의 노드는 [그림 4.3(a)]와 같이 다음 노드를 가리키는 하나의 링크 필드를 가지며 맨 마지막 노드의 링크 필드는 NULL 값을 갖는다. 단순 연결리스트를 구현하려면 먼저 노드 타입을 구조체로 정의하여야 한다. 아래 선언은 단순 연결리스트의 노드 구조를 정의한 자체 참조 구조체이다. 사실 이 정의는 앞에서 자체 참조 구조체를 다룰 때 사용했던 정의와 동일하다.

```
#define DataType int        // typedef int DataType;
typedef struct Node {
    DataType data;
    struct Node *link;
} Node;
```

연결리스트를 동적으로 다루기 위해서는 헤드 포인터 역할을 하는 포인터 변수가 필요하다. 헤드 포인터가 선언되고 나면 필요할 때마다 동적 할당 함수 malloc을 이용하여 노드를 생성하고 링크를 연결해주면 된다. [프로그램 4.3]은 간단한 단순 연결리스트 테스트 프로그램이다. (줄 6~9)는 단순 연결리스트의 노드 구조이다. (줄 12)에는 노드를 가리킬 두 개의 포인터가 선언되어 있다. (줄 14)가 실행되고 나면 노드 하나가 생성되고

포인터 head가 이를 가리킨다. (줄 16, 17)을 통하여 head가 가리키는 노드의 필드 값이
채워진다. (줄 19~22)가 실행되면 포인터 temp가 가리키는 노드 하나가 더 생성되고 필
드 값이 채워진다. 현재까지는 두 노드는 연결되지 않은 상태로 존재한다. (줄 23)은 두
노드를 연결리스트로 만드는 기능을 한다. 첫 번째 노드의 link 필드가 두 번째 노드를
가리키게 함으로써 두 노드로 이루어진 연결리스트가 생성된다. 더 많은 노드가 필요하
다면 이러한 과정을 반복하면 된다. 원하는 작업을 수행한 후에는 동적으로 할당된 메모
리를 시스템에 반납하는 것을 잊으면 안 된다. 연결리스트 상의 모든 노드를 한 번에 반
납하면 좋겠지만 이는 불가능하며 불편하더라도 하나씩 차례대로 반납하여야 한다.

프로그램 4.3   단순 연결리스트 다루기

```c
1   #include <stdio.h>
2   #include <stdlib.h>
3   #define DataType int
4
5   // 단순 연결리스트 노드 구조 정의
6   typedef struct Node {
7       DataType data;
8       struct Node *link;
9   } Node;
10
11  int main() {
12      Node *head, *temp;
13
14      head = (Node *)malloc(sizeof(Node));
15      if (!head) exit(1);
16      head->data = 10;
17      head->link = NULL;
18
19      temp = (Node *)malloc(sizeof(Node));
20      if (!temp) exit(1);
21      temp->data = 20;
22      temp->link = NULL;
23      head->link = temp;
24
25      printf("head-->%d-->%d\n", head->data, head->link->data);
26      free(temp);
27      free(head);
28  }
```

실행결과

```
head-->10-->20
```

4.2.2 단순 연결리스트 함수들

4.2절에서 다루게 될 단순 연결리스트 함수들을 [표 4.1]에 요약하였다. 이 기본 함수들은 연결리스트를 다뤄야 하는 문제를 해결하는 데 직간접적으로 사용되며 원형 연결리스트나 이중 연결리스트 함수들을 구현하는 기초로 쓰이게 된다.

[표 4.1] 단순 연결리스트 함수들

함수	설명	반환값	비고
create_node	동적으로 노드를 생성	노드 포인터	프로그램 4.4
count_nodes	연결리스트의 길이 계산	길이	프로그램 4.5
search_node	연결리스트의 노드를 탐색	노드 포인터	프로그램 4.6
insert_node	연결리스트에 노드를 삽입	없음	프로그램 4.7
delete_node	연결리스트에서 노드를 삭제	노드 포인터	프로그램 4.8
concatenate_lists	두 연결리스트의 결합	헤드 포인터	프로그램 4.9
reverse_list	연결리스트 순서를 반대로 변경	헤드 포인터	프로그램 4.10

4.2.3 노드 생성 함수

연결리스트에서는 동적으로 노드를 생성하는 작업을 자주 하게 된다. 이 작업을 전담하는 함수를 별도로 만들어두고 필요할 때 마다 호출하면 편리할 것이다. [프로그램 4.4]의 create_node 함수는 연결리스트 노드를 동적으로 생성하여 필드 값을 설정한 다음 해당 노드를 반환한다.

프로그램 4.4 단순 연결리스트의 노드 생성

```
1    Node *create_node(DataType data) {
2        Node *new = (Node *)malloc(sizeof(Node));
3        if (!new) {
4            printf("노드 생성에 실패하였습니다.");
5            exit(1);
6        }
7        new->data = data;
8        new->link = NULL;
9        return new;
10   }
```

4.2.4 연결리스트의 길이 계산 함수

헤드 포인터로부터 출발하여 전체 노드를 모두 방문하는 작업은 흔히 있는 일이다. 단순 연결리스트의 노드 개수를 연결리스트의 길이(length)라 하는데 연결리스트의 길이를 알아내는 함수도 전체 노드를 방문해야 가능하다. [프로그램 4.5]의 count_nodes는 단순 연결리스트 head의 길이를 알아내는 함수이다. 노드를 가리키는 ptr 포인터는 헤드 포인터가 가리키는 노드를 가리키도록 초기화하였고(줄 3) 이 포인터가 노드의 링크를 따라 계속 이동하게 된다. while 문을 이용하여 연결리스트의 끝에 도달할 때까지(줄 4) ptr 포인터를 이동시키며(줄 6) 이 과정에서 노드 개수를 하나씩 증가시킨다(줄 5). count_nodes의 시간 복잡도는 Θ(단순 연결리스트의 길이)이다.

프로그램 4.5 단순 연결리스트의 길이 계산

```
1    int count_nodes(Node *head) {
2        int count = 0;
3        Node *ptr = head;
4        while (ptr) {
5            count++;
6            ptr = ptr->link;
7        }
8        return count;
9    }
```

[프로그램 4.5]는 전체 노드를 방문해야 하는 연산들을 구현할 때 유용하다. 예를 들어 노드의 데이터를 출력하는 함수는 (줄 5)를 노드의 데이터 필드를 출력하는 문장으로 바꾸어 주기만 하면 된다.

4.2.5 노드 탐색 함수

연결리스트의 탐색 연산은 찾고자 하는 데이터를 만날 때까지 노드를 차례대로 조사한다. [프로그램 4.6]의 search_node는 단순 연결리스트의 노드 from부터 출발하여 값 data를 갖는 노드를 찾아 반환하는 함수이다. [프로그램 4.6]처럼 모든 노드를 방문하는 것이 아니라 탐색이 성공하면 방문하는 과정을 멈추고(줄 4) 해당 노드를 반환한다(줄 7). 탐색 대상 노드가 아예 존재하지 않거나 원하는 값을 갖는 노드가 없다면 널 포인터를 반환하게 된다. search_node의 시간 복잡도는 O(탐색 대상 노드 개수)이다.

프로그램 4.6 단순 연결리스트의 탐색

```
1   Node *search_node(Node *from, DataType data) {
2       Node *ptr = from;
3       while (ptr) {
4           if (ptr->data == data) break;
5           ptr = ptr->link;
6       }
7       return ptr;
8   }
```

4.2.6 노드 삽입 함수

연결리스트에 새로운 노드를 추가하는 함수 insert_node를 구현해 보자. 삽입 함수의 매개변수로 어떤 것들이 필요할까? [그림 4.4]는 일반적인 노드 삽입 순간을 나타낸 것이다. 당연히 헤드 포인터와 삽입할 노드에 대한 포인터는 필요하다. 여기에 하나의 포인터가 더 필요하게 되는데 바로 삽입할 노드의 앞에 위치할 노드를 가리키는 포인터이다. 예를 들어 데이터가 40인 노드를 데이터가 30인 노드와 50인 노드 사이에 삽입하려면 포인터 조작을 고려할 때 데이터가 30인 노드를 가리키는 포인터가 필요하다. 따라서 insert_node 함수는 다음과 같은 3개의 매개변수를 전달받아야 한다.

- **p2head** : 헤드 포인터에 대한 포인터. 헤드 포인터가 아닌 헤드 포인터의 포인터를 전달받는 이유는 헤드 포인터 자체가 변경될 수 있기 때문이다.
- **before** : 삽입할 노드의 앞에 위치하게 될 노드를 가리키는 포인터
- **new** : 삽입할 새로운 노드를 가리키는 포인터

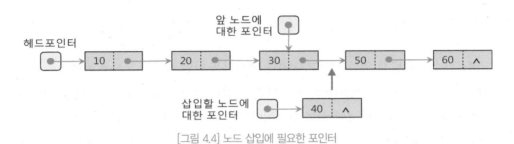

[그림 4.4] 노드 삽입에 필요한 포인터

삽입 알고리즘을 구현하려면 다음과 같은 세 가지 경우를 모두 처리할 수 있어야 한다. 삽입 함수가 종료되었을 때의 상황을 [그림 4.5]에 나타내었다. 세 경우 모두 데이터 값이 40인 노드를 삽입한다고 가정하자.

- **빈 연결리스트에 새 노드를 삽입하는 경우** : 비어있는 연결리스트의 조건은 헤드 포인터 head가 NULL인 경우이다. 삽입할 노드가 첫 번째 노드가 되어야 하므로 head를 변경하여 새 노드를 가리키도록 하면 된다. 또한, 새 노드가 처음이자 마지막 노드이므로 새 노드의 링크 필드는 NULL이어야 한다. [그림 4.5(a)]를 참고하라.
- **길이가 1 이상인 연결리스트의 맨 처음에 새 노드를 삽입하는 경우** : 삽입할 새 노드 앞에는 어떤 노드도 없으므로 앞 노드를 가리키는 포인터 before가 NULL인 경우이다. 새 노드가 첫 번째 노드가 되어야 하므로 head를 변경하여 새 노드를 가리키도록 하면 된다. 또한, 새 노드의 뒤에 기존의 연결리스트를 이어야 하므로 새 노드의 링크는 기존의 연결리스트의 첫 번째 노드를 가리키도록 변경한다. [그림 4.5(b)]를 참고하라.

  이 두 포인터 변경 작업은 순서가 중요하다. head를 먼저 변경하게 되면 기존의 연결리스트를 잃어버리게 되는 반면, 새 노드의 링크를 변경하는 작업은 현 상황에 별다른 영향을 주지 않는다. 따라서 후자를 먼저 실행하여야 한다. 앞으로도 여러 포인터 변경 명령문을 포함하는 프로그램을 살펴보겠지만 실행 순서에서 가장 중요한 규칙은 파급 효과가 작은 포인터 조작을 먼저 해야 한다는 것이다.
- **길이가 1 이상인 연결리스트의 중간에 새 노드를 삽입하는 경우** : 역시 두 번의 포인터 변경 작업을 해야 한다. 새 노드의 링크가 앞 노드의 후속 노드를 가리키게 변경하

고 앞 노드의 링크는 새 노드를 가리키도록 변경하여야 한다. 이 역시 순서에 유의해야 한다. 앞 노드의 링크를 먼저 변경하게 되면 앞 노드의 후속 노드를 잃어버리게 된다. 연결리스트의 끝에 노드를 추가하는 경우도 여기에 해당한다. [그림 4.5(c)]를 참고하라.

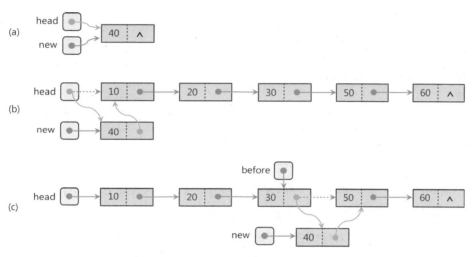

[그림 4.5] 삽입 함수 실행 후의 단순 연결리스트

[프로그램 4.7]의 insert_node 함수는 이 세 가지 상황을 종합하여 구현한 것이다. main 함수에서는 insert_node 함수를 호출하기 전에 연결리스트 구축, 앞 노드 지정, 새 노드의 동적 생성 등을 모두 실행하였다고 가정하자. (줄 4)와 (줄 8)에서는 헤드 포인터가 변경된다. 따라서 main 함수에서는 헤드 포인터에 대한 주소를 매개변수로 전달하고(줄 19) insert_node 함수에서는 헤드 포인터에 대한 포인터로 매개변수를 전달받아야 한다 (줄 1).

프로그램 4.7   단순 연결리스트에서의 노드 삽입

```
1   void insert_node(Node **p2head, Node *before, Node *new) {
2       if (*p2head == NULL) {     // 빈 리스트에 삽입
3           new->link = NULL;
4           *p2head = new;
5       }
6       else if (before == NULL) {  // 맨 앞에 삽입
7           new->link = *p2head;
8           *p2head = new;
9       }
```

```
10        else {                                    // 중간에 삽입
11            new->link = before->link;
12            before->link = new;
13        }
14    }
15
16    int main() {
17            Node *head, *before, *new;
18            …
19            insert_node(&head, before, new);
20            …
21    }
```

사실 [프로그램 4.7]은 더 단순화시킬 수 있다. (줄 3~4)와 (줄7~8)을 비교하면 (줄 4)와 (줄 8)은 같은 코드이고 (줄 3)과 (줄 7)은 대입문의 오른쪽 부분만 다르다. 그런데 (줄 3)은 *p2head == NULL인 상황에서 실행되므로 NULL을 *p2head로 변경하여도 무방하다. 따라서 (줄 2~9)는 합쳐져서 다음과 같이 구현할 수 있다.

```
if (*p2head == NULL || before == NULL) {  // 빈 리스트 혹은 맨 앞에 삽입
    new->link = *p2head;
    *p2head = new;
}
```

4.2.7 노드 삭제 함수

연결리스트에 있는 노드를 삭제하여 반환하는 함수 delete_node를 구현해 보자. 삭제 함수의 매개변수로 어떤 것들이 필요할까? [그림 4.6]은 일반적인 노드 삭제 순간을 나타낸 것이다. 당연히 헤드 포인터와 삭제할 노드에 대한 포인터는 필요하다. 여기에 하나의 포인터가 추가로 필요하게 되는데 바로 삭제할 노드의 앞에 위치할 노드를 가리키는 포인터이다. 예를 들어 데이터가 40인 노드를 삭제하려면 포인터 조작을 고려할 때 데이터가 30인 노드를 가리키는 포인터가 필요하다. 따라서 delete_node 함수는 다음과 같은 3개의 매개변수를 전달받아야 한다.

• p2head : 헤드 포인터에 대한 포인터. 헤드 포인터의 포인터를 전달받는 이유는 노드 삽입 함수처럼 헤드 포인터 자체가 변경될 수 있기 때문이다.

- before : 삭제할 노드의 앞 노드를 가리키는 포인터
- deleted : 삭제할 노드를 가리키는 포인터. before만 전달받아도 삭제할 노드를 찾는데 어려움이 없지만 알고리즘을 단순화하기 위해 추가로 전달받는다.

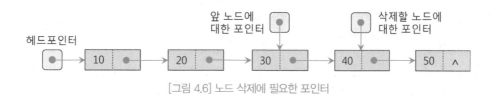

[그림 4.6] 노드 삭제에 필요한 포인터

삭제 알고리즘을 구현하려면 다음과 같은 세 가지 경우를 모두 처리할 수 있어야 한다. 삽입 함수가 종료되었을 때의 상황을 [그림 4.7]에 나타내었다.

- **빈 연결리스트에서 삭제하는 경우** : 비어있는 연결리스트의 조건은 헤드 포인터 head가 NULL인 경우이다. 당연히 아무 일도 하지 않고 종료해야 한다.
- **연결리스트의 맨 처음에 있는 노드를 삭제하는 경우** : 삭제할 노드 앞에는 어떤 노드도 없으므로 앞 노드를 가리키는 포인터 before가 NULL인 경우이다. 연결리스트의 두 번째 노드가 첫 번째 노드가 되어야 하므로 head를 변경하고 나서 삭제된 노드를 가리키는 포인터를 반환하면 된다. [그림 4.7(a)]를 참고하라.
- **연결리스트의 두 번째 이후 노드를 삭제하는 경우** : 삭제할 노드 앞에 노드가 존재하므로 before가 NULL이 아닌 경우이다. 삭제할 노드를 건너뛰고 이동할 수 있도록 before의 링크 필드를 변경하고 나서 삭제된 노드를 가리키는 포인터를 반환하면 된다. [그림 4.7(b)]를 참고하라.

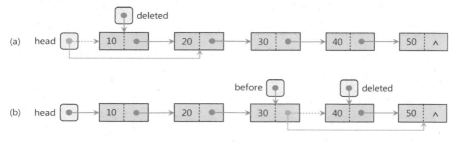

[그림 4.7] 삭제 함수 실행 후의 단순 연결리스트

[프로그램 4.8]의 delete_node 함수는 이 세 가지 상황을 종합하여 구현한 것이다. (줄 3)에서 헤드 포인터가 변경될 수 있으므로 delete_node 함수에서는 헤드 포인터에 대한 포인터로 매개변수를 전달받아야 한다(줄 1).

프로그램 4.8   단순 연결리스트에서의 노드 삭제

```
1  Node *delete_node(Node **p2head, Node *before, Node *deleted) {
2      if (*p2head != NULL) {
3          if (before == NULL) *p2head = (*p2head)->link;  // 첫 노드 삭제
4          else before->link = deleted->link;              // 중간 노드 삭제
5          return deleted;
6      }
7      else {
8          printf("빈 연결리스트입니다.\n");
9          return NULL;
10     }
11 }
```

4.2.8 연결리스트 결합 함수

두 개의 연결리스트를 하나로 합치는 결합(concatenation) 함수 **concatenate_lists**를 구현해 보자. 두 연결리스트를 결합하려면 첫 번째 연결리스트의 마지막 노드와 두 번째 연결리스트의 첫 번째 노드를 이어주면 된다. 따라서 결합 함수에 필요한 매개변수는 두 연결리스트에 대한 헤드 포인터이다. 결합 함수가 종료되면 결합된 연결리스트의 헤드 포인터를 반환한다. 결합 알고리즘을 구현하려면 다음과 같은 세 가지 경우를 모두 처리할 수 있어야 한다.

- **첫 번째 연결리스트가 빈 경우** : 두 번째 연결리스트의 헤드 포인터를 반환한다.
- **두 번째 연결리스트가 빈 경우** : 첫 번째 연결리스트의 헤드 포인터를 반환한다.
- **두 연결리스트 모두 노드를 포함하는 경우** : 먼저 첫 번째 리스트의 끝까지 이동한 후 마지막 노드의 링크 필드를 변경하여 두 번째 리스트의 헤드 포인터와 같도록 만든다. 그리고나서 첫 번째 연결리스트의 헤드 포인터를 반환한다. [그림 4.8]를 참고하라.

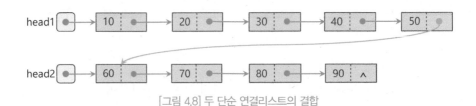

[그림 4.8] 두 단순 연결리스트의 결합

[프로그램 4.9]의 concatenate_lists 함수는 이 세 가지 상황을 종합하여 구현한 것이다. 결합된 연결리스트의 헤드 포인터를 반환하므로 함수의 반환 타입이 **Node*** 임을 주의하라. (줄 5~10)이 일반적인 결합 작업에 해당한다. (줄 6)의 while 문을 통해 첫 번째 연결리스트의 마지막 노드에 도달할 때까지 last 포인터를 이동시킨다. 이 때 주의해야 할 것은 while의 조건이다. while (last)라 하게 되면 마지막 노드를 지나쳐버리기 때문에 while (last->link)라고 해야 한다. (줄 8)은 두 연결리스트를 이어주는 역할을 하며 (줄 9)의 return 문을 통해 결합된 연결리스트를 반환한다. 결합 함수의 시간 복잡도는 첫 번째 리스트의 노드 개수에 비례하므로 Θ(첫 번째 연결리스트의 길이)이다.

프로그램 4.9   단순 연결리스트의 결합

```
1    Node *concatenate_lists(Node *head1, Node *head2) {
2        Node *last;
3        if (head1 == NULL) return head2;       // 첫 번째 리스트가 공백
4        else if (head2 == NULL) return head1;  // 두 번째 리스트가 공백
5        else {
6            last = head1;
7            while (last->link) last = last->link;
8            last->link = head2;
9            return head1;
10       }
11   }
```

참고로, [프로그램 4.9]의 (줄 6~7)은 다음과 같은 간단한 for 문으로 대체가능하다.

```
for ( last = head1 ; last->link ; last = last->link ) ;
```

4.2.9 연결리스트의 역순서화 함수

연결리스트의 노드 순서를 거꾸로 해야 하는 상황이 종종 발생한다. 예를 들어 데이터가 오름차순으로 정렬된 연결리스트를 내림차순으로 정렬된 연결리스트로 바꾸는 경우가 이에 해당한다. 단순 연결리스트의 노드 연결 순서를 반대로 바꾸어 주는 함수 reverse_list를 구현해 보자. 여러 포인터를 반복적으로 사용하기 때문에 지금까지 살펴본 연결리스트 관련 함수 중에 가장 복잡한 알고리즘이라 할 수 있다.

 이 알고리즘의 기본 아이디어는 주어진 연결리스트의 헤드 포인터부터 시작하여 노드를 하나씩 떼어다가 역순 리스트의 앞에 추가하는 것이다. 즉, 헤드 포인터로부터 출발하여 노드를 따라 이동하면서 노드의 링크 필드를 변경하여 이전 노드를 가리키도록 만들면 된다. 주어진 연결리스트는 역순화가 진행되면서 역순화될 연결리스트와 역순화된 연결리스트로 분리되므로 2개의 헤드 포인터가 필요하다. 또한, 역순화될 연결리스트의 노드를 하나 분리하여 역순화된 리스트에 연결하는 과정에서 포인터가 하나 더 필요하게 되어 다음과 같은 3개의 포인터가 필요하다.

- head : 역순으로 만들 연결리스트의 헤드 포인터
- new_head : 역순화된 연결리스트의 헤드 포인터
- tmp_head : 역순 리스트의 임시 헤드 포인터

 [그림 4.9]는 예제 연결리스트의 역순화 과정을 나타낸 것이다. 시작 시점에서는 역순 연결리스트 new_head는 널 리스트이다. 역순화가 시작되면 3개의 포인터가 차례대로 오른쪽으로 이동하면서 기존 연결리스트 head의 길이는 하나씩 줄고 역순 연결리스트 new_head의 길이는 하나씩 늘어나게 된다. 포인터를 이동할 때 연결에 필요한 노드들을 놓치지 않도록 tmp_head, new_head, head의 순으로 오른쪽으로 이동하며 포인터 이동이 완료되면 new_head의 링크 필드를 변경하여 역순 리스트의 앞에 new_head가 가리키는 노

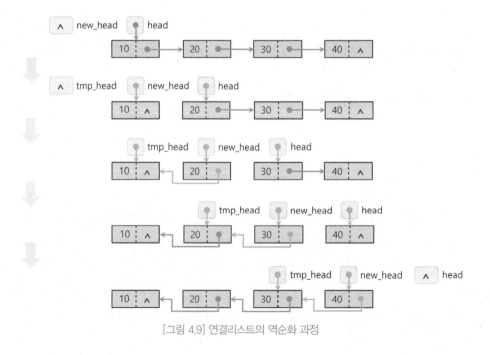

[그림 4.9] 연결리스트의 역순화 과정

드를 추가한다. 연결리스트 head가 빈 연결리스트가 되면 역순화는 종료하고 역순 연결리스트 new_head를 반환한다.

[프로그램 4.10]에 있는 reverse_list 함수의 시간 복잡도는 연결리스트의 노드 개수에 비례하므로 Θ(연결리스트의 길이)이다.

◁▷ 프로그램 4.10   단순 연결리스트의 역순서화

```
1   Node *reverse_list(Node *head) {
2       Node *new_head, *tmp_head;
3       new_head = NULL;    // new_head는 역순 리스트의 헤드 포인터
4       while (head) {
5           // tmp_head, new_head, head 순으로 차례로 오른쪽으로 이동
6           tmp_head = new_head;
7           new_head = head;
8           head = head->link;
9           new_head->link = tmp_head;
10      }
11      return new_head;
12  }
```

4.3 원형 연결리스트

4.3.1 원형 연결리스트 vs. 단순 연결리스트

원형 연결리스트는 [그림 4.3(b)]와 같이 마지막 노드의 링크 필드가 첫 번째 노드를 가리키는 연결리스트이다. 따라서 연결리스트의 마지막에 도달하더라도 계속 노드를 따라 이동할 수 있다. 단순 연결리스트에서는 첫 번째 노드에서만 다른 모든 노드로 이동이 가능하였지만 원형 연결리스트에서는 어떤 노드에서도 다른 모든 노드로 이동이 가능하다.

원형으로 리스트를 연결했다는 것은 NULL 포인터가 없다는 뜻이다. 이는 함수의 구현을 단순하게 해주는 요인이기도 하고 복잡하게 만드는 요인이기도 하다. 예를 들어 369 게임을 만든다면 노드 이동에 있어 단순 연결리스트보다 원형 연결리스트가 훨씬 효과적이지만 노드를 탐색하거나 연결리스트의 길이를 계산하는 함수는 한 바퀴 이상 돌지 않도록 주의해야 한다.

원형 연결리스트의 노드 구조는 단순 연결리스트와 동일하기 때문에 지금까지 사용한 Node 타입을 그대로 사용하기로 한다.

4.3.2 원형 연결리스트 함수들

4.3절에서 다루게 될 원형 연결리스트 함수들을 [표 4.2]에 요약하였다. 여기에서 다루지 않은 함수는 4.2절에서 다룬 단순 연결리스트 함수를 참고하기 바란다.

[표 4.2] 원형 연결리스트 함수들

함수	설명	반환값	비고
count_nodes_C	연결리스트의 길이 계산	길이	프로그램 4.11
insert_first_C	연결리스트의 맨 앞에 노드를 삽입	없음	프로그램 4.12
insert_last_C	연결리스트의 끝에 노드를 삽입	없음	프로그램 4.13

4.3.3 원형 연결리스트의 길이 계산 함수

단순 연결리스트와 마찬가지로 원형 연결리스트의 길이도 전체 노드를 방문해야 가능하다. 다만 링크 필드가 NULL인 노드가 없기 때문에 맨 처음 방문한 노드로 다시 돌아올 때까지 노드를 방문해야 한다.

[프로그램 4.11]의 count_nodes_C는 원형 연결리스트 head의 길이를 알아내는 함수이다. 노드를 가리키는 ptr 포인터는 헤드 포인터가 가리키는 노드를 가리키도록 초기화하였고(줄 3) 이 포인터가 노드의 링크를 따라 계속 이동하게 된다. 단순 연결리스트의 길이를 계산하는 count_nodes 함수와 다른 점은 처음 방문한 노드를 다시 방문했을 때 반복을 멈추기 위해서 while 대신 do-while 문을 사용했다는 점이다. ptr 포인터가 헤드 포인터를 다시 방문하게 되면 반복을 중지시킨다(줄 8). count_nodes_C의 시간 복잡도는 Θ(원형 연결리스트의 길이)이다.

> **프로그램 4.11** 원형 연결리스트의 길이 계산

```
1   int count_nodes_C(Node *head) {
2       int count = 0;
3       Node *ptr = head;
4       if (head) {
5           do {
6               count++;
7               ptr = ptr->link;
8           } while (ptr != head);   // 시작 노드로 돌아오면 반복을 종료
9       }
10      return count;
11  }
```

4.3.4 노드 삽입 함수 : 맨 앞에 삽입

단순 연결리스트에서 노드를 삽입하는 insert_node 함수는 3가지 경우로 구분하여 노드 삽입을 처리하였다. 원형 연결리스트에서 새로운 노드를 중간에 추가하는 작업은 단순 연결리스트에서의 작업과 차이가 없다. 그러나 빈 연결리스트에 삽입하거나 맨 앞에 삽입하는 작업은 다르게 구현하여야 한다. 여기서는 연결리스트의 맨 앞에 삽입하는 함수 insert_first_C를 구현하되 빈 연결리스트에서도 처리 가능하도록 만들어보자.

insert_first_C 함수의 매개변수로 어떤 것들이 필요할까? 맨 앞에 삽입하는 특수한 경우이기 때문에 헤드 포인터와 삽입할 노드에 대한 포인터만 필요하다.

- p2head : 헤드 포인터에 대한 포인터. 헤드 포인터의 포인터를 전달받는 이유는 헤드 포인터 자체가 변경될 수 있기 때문이다.
- new : 삽입할 새로운 노드를 가리키는 포인터

원형 연결리스트의 맨 처음에 노드를 삽입하는 작업은 생각보다 만만치 않다. 왜냐하면 맨 마지막 노드의 링크 필드를 변경해서 새로 삽입된 노드를 가리키도록 해야 하기 때문이다. 맨 마지막 노드를 찾아가기 위해 얼마나 많은 시간이 걸릴지 모를 일이다. 다행히도 이 상황을 효율적으로 처리하기 위한 방안이 있는데 바로 유일한 포인터인 헤드 포인터의 역할에 약간의 변화를 주는 것이다. 단순 연결리스트에서 헤드 포인터는 첫 번째 노드를 가리켰지만 원형 연결리스트의 헤드 포인터는 이름과는 다르게 마지막 노드

를 가리키도록 설정하자. 이렇게 구현하면 반복문 없이 맨 앞에 노드를 삽입할 수 있다.

insert_first_C 알고리즘을 구현하려면 다음과 같은 두 가지 경우를 처리할 수 있어야
한다. 삽입이 완료되었을 때의 상황을 [그림 4.10]에 나타내었다. 두 경우 모두 데이터 값
이 40인 노드를 삽입한다고 가정하자.

- **빈 원형 연결리스트에 새 노드를 삽입하는 경우** : 비어있는 연결리스트의 조건은 헤
  드 포인터 head가 NULL인 경우이다. 삽입할 노드가 첫 번째 노드가 되어야 하므로
  head를 변경하여 새 노드를 가리키도록 하면 된다. 또한, 새 노드가 처음이자 마지
  막 노드이므로 새 노드의 링크 필드는 자기 자신을 가리켜야 한다. [그림 4.10(a)]를
  참고하라.
- **길이가 1 이상인 연결리스트의 맨 처음에 새 노드를 삽입하는 경우** : 노드가 하나 이상
  존재하므로 헤드 포인터 head가 NULL인이 아닌 경우이다. 원형 연결리스트에서 헤
  드 포인터는 마지막 노드를 가리키고 있음을 다시 강조한다. 새 노드의 뒤에 기존의
  연결리스트를 이어야 하므로 새 노드의 링크는 연결리스트의 첫 번째 노드를 가리
  키도록 변경한다. 또한, 헤드 포인터가 가리키는 마지막 노드의 링크를 변경하여 새
  노드를 가리키도록 하면 된다. [그림 4.10(b)]를 참고하라.

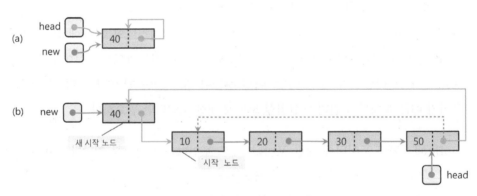

[그림 4.10] 첫 번째 노드로 삽입 후의 원형 연결리스트

[프로그램 4.12]의 insert_first_C 함수는 이 두 경우를 종합하여 구현한 것이다. (줄
3)에서 헤드 포인터가 변경되므로 헤드 포인터에 대한 포인터로 매개변수를 전달받아야
한다.

> **프로그램 4.12**   원형 연결리스트에서 맨 앞에 노드 삽입

```
1   void insert_first_C(Node **p2head, Node *new) {
2       if(*p2head == NULL) {          // 빈 원형 연결리스트에 삽입
3           *p2head = new;
4           new->link = new;
5       }
6       else {                         // 맨 앞에 삽입
7           new->link = (*p2head)->link;
8           (*p2head)->link = new;
9       }
10  }
```

4.3.5 노드 삽입 함수 : 맨 끝에 삽입

연결리스트를 다루다 보면 맨 마지막에 노드를 삽입해야 하는 경우를 자주 만나게 된다. 단순 연결리스트에서 이를 처리하려면 마지막 노드를 가리키는 포인터를 하나 더 사용하여야 하지만[37] 원형 연결리스트에서는 별다른 추가 조치 없이 해결 가능하다. 원형 연결리스트의 헤드 포인터가 마지막 노드를 가리키도록 설정하면 반복문 없이 맨 끝에 노드를 삽입할 수 있다.

원형 연결리스트의 마지막에 노드를 삽입하는 insert_last_C 알고리즘을 구현하려면 다음과 같은 두 가지 경우를 처리할 수 있어야 한다. 삽입이 완료되었을 때의 상황을 [그림 4.11]에 나타내었다. 두 경우 모두 데이터 값이 40인 노드를 삽입한다고 가정하자.

- **빈 원형 연결리스트에 새 노드를 삽입하는 경우** : 비어있는 연결리스트의 조건은 헤드 포인터 head가 NULL인 경우이다. 당연히 insert_first_C 함수와 동일한 알고리즘으로 처리하면 된다. [그림 4.11(a)]를 참고하라.
- **길이가 1 이상인 연결리스트의 맨 처음에 새 노드를 삽입하는 경우** : 노드가 하나 이상 존재하므로 헤드 포인터 head가 NULL이 아닌 경우이다. 어차피 원형 연결리스트에서는 처음에 삽입하건 마지막에 삽입하건 노드 순서에는 변함이 없다. 따라서 insert_first_C 함수에서 했던 절차에 따라 노드를 일단 삽입한다. 그리고 나서, 삽입된 노드가 마지막 노드가 되도록 헤드 포인터만 변경하면 된다. [그림 4.11(b)]를 참고하라.

---

37 단순 연결리스트의 마지막에 노드를 삽입하는 예제는 4.5절에서 다루게 될 것이다.

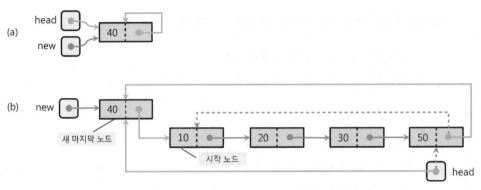

[그림 4.11] 마지막 노드로 삽입 후의 원형 연결리스트

[프로그램 4.13]은 이 두 경우를 종합하여 구현한 것이다. [프로그램 4.12]에 (줄 9)만 추가되었음을 알 수 있다.

프로그램 4.13   원형 연결리스트에서 맨 끝에 노드 삽입

```
1   void insert_last_C(Node **p2head, Node *new) {
2       if(*p2head == NULL) {          // 빈 원형 연결리스트에 삽입
3           *p2head = new;
4           new->link = new;
5       }
6       else {                         // 맨 마지막에 삽입
7           new->link = (*p2head)->link;
8           (*p2head)->link = new;
9           *p2head = new;             // insert_first_C에 여기만 추가
10      }
11  }
```

4.4 이중 연결리스트

단순 연결리스트나 원형 연결리스트처럼 한쪽 방향으로만 노드를 따라 움직이다보면 불편한 경우가 종종 생긴다. 한번 노드를 지나치면 그 노드에 다시 도달할 때까지 오랜 시간이 걸릴 수밖에 없다. 따라서 문제를 해결하기 위해 임의의 노드에서 오른쪽 왼쪽 양방향으로 자유롭게 움직일 필요가 있다면 이중 연결리스트를 이용한다. 예를 들어 삭제가 빈번하게 발생하는 경우가 이에 해당한다. 이중 연결리스트는 문제에 따라 원형으

로 구성할 수도 있고 선형으로 구성할 수도 있는데 이 절에서는 원형 이중 연결리스트를 대상으로 설명하기로 한다.

4.4.1 이중 연결리스트의 노드 구조

이중 연결리스트의 노드는 [그림 4.3(c),(d)]와 같이 왼쪽의 이전 노드를 가리키는 링크 필드와 오른쪽의 다음 노드를 가리키는 링크 필드를 가진다. 아래 선언은 이중 연결리스트의 노드 구조를 정의한 자체 참조 구조체이다. 링크 필드 중 llink는 이전 노드를 가리키고 rlink는 다음 노드를 가리키는 것으로 약속하자.

```
#define DataType int
typedef struct Node_D {
    struct Node_D *llink;
    DataType data;
    struct Node_D *rlink;
} Node_D;
```

단순 연결리스트에 비해 노드마다 포인터를 위한 공간이 늘어나게 되고 포인터 조작이 조금 더 복잡해질 수밖에 없다. 노드를 효율적으로 이동하는 장점에 대한 대가를 치루는 셈이다. 이중 연결리스트에서 임의의 노드를 가리키는 포인터 ptr에 대해 다음 관계가 성립한다.

```
ptr = ptr->llilk->rlink = ptr->rlink->llink
```

4.4.2 헤드 노드

지금까지 연결리스트의 헤드 포인터는 연결리스트의 이름이자 연결리스트에 접근하기 위한 유일한 통로로 사용해 왔다. 그런데 **헤드 노드**(head node)를 활용하면 여러 가지 장점을 추가로 얻을 수 있다. 헤드 노드는 말 그대로 헤드 포인터대신 사용하는 노드이다. 헤드 노드는 연결리스트 노드와 동일한 구조일 수도 있고 아닐 수도 있다. 어떤 경우이든 연결리스트를 가리키는 헤드 포인터를 포함하여야 한다.

[그림 4.12(b)]처럼 연결리스트 노드와 같은 구조의 헤드 노드를 사용하면 연결리스트를 다루는 함수가 단순해진다. 예를 들어 노드 삽입 함수를 만들 때 비어 있는 연결리스트를 대상으로 노드를 삽입하는 코드가 필요 없게 된다. 언제나 헤드 노드가 존재하기 때문이다. 따라서 이러한 유형의 헤드 노드는 연결리스트의 일부이다. 헤드 노드의 데이터 필드는 연결리스트에 대한 유용한 정보, 예를 들어 노드의 개수와 같은 데이터를 관리하는 데 사용하기도 하지만 보통 사용하지 않고 내버려 둔다. 후자의 경우 헤드 노드를 **더미 노드(dummy node)**라 부르기도 한다.

[그림 4.12(c)]에서 보듯이 연결리스트 노드와 다른 구조의 헤드 노드도 가능하다. 헤드 노드에 연결리스트에 대한 포인터[38]뿐만 아니라 노드의 개수, 최댓값, 최솟값 같은 메타 정보를 보관한다. 이러한 유형의 헤드 노드는 당연히 연결리스트의 일부인 것처럼 취급할 수는 없다. 만약 이러한 유형의 헤드 노드를 사용하면서 함수를 단순하게 만들고 싶다면 헤드 노드와 연결리스트사이에 더미 노드를 추가하면 된다.

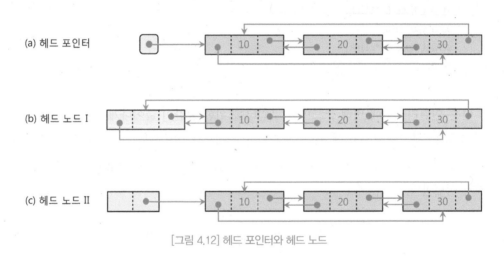

(a) 헤드 포인터

(b) 헤드 노드 I

(c) 헤드 노드 II

[그림 4.12] 헤드 포인터와 헤드 노드

이 절에서는 [그림 4.12(b)] 유형의 더미 헤드 노드를 사용하는 이중 연결리스트를 대상으로 설명한다. 초기 상태의 빈 이중 연결리스트는 [그림 4.13]과 같이 나타낼 수 있다.

헤드 노드

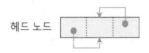

[그림 4.13] 빈 이중 연결리스트

---

38 경우에 따라서는 두 개 이상

4.4.3 이중 연결리스트 함수들

4.4절에서 다루게 될 이중 연결리스트 함수들을 [표 4.3]에 요약하였다.

[표 4.3] 이중 연결리스트 함수들

함수	설명	반환값	비고
insert_node_D	연결리스트에 노드를 삽입	없음	프로그램 4.14
delete_node_D	연결리스트에서 노드를 삭제	노드 포인터	프로그램 4.15

4.4.4 노드 삽입 함수

더미 노드 유형의 헤드 노드를 사용하기 때문에 비었는지 맨 처음에 삽입하는지를 따질 필요가 없다. 따라서 다음과 같은 두 매개변수면 충분하다.

- before : 삽입 노드의 앞에 위치하게 될 노드를 가리키는 포인터
- new : 삽입할 새로운 노드를 가리키는 포인터

노드를 삽입하는 과정은 [그림 4.14]에서 나타낸 것처럼 4개의 포인터를 조정해주면 된다. 다만, 단순 연결리스트를 다룰 때도 언급한 바와 같이 포인터 설정 순서가 중요하다. 파급 효과가 작은 포인터 조작을 먼저 해야 한다. 변경할 포인터 가운데 new가 가리키는 노드의 두 링크 필드는 기존 포인터에 영향을 주지 않으므로 먼저 설정한다. 나머지 두 포인터는 무엇을 먼저 변경해도 상관은 없으나 코드가 달라질 수 있으니 조심해야 한다.

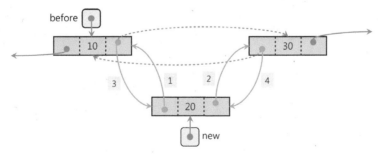

[그림 4.14] 이중 연결리스트에서의 노드 삽입

> **프로그램 4.14**   이중 연결리스트에서 노드 삽입

```
1  void insert_node_D(Node_D *before, Node_D *new) {
2      new->llink = before;
3      new->rlink = before->rlink;
4      before->rlink = new;
5      new->rlink->llink = new;
6  }
```

4.4.5 노드 삭제 함수

더미 노드 유형의 헤드 노드를 사용하기 때문에 비었는지 검사할 필요가 없으며 단지 삭제할 노드에 대한 포인터만 전달하면 된다. 다만 헤드 노드를 삭제하려는 시도를 막을 필요가 있기 때문에 헤드 노드를 가리키는 포인터도 전달한다. 따라서 다음과 같은 두 매개변수면 충분하다.

- head : 헤드 노드를 가리키는 포인터
- deleted : 삭제할 노드를 가리키는 포인터

노드 삭제는 [그림 4.14]의 결과를 원위치시키는 것이다. [그림 4.15]에서 나타낸 것처럼 2개의 포인터를 조정해주면 된다. 편의 상 순서를 표기하였지만 반대로 하여도 무방하다. 포인터를 모두 조정하고 나면 삭제된 노드를 반환한다.

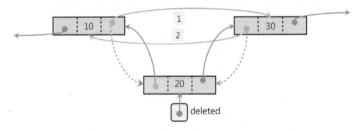

[그림 4.15] 이중 연결리스트에서의 노드 삭제

> **프로그램 4.15**　　이중 연결리스트에서 노드 삭제

```
1   Node_D *delete_node_D(Node_D *head, Node_D *deleted) {
2       if (deleted == head) {
3           printf("헤드 노드는 삭제가 안 됩니다.\n");
4           return NULL;
5       }
6       else {
7           deleted->llink->rlink = deleted->rlink;
8           deleted->rlink->llink = deleted->llink;
9           return deleted;
10      }
11  }
```

4.5 연결리스트 활용: 박스오피스

3장에서 배열을 이용하여 박스오피스를 구현한 예를 다루었다. 여기에서는 연결리스트를 이용하여 같은 문제를 해결해보고자 한다. 문제를 다시 설명하면 다음과 같다.

"국내에서 개봉된 영화들을 대상으로 한국 영화와 외국 영화로 나누어 누적관객수 순서대로 박스오피스를 별도로 관리하고 있다고 가정하자. 한국 영화와 외국 영화 박스오피스를 누적관객수 순으로 하나의 박스오피스로 합치는 프로그램을 작성하고자 한다."

배열을 이용하건 연결리스트를 이용하건 알고리즘은 차이가 없다. 두 연결리스트의 노드를 합병하여 하나의 연결리스트로 만드는 작업을 주로 하게 될 것이다. 이 때 연결리스트의 마지막에 노드를 계속 추가하게 되므로 이 작업을 원활하게 할 수 있도록 데이터 구조를 설계해야 한다. [프로그램 4.13]에서 다룬 바와 같이 원형 연결리스트를 사용하면 연결리스트의 끝에 노드를 삽입하는 작업을 편리하게 할 수 있으니 원형 연결리스트로 박스오피스를 구성하기로 한다. 다음으로 연결리스트의 노드 구조를 생각하여 보자. 각 영화의 데이터 필드는 제목(title), 개봉연도(release), 관객수(viewers)로 구성할 수도 있고 이 세 데이터를 하나의 구조체로 묶어 하나의 데이터 필드로 처리할 수도 있는데 우리는 후자의 방법을 택하기로 한다.

마지막으로 헤드 노드가 필요할 지 생각해보자. 저장된 영화의 수는 연결리스트를 다루는 과정에서 매우 중요한 정보가 될 수 있다. 따라서 별도의 헤드 노드를 두어 영화의

수(length)와 연결리스트의 마지막을 가리키는 헤드 포인터(tail[39])를 포함하도록 한다. 이를 종합하여 [그림 4.16]에 우리가 다루려는 연결리스트의 구조를 나타내었다.

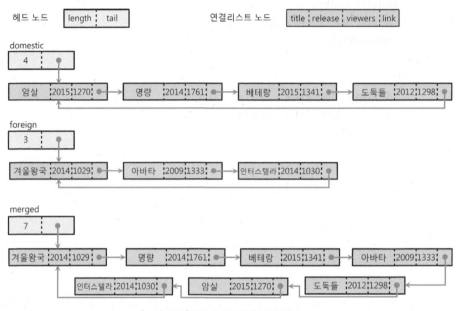

[그림 4.16] 박스오피스 원형 연결리스트

[프로그램 4.16]은 박스오피스 합병을 원형 연결리스트로 구현한 프로그램으로 [그림 4.16]에서 나타내었던 헤드 노드 구조를 LinkedBO_C 타입으로, 연결리스트 노드 구조를 Node 타입으로 정의하고 있다. Node 타입은 Movie 타입의 데이터 필드를 포함한다. 이 프로그램은 main 함수 외에 모두 5개의 함수를 포함하고 있는데 모든 함수는 매개변수로 리스트의 주소를 전달받는다. 이 함수들은 각각 다음과 같은 기능을 수행한다.

- void init_list(LinkedBO_C *BO) : 박스오피스 헤드 노드 BO를 초기화하여 length와 tail 필드의 값을 설정
- void print_list(LinkedBO_C *BO) : 박스오피스를 출력
- Node *create_node(DataType data) : data를 데이터 필드로 갖는 연결리스트 노드를 동적으로 생성한 후 반환([프로그램 4.4])

---

39 헤드 포인터가 마지막 노드를 가리키니 아예 필드 이름을 tail로 하자.

- void insert_node_last(LinkedBO_C *BO, Node *new) : 원형 연결리스트의 마지막에 노드를 삽입. [프로그램 4.13]의 insert_last_C 함수와 유사하나 헤드 포인터 대신 헤드 노드에 대한 포인터를 매개변수로 사용
- LinkedBO_C merge_BO(LinkedBO_C *a, LinkedBO_C *b) : 두 박스오피스 a와 b를 하나로 합병하여 그 결과를 반환

이 함수들 가운데 핵심은 merge_BO 함수이다. (줄 56~58)을 보면 합병된 박스오피스 c, 노드 포인터 p2a와 p2b, 영화 개수를 저장한 변수 num_a와 num_b를 선언하였는데 노드 포인터는 링크를 따라 연결리스트를 이동하기 위한 목적(줄 68, 73, 80, 86)으로 사용되며 영화 개수를 저장한 변수는 노드 포인터를 대신하여 반복문의 종료를 검사하는 용도로 사용된다(줄 64, 78, 84). 노드 포인터를 반복문의 종료 조건에 사용하지 않은 이유는 원형 연결리스트이다 보니 연결리스트의 끝을 확인하기가 쉽지 않기 때문이다.

merge_BO 함수가 시작하고 나면 우선 연결리스트의 첫 번째 노드로 이동한다(줄 61~62). 이후 박스오피스 a와 b를 합쳐서 c를 만들어내는데 그 과정은 [프로그램 3.7]과 동일하다. 각 박스오피스가 관객수에 따라 이미 정렬되어 있으므로 두 박스오피스에서 선수를 하나씩 앞에서부터 출전시켜 관객수가 더 많은 승자를 차례대로 c에 추가한다. 패자 쪽은 그대로 두고 승자 쪽에서는 그 다음 영화가 대결에 나선다. (줄 64~76)은 대결을 펼칠 영화가 양쪽 박스오피스에 모두 남아 있는 한, 계속 승자를 c에 추가하도록 만들며 이 과정에서 영화의 개수는 하나씩 줄어든다. 두 박스오피스 중 적어도 한쪽의 모든 영화가 소진되어 (줄 64)의 조건이 거짓이 되면 소진되지 않은 박스오피스의 영화를 전부 차례대로 c에 추가한다(줄 77~88).

merge_BO 함수의 실행 시간은 합병 대상이 되는 두 박스오피스의 원소수와 비례한다. 만약 두 박스오피스에 저장된 원소가 각각 n개와 m개라면 모든 원소들이 c에 하나씩 차례대로 저장되므로 merge_BO 함수는 $O(n+m)$임을 알 수 있다.

프로그램 4.16   원형 연결리스트를 이용한 박스오피스 합병 프로그램

```
1   #define DataType Movie
2   #include <stdio.h>
3   #include <stdlib.h>
4
5   // 영화 정보를 저장하는 구조체 Movie 정의
6   typedef struct Movie {
7       char title[50];              // 영화제목
```

```
 8        int release;                // 개봉연도
 9        int viewers;                // 누적관객수
10    } Movie;
11
12    // 리스트 노드 정의
13    typedef struct Node {
14        DataType data;
15        struct Node *link;
16    } Node;
17
18    // 헤드 노드 정의
19    typedef struct LinkedBO_C {
20        int length;                 // 저장된 영화의 수
21        Node *tail;                 // 마지막 노드를 가리키는 포인터
22    } LinkedBO_C;
23
24    // 연결리스트 초기화
25    void init_list(LinkedBO_C *BO) {
26        BO->length = 0;
27        BO->tail = NULL;
28    }
29
30    // 연결리스트 출력
31    void print_list(LinkedBO_C *BO) {
32        Node *ptr = BO->tail;
33        for ( int i = 1 ; i <= BO->length ; i++ ) {
34            ptr = ptr->link;
35            printf("제목=%s, 개봉연도=%d, 관객수=%d\n",
36                ptr->data.title, ptr->data.release, ptr->data.viewers);
37        }
38    }
39
40    // 원형 연결리스트의 마지막에 삽입
41    void insert_node_last(LinkedBO_C *BO, Node *new) {
42        BO->length++;
43        if (BO->tail == NULL) {      // 빈 원형 연결리스트에 삽입
44            BO->tail = new;
45            new->link = new;
46        }
47        else {                       // 맨 마지막에 삽입
48            new->link = BO->tail->link;
```

```
49          BO->tail->link = new;
50          BO->tail = new;
51      }
52  }
53
54  // 두 박스오피스 a와 b를 하나로 합치는 함수
55  LinkedBO_C merge_BO(LinkedBO_C *a, LinkedBO_C *b) {
56      LinkedBO_C c;                                // 합병된 박스오피스
57      Node *p2a = a->tail, *p2b = b->tail;        // 노드 포인터
58      int num_a = a->length, num_b = b->length;   // 영화 개수
59
60      init_list(&c);
61      if (p2a) p2a = p2a->link;  // a의 첫 번째 노드부터 시작
62      if (p2b) p2b = p2b->link;  // b의 첫 번째 노드부터 시작
63
64      while (num_a != 0 && num_b != 0) {
65          if (p2a->data.viewers >= p2b->data.viewers) {
66              // a 관객수 >= b 관객수인 경우
67              insert_node_last(&c, create_node(p2a->data)); // 프로그램 4.4
68              p2a = p2a->link;
69              num_a--;
70          }
71          else {  // a 관객수 < b 관객수인 경우
72              insert_node_last(&c, create_node(p2b->data)); // 프로그램 4.4
73              p2b = p2b->link;
74              num_b--;
75          }
76      }
77      // 아직 남아있는 a 영화들을 추가
78      while (num_a != 0) {
79              insert_node_last(&c, create_node(p2a->data)); // 프로그램 4.4
80              p2a = p2a->link;
81              num_a--;
82      }
83      // 아직 남아있는 b 영화들을 추가
84      while (num_b != 0) {
85              insert_node_last(&c, create_node(p2b->data)); // 프로그램 4.4
86              p2b = p2b->link;
87              num_b--;
88      }
89      return c;
```

```
90   }
91
92   int main() {
93       LinkedBO_C domestic, foreign;
94       Movie m1 = {"명량", 2014, 1761};
95       Movie m2 = {"베테랑", 2015, 1341};
96       Movie m3 = {"도둑들", 2012, 1298};
97       Movie m4 = {"암살", 2015, 1270};
98       Movie m5 = {"아바타", 2009, 1333};
99       Movie m6 = {"인터스텔라", 2014, 1030};
100      Movie m7 = {"겨울왕국", 2014, 1029};
101
102      // 연결리스트 초기화
103      init_list(&domestic);
104      init_list(&foreign);
105      // 국내영화 박스오피스 생성
106      insert_node_last(&domestic, create_node(m1)); // 프로그램 4.4
107      insert_node_last(&domestic, create_node(m2));
108      insert_node_last(&domestic, create_node(m3));
109      insert_node_last(&domestic, create_node(m4));
110      // 외국영화 박스오피스 생성
111      insert_node_last(&foreign, create_node(m5));
112      insert_node_last(&foreign, create_node(m6));
113      insert_node_last(&foreign, create_node(m7));
114      // 합병
115      LinkedBO_C merged = merge_BO(&domestic, &foreign);
116      print_list(&merged);
117  }
```

🖥 실행결과

```
제목=명량, 개봉연도=2014, 관객수=1761
제목=베테랑, 개봉연도=2015, 관객수=1341
제목=아바타, 개봉연도=2009, 관객수=1333
제목=도둑들, 개봉연도=2012, 관객수=1298
제목=암살, 개봉연도=2015, 관객수=1270
제목=인터스텔라, 개봉연도=2014, 관객수=1030
제목=겨울왕국, 개봉연도=2014, 관객수=1029
```

이 박스오피스 예제는 데이터 구조를 조금 변경하여 다른 버전으로 구현할 수도 있다. 예를 들어 원형 연결리스트로 구현하는 대신에 단순 연결리스트로 구현 가능하다. 다만 연결리스트의 마지막에 노드를 계속 추가하게 되므로 이 작업을 원활하게 할 수 있게 만드는 것이 관건이다. 만약 연결리스트의 처음과 마지막을 가리키는 포인터를 모두 포함하는 헤드 노드를 설계한다면 알고리즘 구현에 별 문제가 없을 것이다. [그림 4.17]에 새로운 구조의 연결리스트를 나타내었다.

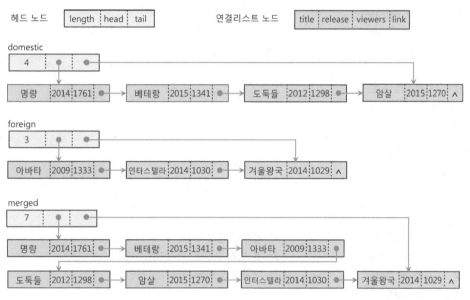

[그림 4.17] 박스오피스 단순 연결리스트

[프로그램 4.17]은 박스오피스 합병을 단순 연결리스트로 구현한 프로그램으로 [프로그램 4.16]에 비해 조금 더 단순하다. 이는 단순 연결리스트의 효과라기보다는 효율적인 헤드 노드 구조 LinkedBO 덕분이다. LinkedBO는 연결리스트의 처음과 마지막 노드를 가리키도록 약속된 두 포인터를 갖는다. 연결리스트 유형이 바뀌었기 때문에 모든 함수들이 조금씩 수정되었다. 두 프로그램을 비교하면서 어느 부분이 변경되었는지 확인하기 바란다.

⟨/⟩ **프로그램 4.17** 단순 연결리스트를 이용한 박스오피스 합병 프로그램

```c
1   #include <stdio.h>
2   #include <stdlib.h>
3   #define DataType Movie
4
5   // 영화 정보를 저장하는 구조체 Movie 정의
6   typedef struct Movie {
7       char title[50];            // 영화제목
8       int release;               // 개봉연도
9       int viewers;               // 누적관객수
10  } Movie;
11
12  // 리스트 노드 정의
13  typedef struct Node {
14      DataType data;
15      struct Node *link;
16  } Node;
17
18  // 헤드 노드 정의
19  typedef struct LinkedBO {
20      int length;                // 저장된 영화의 수
21      Node *head;                // 첫 번째 노드를 가리키는 포인터
22      Node *tail;                // 마지막 노드를 가리키는 포인터
23  } LinkedBO;
24
25  // 연결리스트 초기화
26  void init_list(LinkedBO *BO) {
27      BO->length = 0;
28      BO->head = BO->tail = NULL;
29  }
30
31  // 리스트 항목들을 출력
32  void print_list(LinkedBO *BO) {
33      Node *ptr = BO->head;
34      for ( int i = 1 ; i <= BO->length ; i++ ) {
35          printf("제목=%s, 개봉연도=%d, 관객수=%d\n",
36              ptr->data.title, ptr->data.release, ptr->data.viewers);
37          ptr = ptr->link;
38      }
39  }
40
```

```
41    // 단순 연결리스트의 마지막에 삽입
42    void insert_node_last(LinkedBO *BO, Node *new) {
43        BO->length++;
44        if (BO->tail == NULL)        // 빈 단순 연결리스트에 삽입
45            BO->head = BO->tail = new;
46        else {                       // 맨 마지막에 삽입
47            BO->tail->link = new;
48            BO->tail = new;
49        }
50    }
51
52    // 두 박스오피스 a와 b를 하나로 합치는 함수
53    LinkedBO merge_BO(LinkedBO *a, LinkedBO *b) {
54        LinkedBO c;                              // 합병된 박스오피스
55        Node *p2a=a->head, *p2b=b->head;         // 노드 포인터
56
57        init_list(&c);
58        while (p2a && p2b) {
59            if (p2a->data.viewers >= p2b->data.viewers) {
60                // a 관객수 >= b 관객수인 경우
61                insert_node_last(&c, create_node(p2a->data)); // 프로그램 4.4
62                p2a = p2a->link;
63            }
64            else {  // a 관객수 < b 관객수인 경우
65                insert_node_last(&c, create_node(p2b->data)); // 프로그램 4.4
66                p2b = p2b->link;
67            }
68        }
69        // 아직 남아있는 a 영화들을 추가
70        while (p2a) {
71            insert_node_last(&c, create_node(p2a->data)); // 프로그램 4.4
72            p2a = p2a->link;
73        }
74        // 아직 남아있는 b 영화들을 추가
75        while (p2b) {
76            insert_node_last(&c, create_node(p2b->data)); // 프로그램 4.4
77            p2b = p2b->link;
78        }
79        return c;
80    }
81
```

```
82   int main() {
83       LinkedBO domestic, foreign;
84       Movie m1 = {"명량", 2014, 1761};
85       Movie m2 = {"베테랑", 2015, 1341};
86       Movie m3 = {"도둑들", 2012, 1298};
87       Movie m4 = {"암살", 2015, 1270};
88       Movie m5 = {"아바타", 2009, 1333};
89       Movie m6 = {"인터스텔라", 2014, 1030};
90       Movie m7 = {"겨울왕국", 2014, 1029};
91
92       // 연결리스트 초기화
93       init_list(&domestic);
94       init_list(&foreign);
95       // 국내영화 박스오피스 생성
96       insert_node_last(&domestic, create_node(m1)); // 프로그램 4.4
97       insert_node_last(&domestic, create_node(m2));
98       insert_node_last(&domestic, create_node(m3));
99       insert_node_last(&domestic, create_node(m4));
100      // 외국영화 박스오피스 생성
101      insert_node_last(&foreign, create_node(m5));
102      insert_node_last(&foreign, create_node(m6));
103      insert_node_last(&foreign, create_node(m7));
104      // 합병
105      LinkedBO merged = merge_BO(&domestic, &foreign);
106      print_list(&merged);
107  }
```

🖥 **실행결과**

제목=명량, 개봉연도=2014, 관객수=1761
제목=베테랑, 개봉연도=2015, 관객수=1341
제목=아바타, 개봉연도=2009, 관객수=1333
제목=도둑들, 개봉연도=2012, 관객수=1298
제목=암살, 개봉연도=2015, 관객수=1270
제목=인터스텔라, 개봉연도=2014, 관객수=1030
제목=겨울왕국, 개봉연도=2014, 관객수=1029

1. 성적 처리 프로그램을 작성하고자 한다. 학생수와 과목수는 정해져 있지 않으므로 사용자로부터 입력받아 이차원 동적 배열을 할당한다. 각 학생에 대한 성적을 입력받으면 총점과 평균을 구하고 아래와 같이 출력한다.

번호	과목1	과목2	과목3	총점	평균
1	100	90	80	270	90.0
2	90	95	98	283	94.3
3	80	80	85	245	81.7
4	90	100	83	273	91.0
5	95	95	85	275	91.7

2. [프로그램 4.8]의 단순 연결리스트 노드를 삭제하는 함수 delete_node는 매개변수로 헤드 포인터와 삭제할 노드의 선행 노드에 대한 포인터만 있어도 충분하다. 이 두 매개변수만 갖도록 delete_node 함수를 수정하시오.

3. 단순 연결리스트의 홀수번째 노드를 삭제하는 함수를 구현하시오.

4. 데이터로 정수가 저장된 단순 연결리스트에서 모든 데이터 값의 합을 구하는 함수를 구현하시오.

5. 두 단순 연결리스트의 노드를 번갈아 하나씩 결합하는 함수를 구현하시오. 예를 들어 두 리스트 (a, c, e)와 (q, u, e, e, n)은 (a, q, c, u, e, e, n)이 된다.

6. 이 장에서 다룬 단순 연결리스트 함수들을 원형 연결리스트에 사용가능하도록 수정하시오.

7. 이 장에서 다룬 단순 연결리스트 함수들을 이중 연결리스트에 사용가능하도록 수정하시오.

8. 연결리스트에서 헤드 노드를 사용할 때의 장단점을 분석하시오.

9. [프로그램 4.14]와 [프로그램 4.15]에 표현된 이중 연결리스트의 노드 삽입과 삭제 함수를 수정하여 헤드 노드를 사용하지 않는 경우에 동작하도록 구현하고 비교하시오.

10. 위의 문제 1을 연결리스트를 사용하여 구현하시오. 각 학생이 받은 점수들을 연결리스트로 구현하면 되므로 과목수를 사용자로부터 입력받을 필요가 없다.

11. 희소 행렬을 연결리스트로 표현하기 위한 노드 구조를 정의하고 희소 행렬의 전치 함수를 구현하시오.

12. 연결리스트로 표현된 두 희소 행렬의 합을 구하는 함수를 작성하시오. 주어진 희소 행렬은 변경되어서는 안 된다.

13. 연결리스트로 표현된 두 희소 행렬의 곱을 구하는 함수를 작성하시오. 주어진 희소 행렬은 변경되어서는 안 된다.

14. 연결리스트로 표현된 희소 행렬을 복사하는 함수를 작성하시오.

15. 다항식을 연결리스트에 저장해보자. 다항식의 각 항마다 리스트 노드를 하나씩 배정하고 리스트 노드의 데이터 필드는 각 항의 계수와 지수로 하면 된다. 연산의 효율성을 위해 지수의 내림차순으로 노드를 정렬하는 것이 좋다. 예를 들어 $2x^7+4x^3+5$는 다음과 같은 연결리스트로 표현된다.

다항식을 연결리스트로 표현하기 위한 노드 구조를 정의하고 두 다항식을 더하는 함수를 작성하시오.

16. 문제 15에서 헤드 포인터 대신 헤드 노드를 사용하여 구현하시오.

17. 학생들이 둥글게 둘러 앉아 숫자 하나(n)를 결정한다. 각자 자신의 이름을 적은 종이를 모자에 집어넣고 대표가 그 중 한 장의 종이를 뽑는다. 이름이 뽑힌 사람으로부터 시작해서 시계 방향으로 숫자 n번째 사람이 원에서 제거되고 다음 사람부터 반대 방향으로 다시 n번째 사람이 원에서 제거된다. 최종적으로 남은 사람은 누구인가? 위 내용을 처리하는 프로그램을 아래 사항을 참고하여 작성하시오.

(1) 학생들의 이름을 차례대로 입력받아 연결리스트로 구성

(2) n을 사용자로부터 입력받음

(3) 매번 학생이 줄어들 때마다 제거된 사람의 이름과 남은 사람들을 출력

(4) 최종 남은 학생을 출력

CHAPTER **5**

순환 알고리즘

순환은 프로그래밍 과정에서 자주 사용되는 기법 중 하나이다. 특히 순환 알고리즘에 적합한 데이터 구조, 예를 들어 트리나 그래프 등을 사용하여 문제를 해결해야 하는 경우 더욱 효과적이다. 이 장에서는 여러 예제를 통하여 순환 알고리즘을 작성하는 방법을 살펴볼 것이다.

5.1 순환의 기본 개념

5.1.1 순환과 반복

되풀이(repetition)는 컴퓨터 알고리즘에서 일반적으로 볼 수 있는 중요한 특성이며 빠른 속도로 되풀이 하는 것은 컴퓨터의 중요한 능력 중의 하나이다. 되풀이를 표현하고 구현할 때 **반복**(iteration) 구조가 일반적으로 사용된다. 반복은 for나 while 같은 키워드를 사용하여, 반복되어 실행될 코드 부분을 명시적으로 나타내는 것이다. 이에 반해 **순환**(recursion)은 어떤 알고리즘이나 함수가 자기 자신을 호출하여 문제를 해결하는 기법으로 일반적인 반복 구조를 대신할 수 있는 매우 흥미롭고 효과적인 방법이다. 순환은 본질적으로 순환적인 특징을 갖는 문제나 순환적인 데이터 구조를 다루는 프로그램에 적합하다.

순환 구조는 수학에서의 귀납적 정의(inductive definition)와 점화식(recurrence relation)과 밀접한 연관이 있다. 순환 구조 프로그램은 귀납적으로 정의되며 순환 구조 프로그램의 실행 시간은 점화식을 이용하여 분석할 수 있다.

순환은 함수 호출을 하게 되므로 반복에 비해 수행속도 면에서는 떨어진다는 단점이 있다. 또한 순환 구조의 프로그램은 동일한 기능을 수행하는 반복 구조의 프로그램으로 변환이 가능하다는 성질을 갖는다. 이러한 이유 때문에 순환의 중요성을 간과하기 쉽지만, 순환은 어떤 문제에서는, 특히 문제가 순환적으로 정의되는 경우, 반복에 비해 알고리즘을 훨씬 명확하고 간결하게 나타낼 수 있으며 더 이해하기 쉽다. 더구나, 순환을 사용하지 않으면 제대로 프로그램을 작성할 수 없는 경우도 있다. 따라서 순환은 반드시 익혀두어야 하는 중요한 기법이다.

5.1.2 순환 알고리즘의 구조

수열, 함수, 집합 등을 정의할 때 자기 자신을 사용하여 정의하는 방법을 귀납적 정의 또는 재귀적 정의라고 한다. 귀납적 정의는 기본 조항과 귀납 조항으로 이루어지는데 기본 조항은 정의의 최초 시작 부분이나 한계 조건을 설정하는 부분이고 귀납 조항은 자기 자신을 이용하여 일반적인 관계식을 정의하는 부분이다. 예를 들어 팩토리얼 함수의 귀납적 정의는 다음과 같으며, 기본 조항에 따라 0!=1이고 귀납 조항을 연속적으로 적용하면 1!=1*0!=1, 2!=2*1!=2, 3!=3*2!=6, 4!=4*3!=24, 5!=5*4!=120,... 등을 얻게 된다.

$$n! = \begin{cases} f(0) = 1, & \Rightarrow 기본조항 \\ f(n) = n*f(n-1), & n \geq 1 \quad \Rightarrow 귀납조항 \end{cases}$$

[프로그램 5.1]은 n 개의 계단을 오르는 과정을 반복과 순환을 사용하여 나타낸 것이다. 순환 알고리즘 recur_climb_stairs는 자기 자신을 순환적으로 호출하는 부분(줄 12~15)와 순환호출을 더 이상하지 않고 중단하는 부분(줄 16)으로 나누어져 있다. 이는 각각 귀납적 정의에서의 귀납 조항과 기본 조항에 해당된다. 순환적으로 호출하는 부분을 몇 번이나 수행하는가에 따라 반복의 횟수가 결정된다. 순환 알고리즘에서 논리적 오류를 가장 범하기 쉬운 곳이 순환의 횟수를 결정하는 조건(줄 12)이며 순환호출 때마다 조건 변수가 제대로 값을 갖도록 주의해야 한다. 순환 알고리즘은 둘 이상의 순환 호출문을 가질 수도 있다.

프로그램 5.1   계단 오르기

```c
1   #include <stdio.h>
2
3   // 반복을 사용한 계단 오르기
4   void iter_climb_stairs(int n) {
5       for ( int i = 1 ; i <= n ; i++ )
6           printf("반복: 계단이 %d개 남았습니다.\n", n-i+1);
7       printf("올라갈 계단이 없습니다.\n");
8   }
9
10  // 순환을 사용한 계단 오르기
11  void recur_climb_stairs(int n) {
12      if (n) {
13          printf("순환: 계단이 %d개 남았습니다.\n", n);
14          recur_climb_stairs(n-1);
```

```
15        }
16        else printf("올라갈 계단이 없습니다.\n");
17    }
18
19    int main() {
20        iter_climb_stairs(3);
21        recur_climb_stairs(3);
22    }
```

💻 **실행결과**

반복: 계단이 3개 남았습니다.
반복: 계단이 2개 남았습니다.
반복: 계단이 1개 남았습니다.
올라갈 계단이 없습니다.
순환: 계단이 3개 남았습니다.
순환: 계단이 2개 남았습니다.
순환: 계단이 1개 남았습니다.
올라갈 계단이 없습니다.

[그림 5.1]을 보면서 순환 과정을 이해해 보자. recur_climb_stairs(3)은 남은 계단수 3 을 출력한 후 (줄 14)의 recur_climb_stairs(2)를 호출하고, recur_climb_stairs(2)는 남은 계단수 2를 출력한 후 recur_climb_stairs(1)를 호출하고, recur_climb_stairs(1)은 남은 계단수 1을 출력한 후 recur_climb_stairs(0)을 호출한다. recur_climb_stairs(0)은 (줄 12)에서 n이 0이 되어 더 이상의 순환호출 없이 (줄 16)을 실행한 후 종료하고, recur_climb_stairs(1)의 (줄 14)로 복귀한 후 종료하고, recur_climb_stairs(2)의 (줄 14)로 복귀한 후 종료하고, recur_climb_stairs(3)의 (줄 14)로 복귀한 후 완전히 종료하게 된다. 총 3개의 계단을 올라갔음을 알 수 있다.

[그림 5.1] 순환을 이용한 계단 오르기 과정

5.2 팩토리얼 계산

정수의 팩토리얼, 예를 들어 5!은 1부터 5까지 차례대로 곱하면 얻을 수 있다. 이를 일반화하려면 반복적 성질을 이용하여 다음과 같이 정의할 수 있다.

$$n! = \begin{cases} 1 & \text{if } n = 0 \\ n*(n-1)*(n-2)*...*2*1 & \text{if } n > 0 \end{cases}$$

또한 팩토리얼은 순환적 성질을 이용하여 다음과 같이 정의할 수 있다.

$$n! = \begin{cases} 1 & n = 0 \text{ or } 1 \\ n*(n-1)! & n \geq 2 \end{cases}$$

$n!$을 정의하는데 $(n-1)!$을 사용하여 순환적으로 정의하였다. $(n-1)!$을 구한 결과에 n을 곱하여 주면 $n!$의 값을 구할 수 있다. 위 두 정의에 따른 알고리즘을 [프로그램 5.2]에 나타내었다.

프로그램 5.2   팩토리얼 계산

```c
#include <stdio.h>
// 반복을 사용한 팩토리얼
int iter_factorial(int n) {
    int i, factorial = 1;
    for ( i = n ; i > 0 ; i-- ) factorial  *= i;
    return factorial;
}
```

```
8
9    // 순환을 사용한 팩토리얼
10   int recur_factorial(int n) {
11       if (n <= 1) return 1;
12       else return n * recur_factorial(n - 1);
13   }
14
15   int main() {
16       printf("반복: 3! = %d\n", iter_factorial(3));
17       printf("순환: 3! = %d\n", recur_factorial(3));
18   }
```

🖥 **실행결과**

반복: 3! = 6
반복: 3! = 6

recur_factorial 함수를 이용하여 3!을 계산하는 과정은 [그림 5.2]와 같다.

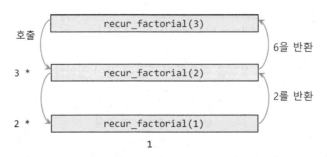

[그림 5.2] 순환을 이용한 3! 계산 과정

이제 팩토리얼을 계산하는 반복 알고리즘과 순환 알고리즘의 성능을 분석해 보자. 반복 알고리즘의 시간 복잡도가 $\Theta(n)$임은 쉽게 알 수 있다. 순환 알고리즘의 분석은 2장에서 언급한 바와 같이 다른 방법을 사용하여 복잡도를 구해야 한다. 바로 **점화식** (recurrence relation)의 사용이다. 점화식[40]이란 수열의 항 사이에서 성립하는 관계식을 말한다. 점화식을 푼다는 것은 귀납적(재귀적)으로 주어진 수열의 일반항 a_n을 n의 명시적인 식으로 나타내는 것이다. 가장 간단한 형태의 점화식인 $a_n = a_{n-1} + k$(k는 상수)를 풀어보면 다음과 같이 첫째항 a_1을 포함하는 수식으로 정리할 수 있다.

---

40 재귀식이라고도 한다.

$$a_n = a_{n-1} + k$$
$$= (a_{n-2} + k) + k = a_{n-2} + 2k$$
$$= (a_{n-3} + k) + 2k = a_{n-3} + 3k$$
$$\cdots$$
$$= (a_2 + k) + (n-3)k = a_2 + (n-2)k$$
$$= (a_1 + k) + (n-2)k = a_1 + (n-1)k$$

팩토리얼을 계산하는 반복 함수의 시간 복잡도를 점화식을 이용하여 계산해보자. 시간 복잡도 함수 $T(n)$을 $n!$을 구하는데 걸리는 실행 시간이라 하면 이는 [프로그램 5.2]의 (줄 12)에서 보듯이 $(n-1)!$을 구하는데 걸리는 시간과 그밖에 곱셈 등에 걸리는 시간을 합한 시간이 된다. $(n-1)!$을 구하는데 걸리는 시간은 당연히 $T(n-1)$이고 그밖에 곱셈 등에 걸리는 시간은 상수 시간 즉 $\Theta(1)$이므로,

$$T(n) = T(n-1) + \Theta(1)$$
$$= T(n-2) + 2\Theta(1)$$
$$= T(n-k) + k\Theta(1)$$
$$= T(1) + (n-1)\Theta(1), \text{(줄 11)에서 } T(1)\text{을 구하는데 걸리는 시간은 } \Theta(1)\text{이므로}$$
$$= \Theta(1) + (n-1)\Theta(1)$$
$$= n\Theta(1)$$
$$= \Theta(n)$$

팩토리얼 계산 알고리즘은 반복과 순환의 점근 복잡도가 같음을 알 수 있다. 2장에서도 설명했지만 위 전개에서 $\Theta(1)$을 집합으로 생각하면 오해의 소지가 있다. 여기선 집합을 의미하는 것이 아니라 $\Theta(1)$에 속하는 함수 중 하나를 의미하는 표현이다.

5.3 최대공약수

현재까지 알려진 가장 오래된 알고리즘은 기원전 300년경에 활약한 그리스 수학자 유클리드가 만든 두 정수의 최대공약수(GCD: Greatest Common Divisor)를 구하는 알고리즘이다. 수천 년 전의 알고리즘임에도 불구하고 간결하고 효율적이어서 오늘날에도 널리 사용되고 있다.

초등학생에게 최대공약수를 구하는 가장 쉬운 방법은 두 정수의 약수를 모두 나열하

고 나서 공통의 약수 가운데 가장 큰 것을 고르는 방법일 것이며, 제법 수학에 관심 있는 중고등학생이나 이 책의 독자들이라면 두 정수를 소인수 분해를 한 후 공통적인 소인수 를 모두 찾아서 곱하는 방법을 선택할 것이다. 하지만 이 두 방법을 프로그램으로 구현 한다면 유클리드의 알고리즘보다 훨씬 느리다.

유클리드의 알고리즘은 양의 정수 m, n ($m > n$)이 주어졌을 때, m이 n으로 나누어 떨 어지면 두 수의 최대공약수는 n이고, m을 n으로 나눈 나머지가 r이면, 두 수의 최대공약 수는 n과 r의 최대공약수와 같다는 사실을 전제로 하고 있다. [프로그램 5.3]에서 보다시 피 실행 문장이 단 두 줄(줄 3, 5)일 정도로 매우 간결하다. (줄 5)는 최대공약수를 구하 는 과정을 순환적으로 처리하도록 정의하였다. (줄 3)은 (줄 5)의 순환 호출에 의해 n의 값이 0으로 설정된 경우를 처리한다. (줄 5)에서 두 번째 매개변수를 계산한 결과, 나머 지가 0이 될 때 다시 말해서 매개변수 n이 최대공약수일 때 (줄 3)의 조건이 참이 되므로 결과를 반환한다.

프로그램 5.3   유클리드의 최대공약수 찾기

```
1    #include <stdio.h>
2    int gcd(int m, int n) {          // m > n 이라 가정
3        if (n == 0) return m;
4        printf("%d, %d의 GCD = ", n, m%n);
5        return gcd(n, m % n);
6    }
7
8    int main() {
9        int i = 380, j = 100;
10       printf("%d, %d의 GCD = ", i, j);
11       printf("%d\n", gcd(i, j));
12   }
```

실행결과

```
380, 100의 GCD = 100, 80의 GCD = 80, 20의 GCD = 20, 0의 GCD = 20
```

유클리드의 알고리즘은 오히려 컴퓨터가 개발된 이후에 더욱 각광받는 알고리즘이다. 나눗셈의 나머지를 구하는 모듈로(modulo) 연산과 정수가 0인지 아닌지 판단하는 연산 이 전부이기 때문이다. 인간에게는 소인수분해가 훨씬 빠르게 계산할 수 있는 방법이겠 지만 컴퓨터에겐 소인수를 찾는 과정이 간단치 않기 때문에 시간이 오래 걸린다.

5.4 피보나치 수

아주 유명한 문제 하나를 인용해보자.

"한 쌍의 어린 토끼가 있다. 한 쌍의 토끼는 한 달 후면 어른 토끼가 되고, 어른 토끼 한 쌍은 한 달마다 한 쌍의 토끼를 낳는다. 1년 후 총 몇 쌍의 토끼가 있을까?"

12세기 말 이탈리아의 수학자인 레오나르도 피보나치(Leonardo Fibonacci)는 이 문제에 대한 해답으로 제시한 것이 피보나치 수열이다. **피보나치 수열**의 각 항을 **피보나치 수**라 하며 다음과 같이 정의할 수 있다. 피보나치 수열은 정의 자체가 순환적으로 되어 있으므로 피보나치 수를 구하는 알고리즘을 작성할 때 순환 호출을 사용하는 것이 자연스러운 방법이다.

$$fib(n) = \begin{cases} 0 & n = 0 \\ 1 & n = 1 \\ fib(n-1) + fib(n-2) & n \geq 2 \end{cases}$$

또한, 반복 구조를 이용하여 최초의 두 피보나치 수인 0과 1로부터 다음과 같이 차례대로 피보나치 수를 생성할 수 있다.

$$0, 1, 1, 2, 3, 5, 8, 13, 21, 34, 55, 89, \ldots$$

반복과 순환에 의해 피보나치 수를 구하는 알고리즘을 [프로그램 5.4]에 나타내었다. 겉으로 보기에는 순환 알고리즘이 깔끔하고 이해하기 쉽다.

프로그램 5.4   피보나치 수

```c
1   #include <stdio.h>
2   #define MAX_SIZE 100
3   // 반복을 사용한 피보나치 수
4   int iter_fibo(int n) {
5       int fibo[MAX_SIZE], i;
6       fibo[0] = 0;
7       fibo[1] = 1;
8       for ( i = 2 ; i <= n ; i++ ) fibo[i] = fibo[i-1] + fibo[i-2];
9       return fibo[n];
10  }
11
```

```
12   // 순환을 사용한 피보나치 수
13   int recur_fibo(int n) {
14       if (n == 0) return 0;
15       if (n == 1) return 1;
16       else return recur_fibo(n-1) + recur_fibo(n-2);
17   }
18
19   int main() {
20       int i = 10;
21       printf("반복: %d번째 피보나치 수 = %d\n", i, iter_fibo(i));
22       printf("순환: %d번째 피보나치 수 = %d\n", i, recur_fibo(i));
23   }
```

🖥️ **실행결과**

반복: 10번째 피보나치 수 = 55
순환: 10번째 피보나치 수 = 55

이제 두 알고리즘의 성능을 분석해 보자. 반복 버전의 시간 복잡도가 $\Theta(n)$임은 쉽게 알 수 있다. 순환 버전의 분석은 팩토리얼 계산 알고리즘과 마찬가지로 점화식을 이용하여 계산하여야 하는데 좀 복잡하기에 결과만 인용하면 $O(2^n)$이다. 순환 알고리즘은 지수형의 복잡도를 갖는데 이렇게 복잡도가 높은 이유는 중복된 함수 호출이 많이 발생하기 때문이다. [그림 5.3]은 recur_fibo(5)를 호출한 경우 recur_fibo(3)이 중복해서 두 번 순환 호출되는 것을 보여준다. 이는 같은 일을 두 번 한다는 뜻이다. recur_fibo(2)와

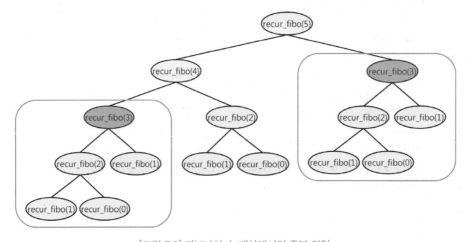

[그림 5.3] 피보나치 수 계산에서의 중복 작업

recur_fibo(1)은 각각 3번과 5번 계산된다. 이러한 현상은 *n*이 점점 커질수록 심해진다. 피보나치 수열 계산 알고리즘은 순환 호출에서 너무 많은 중복 작업이 이루어지기 때문에 중복 작업이 없는 반복 알고리즘보다 훨씬 느리다. 알고리즘 자체만 놓고 보면 순환 알고리즘이 단순하고 이해하기 쉽지만 실제 실행 시간 측면에서는 완전히 반대의 결과를 얻는다.

5.5 이진 탐색

2장에서 데이터가 정렬되어 있지 않은 경우 사용하는 순차 탐색 알고리즘을 다루었다. 데이터가 정렬되어 있는 경우 그리고 상대적으로 원소의 개수가 많은 경우에는 **이진 탐색**을 사용한다. 이진 탐색은 배열의 중앙에 위치한 데이터를 찾고자하는 값과 비교함으로써 탐색의 대상을 절반씩 줄여나가는 방법이다([그림 5.4]). 만약 중간에 위치한 데이터가 찾고자하는 값과 같다면 성공적으로 탐색이 종료되며, 찾고자하는 값이 더 작다면 중앙에 위치한 데이터보다 작은 값들을 대상으로 다시 이진 탐색을 실시하고, 찾고자하는 값이 더 크다면 중앙에 위치한 데이터보다 큰 값들을 대상으로 다시 이진 탐색을 실시한다. 이 과정은 탐색 대상이 하나라도 남아있는 동안 계속된다.

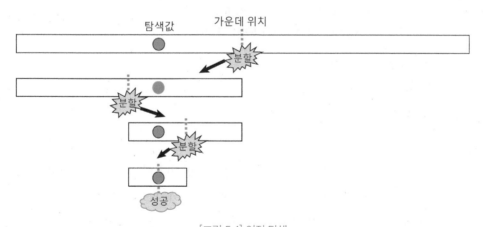

[그림 5.4] 이진 탐색

[프로그램 5.5]는 오름차순으로 정렬된 배열 list를 대상으로 num을 이진 탐색하는 순환 알고리즘이다. low와 high는 탐색 대상이 되는 원소들이 저장된 배열 위치의 양쪽 끝을 나타내는 인덱스로 탐색 대상이 줄어들 때마다 둘 중 하나의 값이 변한다. 탐색 대상이 하나 이상 남아 있다면 (줄 5)는 참이 되고, 탐색 대상 원소가 남아 있지 않아 탐색이

실패로 돌아간다면 (줄 5)는 거짓이 되어 (줄 12)에서 -1을 반환한다. 탐색이 성공하면 num이 저장된 위치를 반환하고 종료하거나(줄 7) 아니면 문제의 크기를 절반으로 줄여 다시 이진 탐색을 순환 호출한다(줄 9, 10).

</> 프로그램 5.5   순환을 이용한 이진 탐색

```
1   #include <stdio.h>
2
3   int recur_bin_search(int list[], int num, int low, int high) {
4       int middle;
5       if (low <= high) {
6           middle =(low + high)/2;
7           if (num == list[middle]) return middle;
8           else if (num < list[middle])
9                   return recur_bin_search(list, num, low, middle-1);
10          else return recur_bin_search(list, num, middle+1, high);
11      }
12      return -1;
13  }
14
15  int main() {
16      int list[] = { 1, 3, 5, 7, 9, 11, 13, 15, 17 };
17      int index, num = 7;
18      index = recur_bin_search(list, num, 0, 8);
19      printf("%d는 %d번째 있습니다.\n", num, index);
20  }
```

🖥 **실행결과**

7은 3번째 있습니다.

[표 5.1]은 배열 원소의 수에 따라 비교를 최대 몇 번이나 하는지 나타낸 것이다. 순차 탐색의 경우 배열에 찾고자하는 값이 없을 때 배열의 끝까지 모두 탐색해야 한다. 따라서 배열의 크기가 커질수록 그에 비례해서 비교횟수도 증가한다. 이에 반해 이진 탐색의 최대 비교횟수는 배열의 크기 n이 2^k일 때 $k + 1$이며 $k = \log_2 n$이므로 결국 $\log_2 n + 1$이다. 배열의 크기가 커질수록 차이가 많이 나는 것을 확인할 수 있다. 배열 원소의 수가 500개정도이면 약 50배의 차이가 나지만 5,500억 개쯤 되면 100억 배 이상 차이가 난다. 점화식을 이용하지 않아도 탐색에서 가장 중요한 연산인 비교 연산의 실행 횟수를 기준으로 하여 시간 복잡도를 표현할 수 있는데 순차 탐색은 $O(n)$이고 이진 탐색은 $O(\log_2 n)$이다.

배열의 크기	최대 비교 횟수	
	순차 탐색	이진 탐색
$1\ (2^0)$	1	1
$512\ (2^9)$	512	10
$524{,}288\ (2^{19})$	524,288	20
$536{,}870{,}912\ (2^{29})$	536,870,912	30
$549{,}755{,}813{,}888\ (2^{39})$	549,755,813,888	40
$n\ (2^k)$	n	$\log_2 n + 1$

5.6 하노이탑

하노이탑(Tower of Hanoi)은 워낙 유명하여 초등학교 시절부터 한번쯤은 누구나 접해보는 문제이다. 게임이나 퍼즐처럼 가볍고 즐겁게 다룰 수 있는 문제이지만 수학에서는 논리성 개발이나 점화식을 다룰 때, 프로그래밍에서는 순환을 설명하는데 아주 유용한 문제이다. 그 내용은 다음과 같다.

"인도 베나레스에 있는 한 사원에는 세상의 중심을 나타내는 큰 돔이 있고 그 안에 세 개의 다이아몬드 막대가 동판 위에 세워져 있다. 막대 가운데 하나에는 신이 64개의 순금 원판을 끼워 놓았다. 가장 큰 원판이 바닥에 놓여 있고, 나머지 원판들이 점점 작아지며 꼭대기까지 쌓여 있다. 브라마[41]의 지시에 따라 승려들은 모든 원판을 다른 막대로 옮기기 위해 밤낮 없이 차례로 제단에 올라 규칙에 따라 원판을 하나씩 옮긴다. 이 일이 끝날 때, 탑은 무너지고 세상은 종말을 맞이하게 된다. 규칙은 다음 두 가지이다. 1) 원판은 한 번에 맨 위에 있는 한 개씩 옮겨야 하고 2) 절대로 작은 원판 위에 큰 원판을 올려 놓을 수 없다."

원판의 최소 이동 횟수를 구하는 것은 수학 문제가 되고 이동 방법을 모델링하는 것은 프로그래밍 문제가 된다. 순환을 이용하여 원판을 이동시키는 알고리즘을 작성하여보자. 3 막대를 각각 *from*, *temp*, *to*라 하고 원판은 최초에 *from*에 있으며 최종적으로 *to*로 옮기는 것으로 가정하자. 원판이 하나라면 아주 쉽게 한 번 만에 *to*로 옮길 수 있다. 원판

41　힌두교 최고의 신

이 두 개라면 세 번 만에 *to*로 옮길 수 있다. 원판이 세 개인 경우 옮기는 과정을 [그림 5.5]에 나타내었다. 원판의 개수가 점점 늘어날수록 훨씬 복잡해질 것이다. *n*개의 원판을 옮기는 방법을 해결해보자.

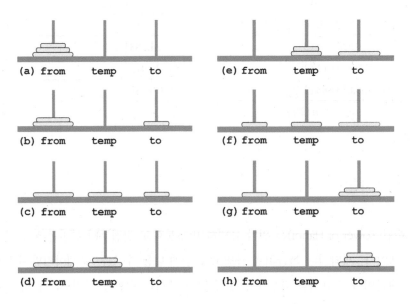

[그림 5.5] 3개의 원판을 갖는 하노이탑 문제의 해결과정

우리가 하려는 것은 막대 *from*에 있는 *n*개의 원판을 막대 *temp*를 적절히 이용하여 막대 *to*로 옮기는 일이다. 이를 실행하는 알고리즘을 hanoi_tower(n, from, temp, to)라 하자. 이 작업이 성공하기 위해서는 막대 *from*의 맨 아래에 있는 원판을 막대 *to*의 맨 아래로 옮겨야 하고 이는 막대 *from*의 위쪽에 있는 *n*-1개의 원판을 들어내지 않으면 불가능한 일이다. 따라서 먼저 막대 *from*의 위쪽에 있는 *n*-1개의 원판을 막대 *temp*로 모두 옮긴 후 막대 *from*의 맨 아래에 있는 원판을 막대 *to*의 맨 아래로 옮긴다. 남은 일은 막대 *temp*에 있는 *n*-1개의 원판을 막대 *to*로 모두 옮기는 일이다. 이 과정을 [그림 5.6]에 나타내었다.

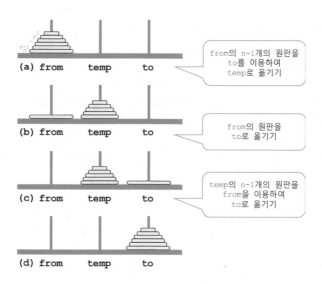

[그림 5.6] n 개의 원판을 갖는 하노이탑 문제의 해결과정

[그림 5.6]에 나타낸 과정을 의사코드로 나타내면 다음과 같다.

```
// from에 있는 n개의 원판을 temp를 이용하여 to로 옮기기
void hanoi_tower(int n, int from, int temp, int to) {
    if (n == 1) from에 있는 원판을 to로 옮기기;
    else {
        from에 있는 n-1개의 원판을 to를 이용하여 temp로 옮기기;
        from에 있는 원판을 to로 옮기기;
        temp에 있는 n-1개의 원판을 from을 이용하여 to로 옮기기;
    }
}
```

그런데 여기에서 밑줄이 쳐진 두 명령은 막대의 순서만 달라졌을 뿐이고 원래 주어진 문제에서 문제의 크기만 n에서 $n-1$로 줄어든 형태이다. 따라서 두 번의 순환 호출문을 포함하는 프로그램으로 정의할 수 있다([프로그램 5.6]).

프로그램 5.6   하노이탑

```c
1    #include <stdio.h>
2    void hanoi_tower(int n, int from, int temp, int to) {
3        if (n == 1) printf("%d에 있는 원판 1을 %d(으)로.\n", from, to);
4        else {
5            hanoi_tower(n-1, from, to, temp);
6            printf("%d에 있는 원판 %d을 %d(으)로.\n", from, n, to);
7            hanoi_tower(n-1, temp, from, to);
8        }
9    }
10
11   int main() {
12       int disk = 3;
13       hanoi_tower(disk, 100, 200, 300);
14   }
```

실행결과

```
100에 있는 원판 1을 300(으)로.
100에 있는 원판 2을 200(으)로.
300에 있는 원판 1을 200(으)로.
100에 있는 원판 3을 300(으)로.
200에 있는 원판 1을 100(으)로.
200에 있는 원판 2을 300(으)로.
100에 있는 원판 1을 300(으)로.
```

하노이탑 알고리즘의 시간 복잡도는 원판의 이동 횟수에 비례한다. 원판이 n 개일 때 총 이동 횟수는 2^n-1이며 시간 복잡도는 $\Theta(2^n)$에 이른다. 따라서 hanoi_tower 함수는 보기에 비해 매우 높은 점근 복잡도를 갖는다.

1. 다음 함수를 recur(13)로 호출하였을 때, 화면에 출력되는 내용과 수행이 끝난 후 반환되는 함
   수 값을 구하시오.

```c
int recur(int n) {
        printf("%d ", n);
        if (n < 1) return -1;
        else return ( recur(n-3)+1 );
}
```

2. 다음을 계산하는 순환 프로그램 int sum1(int n)을 작성하시오.

   $1 + 2 + 3 + ... + n$

3. 다음을 계산하는 순환 프로그램 int sum2(int n)을 작성하시오.

   $1 + 2^2 + 3^2 + ... + n^2$

4. 다음을 계산하는 순환 프로그램 float sum3(int n)을 작성하시오.

   $1 + 1/2 + 1/3 + ... + 1/n$

5. Ackermann 함수는 다음과 같이 순환적으로 정의된다. Ackermann 함수를 구하는 순환적 프
   로그램 int Ackermann(int m, int n)을 작성하시오.

   $Ackermann(0, n) = n + 1$
   $Ackermann(m, 0) = Ackermann(m-1, 1)$
   $Ackermann(m, n) = Ackermann(m-1, Ackermann(m, n-1))$ where $m, n \geq 1$

6. [프로그램 5.2]와 [프로그램 5.4]의 팩토리얼 계산과 피보나치수 계산 알고리즘에 대해 반복과 순환 버전을 실행시켜 비교분석하시오.

7. [프로그램 5.3]의 최대공약수 찾기 알고리즘이 최대공약수를 정확하게 찾는지 증명하시오.

8. [프로그램 5.5]의 이진 탐색 알고리즘을 반복 알고리즘으로 구현하시오.

9. 원판이 n개인 하노이탑 문제를 푸는 어떤 알고리즘도 최소 $2^n - 1$회는 원판을 옮겨야 한다는 것을 증명하시오.

10. 집합 S의 멱집합(power set)은 모든 가능한 S의 부분집합이다. 즉, S = {a, b, c}라 하면, S의 멱집합은 { { }, {a}, {b}, {c}, {a, b}, {a, c}, {b, c}, {a, b, c} }이다. 주어진 집합에 대한 멱집합을 구하는 순환 함수를 작성하시오.

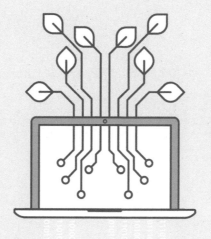

P A R T **2**

추상 데이터 구조

CHAPTER **6**

리스트

6.1 리스트 ADT

리스트(list)는 항목들 간에 순서를 부여하여 일렬로 나열한 데이터 구조로 **순서 리스트** (ordered list) 또는 **선형 리스트**(linear list)라 부르기도 한다[42]. 일상생활에서도 리스트를 자주 접하게 되는데 예를 들어 빌보드 차트와 같이 랭킹을 나타내거나 버킷 리스트처럼 개인의 희망사항을 정리하는 데 리스트를 사용한다. 그밖에도 다음과 같은 것들이 리스트의 예이다.

- **태양계 행성** : (수성, 금성, 지구, 화성, 목성, 토성, 천왕성, 해왕성)
- **영문 소문자 알파벳** : (a, b, c, d, e, f, g, … , x, y, z)
- **31일이 있는 달** : (1, 3, 5, 7, 8, 10, 12)
- **한국이 월드컵에서 우승한 해** : ( )

리스트를 표현할 때는 ( ) 안에 항목들을 순서대로 나열하면 된다. 위의 예 중 마지막 리스트는 어떤 항목도 포함하지 않은 공백 리스트이다. 리스트의 항목들은 명확하게 앞뒤의 원소들과 순서를 정할 수 있어야 하므로 순서의 기준이 필요하다. 기준이 달라지면 순서도 달라진다. 따라서 다음 두 리스트는 서로 다른 리스트이다.

- **요일1** : (일요일, 월요일, 화요일, 수요일, 목요일, 금요일, 토요일)
- **요일2** : (월요일, 화요일, 수요일, 목요일, 금요일, 토요일, 일요일)

리스트 항목들은 순서에 의해 상대적 위치가 결정된다. 따라서 순서를 이용하는 리스트 연산들이 필요하다. 예를 들어 맨 처음에 항목을 추가한다던지 세 번째 항목을 삭제한다던지 등 순서를 기반으로 하는 연산을 제공하여야 한다. [ADT 6.1]은 리스트에 대한 추상 데이터 타입이다.

---

42 복합 데이터 구조인 연결리스트와 혼동하면 안 된다.

◁▷ ADT 6.1   리스트

```
1   데이터: 순서화된 n개의 항목
2   연산
3       init_list(list): 리스트 초기화
4       get_length(list): list의 항목 수를 계산
5       get_data(list, i): list의 i번째 항목을 반환 (0 ≤ i ≤ n-1)
6       print_list(list): list의 항목들을 출력
7       get_pos(list, data): list에서 data를 찾아 그 순서를 반환
8       insert(list, i, data): list의 i번째 위치에 data를 추가 (0 ≤ i ≤ n)
9       delete(list, i): list의 i번째 항목을 제거 (0 ≤ i ≤ n-1)
10      replace(list, i, data): list의 i번째 항목을 data로 교체 (0 ≤ i ≤ n-1)
```

주어진 문제를 해결하기 위해 리스트가 필요한 프로그래머는 [ADT 6.1]이 어떻게 구현되었는지 상관없이 추상 데이터 타입의 연산을 이용할 수 있을 것이다. 이것이 추상 데이터 타입을 사용하는 이유이다. 만약 문제를 해결하는데 충분하지 않다면 얼마든지 연산을 수정하거나 추가할 수 있고 필요 없는 연산은 제외하면 된다.

[ADT 6.1]에 언급하지 않은 연산 가운데 어떤 연산들은 [ADT 6.1]의 연산들을 이용하여 구현할 수 있을 것이다. 예를 들어 리스트의 가장 마지막에 항목을 추가하는 연산 insert_last와 리스트에서 특정 항목을 삭제하는 연산 delete_data를 자주 사용해야 한다면 다음과 같이 두 연산을 정의할 수 있다.

```
insert_last(list, data): insert(list, get_length(list), data)
delete_data(list, data): delete(list, get_pos(list, data))
```

[ADT 6.1]의 연산은 위치 정보를 주로 활용하기 때문에 배열로 구현하기가 좀 더 수월하지만 연결리스트로 구현하는 경우에도 4장에서 다룬 함수들을 잘 활용한다면 큰 어려움이 없다. 사용자 측면에서는 어떤 리스트를 선택하는 것이 효율적일까? 절대적인 위치 정보를 바탕으로 항목에 접근해야 하는 문제는 배열로 구현된 리스트를 이용하는 것이 바람직할 것이고 위치 대신 항목을 차례대로 찾아다니면서 문제를 해결해야 하는 경우에는 연결리스트로 구현된 리스트를 이용하는 것이 나을 것이다.

6.2 배열 리스트

배열은 3장에서 충분히 다룬바 있다. 특히 배열의 각 원소는 인덱스를 이용하여 접근한다는 점에서 순서에 민감한 리스트를 다루는데 나름의 장점을 갖는다. 한편으로는 항목의 삽입과 삭제로 인해 기존의 항목들이 이동해야 하는 경우가 발생하기 때문에 상당한 오버헤드가 따른다는 단점도 가질 수밖에 없다.

6.2.1 배열을 이용한 리스트 구조 정의

배열과 리스트는 공통적인 성질이 많기 때문에 그냥 배열 자체를 리스트를 구현하기 위한 데이터 구조로 사용해도 되지만 리스트에 관련된 중요한 메타 정보들을 추가로 관리해야 할 필요가 있다. 따라서 배열과 메타 정보를 하나의 구조체로 묶어서 리스트 구조로 사용하고자 한다. 연결리스트에서 다뤘던 헤드 노드의 정보가 메타 정보라고 생각하면 된다. 이러한 객체 지향적 접근 방식은 3장의 박스오피스 예제에서도 적용한 바 있다.

다음은 리스트 구조로 사용할 ArrayList 타입의 정의이다. 메타 정보로 리스트 길이만을 포함하고 있으며 언제든지 필요하면 메타 정보를 변경하거나 추가하면 된다. 배열 list의 타입을 DataType으로 정의하였고 필요할 때마다 define의 int를 변경할 수 있음을 잊지 말자.

```
#define MAX_SIZE 100
#define DataType int              // typedef int DataType;
typedef struct ArrayList {
    int length;                  // 배열에 저장된 항목의 개수
    DataType list[MAX_SIZE];     // 배열
} ArrayList;
```

6.2.2 배열을 이용한 리스트의 함수

[프로그램 6.1]은 배열 리스트를 대상으로 [ADT 6.1]을 구현한 결과이다.

프로그램 6.1   배열 리스트

```c
#include <stdio.h>
#include <stdlib.h>
#define MAX_SIZE 100
#define DataType int
typedef struct ArrayList {
    int length;                    // 배열에 저장된 항목의 개수
    DataType list[MAX_SIZE];       // 배열
} ArrayList;

// 리스트 초기화
void init_list(ArrayList *AL) {
    AL->length = 0;
}

// 리스트 길이 계산
int get_length(ArrayList *AL) {
    return AL->length;
}

// 리스트의 pos번째 항목을 반환
DataType get_data(ArrayList *AL, int pos) {
    return AL->list[pos];
}

// 리스트 항목들을 출력
void print_list(ArrayList *AL) {
    for ( int i = 0 ; i < AL->length ; i++ ) printf("%d ", AL->list[i]);
    printf("\n");
}

// 리스트에서 항목 data의 위치를 반환
int get_pos(ArrayList *AL, DataType data) {
    for ( int i = 0 ; i < AL->length ; i++ )
        if (AL->list[i] == data) return i;
    return AL->length;
```

```
36    }
37
38    // 리스트의 pos번째 위치에 항목 data를 추가
39    void insert(ArrayList *AL, int pos, DataType data) {
40        if ((AL->length < MAX_SIZE) && (pos >= 0) && (pos <= AL->length)) {
41            for ( int i = AL->length-1 ; i >= pos ; i-- )
42                AL->list[i+1] = AL->list[i];
43            AL->list[pos] = data;
44            AL->length++;
45        }
46        else {
47            printf("항목 삽입에 실패하였습니다.");
48            exit(1);
49        }
50    }
51
52    // 리스트의 pos번째 항목을 제거
53    DataType delete(ArrayList *AL, int pos) {
54        if (pos >= 0 && pos < AL->length) {
55            DataType data = AL->list[pos];
56            for ( int i = pos ; i < AL->length-1 ; i++ )
57                AL->list[i] = AL->list[i+1];
58            AL->length--;
59            return data;
60        }
61        else {
62            printf("항목 제거에 실패하였습니다.");
63            exit(1);
64        }
65    }
66
67    // 리스트의 pos번째 항목을 data로 교체
68    void replace(ArrayList *AL, int pos, DataType data) {
69        if (pos >= 0 && pos < AL->length) AL->list[pos] = data;
70        else {
71            printf("항목 교체에 실패하였습니다.");
72            exit(1);
73        }
74    }
75
76    int main() {
```

```
77      ArrayList alist;
78      init_list(&alist);
79      insert(&alist, 0, 10);
80      insert(&alist, get_length(&alist), 30);
81      insert(&alist, 1, 20);
82      insert(&alist, get_length(&alist), 40);
83      print_list(&alist);
84      delete(&alist, 0);
85      replace(&alist, 2, 50);
86      replace(&alist, get_pos(&alist, 20), 10);
87      print_list(&alist);
88  }
```

🖥 **실행결과**

```
10 20 30 40
10 30 50
```

모든 함수는 매개변수로 리스트의 주소를 전달받는 것으로 통일하였다. 리스트를 초기화하는 init_list 함수는 리스트의 length 필드를 0으로 설정함으로써 리스트를 초기화한다. 리스트의 길이를 계산하는 get_length 함수는 리스트의 length 필드 값을 반환하며 리스트의 특정 순서 항목을 반환하는 get_data 함수는 인덱스를 이용하여 직접 배열 원소에 접근한 후 값을 반환한다. 이 세 함수는 한 줄로 구현될 만큼 단순하다.

리스트 항목들을 출력하는 print_list 함수는 반복문을 통해 배열을 탐색하는 매우 직관적인 함수이다. 리스트에서 특정 항목을 찾아 그 위치를 반환하는 get_pos 함수도 반복문을 사용하는데 해당 항목을 찾지 못하면 length 필드의 값을 반환한다. print_list 함수의 시간 복잡도는 Θ(리스트의 길이)이고 get_pos 함수의 시간 복잡도는 O(리스트의 길이)이다. 리스트의 특정 위치 항목을 다른 항목으로 교체하는 replace 함수도 배열의 인덱스를 이용한 간결한 함수이다.

상대적으로 주의 깊게 다루어야 할 함수는 삽입 함수와 삭제 함수이다. 리스트의 pos 위치에 항목 data를 삽입하는 함수인 insert는 [그림 6.1(a)]와 같은 상태에서 실행이 시작된다고 가정하자. insert 함수는 삽입이 가능한 상황인지 검사하는 작업으로부터 시작된다(줄 40). 배열이 포화 상태이거나 삽입 위치가 현재 항목들이 자리 잡고 있는 범위 바깥이면 삽입을 허용하지 않는다. 다만 맨 마지막 항목의 바로 뒤에는 추가할 수 있도록 허용해야 할 것이다. 검사를 통과하게 되면, 삽입 위치의 항목부터 마지막 항목까지

하나씩 오른쪽으로 이동시켜야 한다. 이 때 마지막 항목부터 이동시켜야 값을 잃어버리지 않는다. 이동이 끝나면([그림 6.1(b)]) 삽입하려는 항목을 pos 위치에 저장하고 나서 총 항목개수 length를 하나 증가시키면 삽입 작업은 종료하게 된다([그림 6.1(c)]). insert 함수는 최악의 경우 모든 항목들을 이동시켜야 하므로 시간 복잡도가 O(리스트의 길이)이다.

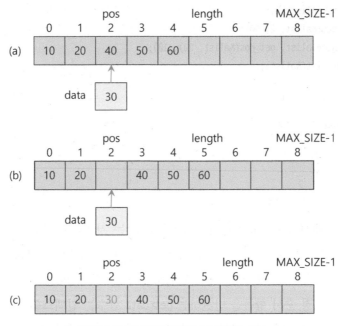

[그림 6.1] 배열로 구현한 리스트에서의 삽입

리스트의 pos 위치의 항목을 삭제하는 함수인 delete도 삭제가 가능한 상황인지 검사하는 작업으로부터 시작된다(줄 54). 삭제 위치가 현재 항목들이 자리 잡고 있는 범위 바깥이면 삭제를 허용하지 않는다. 검사를 통과하게 되면, 삭제할 항목을 data에 저장([그림 6.2(b)])하고 삭제 위치 다음 항목부터 마지막 항목까지 한 칸씩 왼쪽으로 이동시켜야 한다. 이때 삽입과는 반대로 앞에서부터 이동시켜야 값을 잃어버리지 않는다. 이동이 끝나면 총 항목개수 length를 하나 감소시키고 삭제 항목을 반환하면 삭제 작업은 종료하게 된다([그림 6.2(c)]). delete 함수는 최악의 경우 모든 항목들을 이동시켜야 하므로 시간 복잡도가 O(리스트의 길이)이다.

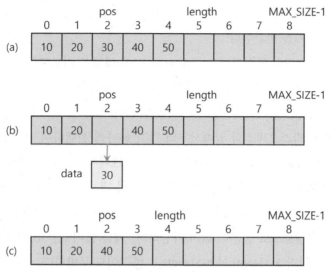

[그림 6.2] 배열로 구현한 리스트에서의 삭제

6.2.3 배열을 이용한 리스트의 활용: 박스오피스

[프로그램 3.7]에서 배열을 이용한 박스오피스 합병 예제를 다룬바 있다. 3장에서는 구조체 배열의 활용을 실습하는 용도였지만 사실 박스오피스도 관객수를 기준으로 하는 리스트이므로 리스트에 대한 경험도 같이 한 셈이다. 여기에서는 예제를 수정하여, 특정 개봉연도의 박스오피스를 생성하는 프로그램을 작성해보자. 특정한 해에 개봉한 영화만을 관객수 순으로 하나의 리스트로 합병하되 해당 영화는 원래의 리스트에서 삭제하는 프로그램을 작성하고자 한다.

[프로그램 6.2]는 이를 구현한 프로그램으로 [프로그램 3.7]에서 사용한 `ArrayBO` 타입 구조체를 그대로 사용한다[43]. [프로그램 6.1]의 함수를 최대한 수정 없이 사용하기 위해 `ArrayList`를 `ArrayBO` 타입으로 대치하였다(줄 5).

[프로그램 6.1]에서 정의된 함수 가운데 `init_list`, `get_length`, `insert`, `delete`는 수정 없이 그대로 사용되었고 (줄 30~34)의 `print_list` 함수는 구조체의 데이터 필드가 달라짐에 따라 출력하는 부분이 변경되었다. 가장 많이 수정된 함수는 리스트에서 특정 항목과 내용이 동일한 항목을 찾아 그 위치를 반환하는 `get_pos`인데, 특정 개봉연도의 영화를 찾아 그 위치를 반환하는 `get_pos_modified`로 수정되었다(줄 37~41). 또한,

---

43 (줄 16)의 배열 변수 이름만 `movies`에서 `list`로 바뀌었다.

get_pos_modified는 처음부터 항목을 찾는 것이 아니라 주어진 위치 from부터 매칭되는 항목을 찾아 그 위치를 반환한다.

그럼 [프로그램 6.2]의 핵심 함수인 get_year_BO에 대해 살펴보도록 한다. get_year_BO는 특정 연도에 개봉한 박스오피스를 생성하는 함수이다. 박스오피스 a와 b가운데 개봉연도가 year인 영화들을 골라 박스오피스 c를 만들어낸다. 두 박스오피스에서 개봉연도가 year인 영화를 박스오피스의 앞에서부터 각각 하나씩 선택하여 관객수가 더 많은 영화를 차례대로 박스오피스 c에 추가한다. 승자 리스트에서는 승리한 영화가 삭제되고 개봉연도가 year인 그 다음 영화가 대결에 나서게 되며 패자 리스트에서는 패한 영화가 그대로 대결에 임하게 된다. get_year_BO는 [프로그램 6.1]의 함수를 최대한 활용하였는데 함수대신 다른 명령문으로 충분히 대치 가능하다. 예를 들어 (줄 76)의 get_length(a)와 get_length(b)는 각각 a->length와 b->length로 바꾸어도 무방하다.

조금 더 자세히 프로그램을 살펴보자. 박스오피스 a와 b의 인덱스로 사용되는 idx_a와 idx_b의 초기 값은 각 박스오피스에서 해당 연도에 개봉한 가장 관객수가 많은 영화를 가리킨다(줄 72~73). 이후 (줄 76~86)은 대결을 펼칠 영화가 양쪽 박스오피스에 모두 남아 있는 한, 계속 승자를 박스오피스 c에 추가하도록 만든다. 승자쪽의 영화는 먼저 해당 박스오피스에서 삭제되고 나서 insert 함수를 통해 박스오피스 c의 마지막에 추가되며 해당연도에 개봉한 영화를 다시 찾아 대결을 준비한다(줄 79~80, 83~84). 두 박스오피스 중 적어도 어느 한쪽의 모든 영화가 소진되어 (줄 76)의 조건이 거짓이 되면 소진되지 않은 박스오피스를 대상으로 해당연도에 개봉한 영화를 전부 차례대로 c에 추가해도 순서를 위배하지 않고 원하는 결과를 얻을 수 있다(줄 87~96).

이 예에서 insert 함수는 맨 마지막에 삽입하는 용도로만 사용된다. 따라서 일반적인 insert 함수대신, 리스트의 마지막에 항목 data를 추가하는 insert_last 함수를 별도로 구현하여 사용해도 좋다. [프로그램 3.7]의 add_movie 함수를 참고하라.

📄 **프로그램 6.2   배열을 이용한 리스트 예제: 박스오피스 합병 프로그램**

```
1   #include <stdio.h>
2   #include <stdlib.h>
3   #define MAX_SIZE 100
4   #define DataType Movie
5   #define ArrayList ArrayBO
6
7   // 영화 정보를 저장하는 구조체 Movie 정의
8   typedef struct Movie {
```

```
9        char title[50];              // 영화제목
10       int release;                 // 개봉연도
11       int viewers;                 // 누적관객수
12    } Movie;
13    // 중첩 구조체 ArrayBO 정의
14    typedef struct ArrayBO {
15       int length;                  // 저장된 영화의 수
16       Movie list[MAX_SIZE];        // 영화 정보를 저장하는 구조체 배열
17    } ArrayBO;
18
19    // 리스트 초기화
20    void init_list(ArrayList *AL) {
21       AL->length = 0;
22    }
23
24    // 리스트 길이 계산
25    int get_length(ArrayList *AL) {
26       return AL->length;
27    }
28
29    // 리스트 항목들을 출력
30    void print_list(ArrayList *AL) {
31       for ( int i = 0 ; i < AL->length ; i++ )
32           printf("제목=%s, 개봉연도=%d, 관객수=%d\n",
33               AL->list[i].title, AL->list[i].release, AL->list[i].viewers);
34    }
35
36    // 리스트에서 특정 연도에 개봉한 영화의 위치를 반환
37    int get_pos_modified(ArrayList *AL, int from, int year) {
38       for ( int i = from ; i < AL->length ; i++ )
39           if (AL->list[i].release == year) return i;
40       return AL->length;
41    }
42
43    // 리스트의 pos번째 위치에 항목 data를 추가
44    void insert(ArrayList *AL, int pos, DataType data) {
45       if((AL->length < MAX_SIZE) && (pos >= 0) && (pos <= AL->length)) {
46           for ( int i = AL->length-1 ; i >= pos ; i-- )
47               AL->list[i+1] = AL->list[i];
48           AL->list[pos] = data;
49           AL->length++;
```

```
50        }
51        else printf("항목 삽입에 실패하였습니다.");
52 }
53
54 // 리스트의 pos번째 항목을 제거
55 DataType delete(ArrayList *AL, int pos) {
56     if(pos >= 0 && pos < AL->length) {
57         DataType data = AL->list[pos];
58         for ( int i = pos ; i < AL->length-1 ; i++ )
59             AL->list[i] = AL->list[i+1];
60         AL->length--;
61         return data;
62     }
63     else {
64         printf("항목 제거에 실패하였습니다.");
65         exit(1);
66     }
67 }
68
69 // 특정 연도에 개봉한 박스오피스를 생성
70 ArrayBO get_year_BO(ArrayBO *a, ArrayBO *b, int year) {
71     ArrayBO c;                              // 새로 생성된 박스오피스
72     int idx_a = get_pos_modified(a, 0, year);   // 구조체 배열의 인덱스
73     int idx_b = get_pos_modified(b, 0, year);   // 구조체 배열의 인덱스
74
75     init_list(&c);
76     while (idx_a < get_length(a) && idx_b < get_length(b)) {
77         if (a->list[idx_a].viewers >= b->list[idx_b].viewers) {
78             // a 관객수 >= b 관객수인 경우
79             insert(&c, get_length(&c), delete(a, idx_a));
80             idx_a = get_pos_modified(a, idx_a, year);
81         }
82         else { // a 관객수 < b 관객수인 경우
83             insert(&c, get_length(&c), delete(b, idx_b));
84             idx_b = get_pos_modified(b, idx_b, year);
85         }
86     }
87     // 아직 남아있는 a 영화들을 추가
88     while (idx_a < get_length(a)) {
89         insert(&c, get_length(&c), delete(a, idx_a));
90         idx_a = get_pos_modified(a, idx_a, year);
```

```
91          }
92          // 아직 남아있는 b 영화들을 추가
93          while (idx_b < get_length(b)) {
94              insert(&c, get_length(&c), delete(b, idx_b));
95              idx_b = get_pos_modified(b, idx_b, year);
96          }
97          return c;
98      }
99
100     int main() {
101         ArrayBO domestic, foreign;
102         Movie m1 = {"명량", 2014, 1761};
103         Movie m2 = {"베테랑", 2015, 1341};
104         Movie m3 = {"도둑들", 2012, 1298};
105         Movie m4 = {"암살", 2015, 1270};
106         Movie m5 = {"아바타", 2009, 1333};
107         Movie m6 = {"인터스텔라", 2014, 1030};
108         Movie m7 = {"겨울왕국", 2014, 1029};
109         int year = 2014;
110
111         // 리스트 초기화
112         init_list(&domestic);
113         init_list(&foreign);
114         // 국내영화 박스오피스 생성
115         insert(&domestic, 0, m1);
116         insert(&domestic, 1, m2);
117         insert(&domestic, 2, m3);
118         insert(&domestic, 3, m4);
119         // 외국영화 박스오피스 생성
120         insert(&foreign, 0, m5);
121         insert(&foreign, 1, m6);
122         insert(&foreign, 2, m7);
123         // 새로운 박스오피스 생성
124         ArrayBO merged = get_year_BO(&domestic, &foreign, year);
125         printf("%d년도 박스오피스\n", year); print_list(&merged);
126         printf("%d년을 제외한 국내 영화\n", year);  print_list(&domestic);
127         printf("%d년을 제외한 해외 영화\n", year);  print_list(&foreign);
128     }
```

🖥️ **실행결과**

2014년도 박스오피스
제목=명량, 개봉연도=2014, 관객수=1761
제목=인터스텔라, 개봉연도=2014, 관객수=1030
제목=겨울왕국, 개봉연도=2014, 관객수=1029
2014년을 제외한 국내 영화
제목=베테랑, 개봉연도=2015, 관객수=1341
제목=도둑들, 개봉연도=2012, 관객수=1298
제목=암살, 개봉연도=2015, 관객수=1270
2014년을 제외한 해외 영화
제목=아바타, 개봉연도=2009, 관객수=1333

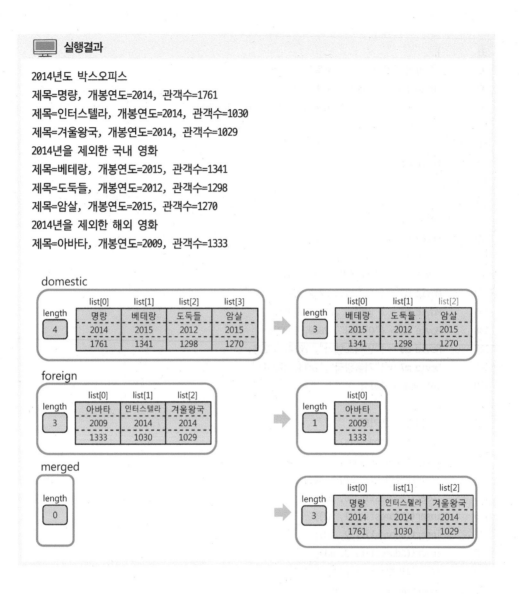

6.3 연결된 리스트

연결리스트는 4장에서 충분히 다룬바 있다. 연결리스트는 리스트 항목의 삽입과 삭제에도 기존의 항목들이 이동할 필요가 없다는 점에서 장점이 있다. 한편으로는 특정 위치에 직접 접근할 수 없고 링크를 따라 이동해야 하므로 위치 정보에 기반한 작업을 주로 해야 하는 경우 상당한 오버헤드가 따른다.

6.3.1 연결리스트를 이용한 리스트 구조 정의

연결리스트의 첫 번째 노드를 가리키는 헤드 포인터 외에도 리스트에 관련된 중요한 메타 정보들을 추가로 관리해야 할 필요가 있다. 따라서 헤드 포인터와 메타 정보를 하나의 구조체로 묶은 헤드 노드를 사용하고자 한다. 다음은 리스트 노드 구조 Lnode와 헤드 노드 구조 LinkedList 타입의 정의이다. 헤드 포인터가 하나인 단순 연결리스트를 위한 구조이며 이중 연결리스트를 사용하려면 링크 필드를 추가하면 된다. 메타 정보로 리스트 길이만을 포함하고 있으며 언제든지 필요하면 메타 정보를 변경하거나 추가하면 된다. 노드의 데이터 필드 타입을 DataType으로 정의하였고 define의 int를 필요할 때마다 변경할 수 있음을 잊지 말자.

```
#define DataType int
// 리스트 노드 구조 정의
typedef struct Lnode {
    DataType data;
    struct Lnode *link;
} Lnode;
// 헤드 노드 구조 정의
typedef struct LinkedList {
    int length;                    // 연결리스트에 저장된 항목의 개수
    Lnode *head;                   // 헤드 포인터
} LinkedList;
```

6.3.2 연결리스트를 이용한 리스트의 함수

연결리스트는 배열처럼 인덱스를 이용하여 바로 노드에 접근할 수 없기 때문에 위치 정보를 입력으로 받는 get_data, insert, delete, replace 함수는 특정 위치의 노드를 찾는 작업을 공통적으로 수행한다. [프로그램 6.3]의 get_ith_node 함수는 위 함수들이 공통으로 사용하는 함수로, 특정 위치에 해당하는 노드에 대한 포인터를 반환한다. 만약 음수의 위치 값이 입력되면 널 포인터를 반환한다(줄 3). get_ith_node 함수의 시간 복잡도는 O(리스트의 길이)이다.

프로그램 6.3   연결리스트에서 특정 위치의 노드에 대한 포인터를 반환

```
1   Lnode *get_ith_node(LinkedList *LL, int pos) {
2       Lnode *ptr = LL->head;
3       if (pos < 0) return NULL;
4       for ( int n = 1 ; n <= pos ; n++ ) ptr = ptr->link;
5       return ptr;
6   }
```

[프로그램 6.4]는 연결리스트를 이용한 리스트를 대상으로 [ADT 6.1]을 구현한 결과이다. main 함수는 [프로그램 6.1]과 동일한 작업을 하도록 만들었으며 실행 결과도 같음을 확인할 수 있다.

프로그램 6.4   연결리스트를 이용한 리스트

```
1   #include <stdio.h>
2   #include <stdlib.h>
3   #define DataType int
4   // 리스트 노드 구조 정의
5   typedef struct Lnode {
6       DataType data;
7       struct Lnode *link;
8   } Lnode;
9   // 헤드 노드 구조 정의
10  typedef struct LinkedList {
11      int length;              // 연결리스트에 저장된 항목의 개수
12      Lnode *head;             // 헤드 포인터
13  } LinkedList;
14
15  // 리스트 초기화
16  void init_list(LinkedList *LL) {
17      LL->length = 0;
18      LL->head = NULL;
19  }
20
21  // 리스트 길이 계산
22  int get_length(LinkedList *LL) {
23      return LL->length;
24  }
25
```

```
26    // 리스트의 pos번째 항목을 반환
27    DataType get_data(LinkedList *LL, int pos) {
28        if (pos < 0 || pos >= LL->length) {
29            printf("%d 위치에는 항목이 없습니다.", pos);
30            exit(1);
31        }
32        Lnode *node = get_ith_node(LL, pos);        // 프로그램 6.3
33        return node->data;
34    }
35
36    // 리스트 항목들을 출력
37    void print_list(LinkedList *LL) {
38        Lnode *ptr = LL->head;
39        printf("head");
40        for ( int i = 1 ; i <= LL->length ; i++ ) {
41            printf("->%d", ptr->data);
42            ptr = ptr->link;
43        }
44        printf("\n");
45    }
46
47    // 리스트에서 항목 data의 위치를 반환
48    int get_pos(LinkedList *LL, DataType data) {
49        Lnode *ptr = LL->head;
50        for ( int i = 0 ; i < LL->length ; i++ ) {
51            if (ptr->data == data) return i;
52            ptr = ptr->link;
53        }
54        return LL->length;
55    }
56
57    // 리스트의 pos번째 위치에 항목 data를 추가
58    void insert(LinkedList *LL, int pos, DataType data) {
59        if(pos >= 0 && pos <= LL->length) {
60            Lnode *before, *new = create_node(data);  // 프로그램 4.4
61            before = get_ith_node(LL, pos-1);         // 프로그램 6.3
62            insert_node(&(LL->head), before, new);    // 프로그램 4.7
63            LL->length++;
64        }
65        else printf("항목 삽입에 실패하였습니다.");
66    }
```

```
67
68   // 리스트의 pos번째 항목을 제거
69   DataType delete(LinkedList *LL, int pos) {
70       Lnode *deleted, *before;
71       if (pos >= 0 && pos < LL->length) {
72           before = get_ith_node(LL, pos-1);        // 프로그램 6.3
73           // 프로그램 4.8 사용
74           if (!before) deleted = delete_node(&(LL->head),NULL,LL->head);
75           else deleted = delete_node(&(LL->head),before,before->link);
76           LL->length--;
77           DataType data = deleted->data;
78           free(deleted);
79           return data;
80       }
81       else {
82           printf("항목 제거에 실패하였습니다.");
83           exit(1);
84       }
85   }
86
87   // 리스트의 pos번째 항목을 data로 교체
88   void replace(LinkedList *LL, int pos, DataType data) {
89       if (pos >= 0 && pos < LL->length) {
90           Lnode *node = get_ith_node(LL, pos);      // 프로그램 6.3
91           node->data = data;
92       }
93       else {
94           printf("항목 교체에 실패하였습니다.");
95           exit(1);
96       }
97   }
98
99   int main() {
100      LinkedList llist;
101      init_list(&llist);
102      insert(&llist, 0, 10);
103      insert(&llist, get_length(&llist), 30);
104      insert(&llist, 1, 20);
105      insert(&llist, get_length(&llist), 40);
106      print_list(&llist);
107      delete(&llist, 0);
```

```
108        replace(&llist, 2, 50);
109        replace(&llist, get_pos(&llist, 20), 10);
110        print_list(&llist);
111    }
```

🖥 실행결과

```
head->10->20->30->40
head->10->30->50
```

[프로그램 6.1]과 마찬가지로 모든 함수는 매개변수로 리스트의 주소를 전달받는 것으로 통일하였다. 리스트를 초기화하는 init_list 함수는 리스트의 length 필드를 0으로 설정하고 헤드 포인터를 널로 설정함으로써 리스트를 초기화한다. 리스트의 길이를 계산하는 get_length 함수는 리스트의 length 필드 값을 반환한다. 리스트의 특정 순서 항목을 반환하는 get_data 함수는 [프로그램 6.3]의 get_ith_node 함수를 통해 연결리스트 노드에 접근한 후 데이터 필드의 값을 반환한다. get_ith_node 함수의 시간 복잡도는 O(리스트의 길이)이므로 get_data 함수의 시간 복잡도 역시 O(리스트의 길이)가 된다.

리스트 항목들을 출력하는 print_list 함수와 리스트에서 특정 항목을 찾아 그 위치를 반환하는 get_pos 함수도 유사한 반복문을 사용하여 연결리스트를 탐색하는 직관적인 함수이다. 리스트의 특정 위치의 항목을 다른 항목으로 교체하는 replace 함수도 get_ith_node 함수를 통해 연결리스트 노드에 접근한 후 데이터 필드의 값을 교체한다.

배열로 구현한 리스트에서도 그러했듯이 삽입과 삭제 함수가 상대적으로 복잡하다. 리스트의 pos 위치에 항목 data를 추가하는 함수인 insert는 삽입이 가능한 상황인지 검사하는 작업으로부터 시작된다(줄 59). 첫 번째 항목부터 맨 마지막 항목 바로 뒤까지만 삽입을 허용한다. 검사를 통과하게 되면, [프로그램 4.4]의 create_node 함수를 이용하여 새로운 노드를 생성한다(줄 60). 새 노드를 삽입하려면 앞 노드가 필요하므로 get_ith_node 함수를 통해 해당 노드를 찾는다(줄 61). 그리고 나서 실질적인 삽입은 [프로그램 4.7]의 insert_node 함수를 호출함으로써 이루어진다(줄 62). 삽입이 마무리되면 리스트의 길이 length를 하나 증가시킨다(줄 63). create_node와 insert_node 함수는 노드 타입이 달라졌으므로 적절히 수정해주어야 한다. insert 함수의 시간 복잡도는 get_ith_node 함수의 시간 복잡도에 따라 결정되므로 O(리스트의 길이)이다.

리스트의 pos 위치 항목을 삭제하는 함수인 delete도 삭제가 가능한 상황인지 검사하는 작업으로부터 시작된다(줄 71). 삭제의 경우도 삭제 노드의 앞 노드가 필요하므로

get_ith_node 함수를 통해 해당 노드를 찾는다(줄 72). 실질적인 삭제는 [프로그램 4.8]의 delete_node 함수를 호출함으로써 이루어진다(줄 74~75). 앞 노드가 없으면 첫 번째 노드를 삭제하도록 하고 앞 노드가 존재하면 앞 노드의 다음 노드를 삭제하면 된다. 삭제가 종료되면 리스트의 길이 length를 하나 감소시키고 삭제 항목을 반환한다(줄 76~79). delete 함수의 시간 복잡도 역시 get_ith_node 함수의 시간 복잡도에 따라 결정되므로 O(리스트의 길이)이다.

[프로그램 6.4]에서 사용하는 create_node, insert_node, delete_node 함수는 노드 타입이 달라졌으므로 적절히 수정해주어야 한다.

6.3.3 연결리스트를 이용한 리스트의 활용: 박스오피스

연결리스트 기반의 리스트를 활용하여 특정 개봉연도의 박스오피스를 생성하는 프로그램을 작성해보자. 특정한 해에 개봉한 영화만을 관객수 순으로 하나의 리스트로 합병하되 해당 영화는 원래의 리스트에서 삭제하는 프로그램을 작성하고자 한다.

[프로그램 6.5]는 이를 구현한 프로그램으로 [프로그램 6.4]의 함수를 최대한 수정 없이 사용하였다. [프로그램 6.4]에서 정의된 함수 가운데 init_list, get_length, get_data, insert, delete는 수정 없이 그대로 사용되었다. print_list 함수는 구조체의 데이터 필드가 달라짐에 따라 출력하는 부분이 변경되었다. 가장 많이 수정된 함수는 리스트에서 특정 항목과 내용이 동일한 항목을 찾아 그 위치를 반환하는 get_pos인데, 특정 개봉연도의 영화를 찾아 그 위치를 반환하는 get_pos_modified로 수정되었다(줄 47~52). 배열과는 달리 get_ith_node 함수를 통해 탐색 시작 위치의 노드를 먼저 찾은 다음, 매칭되는 항목을 만날 때까지 링크를 따라 이동해야 한다.

특정 연도에 개봉한 박스오피스를 생성하는 함수인 get_year_BO는 (줄 71~72)에 있는 두 번의 get_data 함수 호출을 제외하면 [프로그램 6.2]의 get_year_BO 함수와 거의 동일하다. 이 명령문이 추가된 이유는 배열과는 달리 해당 위치의 데이터에 직접 접근할 수 없기 때문이다. 따라서 불편하지만 먼저 노드의 위치 값을 알아내고, 다시 헤드 포인터부터 출발하여 해당 위치 값만큼 이동하여 노드를 방문한 후 데이터를 가져와야 한다. main 함수 역시 [프로그램 6.2]와 동일하다.

프로그램 6.5 단순 연결리스트를 이용한 박스오피스 합병 프로그램

```c
1   #include <stdio.h>
2   #include <stdlib.h>
3   #define DataType Movie
4
5   // 영화 정보를 저장하는 구조체 Movie 정의
6   typedef struct Movie {
7       char title[50];             // 영화제목
8       int release;                // 개봉연도
9       int viewers;                // 누적관객수
10  } Movie;
11
12  // 리스트 노드 정의
13  typedef struct Lnode {
14      Movie data;
15      struct Lnode *link;
16  } Lnode;
17
18  // 헤드 노드 정의
19  typedef struct LinkedList {
20      int length;                 // 저장된 영화의 개수
21      Lnode *head;                // 헤드 포인터
22  } LinkedList;
23
24  void init_list(LinkedList *LL) {
25  // [프로그램 6.4]와 동일
26  }
27
28  int get_length(LinkedList *LL) {
29  // [프로그램 6.4]와 동일
30  }
31
32  DataType get_data(LinkedList *LL, int pos) {
33  // [프로그램 6.4]와 동일
34  }
35
36  // 리스트 항목들을 출력
37  void print_list(LinkedList *LL) {
38      Lnode *ptr = LL->head;
39      for ( int i = 1 ; i <= LL->length ; i++ ) {
40          printf("제목=%s, 개봉연도=%d, 관객수=%d\n",
```

```
41                ptr->data.title, ptr->data.release, ptr->data.viewers);
42          ptr = ptr->link;
43      }
44  }
45
46  // 리스트에서 특정 연도에 개봉한 영화의 위치를 반환
47  int get_pos_modified(LinkedList *LL, int from, int year) {
48      Lnode *node = get_ith_node(LL, from);        // 프로그램 6.3
49      for ( int i = from ; i < LL->length ; i++, node = node->link )
50          if (node->data.release == year) return i;
51      return LL->length;
52  }
53
54  void insert(LinkedList *LL, int pos, DataType data) {
55  // [프로그램 6.4]와 동일
56  }
57
58  DataType delete(LinkedList *LL, int pos) {
59  // [프로그램 6.4]와 동일
60  }
61
62  // 특정 연도에 개봉한 박스오피스를 생성
63  LinkedList get_year_BO(LinkedList *a, LinkedList *b, int year) {
64      LinkedList c;                                // 새로 생성된 박스오피스
65      int idx_a = get_pos_modified(a, 0, year);    // 연결리스트의 인덱스
66      int idx_b = get_pos_modified(b, 0, year);    // 연결리스트의 인덱스
67      DataType data_a, data_b;
68
69      init_list(&c);
70      while (idx_a < get_length(a) && idx_b < get_length(b)) {
71          data_a = get_data(a, idx_a);
72          data_b = get_data(b, idx_b);
73          if (data_a.viewers >= data_b.viewers) {
74              // a 관객수 >= b 관객수인 경우
75              insert(&c, get_length(&c), delete(a, idx_a));
76              idx_a = get_pos_modified(a, idx_a, year);
77          }
78          else {  // a 관객수 < b 관객수인 경우
79              insert(&c, get_length(&c), delete(b, idx_b));
80              idx_b = get_pos_modified(b, idx_b, year);
81          }
82      }
```

```
83        // 아직 남아있는 a 영화들을 추가
84        while (idx_a < get_length(a)) {
85            insert(&c, get_length(&c), delete(a, idx_a));
86            idx_a = get_pos_modified(a, idx_a, year);
87        }
88        // 아직 남아있는 b 영화들을 추가
89        while (idx_b < get_length(b)) {
90            insert(&c, get_length(&c), delete(b, idx_b));
91            idx_b = get_pos_modified(b, idx_b, year);
92        }
93        return c;
94    }
95
96    int main() {
97        LinkedList domestic, foreign;
98        Movie m1 = {"명량", 2014, 1761};
99        Movie m2 = {"베테랑", 2015, 1341};
100       Movie m3 = {"도둑들", 2012, 1298};
101       Movie m4 = {"암살", 2015, 1270};
102       Movie m5 = {"아바타", 2009, 1333};
103       Movie m6 = {"인터스텔라", 2014, 1030};
104       Movie m7 = {"겨울왕국", 2014, 1029};
105       int year = 2014;
106
107       // 리스트 초기화
108       init_list(&domestic);
109       init_list(&foreign);
110       // 국내영화 박스오피스 생성
111       insert(&domestic, 0, m1);
112       insert(&domestic, 1, m2);
113       insert(&domestic, 2, m3);
114       insert(&domestic, 3, m4);
115       // 외국영화 박스오피스 생성
116       insert(&foreign, 0, m5);
117       insert(&foreign, 1, m6);
118       insert(&foreign, 2, m7);
119       // 새로운 박스오피스 생성
120       LinkedList merged = get_year_BO(&domestic, &foreign, year);
121       printf("%d년도 박스오피스\n", year); print_list(&merged);
122       printf("%d년을 제외한 국내 영화\n", year);  print_list(&domestic);
123       printf("%d년을 제외한 해외 영화\n", year);  print_list(&foreign);
124   }
```

🖥 **실행결과**

2014년도 박스오피스
제목=명량, 개봉연도=2014, 관객수=1761
제목=인터스텔라, 개봉연도=2014, 관객수=1030
제목=겨울왕국, 개봉연도=2014, 관객수=1029
2014년을 제외한 국내 영화
제목=베테랑, 개봉연도=2015, 관객수=1341
제목=도둑들, 개봉연도=2012, 관객수=1298
제목=암살, 개봉연도=2015, 관객수=1270
2014년을 제외한 해외 영화
제목=아바타, 개봉연도=2009, 관객수=1333

구현 방식과 직접적인 관련이 없는 get_year_BO 함수와 main 함수가 [프로그램 6.2]와 [프로그램 6.5]에서 거의 같은 코드로 작성된 이유는 두 프로그램 모두 [ADT 6.1]에 바탕을 두고 있기 때문이다. 하지만, 앞에서 언급한 바와 같이 [ADT 6.1]이 절대적인 것은 아니다. 특히 연결리스트를 사용하는 [프로그램 6.5]는 배열이라면 불필요한 작업들을 많이 포함하고 있는데, 대부분 위치 정보를 노드 정보로 변환하는 작업이다. 예를 들어 get_pos_modified 함수는 get_ith_node 함수를 통해 해당 위치의 노드를 찾는 작업을 추가적으로 실시해야 한다(줄 67). 더구나, 박스오피스 문제는 리스트의 앞에서부터 차례대로 방문하면서 노드를 삭제하는 작업과 리스트의 마지막에 노드를 삽입하는 작업이 주를 이루기 때문에 항목의 위치에는 별 관심이 없다. 따라서 매개변수로 위치 정보를 사용하는 [ADT 6.1]의 연산 대신 4장에서 소개한 함수들을 직접 사용하거나 수정하여 문제를 해결해보도록 하자. 주어진 문제를 해결하기 위해 어느 구현 방법을 선택할 것인가는 결국 프로그래머의 몫이고 책임이다.

우리는 4장에서 이중 연결리스트를 사용하면 삭제가 매우 편리하다는 사실을 확인바 있다. 박스오피스 문제는 삭제 연산을 자주 수행해야 하므로 이중 연결리스트로 구현해 보도록 한다. [프로그램 6.6]은 더미 노드를 사용하는 이중 원형 연결리스트 함수를 활용한 프로그램으로 4장에서 다룬 이중 연결리스트의 구조와 삽입, 삭제 함수를 바탕으로 작성되었다. (줄 13~17)의 리스트 노드 구조는 두 개의 링크 필드를 지닌 이중 연결리스트를 위한 정의이며 (줄 20~23)은 헤드 노드를 정의한 것으로 첫 번째 노드를 가리키는 헤드 포인터만 있고 마지막 노드를 가리키는 포인터는 없다. 이는 원형으로 리스트를 구성하게 되면 특별히 마지막 노드를 기억할 필요가 없기 때문이다.

main 함수 외에 모두 7개의 함수를 포함하고 있는데 각각 다음과 같은 기능을 수행한다.

- Lnode_D *create_node_D(DataType data) : data를 데이터 필드로 갖는 이중 연결리스트 노드를 동적으로 생성한 후 반환
- void init_list_D(DLinkedBO *BO) : 박스오피스 헤드 노드 BO를 초기화하는 함수. 더미 노드를 생성하여 헤드 노드와 연결함으로써 삽입과 삭제 함수를 간단하게 만드는 효과를 가짐([그림 6.3])

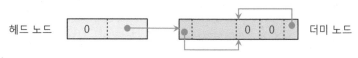

헤드 노드 ⬚ 0 ⬚ ● ⬚ → ● ⬚ 0 0 ● ⬚ 더미 노드

[그림 6.3] 초기화된 이중 원형 연결리스트

- void print_list_D(DLinkedBO *BO) : 박스오피스 BO의 데이터를 출력. 기존의 연결리스트 출력 함수와 유사하나 더미 노드의 다음 노드부터 출력(줄 47)
- Lnode_D *search_node_D(DLinkedBO *BO, Lnode_D *from, int year) : 리스트 노드 from에서부터 특정 연도에 개봉한 영화 노드를 찾아 반환. 원형 연결리스트이므로 더미 노드에 도달하면 탐색을 멈춤(줄 58)
- void insert_node_last_D(DLinkedBO *BO, Lnode_D *new) : 이중 원형 연결리스트의 마지막에 노드 new를 삽입. [프로그램 4.14]의 insert_node_D 함수와 유사하나 헤드 노드를 매개변수로 사용함으로써 노드 삽입도 처리하고 헤드 노드의 length 필드 값을 변경
- Lnode_D *delete_node_D(DLinkedBO *BO, Lnode_D *deleted) : 이중 원형 연결리스트에서 노드 deleted를 삭제. [프로그램 4.15]의 delete_node_D 함수와 유사하나 헤드 노드를 매개변수로 사용함으로써 노드 삭제도 처리하고 헤드 노드의 length 필드 값을 변경
- DLinkedBO get_year_BO(DLinkedBO *a, DLinkedBO *b, int year) : 두 박스오피스 a와 b에서 연도 year에 개봉한 영화를 삭제한 후 별도의 박스오피스를 생성

[그림 6.4]는 main 함수에서 박스 오피스를 연결리스트로 구성한 결과, 즉 함수 get_year_BO의 실행 직전의 모습을 보여준다.

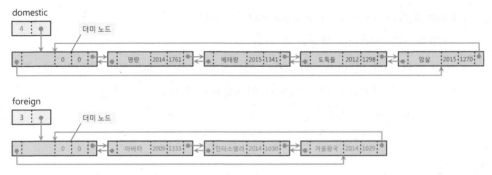

[그림 6.4] 이중 원형 연결리스트로 구성된 박스 오피스

함수 **get_year_BO**의 동작은 [프로그램 6.5]와 동일하지만 주의해서 볼 부분이 있다. 첫째, (줄 89)와 (줄 90)이다. 더미 노드의 다음 노드부터 출발하여 첫 번째로 매칭되는 노드를 찾는다. 둘째, (줄 94)이다. 원형 연결리스트이기 때문에 더미 노드에 도달하면 모든 노드를 방문했다는 얘기이므로 반복문을 빠져나간다. (줄 108)과 (줄 114)도 같은 이치이다. 셋째, (줄 97)이다. (줄 98)에서 노드가 삭제되기 때문에 다음 매칭 노드를 찾기 위한 출발 지점을 미리 저장해놓아야 한다. (줄 102), (줄 109), (줄 115)도 마찬가지이다. [그림 6.5]는 함수 **get_year_BO**의 실행 결과를 보여준다.

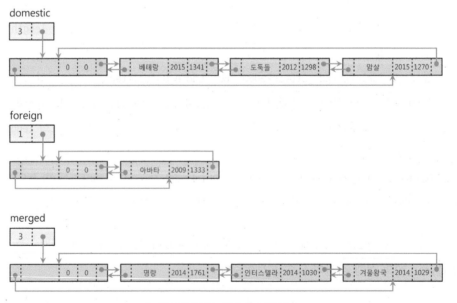

[그림 6.5] [프로그램 6.6] 실행 결과

프로그램 6.6   이중 연결리스트를 이용한 박스오피스 합병 프로그램

```c
1   #include <stdio.h>
2   #include <stdlib.h>
3   #define DataType Movie
4
5   // 영화 정보를 저장하는 구조체 Movie 정의
6   typedef struct Movie {
7       char title[50];          // 영화제목
8       int release;             // 개봉연도
9       int viewers;             // 누적관객수
10  } Movie;
11
12  // 리스트 노드 정의
13  typedef struct Lnode_D {
14      struct Lnode_D *llink;
15      DataType data;
16      struct Lnode_D *rlink;
17  } Lnode_D;
18
19  // 헤드 노드 정의
20  typedef struct DLinkedBO {
21      int length;                  // 저장된 영화의 수
22      Lnode_D *head;               // 첫 번째 노드를 가리키는 포인터
23  } DLinkedBO;
24
25  // 리스트 노드 생성
26  Lnode_D *create_node_D(DataType data) {
27      Lnode_D *new = (Lnode_D *)malloc(sizeof(Lnode_D));
28      if (!new) {
29          printf("노드 생성에 실패하였습니다.");
30          exit(1);
31      }
32      new->data = data;
33      new->llink = new->rlink = NULL;
34      return new;
35  }
36
37  // 박스오피스 초기화
38  void init_list_D(DLinkedBO *BO) {
39      DataType dummy = {"", 0, 0};
40      BO->head = create_node_D(dummy);
```

```
41        BO->head->llink = BO->head->rlink = BO->head;
42        BO->length = 0;
43    }
44
45    // 박스오피스 항목들을 출력
46    void print_list_D(DLinkedBO *BO) {
47        Lnode_D *ptr = BO->head->rlink;
48        for ( int i = 1 ; i <= BO->length ; i++ ) {
49            printf("제목=%s, 개봉연도=%d, 관객수=%d\n",
50                ptr->data.title, ptr->data.release, ptr->data.viewers);
51            ptr = ptr->rlink;
52        }
53    }
54
55    // 리스트에서 특정 연도에 개봉한 영화 노드를 반환
56    Lnode_D *search_node_D(DLinkedBO *BO, Lnode_D *from, int year) {
57        Lnode_D *ptr;
58        for ( ptr = from ; ptr!=BO->head ; ptr = ptr->rlink )
59            if (ptr->data.release == year) break;
60        return ptr;
61    }
62
63    // 이중 연결리스트의 마지막에 삽입
64    void insert_node_last_D(DLinkedBO *BO, Lnode_D *new) {
65        BO->length++;
66        new->llink = BO->head->llink;
67        new->rlink = BO->head;
68        new->llink->rlink = new;
69        new->rlink->llink = new;
70    }
71
72    // 이중 연결리스트에서 노드 삭제
73    Lnode_D *delete_node_D(DLinkedBO *BO, Lnode_D *deleted) {
74        if(deleted == BO->head) {
75            printf("헤드 노드는 삭제가 안 됩니다.\n");
76            return NULL;
77        }
78        else {
79            BO->length--;
80            deleted->llink->rlink = deleted->rlink;
81            deleted->rlink->llink = deleted->llink;
```

```
82          return deleted;
83      }
84  }
85
86  // 특정 연도에 개봉한 박스오피스를 생성
87  DLinkedBO get_year_BO(DLinkedBO *a, DLinkedBO *b, int year) {
88      DLinkedBO c;                              // 새로 생성된 박스오피스
89      Lnode_D *p2a = search_node_D(a, a->head->rlink, year); //노드 포인터
90      Lnode_D *p2b = search_node_D(b, b->head->rlink, year); //노드 포인터
91      Lnode_D *from;
92
93      init_list_D(&c);
94      while (p2a!=a->head && p2b!=b->head) {
95          if (p2a->data.viewers >= p2b->data.viewers) {
96              // a 관객수 >= b 관객수인 경우
97              from = p2a->rlink;
98              insert_node_last_D(&c, delete_node_D(a, p2a));
99              p2a = search_node_D(a, from, year);
100         }
101         else {  // a 관객수 < b 관객수인 경우
102             from = p2b->rlink;
103             insert_node_last_D(&c, delete_node_D(b, p2b));
104             p2b = search_node_D(b, from, year);
105         }
106     }
107     // 아직 남아있는 a 영화들을 추가
108     while (p2a!=a->head) {
109             from = p2a->rlink;
110             insert_node_last_D(&c, delete_node_D(a, p2a));
111             p2a = search_node_D(a, from, year);
112     }
113     // 아직 남아있는 b 영화들을 추가
114     while (p2b!=b->head) {
115             from = p2b->rlink;
116             insert_node_last_D(&c, delete_node_D(b, p2b));
117             p2b = search_node_D(b, from, year);
118     }
119     return c;
120 }
121
122 int main() {
```

```
123    DLinkedBO domestic, foreign;
124    Movie m1 = {"명량", 2014, 1761};
125    Movie m2 = {"베테랑", 2015, 1341};
126    Movie m3 = {"도둑들", 2012, 1298};
127    Movie m4 = {"암살", 2015, 1270};
128    Movie m5 = {"아바타", 2009, 1333};
129    Movie m6 = {"인터스텔라", 2014, 1030};
130    Movie m7 = {"겨울왕국", 2014, 1029};
131    int year = 2014;
132
133    // 리스트 초기화
134    init_list_D(&domestic);
135    init_list_D(&foreign);
136    // 국내영화 박스오피스 생성
137    insert_node_last_D(&domestic, create_node_D(m1));
138    insert_node_last_D(&domestic, create_node_D(m2));
139    insert_node_last_D(&domestic, create_node_D(m3));
140    insert_node_last_D(&domestic, create_node_D(m4));
141    // 외국영화 박스오피스 생성
142    insert_node_last_D(&foreign, create_node_D(m5));
143    insert_node_last_D(&foreign, create_node_D(m6));
144    insert_node_last_D(&foreign, create_node_D(m7));
145    // 새로운 박스오피스 생성
146    DLinkedBO merged = get_year_BO(&domestic, &foreign, year);
147    printf("%d년도 박스오피스\n", year); print_list_D(&merged);
148    printf("%d년을 제외한 국내 영화\n", year);  print_list_D(&domestic);
149    printf("%d년을 제외한 해외 영화\n", year);  print_list_D(&foreign);
150  }
```

🖥️ **실행결과**

```
2014년도 박스오피스
제목=명량, 개봉연도=2014, 관객수=1761
제목=인터스텔라, 개봉연도=2014, 관객수=1030
제목=겨울왕국, 개봉연도=2014, 관객수=1029
2014년을 제외한 국내 영화
제목=베테랑, 개봉연도=2015, 관객수=1341
제목=도둑들, 개봉연도=2012, 관객수=1298
제목=암살, 개봉연도=2015, 관객수=1270
2014년을 제외한 해외 영화
제목=아바타, 개봉연도=2009, 관객수=1333
```

1. [ADT 6.1]의 연산을 이용하여 리스트의 맨 앞에 data를 추가하는 insert_first(list, data)
   를 정의하시오.

2. [ADT 6.1]의 연산을 이용하여 리스트의 맨 뒤에 data를 추가하는 insert_last(list, data)
   를 정의하시오.

3. [ADT 6.1]의 연산과 기본 제어 구조만을 이용하여 리스트의 모든 항목을 제거하는
   clear(list)를 정의하시오.

4. 리스트를 구현하는 경우 배열 리스트와 연결된 리스트의 장단점을 비교하시오.

5. 연결리스트와 연결된 리스트를 구분하시오.

6. [프로그램 6.1]의 함수들을 활용하여 희소 행렬의 합을 구하는 프로그램을 작성하시오.

7. [프로그램 6.4]의 함수들을 활용하여 희소 행렬의 합을 구하는 프로그램을 작성하시오.

8. [프로그램 6.1]의 함수들을 활용하여 다항식의 합을 구하는 프로그램을 작성하시오.

9. [프로그램 6.4]의 함수들을 활용하여 다항식의 합을 구하는 프로그램을 작성하시오.

10. [프로그램 6.6]을 더미 노드를 사용하지 않는 버전으로 구현하시오.

CHAPTER **7**

스택

7.1 스택 ADT

7.1.1 스택의 기본 개념

스택(stack)은 특별한 삽입과 삭제 연산을 사용하는 선형 리스트이다. 사전에서 스택을 찾아보면 명사로는 '무더기', '더미'라는 뜻이며 동사로는 '쌓다', '포개다'라는 의미를 갖는다. 스택은 한마디로 일렬로 쌓아놓은 더미이다. 일상생활에서도 스택을 자주 접하게 되는데 뷔페에서 쌓아놓은 빈 접시 더미, 군대 다녀온 사람이면 사용해 보았을 탄창[44], 시험 기간에 책상위에 쌓여진 책들, 마트에 쌓아놓은 쌀 포대, 식탁 위 도시락 김과 쌈무 등이 모두 스택의 예이다.

'일렬로 쌓아놓은 더미'의 특징은 무엇일까?

첫째, 가장 마지막에 들어간 물건이 가장 처음 나오는 구조라는 점이다. 이를 **후입선출**(LIFO: Last-In First-Out) 또는 **선입후출**(First-In Last-Out)[45] 구조라 한다. 예를 들어 뷔페 음식점에서 음식을 담기 위해 접시를 꺼낼 때는 가장 위에 있는 접시를 꺼낸다. 반대로 잘 씻은 접시는 쌓여진 접시 더미 위에 놓는다. 중간에 있는 접시를 꺼내려 할 때도 위에 있는 접시를 모두 꺼낸 다음 원하는 접시를 꺼낼 수 있다. 그렇게 하지 않고 힘을 주어 중간 접시를 빼다가는 접시 더미가 무너져서 난리가 날 것이다. 쌀 포대를 쌓을 때도 위에다 차곡차곡 쌓고 쌀이 팔리면 위에서부터 포대를 내려 고객에게 내어준다.

둘째, 바닥이 막혀있다는 점이다. 후입선출 방식으로 데이터의 입출력이 이루어지는 스택은 마치 한쪽 끝이 막힌 통과 같다. 막히지 않은 반대쪽 입출구로만 데이터가 출입하게 된다. 한쪽 끝은 막혀 있으므로 우리의 관심사는 뚫린 입출구 쪽이다. 입출력이 제대로 이루어지려면 현재 어디까지 데이터가 쌓여 있는지 알아야 하는데 가장 마지막에 입력된 데이터의 위치 정보를 스택의 **top**이라 한다. 따라서 스택의 top은 저장된 데이터 더미의 끝 위치를 가리킨다. 데이터가 꽉 차서 더 이상 저장할 수 없는 스택을 포화 스택이라 하고 데이터가 하나도 없는 스택을 공백 스택이라 한다. 특별히 스택의 삽입 연산은 **push** 연산, 삭제 연산은 **pop** 연산이라 부른다. [그림 7.1]은 일련의 push와 pop 연산이 실행되는 과정에서 스택의 모습을 보여준다.

---

44 북한에서는 스택 구조를 탄창 구조라 부른다.
45 많은 소방공무원들의 좌우명이기도 하다. 그분들의 노고에 감사드리고 안전을 기원하면서…

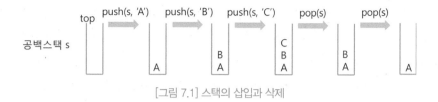

[그림 7.1] 스택의 삽입과 삭제

[ADT 7.1]은 스택에 대한 추상 데이터 타입이다. 스택도 선형 리스트이므로 데이터 집합의 정의는 리스트와 동일하다. 입출력 연산에서 리스트와 스택이 확연히 구분된다. [ADT 7.1]의 연산 가운데 is_stack_full과 is_stack_empty 연산은 독자적으로 사용되는 경우는 거의 없다. 대신 is_stack_full 연산은 push 연산을 실행할 때, is_stack_empty 연산은 pop 연산을 실행할 때 각각 필요한 연산이다. 이는 스택이 포화 상태이면 삽입이 불가능하고 스택이 공백 상태이면 삭제가 불가능하기 때문이다. peek 연산을 push나 pop처럼 기본적인 스택 연산으로 간주해야 하는가를 두고 많은 논쟁이 있다. 사실 peek는 유용하게 사용되는 연산이지만 pop과 거의 차이가 없어 푸대접을 받는 경향이 있다. 이 책에서는 peek도 스택의 기본 연산으로 취급한다.

ADT 7.1   스택

1	데이터: 순서화된 n개의 항목
2	연산:
3	init_stack(stack): 스택 stack의 초기화
4	print_stack(stack): 스택 stack의 항목들을 출력
5	is_stack_full(stack): 스택 stack이 포화 상태인지 판단
6	is_stack_empty(stack): 스택 stack이 공백 상태인지 판단
7	push(stack, data): 스택 stack의 마지막에 data를 추가
8	pop(stack): 스택 stack의 마지막 입력 데이터를 삭제하여 반환
9	peek(stack): 스택 stack의 마지막 입력 데이터를 삭제하지 않고 반환

[ADT 7.1]의 연산을 유심히 들여다보면 특이한 점이 있다. 스택의 top이 매개변수로 전혀 등장하지 않는다. 리스트에서는 임의의 위치에 접근하여 항목을 삽입하거나 삭제하는 것이 가능하기 때문에 위치 정보를 연산의 매개변수로 사용하지만, 스택에서는 임의의 위치에 삽입하거나 삭제하는 것을 허락하지 않는다. 단지 init_stack, push, pop 연산 내부에서 top이 변경되는 것이지 프로그래머가 함부로 top에 접근하여 값을 변경하도록 방치해서는 안 된다.

일상생활에서 스택의 사용 예를 앞에서 살펴보았다. 그 외에도 워드 프로세서나 프로그램 편집기의 되돌리기(undo) 기능, 읽은 문자열을 거꾸로 출력하는 프로그램, 십진수를 이진수로 바꾸어주는 프로그램, 미로 찾기 프로그램 등이 스택 데이터 구조를 활용한 예이다. 이러한 예들의 특징을 분석해보면, 취해진 행동의 역순이 필요하거나 입력 순서의 역순이 필요한 문제를 해결하는 데 스택이 매우 적합하다는 것을 알 수 있다. 4장에서 다룬 연결리스트의 순서를 역순으로 만드는 함수도 스택을 이용하여 구현할 수 있다.

7.1.2 시스템 스택

사실 스택은 프로그램의 실행과 밀접한 관계가 있다. 운영 체제는 **시스템 스택**(system stack)을 이용하여 함수 호출을 처리한다. 함수의 호출 과정을 생각해보면 어떤 함수라도 자기가 호출한 함수의 실행이 끝나기 전까지는 종료할 수 없다. 따라서 늦게 실행이 시작된 함수일수록 일찍 종료하게 되고 빨리 실행이 시작된 함수일수록 늦게 종료된다. 바로 스택의 특징을 그대로 보여준다. 어떤 함수가 호출되는 순간, 시스템 스택에 그 함수를 위한 영역인 **스택 프레임**(stack frame)이 할당된다. 스택 프레임은 **활성 레코드**(activation record)라고도 하는데 말 그대로 함수가 활성화되면 자리를 차지하는 데이터들의 모임이란 의미이다. 함수의 호출이 계속되어 새로운 함수가 실행될 때마다 새로운 스택 프레임이 push되고 함수가 종료할 때마다 그 함수의 스택 프레임이 pop된다. 이 스택 프레임에는 [그림 7.2(a)]와 같은 정보가 저장되는데, 해당 함수에서 사용하는 매개변수와 지역변수, 해당 함수가 종료했을 때 이전 함수로 되돌아가기 위한 복귀주소 등이 대표적이다[46].

[그림7.2(b)]의 샘플 코드를 대상으로 함수 호출과 종료 시 시스템 스택이 어떻게 동작하는지 살펴보자. main은 func1을 호출하고 func1은 func2를 호출한다. main이 시작되면 스택 프레임이 push되고 지역변수 i의 초깃값이 저장된다([그림7.2(c)]). main에서 func1을 호출하면 func1에 대한 새로운 스택 프레임이 push된다. 이 스택 프레임에 지역변수 p와 매개변수 n이 저장되고 func1이 종료하면 되돌아갈 복귀주소인 350번지도 저장된다([그림7.2(d)]). func1에서 func2를 호출하면 새로운 스택 프레임이 push된다. 이 스택 프레임에 func2의 매개변수 x, y가 저장되고 func2가 종료하면 되돌아갈 복귀주소인 250번

---

46 사실 스택 프레임에는 더 많은 정보가 저장된다. 예를 들어 스택 프레임은 함수마다 크기가 다르기 때문에 함수가 종료하면 어디까지 제거해야하는지에 대한 정보가 필요하다. 따라서 각 스택 프레임의 시작 지점을 가리키는 동적 링크(dynamic link)도 저장해야 한다. 함수의 반환 값도 저장이 필요하다.

지도 저장된다([그림7.2(e)]). func2가 종료하면 스택 프레임이 pop되고 func1의 250번지부터 실행을 재개한다([그림7.2(f)]). func1이 종료하면 스택 프레임이 pop되고 main함수의 350번지부터 실행을 재개한다([그림7.2(g)]).

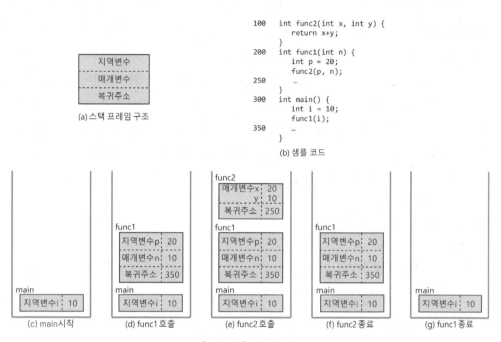

[그림 7.2] 시스템 스택

함수를 호출하거나 종료할 때마다 시스템 스택의 변경이 발생하는데 아무래도 시간이들기 마련이다. 따라서 같은 작업이면 반복문보다 순환 함수가 성능에서 불리하다는 사실을 알 수 있다. 자기 자신을 호출하는 순환문도 일반적인 함수 호출과 마찬가지로 시스템 스택을 사용하게 된다. 순환 호출이 이루어질 때마다 계속 시스템 스택에 스택 프레임을 쌓아야 하고 최종 결과를 얻기 위해서는 모든 스택 프레임을 제거해야 한다.

7.2 배열 스택

스택은 특수한 선형 리스트이므로 배열로 구현이 가능하다. **배열 스택**은 다행히 스택의 삽입과 삭제로 인해 기존의 항목들이 이동해야 하는 경우가 발생하지 않기 때문에 스택의 크기만 예측가능하다면 상당히 매력적이다.

7.2.1 배열을 이용한 스택 구조 정의

리스트 구조를 정의했던 방법과 마찬가지로, 1차원 배열과 스택의 메타 정보를 하나의 구조체로 묶어서 스택 구조로 사용하고자 한다. 다음은 배열 스택 구조로 사용할 ArrayStack 타입의 정의이다. 가장 중요한 메타 정보는 바로 스택의 top이다. 리스트에서는 리스트의 길이를 따로 관리하였는데, 스택의 경우 top을 알면 스택의 길이를 별도로 저장할 필요가 없다. 사실 스택을 필요로 하는 대부분의 문제는 스택에 저장된 원소의 개수가 그리 중요하지 않다. 물론 언제든지 필요하면 메타 정보를 추가하면 된다. 배열 스택을 사용할 것인가의 판단 여부는 전적으로 MAX_SIZE를 예측할 수 있는가에 달려 있다고 해도 과언이 아니다. 그만큼 배열 스택은 연결된 스택에 비해 다루기 쉽고 성능도 효율적이다.

```
#define MAX_SIZE 100
#define DataType int
typedef struct ArrayStack {
    int top;
    DataType stack[MAX_SIZE];
} ArrayStack;
```

[그림 7.1]을 배열 스택으로 표현하면 [그림 7.3]과 같다. 두 그림의 차이점은 인덱스의 유무이다. top은 배열 원소가 아니라 배열의 인덱스라는 점을 잊지 말기 바란다. push될 때마다 top 위치 다음에 데이터를 추가하고 pop될 때마다 top 위치의 데이터가 삭제되어 반환된다. push되면 top의 값은 1 증가하고 pop되면 top의 값이 1 감소한다. push된 데이터는 stack[0]에서부터 차례대로 저장되며 stack[MAX_SIZE-1]까지 저장가능하다. 따라서 top이 MAX_SIZE-1과 같을 때가 포화 스택이다. 그렇다면 공백 스택의 조건은 어떻게 될까? 스택에 항목이 하나 존재할 때 top의 값이 0이므로 공백 스택은 top이 -1인 스택이다.

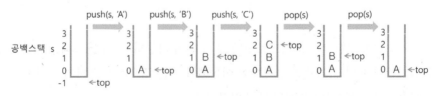

[그림 7.3] 배열 스택

7.2.2 배열을 이용한 스택 함수

[프로그램 7.1]은 배열 스택을 대상으로 [ADT 7.1]을 구현한 결과이다. 스택은 특수한 입출력만 허용하는 리스트이기 때문에 범용으로 사용해야 하는 리스트보다는 함수가 단순하다.

프로그램 7.1   배열 스택

```c
1   #include <stdio.h>
2   #include <stdlib.h>
3   #define MAX_SIZE 100
4   #define DataType int
5
6   // 배열 스택 정의
7   typedef struct ArrayStack {
8       int top;
9       DataType stack[MAX_SIZE];
10  } ArrayStack;
11
12  // 스택 초기화
13  void init_stack(ArrayStack *AS) {
14      AS->top = -1;
15  }
16
17  // 스택 항목들을 출력
18  void print_stack(ArrayStack *AS) {
19      printf("top->");
20      for ( int i = AS->top ; i >= 0 ; i-- ) printf("%d ", AS->stack[i]);
21      printf("\n");
22  }
23
24  // 스택이 포화 상태인지 판단
25  int is_stack_full(ArrayStack *AS) {
26      return AS->top == MAX_SIZE-1;
27  }
28
29  // 스택이 공백 상태인지 판단
30  int is_stack_empty(ArrayStack *AS) {
31      return AS->top == -1;
32  }
```

```
33
34  // 스택에 삽입
35  void push(ArrayStack *AS, DataType data) {
36      if (is_stack_full(AS)) {
37          printf("포화 스택이므로 항목 삽입이 불가능합니다.\n");
38          exit(1);
39      }
40      else AS->stack[++AS->top] = data;
41  }
42
43  // 스택에서 삭제
44  DataType pop(ArrayStack *AS) {
45      if (is_stack_empty(AS)) {
46          printf("공백 스택이므로 항목 삭제가 불가능합니다.\n");
47          exit(1);
48      }
49      else return AS->stack[AS->top--];
50  }
51
52  // 스택에서 top 데이터를 반환
53  DataType peek(ArrayStack *AS) {
54      if (is_stack_empty(AS)) {
55          printf("공백 스택이므로 데이터가 없습니다.\n");
56          exit(1);
57      }
58      else return AS->stack[AS->top];
59  }
60
61  int main() {
62      ArrayStack astack;
63      init_stack(&astack);
64      push(&astack, 10);
65      push(&astack, 20);
66      push(&astack, 30);
67      print_stack(&astack);
68      printf("현재 top 항목은 %d\n", peek(&astack)); pop(&astack);
69      printf("현재 top 항목은 %d\n", peek(&astack)); pop(&astack);
70      printf("현재 top 항목은 %d\n", peek(&astack)); pop(&astack);
71      pop(&astack);
72  }
```

🖥️ **실행결과**

```
top->30 20 10
현재 top 항목은 30
현재 top 항목은 20
현재 top 항목은 10
공백 스택이므로 항목 삭제가 불가능합니다.
```

스택을 초기화하는 init_stack 함수는 스택의 top 필드를 −1로 설정한다. 스택 항목들을 출력하는 print_stack 함수는 top 위치의 데이터부터 차례대로 출력하는 함수이다. 포화 스택인지 판단하는 is_stack_full과 공백 스택인지 판단하는 is_stack_empty 함수는 포화 조건과 공백 조건이 만족하지 않으면 0을 반환한다.

push 함수는 데이터를 삽입하기 전에 스택이 포화 상태인지 검사한다. 스택이 포화 상태이면 삽입을 허용하지 않고 포화 상태가 아닐 경우 스택의 top을 1 증가시키고 나서 그 위치에 데이터를 저장한다. 반대로 pop 함수는 데이터를 삭제하기 전에 스택이 공백 상태인지 검사한다. 스택이 공백 상태이면 삭제를 허용하지 않고 공백 상태가 아닐 경우 스택의 top 위치의 데이터를 반환하고 top을 1 감소시킨다. 두 함수의 증가 연산자와 감소 연산자의 위치에 주의하라. peek 함수는 삭제하지 않고 top 위치의 데이터를 반환하기 때문에 top의 값을 변화시키지 않는다는 점을 제외하고는 pop 함수와 동일하다. print_stack을 제외한 모든 함수의 시간 복잡도가 $\Theta(1)$일 만큼 함수들의 성능이 좋다.

스택 포화 상태에서 push 함수를 호출하거나 스택 공백 상태에서 pop, peek 함수를 호출하는 예외적인 상황이 발생하는 경우에는 exit 함수를 통해 즉각 실행을 중지시켰는데 문제에 따라서는 반드시 그럴 필요가 없다. 스택 함수는 왜 예외 상황이 발생했는지, 예외 상황이 발생하면 어떻게 해야 하는지 판단하기 어렵다. 스택 함수를 호출한 쪽에서 이러한 예외 상황 처리에 대한 책임을 지도록 하는 것이 효과적이다. 예외를 호출 함수에서 처리하는 방식은 크게 두 가지로 볼 수 있다. 첫째, 예외 상황이 발생하지 않도록 미연에 방지하는 방법이다. 스택 함수를 호출하기 전에 예외 상황을 먼저 조사하여 예외가 아닌 경우에만 스택 함수를 호출하는 것이다. 즉, 스택 포화이면 push 함수를 호출하지 않고 별도의 처리를 하고, 스택 공백이면 pop, peek 함수를 호출하지 않고 별도의 처리를 하는 것이다. 예를 들면 [프로그램 7.1]의 main 함수에서 다음과 같은 호출문을 사용하면 된다.

```
if (!is_stack_full(&astack)) push(&astack, 10);
else ... // 포화 스택에서의 push에 대한 조치

if (!is_stack_empty(&astack)) pop(&astack);
else ... // 공백 스택에서의 pop에 대한 조치

if (!is_stack_empty(&astack)) peek(&astack);
else ... // 공백 스택에서의 peek에 대한 조치
```

둘째, 예외 상황이 발생하도록 허용하되 예외 발생 시 처리하는 방법이다. 이 방법에서는 스택 함수에서 예외가 발생하면 필요한 정보를 호출 함수에 전달하여 호출 함수에서 적절한 행동을 취하도록 한다. 다음은 이러한 상황에 대처하도록 변경된 함수들이다. 각 스택 함수에서는 매개변수를 추가로 두어 예외 상황 발생 여부를 호출 함수에 전달하고, 호출 함수에서는 예외 상황이 발생한 경우 적절한 조치를 취하게 된다.

```
#define FALSE 0
#define TRUE 1

void push(ArrayStack *AS, DataType data, int *full) {
    *full = FALSE;
    if (is_stack_full(AS)) *full = TRUE;
    else AS->stack[++AS->top] = data;
}

DataType pop(ArrayStack *AS, int *empty) {
    *empty = FALSE;
    if (is_stack_empty(AS)) *empty = TRUE;
    else return AS->stack[AS->top--];
}

DataType peek(ArrayStack *AS, int *empty) {
    *empty = FALSE;
    if (is_stack_empty(AS)) *empty = TRUE;
    else return AS->stack[AS->top];
}

int main() {
    ArrayStack astack;
```

```
    int tag;
    ...
    push(&astack, 10, &tag);
    if (tag)  ... // 포화 스택에서의 push처리
    pop(&astack, &tag);
    if (tag)  ... // 공백 스택에서의 pop처리
    peek(&astack, &tag);
    if (tag)  ... // 공백 스택에서의 peek처리
}
```

7.3 연결된 스택

스택에 저장할 데이터의 수를 예측하기 어렵거나 개수의 편차가 크다면 연결리스트로 스택을 구현하는 것이 바람직하다. 이러한 **연결된 스택**(linked stack)은 배열 스택보다 링크 필드로 인한 메모리 공간을 더 차지하게 된다는 단점이 있다. 이 절에서는 단순 연결리스트를 이용하여 스택을 구현해보도록 한다.

7.3.1 연결리스트를 이용한 스택 구조 정의

[그림 7.1]을 연결된 스택으로 표현하면 어떤 모습일까? [그림 7.4]를 보자. top은 가장 최근에 push된 노드를 가리키는 포인터이다. 스택 연산의 실행에 따른 변화를 살펴보면 [그림 7.4]의 (a)와 (b)는 둘 다 문제가 없어 보인다. 조금 더 들여다보자. (a)의 push는 연결리스트의 마지막에 노드를 삽입하는 연산이다. 연결리스트의 마지막을 가리키는 포인터인 top이 존재하므로 push를 실행하는 데 아무 문제가 없다. (a)의 pop은 연결리스트의 마지막 노드를 삭제하는 연산이다. 노드를 삭제하려면 삭제 노드의 이전 노드를 알아야 하는데 (a)에서는 스택 연결리스트의 맨 앞에서 해당 노드까지 한참을 이동하는 방법밖에 없다. (b)의 push는 연결리스트의 맨 앞에 노드를 삽입하는 연산이고, (b)의 pop은 연결리스트의 맨 처음 노드를 삭제하는 연산이다. [프로그램 4.7]과 [프로그램 4.8]에서 이 두 연산이 얼마나 쉽게 구현되는지를 이미 배운바 있다. 거기에다가 top을 연결리스트의 헤드 포인터로도 사용가능하다는 점은 덤으로 얻는 이익이다. 따라서 [그림 7.4(b)]와 같은 방식으로 연결된 스택을 구현한다. 헤드 포인터 top이 **NULL**일 때 공백 큐가 된다.

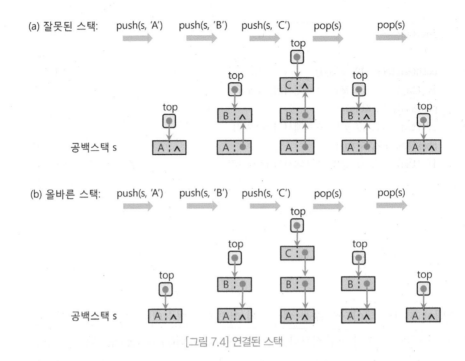

[그림 7.4] 연결된 스택

리스트 구조를 정의했던 방법과 마찬가지로, 스택 연결리스트의 첫 번째 노드를 가리키는 헤드 포인터와 스택의 중요한 메타 정보들을 하나의 구조체로 묶은 헤드 노드를 스택 구조로 사용하고자 한다. 다음은 스택 노드 구조 Snode와 헤드 노드 구조 LinkedStack 타입의 정의이다. 가장 중요한 메타 정보는 바로 스택의 top인데 방금 살펴본 것처럼 헤드 포인터의 역할도 같이 하기 때문에 유일한 구성 요소로 포함되었다. 물론 스택의 길이와 같은 메타 정보가 필요하다면 언제든지 추가하면 된다.

```
#define DataType int
// 스택 노드 구조 정의
typedef struct Snode {
    DataType data;
    struct Snode *link;
} Snode;
// 스택의 헤드 노드 구조 정의
typedef struct Linkedstack {
    Snode *top;                    // 헤드 포인터 겸용
} LinkedStack;
```

7.3.2 연결리스트를 이용한 스택 함수

[프로그램 7.2]는 연결리스트를 이용한 스택을 대상으로 [ADT 7.1]을 구현한 결과이다.

프로그램 7.2   연결된 스택

```c
#include <stdio.h>
#include <stdlib.h>
#define DataType int
// 스택 노드 구조 정의
typedef struct Snode {
    DataType data;
    struct Snode *link;
} Snode;
// 스택의 헤드 노드 구조 정의
typedef struct Linkedstack {
    Snode *top;                    // 헤드 포인터 겸용
} LinkedStack;

// 스택 초기화
void init_stack(LinkedStack *LS) {
    LS->top = NULL;
}

// 스택 항목들을 출력
void print_stack(LinkedStack *LS) {
    printf("top");
    for ( Snode *ptr = LS->top ; ptr ; ptr = ptr->link )
        printf("->%d", ptr->data);
    printf("\n");
}

// 스택이 포화 상태인지 판단
int is_stack_full(Snode *node) {
    return node == NULL;
}

// 스택이 공백 상태인지 판단
int is_stack_empty(LinkedStack *LS) {
    return LS->top == NULL;
}

```

```
37    // 스택에 삽입
38    void push(LinkedStack *LS, DataType data) {
39        Snode *new = (Snode *)malloc(sizeof(Snode));
40        if (is_stack_full(new)) {
41            printf("포화 스택이므로 항목 삽입이 불가능합니다.\n");
42            exit(1);
43        }
44        else {
45            new->data = data;
46            new->link = LS->top;
47            LS->top = new;
48        }
49    }
50
51    // 스택에서 삭제
52    DataType pop(LinkedStack *LS) {
53        if (is_stack_empty(LS)) {
54            printf("공백 스택이므로 항목 삭제가 불가능합니다.\n");
55            exit(1);
56        }
57        else {
58            Snode *deleted = LS->top;
59            DataType data = deleted->data;
60            LS->top = LS->top->link;   // LS->top = deleted->link;
61            free(deleted);
62            return data;
63        }
64    }
65
66    // 스택에서 top 데이터를 반환
67    DataType peek(LinkedStack *LS) {
68        if (is_stack_empty(LS)) {
69            printf("공백 스택이므로 데이터가 없습니다.\n");
70            exit(1);
71        }
72        else return LS->top->data;
73    }
74
75    int main() {
76        LinkedStack lstack;
77        init_stack(&lstack);
78        push(&lstack, 10);
79        push(&lstack, 20);
```

```
80      push(&lstack, 30);
81      print_stack(&lstack);
82      printf("현재 top 항목은 %d\n", peek(&lstack)); pop(&lstack);
83      printf("현재 top 항목은 %d\n", peek(&lstack)); pop(&lstack);
84      printf("현재 top 항목은 %d\n", peek(&lstack)); pop(&lstack);
85      pop(&lstack);
86   }
```

🖥 **실행결과**

```
top->30 20 10
현재 top 항목은 30
현재 top 항목은 20
현재 top 항목은 10
공백 스택이므로 항목 삭제가 불가능합니다.
```

스택을 초기화하는 init_stack 함수는 스택의 top 필드를 NULL로 설정한다. 포화 스택인지 판단하는 is_stack_full과 공백 스택인지 판단하는 is_stack_empty 함수는 포화 조건과 공백 조건이 만족하지 않으면 0을 반환한다. 사실 is_stack_full은 push 함수 내에 직접 구현하는 것이 더 간단하지만 [ADT 7.1]의 함수를 모두 구현한다는 측면에서 따로 함수를 두었다. 스택 항목들을 출력하는 print_stack 함수는 top이 가리키는 노드의 데이터부터 차례대로 출력하는 함수이다. push와 pop 함수는 [프로그램 4.7]과 [프로그램 4.8]에 기반하고 있다. 처리 과정은 [그림 7.5]를 참고하라.

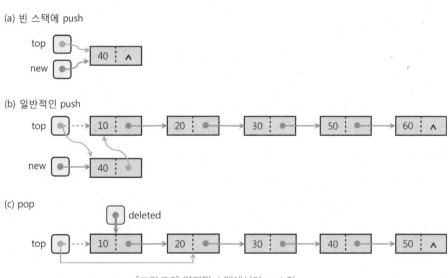

[그림 7.5] 연결된 스택에서의 push와 pop

7.4 스택의 활용: 식의 계산

주어진 식을 자동으로 계산(evaluation)하는 일은 오래전부터 많은 사람들이 관심을 가진 주제이다. 이 절에서는 스택을 이용하여 식을 계산하는 문제를 다룬다.

7.4.1 식의 표기법

프로그래밍 언어에서 식(expression)이란 연산자(operator)와 피연산자(operand)로 구성된 프로그래밍 단위를 말한다. 예를 들어 C 언어의 경우, 연산자에는 산술 연산자(+, -, *, /), 논리 연산자(&&, ||, !), 비교 연산자(==, !=, >, >=, <, <=) 등이 있으며 피연산자에는 상수, 변수, 함수 등이 있다. 다음은 식의 예이다.

```
(AL->length < MAX_SIZE) && (pos >= 0) && (pos <= AL->length)
idx_a < get_length(a) && idx_b < get_length(b)
x + y / z * w - x % y + z
10 * (x + y)
(1 + 2) * 3
1
x
```

식을 사용하는 이유는 계산하여 값을 생성하기 위함이다. 식을 계산하려면 연산자에 관한 두 가지 규칙을 알아야 한다. 첫째, 연산자의 우선순위(precedence)이다. 우선순위에 따라 연산자들의 계산 순서가 결정되는데 우선순위가 더 높은 연산자가 먼저 계산된다. 연산자 우선순위는 수학에서나 프로그래밍 언어에서나 대동소이한데, 괄호가 가장 높은 우선순위의 연산자이며 같은 산술 연산자 사이에서도 곱셈과 나눗셈이 덧셈과 뺄셈보다 높은 우선순위를 갖는다. 둘째, 연산자의 결합성(associativity)이다. 결합성은 우선순위가 같은 연산자들의 계산 순서를 결정한다. 일반적으로 연산자들은 우방향 결합성(left-to-right associativity)을 갖기 때문에 동일 우선순위의 연산자가 연거푸 등장하게 되면 왼쪽에서 오른쪽으로 계산한다. 좌방향 결합성(right-to-left associativity)을 갖는 연산자의 예로는 포인터와 관련된 주소 연산자 &와 간접 참조 연산자 *가 대표적으로, 동일 우선순위의 연산자가 연거푸 등장하게 되면 오른쪽에 있는 연산자를 먼저 계산한다. 결합성이 없는 연산자들도 있는데 예를 들어 가장 높은 우선순위 연산자인 괄호는 결합성이 없으며 우선순위를 무시하는데 사용된다. 잘 알다시피 가장 안쪽 괄호부터 계산된다.

다음으로 식을 표기하는 방법에 대해 알아보자. 논의를 단순화하기 위해 모든 연산자는 피연산자를 두 개씩 갖는 이항 연산자(binary operator)라고 가정한다. 따라서 ++, --, ! 같은 단항 연산자(unary operator)는 제외한다. 식의 표기법에는 피연산자에 대한 연산자의 위치에 따라 **중위(infix) 표기법**, **후위(postfix) 표기법**, **전위(prefix) 표기법**으로 나눈다. [표 7.1]은 몇 개의 식에 대해 각 표기법으로 표현한 예이다. 피연산자 사이에 연산자가 있으면 중위 표기법, 피연산자 뒤에 연산자가 있으면 후위 표기법, 피연산자 앞에 연산자가 있으면 전위 표기법[47]이다. 중위 표기법으로 표현된 식을 중위식, 후위 표기법으로 표현된 식을 후위식, 전위 표기법으로 표현된 식을 전위식이라 한다.

[표 7.1] 식의 표기법

중위 표기법	후위 표기법	전위 표기법
1 + 2 * 3	1 2 3 * +	+ 1 * 2 3
1 + (2 * 3)	1 2 3 * +	+ 1 * 2 3
(1 + 2) * 3	1 2 + 3 *	* + 1 2 3

우리는 어렸을 적부터 중위 표기법에 익숙해져 있기 때문에 다른 표기법에 의해 표현된 식을 보면 매우 불편함을 느낀다. 그런데 중위식을 계산하는 과정을 생각해 보자. 수식을 처음부터 끝까지 한번 훑은 다음 괄호와 연산자 우선순위를 고려하여 연산의 순서를 정해야 한다. 그리고 나서 먼저 계산해야 할 연산자부터 차례대로 골라 연산자 좌우의 피연산자를 먼저 계산하고나서 해당 연산을 실행한다. 생각보다 그리 단순하지가 않다. 만약 식이 다음과 같은 특징을 갖는다면 계산 과정이 매우 단순해질 것이다.

- 식에 괄호가 필요 없다.
- 연산자들의 우선순위를 신경 쓰지 않고 계산한다.
- 왼쪽에서 오른쪽으로 읽어가면서 계산한다.

위에서 언급한 특징을 갖는 식이 바로 후위식이다. [표 7.1]을 보면 후위식에는 괄호가 없다. 연산자의 우선순위를 반영하여 만들어진 식이기 때문에 연산자 우선순위를 신경쓸 필요도 없다. 그리고 뒤에서 설명하겠지만 계산 방법도 식의 앞에서 뒤로 차례대로

[47] 전위 표기법은 Polish 표기법이라고도 하는데 이를 고안한 얀 우카시에비츠(Jan Łukasiewicz)의 국적을 따서 이름 붙였다. 함수형 프로그래밍 언어 Lisp에서는 전위 표기법을 사용한다.

읽어 가면서 바로바로 계산하면 된다. 이러한 장점으로 인해 후위식 계산은 프로그래밍하기에 아주 적합한 문제이다. 후위식만 주어지면 프로그램을 통해 자동적으로 값을 계산할 수 있다. 다만 안타까운 건 사람이 직관적으로 쉽게 후위식을 표현하기 어렵다는 점이다. 오랜 역사를 지닌 중위식을 포기하고 이러한 후위식을 사용하도록 강요할 수는 없는 노릇이다. 따라서 식의 계산 문제는 사람에게 편한 중위식과 프로그램에게 편한 후위식의 장점을 모두 살리는 것이 중요하다. 그 해결 방안은 두 표기법 간의 연결이다. 식을 표현할 때는 사람에게 익숙한 중위식을 사용하되 식을 계산할 때는 먼저 중위식을 후위식으로 변환한 후 바뀐 후위식을 계산하는 방식을 사용한다. 식 계산의 두 단계에 모두 스택이 사용된다. 구체적으로 살펴보기에 앞서 문제를 단순화하는 차원에서 두 가지 사항을 가정하기로 한다.

- 가정 1) 모든 연산자는 피연산자를 두 개씩 갖는 이항 연산자이다.
- 가정 2) 괄호를 제외한 모든 연산자들은 우방향 결합성을 갖는다.

7.4.2 중위식을 후위식으로 변환

중위식을 입력으로 받아 후위식으로 변환하는 프로그램을 작성해 보자. 일단 수작업으로 중위식을 후위표기식으로 변환하는 방법을 설명하면 다음과 같다.

- 중위식을 연산자 우선순위에 따라 모두 괄호로 묶는다.
- 연산자들을 대응하는 오른쪽 괄호와 바꾼다.
- 남은 괄호를 제거한다.

예제 7.1 **수작업에 의한 중위식에서 후위식 변환**

(1) a + b * c를 대상으로 후위식으로 변환해보자.
- 괄호 묶기: (a + (b * c))
- 연산자 대치: (a (b c * +
- 괄호 제거: a b c * +

(2) a * b + c를 대상으로 후위식으로 변환해보자.
- 괄호 묶기: ((a * b) + c)
- 연산자 대치: ((a b * c +
- 괄호 제거: a b * c +

⑶ a * b + c / d를 대상으로 후위식으로 변환해보자.
- 괄호 묶기: (((a * b)) + (c / d))
- 연산자 대치: (((a b *) (c d / +
- 괄호 제거: a b * c d / +

[표 7.1]과 [예제 7.1]에서 보듯이 중위 표기법과 후위 표기법의 피연산자 순서는 동일하지만 우선순위에 따라 연산자의 순서와 위치가 달라진다. 따라서 중위식을 후위식으로 변환할 때 중위식을 왼쪽부터 읽어나가면서 피연산자를 만나면 그대로 후위식에 포함시키면 된다. 연산자를 만났을 때 어떻게 처리하느냐가 이 변환 알고리즘의 핵심이다. 모든 후위식의 특징은 먼저 계산해야 하는 연산자가 먼저 등장한다는 사실이다. 연산자들을 대응하는 오른쪽 괄호와 바꾼다는 점과 후위식은 왼쪽에서부터 읽어나가면서 계산한다고 한 점에 비추어보면 자명한 일이다. 그런데 중위식의 연산자를 만나는 순간, 뒤에 나올(지도 모르는) 연산자보다 먼저 계산되어야 할지 아닐지 알 방법이 없으므로 다음 연산자가 등장할 때까지 어딘가에 연산자를 저장해 두어야 한다. 이후 다음 연산자를 만났을 때 몇 가지 상황이 가능하다.

① 저장된 연산자의 우선순위가 다음 연산자보다 높은 경우이다. 이때는 저장된 연산자를 후위식에 포함시켜야 한다. 예를 들어 a * b + c의 경우, * 연산자는 어딘가에 저장되어 있다가 낮은 우선순위의 + 연산자를 만나게 되면 후위식에 포함된다.

② 저장된 연산자의 우선순위가 다음 연산자와 같은 경우이다. 이때도 저장된 연산자를 후위식에 포함시켜야 한다. 왜냐하면 같은 우선순위의 경우 우방향 결합성을 갖기 때문에 먼저 등장한 연산자가 먼저 연산에 사용돼야하기 때문이다. 예를 들어 a + b - c의 경우 + 연산자는 어딘가에 저장되어 있다가 - 연산자를 만나게 되면 후위식에 포함된다.

③ 저장된 연산자의 우선순위가 다음 연산자보다 낮은 경우이다. 이때는 우선순위가 낮은 저장된 연산자는 후위식에 포함될 수 없다. 그런데 우선순위가 높은 다음 연산자도 후위식에 포함될 수 없다. 왜냐하면 더 높은 우선순위 연산자가 뒤이어 등장할지도 모르기 때문이다. 예를 들어 a + b * c의 경우, + 연산자를 어딘가에 저장하고, 곧이어 높은 우선순위의 * 연산자를 만나게 되면 * 연산자도 마저 저장한다. 시간이 흘러 언젠가는 * 연산자보다 우선순위가 낮은 연산자를 만나면 * 연산자는 후위식에 포함될 것이다. 그 전까지는 절대로 + 연산자는 후위식에 포함될 수 없다. 즉, 나중에 저장된 * 연산자가 후위식에 먼저 포함되어야 먼저 저장된 + 연산자가 후위식

에 포함된다. 따라서 연산자를 스택에 저장하여야 한다.

③의 경우는 중위식을 읽어 들이는 작업을 계속 진행하면 된다. ①, ②의 경우, 스택 top에 저장된 연산자가 빠져나간 후 남은 중위식 연산자는 어떻게 처리될까? 당연히 중위식 연산자의 우선순위를 스택 top에 있는 연산자와 다시 비교하는 작업을 반복해야 한다. 이는 ③의 조건을 만족할 때가지 계속된다.

맨 처음 등장하는 연산자는 우선순위를 비교할 연산자가 스택에 없으므로 무조건 스택에 push하고 중위식의 끝에 도달하면 스택에 남아 있는 연산자를 차례로 pop한다.

예제 7.2 중위식에서 후위식 변환

a * b + c, a + b − c, a + b * c를 후위식으로 변환하는 과정은 [표 7.2]와 같다.

[표 7.2] 중위식에서 후위식 변환 과정

a * b + c				a + b − c				a + b * c			
입력	스택		후위식	입력	스택		후위식	입력	스택		후위식
	[0]	[1]			[0]	[1]			[0]	[1]	
a			a	a			a	a			a
*	*		a	+	+		a	+	+		a
b	*		a b	b	+		a b	b	+		a b
+	+		a b *	−	−		a b +	*	+	*	a b
c	+		a b * c	c	−		a b + c	c	+	*	a b c
			a b * c +				a b + c −				a b c * +

마지막으로 괄호의 처리 방안에 대해 알아보자. 괄호의 우선순위가 다른 어떤 연산자보다 높다는 사실을 잘 알고 있을 것이다. 따라서 왼쪽 괄호 '('가 나타나면 무조건 스택에 저장한다. 이제 매칭되는 오른 괄호 ')'가 나올 때까지 앞에서 다룬 변환 과정을 적용하면 된다. 그런데 문제는 스택에 저장된 '('의 우선순위가 높기 때문에 다음에 만나는 어떤 연산자도 '('를 제외하고는 스택에 저장할 수 없다는 점이다. 이를 해결하기 위해 '('가 저장된 이후에는 마치 비어 있는 스택처럼 보이도록 스택 안 '('의 우선순위를 가장 낮게 설정한다. 따라서 '(' 다음에 등장하는 어떤 연산자라도 스택에 저장된다. ')'를 만나게 되면 괄호안의 연산이 종결되어야하므로 스택에서 '('를 만날 때까지 스택에 저장된 연산자들을 꺼내어 후위식에 포함시켜야 한다.

예제 7.3 중위식에서 후위식 변환 – 괄호 처리

1 + (2 - 3 * 4) / 5를 후위식으로 변환하는 과정은 [표 7.3]과 같다.

[표 7.3] 중위식에서 후위식 변환 과정

입력	스택					후위식
	[0]	[1]	[2]	[3]	[4]	
1						1
+	+					1
(	+	(				1
2	+	(				1 2
–	+	(				1 2
3	+	(	–			1 2 3
*	+	(	–	*		1 2 3
4	+	(	–	*		1 2 3 4
)	+					1 2 3 4 * –
/	+	/				1 2 3 4 * –
5	+	/				1 2 3 4 * – 5
						1 2 3 4 * – 5 / +

[프로그램 7.3]은 배열 스택을 사용하여 중위식을 후위식으로 변환하는 프로그램이다. 연산자를 괄호와 +, -, *, /, % 연산자로, 피연산자를 0~9까지의 정수로 한정하였고 입력받는 중위식에는 빈칸이 허용되지 않는다고 가정하였다. 스택에 연산자를 문자로 저장하기 때문에 DataType을 char로 정의하였다(줄 2). (줄 7~12)의 out_prec 함수는 연산자의 스택 밖 우선순위, 다시 말해 중위식에서의 우선순위를 반환하는 함수이고 (줄 14~19)의 in_prec 함수는 연산자의 스택 안 우선순위를 반환하는 함수이다. '('를 제외한 연산자는 차이가 없다. '('는 스택 밖에서는 가장 높은 우선순위를 갖고 스택 안에서는 가장 낮은 우선순위를 갖는다.

핵심 함수인 translate_infix_to_postfix를 들여다보자. 이 함수는 배열 infix에 저장된 중위식을 후위식으로 변환하여 배열 postfix에 저장한다. 괄호가 없는 후위식의 길이가 중위식보다 클 수 없으므로 배열 postfix를 위해 중위식의 길이만큼 동적으로 공간을 할당하였다(줄 25). 중위식의 토큰[48]을 하나씩 읽어 들여(줄 31) 피연산자, ')', 연산자인 경우로 구분하여 처리한다. '(' 연산자일 때 스택에 push하는 코드를 별도로 만들 수도

있지만 이 프로그램에서는 (줄 38~43)의 연산자 처리 코드에 포함시켰다. 중위식의 토큰을 모두 처리하면 스택에 남아있는 연산자를 후위식에 포함시키고 나서 완성된 후위식을 반환한다.

프로그램 7.3   중위식을 후위식으로 변환

```c
1   #include <string.h>
2   #define DataType char
3
4   // [프로그램 7.1]의 정의와 함수들
5   //...
6
7   // 스택 밖 연산자 우선순위를 반환
8   int out_prec(char op) {
9       if (op == '+' || op == '-') return 1;
10      if (op == '*' || op == '/' || op == '%') return 2;
11      if (op == '(') return 3;
12  }
13
14  // 스택 안 연산자 우선순위를 반환
15  int in_prec(char op) {
16      if (op == '(') return 0;
17      if (op == '+' || op == '-') return 1;
18      if (op == '*' || op == '/' || op == '%') return 2;
19  }
20
21  // 중위식을 후위식으로 변환
22  char *translate_infix_to_postfix(char infix[]) {
23      char token, op;
24      int length = strlen(infix);                          // 중위식 길이
25      char *postfix = (char *)malloc(sizeof(char)*(length+1));  // 후위식
26      ArrayStack Optr;                                     // 연산자 스택
27      int idx_in = 0, idx_post = 0;                        // 배열 인덱스
28
29      init_stack(&Optr);                                   // 연산자 스택 초기화
30      while (idx_in < length) {
31          token = infix[idx_in++];
32          // 피연산자
```

---

48 토큰(token)이란 프로그래밍 언어에서 사용되는 기본 어휘를 뜻하며 키워드, 식별자, 상수, 연산자 등이 이에 해당한다.

```
33          if ('0' <= token &&  token <= '9') postfix[idx_post++] = token;
34          // 오른쪽 괄호
35          else if ( token == ')' )
36              while ((op = pop(&Optr)) != '(') postfix[idx_post++] = op;
37          // 연산자
38          else {
39              while ( !is_stack_empty(&Optr) &&
40                      in_prec(peek(&Optr)) >= out_prec(token) )
41                  postfix[idx_post++] = pop(&Optr);
42              push(&Optr, token);
43          }
44      }
45      // 스택에 남아 있는 연산자 처리
46      while (!is_stack_empty(&Optr)) postfix[idx_post++] = pop(&Optr);
47      postfix[idx_post] = '\0';
48      return postfix;
49  }
50
51  int main() {
52      char *postfix = translate_infix_to_postfix("1+(2-3*4)/5");
53      printf("후위식: %s\n", postfix);
54  }
```

🖥 **실행결과**

후위식: 1234*-5/+

7.4.3 후위식의 계산

중위식을 후위식으로 변환했으니 드디어 후위식을 계산할 차례이다. 후위식의 계산은 매우 단순하다. 식을 왼쪽에서 오른쪽으로 읽어 가면서 피연산자이면 저장하고 연산자이면 저장된 피연산자를 필요한 만큼 가져와서 연산을 실행하고 다시 저장하면 된다. 그런데 [예제 7.1]의 후위식으로 변환하는 과정을 보면, 우선순위가 높은 연산자일수록 가까운 오른쪽 괄호와 대치된다. 이는 먼저 실행되는 연산의 피연산자일수록 연산자의 왼쪽에 가깝게 등장한다는 것을 말하며 결국 먼저 연산되는 피연산자일수록 나중에 등장하게 된다. 따라서 피연산자를 저장하는 구조로도 스택이 답이다. 중위식을 후위식으로 변환할 때는 연산자를 스택에 저장하고 후위식을 계산할 때는 반대로 피연산자를 스택에 저장한다.

📋 예제 7.4 후위식 계산

후위식 1 2 3 4 * - 5 / +를 계산하는 과정은 [표 7.4]와 같다. 피연산자는 모두 스택에 저장되며 연산자를 만날 때마다 필요한 만큼의 피연산자를 꺼내어 연산한 후 결과를 스택에 집어넣는다. 예를 들어 *의 경우 피연산자 4와 3을 꺼내어 곱한 결과 12를 다시 저장한다. 이 때 조심해야할 점은 피연산자의 순서이다. -를 만났을 때 스택에서 가져오는 피연산자는 차례대로 12와 2인데 12-2를 계산하는 것이 아니라 2-12를 계산해야 함을 주의하라. 모든 입력을 처리하면 스택의 top에 계산 결과가 놓이게 된다.

[표 7.4] 후위식 계산 과정

입력	스택					연산
	[0]	**[1]**	**[2]**	**[3]**	**[4]**	
1	1					
2	1	2				
3	1	2	3			
4	1	2	3	4		
*	1	2	12			3 * 4 = 12
−	1	−10				2 − 12 = −10
5	1	−10	5			
/	1	−2				−10 / 5 = −2
+	−1					1 + −2 = −1

표 상단: 1 2 3 4 * - 5 / +

[프로그램 7.4]는 피연산자를 저장하는 배열 스택을 사용하여 후위식을 계산하는 프로그램이다. 스택에 정수 피연산자와 중간계산결과를 저장하기 때문에 DataType을 int로 정의하였다(줄 2). 후위식의 피연산자를 스택에 저장할 때 문자 정수를 숫자 정수로 바꾸어준 다음 저장하여야 한다(줄 18). 후위식의 토큰을 모두 처리하면 스택 top에 있는 계산 결과를 반환한다.

</> 프로그램 7.4 후위식 계산

```
1   #include <string.h>
2   #define DataType int
3
4   // [프로그램 7.1]의 정의와 함수들
5   //...
6
```

```
7    // 후위식을 계산
8    int evaluate_postfix(char postfix[]) {
9        char token;
10       int length = strlen(postfix);        // 후위식 길이
11       int opd1, opd2;                       // 스택에서 꺼낸 피연산자
12       ArrayStack Operand;                   // 피산자 스택
13
14       init_stack(&Operand);
15       for ( int i = 0 ; i < length ; i++ ) {
16           token = postfix[i];
17           // 피연산자
18           if ('0' <= token &&  token <= '9') push(&Operand, token-'0');
19           // 연산자
20           else {
21               opd2 = pop(&Operand);  // 스택에서 첫 번째 피연산자를 가져옴
22               opd1 = pop(&Operand);  // 스택에서 두 번째 피연산자를 가져옴
23               switch (token) {   // 연산을 수행하고 스택에 저장
24                   case '+': push(&Operand, opd1 + opd2); break;
25                   case '-': push(&Operand, opd1 - opd2); break;
26                   case '*': push(&Operand, opd1 * opd2); break;
27                   case '/': push(&Operand, opd1 / opd2); break;
28                   case '%': push(&Operand, opd1 % opd2); break;
29               }
30           }
31       }
32       return pop(&Operand);
33   }
34
35   int main() {
36       char postfix[] = "1234*-5/+";
37       int result = evaluate_postfix(postfix);
38       printf("후위식 %s의 계산 결과는 %d입니다.\n", postfix, result);
39   }
```

🖥 **실행결과**

후위식 1234*-5/+의 계산 결과는 -1입니다.

1. is_stack_full(stack)이 참일 때 프로그램의 동작을 중지하는 방식외의 처리 방안을 제시하고 구현하시오.

2. 다음 연결된 스택에서 top의 위치는 a, b 중 어디가 적당한가? 그 이유는 ?

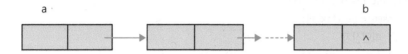

3. 중위식 5 * (2 + 9 / 3) % 4에 대한 물음에 답하시오.

(1) 후위식으로 변환되는 과정을 아래 표에 나타내시오.

토큰	스택					출력(현재까지 생성된 후위식)
	0	1	2	3	4	
5						
*						
(						
2						
+						
9						
/						
3						
)						
%						
4						
식의끝						

(2) 변환된 후위식을 계산하는 과정에서 스택의 모습을 아래 표에 나타내시오.

토큰	스택				
	0	1	2	3	4

4. 중위식 (a + b) * d + e / (f + a * d) + c에 대해 문제 3의 답을 구하시오.

5. 중위식을 후위식으로 변환하는 과정과 변환된 후위식이 계산되는 과정에 모두 스택이 필요한 이유를 기술하시오.

6. [프로그램 7.3]과 [프로그램 7.4]는 피연산자를 한자리 정수로 국한한다. 다양한 상수 피연산자를 처리할 수 있도록 [프로그램 7.3]과 [프로그램 7.4]를 개선하시오. 예를 들어 음수, 실수, 두 자리 이상 정수 등이 가능해야 한다.

7. &&, || 등의 논리 연산자를 처리할 수 있도록 [프로그램 7.3]과 [프로그램 7.4]를 개선하시오.

8. 하나의 배열을 사용하여 두 스택을 사용하는 경우, 아래 그림처럼 각 스택의 최하단 원소가 배열의 양끝이 되는 것이 바람직하다. 이러한 다중 스택을 구현하시오.

9. 한 건물에 1에서 10까지의 번호가 차례대로 매겨진 주차 공간이 있다. 차가 도착하면 주차 안내원은 차량 번호(문자 7자리)를 기록한다. 만일 차고에 여유 공간이 없으면 그 차는 할 수없이 그냥 떠날 수 밖에 없다. 여유 공간이 있으면 주차 안내원은 차고로 도착한 차를 안내한다. 차고에는 한 쪽 끝에만 입출구가 있다. 차들은 들어오는 순서대로 차고 끝(10)에서부터 입출구쪽(1)으로 주차되며, 손님이 차를 출고하려면 그 차를 막고 있던 모든 차들을 밖으로 빼내고 해당 손님 차를 출고시킨 후 빼냈던 모든 차들은 다시 원래의 순서대로 중간에 빈 주차 번호 없이 입고시킨다. 이러한 주차관리 시스템을 구현하시오.

10. 회문(palindrome)은 앞에서부터 읽거나 뒤에서부터 읽거나 같은 단어나 문장을 말한다. 예를 들어 "refer", "level", "dad" 등이 이에 해당한다. 주어진 문장이 회문인지 확인하는 알고리즘을 작성하시오. 빈칸이나 문장부호는 무시하기로 한다.

11. 프로그램에 사용되는 괄호에는 대괄호, 중괄호, 소괄호 등이 있다. 중첩된 괄호의 짝이 맞는지 검사하는 프로그램을 작성하시오. 괄호의 검사 조건은 다음 3가지로 한정한다.

    (1) 왼쪽 괄호의 개수와 오른쪽 괄호의 개수가 같아야 한다.

    (2) 같은 괄호에서 왼쪽 괄호는 오른쪽 괄호보다 먼저 나와야 한다.

    (3) 먼저 등장한 왼쪽 괄호에 대응하는 오른쪽 괄호가 나중에 나와야 한다.

CHAPTER **8**

큐

8.1 큐 ADT

8.1.1 큐의 기본 개념

큐(queue)는 스택과 마찬가지로 특별한 삽입과 삭제 연산을 사용하는 선형 리스트이다. 사전에서 큐를 찾아보면 명사로는 '(무엇을 기다리는 사람, 자동차 등의) 줄'이라는 뜻이다[49]. 컴퓨터 분야에서는 큐를 대기 행렬이라 부르기도 하는데 '줄'이 오히려 더 직관적이다. 줄은 왜 만들어지는가? 기다려야 하기 때문이다. 일상생활에서도 큐를 자주 접하게 되는데 학교 식당에서 배식을 기다리는 학생들, 톨게이트를 빠져나가려는 차량들, 극장에서 표를 사려고 기다리는 관객들, 비행기를 타기 위해 보안검색대를 통과하려는 승객들 등이 모두 큐의 예이다.

'줄'의 특징은 무엇일까?

첫째, 가장 처음에 줄을 선 물건이나 사람이 가장 처음 빠져나가는 구조라는 점이다. 이를 **선입선출(FIFO: First-In First-Out)** 구조라 한다. 예를 들어 학교 식당에 먼저 도착한 학생들이 먼저 배식을 받는다. 나중에 식당에 도착하는 학생은 기다리는 줄의 뒤에 선다. 중간에 새치기는 절대로 안 된다.

둘째, 데이터가 줄을 서는 입구와 줄에서 빠져나가는 출구가 다르다는 점이다. 선입선출 방식으로 데이터의 입출력이 이루어지는 큐는 마치 양쪽 끝이 뚫린 파이프라인과 같다. 파이프라인 뒤에 데이터가 추가되고 앞쪽 데이터가 먼저 삭제된다. 이를 반영하여 큐에서 삽입이 이루어지는 위치 정보를 **rear**라 하고 삭제가 이루어지는 위치 정보를 **front**라 한다. 데이터가 꽉 차서 더 이상 저장할 수 없는 큐를 포화 큐라 하고 데이터가 하나도 없는 큐를 공백 큐라 한다. 특별히 큐의 삽입 연산은 **enqueue** 연산, 삭제 연산은 **dequeue** 연산이라 부른다. [그림 8.1]은 일련의 enqueue와 dequeue 연산이 실행되는 과정에서 큐의 모습을 보여준다.

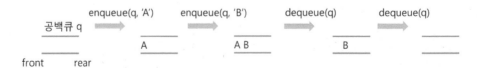

[그림 8.1] 큐의 삽입과 삭제

---

49 당구에서 공을 치는 당구채를 말하는 큐, 또는 방송에서 시작을 지시하는 신호인 큐는 cue이다.

[ADT 8.1]은 큐에 대한 추상 데이터 타입이다. 큐도 선형 리스트이므로 데이터 집합의 정의는 리스트, 스택과 동일하다. is_queue_full과 is_queue_empty 연산은 독자적으로 사용되는 경우는 거의 없다. is_queue_full은 enqueue 연산을 실행할 때, is_queue_empty 는 dequeue 연산을 실행할 때 필요한 연산이다. 이는 큐가 포화 상태이면 삽입이 불가능 하고 공백 상태이면 삭제가 불가능하기 때문이다. peek 연산은 dequeue 연산과 유사하지 만 삭제를 하지 않고 front의 데이터를 반환한다는 차이가 있다.

ADT 8.1   큐

```
1   데이터: 순서화된 n개의 항목
2   연산:
3       init_queue(queue): 큐 queue의 초기화
4       print_queue(queue): 큐 queue의 항목들을 출력
5       is_queue_full(queue): 큐 queue가 포화 상태인지 판단
6       is_queue_empty(queue): 큐 queue가 공백 상태인지 판단
7       enqueue(queue, data): 큐 queue의 뒤에 data를 추가
8       dequeue(queue): 큐 queue의 맨 앞 데이터를 삭제하여 반환
9       peek(queue): 큐 queue의 맨 앞 데이터를 삭제하지 않고 반환
```

스택과 마찬가지로 [ADT 8.1]의 연산에는 큐의 front와 rear가 매개변수로 등장하지 않는다. 큐에서는 임의의 위치에 삽입하거나 삭제하는 것을 허락하지 않는다. 단지 init_queue, enqueue, dequeue 연산 내부에서 front와 rear가 변경되는 것이지 프로그래머 가 함부로 front와 rear에 접근하여 값을 변경하도록 방치해서는 안 된다.

일상생활에서 큐 사용 예를 앞에서 살펴보았다. 프로그램을 작성할 때도 기다림을 처 리해야 하는 곳이면 언제든지 큐가 사용된다. 특히 현실 세계에서는 가능한 솔루션을 직 접 시도할 수 없는 경우가 많다. 예를 들어 공항에서 비행기 출발 대기 시간을 줄이는 문 제에 대한 답을 얻기 위해 사고 위험에도 불구하고 직접 비행기를 띄워 실험해 볼 수는 없을 것이다. 이럴 때는 큐잉 모델(queuing model)에 바탕을 둔 시뮬레이션을 이용하면 인적 물적 자원의 피해 없이 원하는 결과를 얻어낼 수 있다.

컴퓨터와 주변기기에서도 큐를 이용하는 예를 많이 볼 수 있다. 예를 들어 운영체제를 동시에 사용하려고 여러 프로세스들이 경쟁하는 경우 프로세스 스케줄링(process scheduling)을 통해 처리하게 된다. 디스크, 프린터, 라우터 등도 예외가 아니다. 이렇 게 경쟁의 대상이 되는 컴퓨팅 자원을 효과적으로 분배해주기 위해서 큐에 기반한 스케 줄링 기법을 사용한다.

8.2 배열 큐

8.2.1 배열을 이용한 큐 구조 정의

1차원 배열과 큐의 메타 정보를 하나의 구조체로 묶어서 큐 구조로 사용하고자 한다. 다음은 배열 큐 구조로 사용할 ArrayQueue 타입의 정의이다. 가장 중요한 메타 정보는 바로 큐의 front와 rear이다.

```
#define MAX_SIZE 100
#define DataType int
typedef struct ArrayQueue {
    int front;
    int rear;
    DataType queue[MAX_SIZE];
} ArrayQueue;
```

[그림 8.1]을 배열 큐로 표현하면 [그림 8.2]와 같다. front와 rear는 배열 원소가 아니라 배열의 인덱스이다. front와 rear의 초깃값은 모두 −1이고 언제나 front ≤ rear를 만족한다. rear는 마지막에 삽입된 데이터를 가리키지만 front는 맨 앞 데이터의 한 칸 앞을 가리킴에 주의하라. 만약 front가 맨 앞 데이터를 가리키게 설정하였다면 [그림 8.2]의 (d)에서 front와 rear는 모두 1이 될 것이고, 이어서 (e)의 공백 큐가 되었을 때 front=2, rear=1, 즉 front 〉rear가 되어 앞과 뒤가 역전되는 상황이 만들어지게 되기 때문이다.

enqueue될 때마다 rear 값을 1 증가시키고 나서 그 위치에 데이터를 추가한다. dequeue될 때마다 front 값을 1 증가시키고 나서 그 위치의 데이터가 삭제되어 반환된다. enqueue된 데이터는 queue[0]에서부터 차례대로 저장되며 queue[MAX_SIZE-1]까지 저장가능하다. 따라서 rear 값이 MAX_SIZE-1과 같을 때 포화 큐이다. 그렇다면 공백 큐의 조건은 어떻게 될까? 공백 큐의 조건은 [그림 8.2]의 (a)와 (e)와 같이 front와 rear의 값이 같을 때이다.

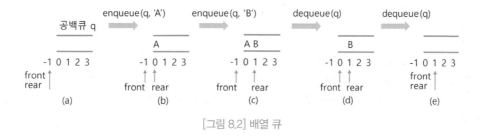

[그림 8.2] 배열 큐

8.2.2 배열을 이용한 큐 함수

배열을 이용한 큐의 주요 함수를 [프로그램 8.1]에 나타내었다. init_queue 함수는 front와 rear의 값을 −1로 초기화한다. enqueue 함수는 포화 큐가 아닐 경우에만 rear를 1 증가시키고 그 위치에 데이터를 삽입한다. dequeue 함수는 공백 큐가 아닐 경우에만 front를 1 증가시키고 그 위치의 데이터를 반환한다.

지금까지 설명한 배열 큐를 **비원형 큐**(non-circular queue)라 하는데 이 비원형 큐는 심각한 문제를 지니고 있다. 원인은 front와 rear가 증가만 하지 감소하지는 않는다는 점이다. 삽입과 삭제가 반복되다 보면 rear 값이 MAX_SIZE-1과 같아지게 되고 배열의 앞부분에 빈 공간이 얼마나 있는지에 관계없이 포화 큐로 간주되어 더 이상 데이터를 삽입할 수 없게 된다. 이 문제를 해결하려면 가짜 포화 큐가 되었을 때 큐에 저장된 데이터를 모두 배열의 앞쪽으로 이동시켜야 한다. 최악의 경우 MAX_SIZE-1개의 데이터를 옮겨야 하므로 아무래도 비효율적이다.

프로그램 8.1   배열을 이용한 큐의 주요 함수

```
1   #define MAX_SIZE 100
2   #define DataType int
3   typedef struct ArrayQueue {
4       int front;
5       int rear;
6       DataType queue[MAX_SIZE];
7   } ArrayQueue;
8
9   // 큐 초기화
10  void init_queue(ArrayQueue *AQ) {
11      AQ->front = AQ->rear = -1;
12  }
```

```
13
14    // 큐에 삽입
15    void enqueue(ArrayQueue *AQ, DataType data) {
16        if (is_queue_full(AQ)) {
17            printf("포화 큐이므로 항목 삽입이 불가능합니다.\n");
18            exit(1);
19        }
20        else AQ->queue[++AQ->rear] = data;
21    }
22
23    // 큐에서 삭제
24    DataType dequeue(ArrayQueue *AQ) {
25        if (is_queue_empty(AQ)) {
26            printf("공백 큐이므로 항목 삭제가 불가능합니다.\n");
27            exit(1);
28        }
29        else return AQ->queue[++AQ->front];
30    }
```

8.2.3 배열을 이용한 원형 큐 함수

배열을 원형으로 생각한다면 "가짜 포화 상태에서도 enqueue가 불가능하여 할 수 없이 데이터를 이동하여 공간을 마련해야" 하는 비원형 큐의 문제를 쉽게 해결할 수 있으며 이를 **원형 큐**(circular queue)라고 한다. [그림 8.3]에 원형 큐의 삽입과 삭제 예를 나타내었다. 원형 큐에서는 배열의 오른쪽 끝과 왼쪽 끝이 이어져 있다고 생각함으로써 배열 앞쪽의 비어있는 공간들을 활용할 수 있게 만든 것이다. 따라서 배열의 마지막 인덱스 MAX_SIZE-1 다음이 배열의 첫 번째 인덱스인 0이 된다. 공백 큐의 경우 front와 rear의 값을 더 이상 -1로 고집할 필요가 없다. front와 rear의 값이 같기만 하면 아무 값이나 상관없지만 (a)처럼 0으로 초기화를 하는 것이 자연스럽다. 비원형 큐와 마찬가지로 enqueue는 포화 큐가 아닐 경우에만 rear를 1 증가시키고 그 위치에 데이터를 삽입한다. dequeue는 공백 큐가 아닐 경우에만 front를 1 증가시키고 그 위치의 데이터를 반환한다. 공백 큐의 조건도 (a)와 (e)에서처럼 front와 rear 값이 같을 때이다.

삽입과 삭제가 계속 일어나면서 rear와 front의 값이 계속 증가하는 것은 비원형 큐와 원형 큐가 동일하다. 다만 원형 큐에서는 특별히 마지막 인덱스 MAX_SIZE-1에서 첫 번째 인덱스 0으로 넘어가도록 처리해 주어야 한다. 삽입하고 삭제할 때마다 마지막 인덱스에서 0으로 넘어가는지 일일이 검사하는 것은 부자연스럽다. 우리는 나머지 연산자 %를 이용하여 front와 rear의 일반적인 증가와 특별한 증가를 모두 처리하도록 구현한다([프로그램 8.2] 참조).

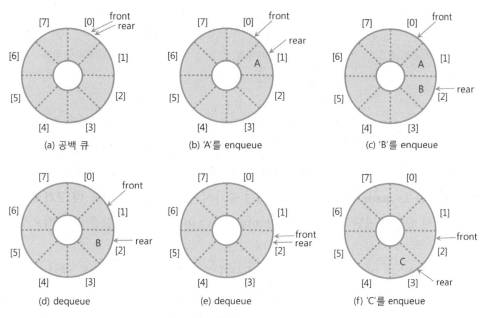

[그림 8.3] 원형 큐의 삽입과 삭제

이제 포화 큐의 조건을 살펴보자. [그림 8.4]의 (a) 공백 큐에서 시작하여 (c)의 상태에 이르렀다면 더 이상 데이터를 원형 큐에 삽입할 수 없다. (c)처럼 front와 rear가 같으면 꽉 찬 상태이다. 그런데 문제는 공백 큐도 front와 rear가 같기 때문에 결국 공백 큐와 포화 큐가 구분이 되지 않는다. 이 서로 다른 두 가지 경우를 구분하기 위해 포화 큐의 조건을 양보하여 (b)처럼 데이터가 하나 부족할 때를 포화 큐로 정의한다.

사실 [그림 8.4]의 (a)와 (c)를 구분하는 방법이 없는 것은 아니다. ArrayQueue 타입에 큐의 길이를 데이터 필드로 추가하여 관리하면 큐의 길이가 0인지 아닌지로 공백 큐와 포화 큐를 구분할 수 있다. 물론 이 경우 enqueue할 때마다 큐의 길이를 1증가시키고 dequeue할 때마다 큐의 길이를 1 감소시켜야 한다. 어느 방식을 선택할 지는 프로그래머의 몫이다.

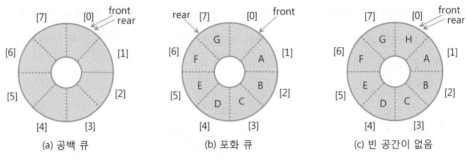

[그림 8.4] 원형 큐의 공백과 포화 상태

[프로그램 8.2]는 원형 큐를 대상으로 [ADT 8.1]을 구현한 결과이다. 큐를 초기화하는 init_queue 함수는 큐의 front와 rear 필드를 0으로 설정한다. 큐 항목들을 출력하는 print_queue 함수는 front+1 위치의 데이터부터 차례대로 출력하는 함수이다. 포화 큐인지 판단하는 is_queue_full 함수는 rear를 1 증가시킨 값이 front와 같을 때 포화로 판단한다. 공백 큐인지 판단하는 is_queue_empty 함수는 front와 rear가 같을 때 공백으로 판단한다.

enqueue 함수는 데이터를 삽입하기 전에 큐가 포화 상태인지 검사한다. 큐가 포화 상태가 아닐 경우 큐의 rear를 1 증가시키고 나서 그 위치에 데이터를 저장한다. 반대로 dequeue 함수는 데이터를 삭제하기 전에 큐가 공백 상태인지 검사한다. 큐가 공백 상태가 아닐 경우 큐의 front를 1 증가시키고 나서 증가된 위치의 데이터를 반환한다. peek 함수는 삭제하지 않고 front+1 위치의 데이터를 반환하기 때문에 front 값을 변화시키지 않는다는 점을 제외하고는 dequeue 함수와 동일하다.

프로그램 8.2   배열을 이용한 원형 큐

```
1    #include <stdio.h>
2    #include <stdlib.h>
3    #define MAX_SIZE 100
4    #define DataType int
5    typedef struct ArrayQueue {
6        int front;
7        int rear;
8        DataType queue[MAX_SIZE];
9    } ArrayQueue;
10
11   // 큐 초기화
12   void init_queue(ArrayQueue *AQ) {
```

```
13        AQ->front = AQ->rear = 0;
14   }
15
16   // 큐 항목들을 출력
17   void print_queue(ArrayQueue *AQ) {
18       printf("front->");
19       for ( int i = AQ->front ; i != AQ->rear ; ) {
20           i = (i+1) % MAX_SIZE;
21           printf("%d ", AQ->queue[i]);
22       }
23       printf("\n");
24   }
25
26   // 큐가 포화 상태인지 판단
27   int is_queue_full(ArrayQueue *AQ) {
28       return ((AQ->rear+1) % MAX_SIZE) == AQ->front;
29   }
30
31   // 큐가 공백 상태인지 판단
32   int is_queue_empty(ArrayQueue *AQ) {
33       return AQ->front == AQ->rear;
34   }
35
36   // 큐에 삽입
37   void enqueue(ArrayQueue *AQ, DataType data) {
38       if (is_queue_full(AQ)) {
39           printf("포화 큐이므로 항목 삽입이 불가능합니다.\n");
40           exit(1);
41       }
42       else {
43           AQ->rear = (AQ->rear + 1) % MAX_SIZE;
44           AQ->queue[AQ->rear] = data;
45       }
46   }
47
48   // 큐에서 삭제
49   DataType dequeue(ArrayQueue *AQ) {
50       if (is_queue_empty(AQ)) {
51           printf("공백 큐이므로 항목 삭제가 불가능합니다.\n");
52           exit(1);
53       }
```

```
54        else {
55            AQ->front = (AQ->front + 1) % MAX_SIZE;
56            return AQ->queue[AQ->front];
57        }
58   }
59
60   // 큐에서 front 데이터를 반환
61   DataType peek(ArrayQueue *AQ) {
62        if (is_queue_empty(AQ)) {
63            printf("공백 큐이므로 데이터가 없습니다.\n");
64            exit(1);
65        }
66        else return AQ->queue[AQ->front+1];
67   }
68
69   int main() {
70        ArrayQueue aqueue;
71        init_queue(&aqueue);
72        enqueue(&aqueue, 10);
73        enqueue(&aqueue, 20);
74        enqueue(&aqueue, 30);
75        print_queue(&aqueue);
76        printf("현재 front 항목은 %d\n", peek(&aqueue)); dequeue(&aqueue);
77        printf("현재 front 항목은 %d\n", peek(&aqueue)); dequeue(&aqueue);
78        printf("현재 front 항목은 %d\n", peek(&aqueue)); dequeue(&aqueue);
79        dequeue(&aqueue);
80   }
```

🖥 실행결과

```
front->10 20 30
현재 front 항목은 10
현재 front 항목은 20
현재 front 항목은 30
공백 큐이므로 항목 삭제가 불가능합니다.
```

8.3 연결된 큐

큐에 저장할 데이터의 수를 예측하기 어렵거나 개수의 편차가 크다면 연결리스트로 큐를 구현하는 것이 바람직하다. 이러한 **연결된 큐**(linked queue)는 배열 큐보다 링크 필드로 인한 메모리 공간을 더 차지하게 된다는 단점이 있다. 배열 큐와 달리 연결된 큐는 굳이 원형으로 구현할 이유가 없으므로 단순 연결리스트를 이용하여 큐를 구현한다.

8.3.1 연결리스트를 이용한 큐 구조 정의

단순 연결리스트로 큐를 구현한다면 당연히 양쪽 끝을 가리키는 front와 rear라는 2개의 포인터가 필요할 것이다. 이 때 두 포인터가 어느 곳을 가리키도록 해야 할까? [그림 8.5]를 보자. front는 가장 먼저 삭제될 노드를 가리키는 포인터이고 rear는 가장 최근에 삽입된 노드를 가리키는 포인터이다. rear 부근에서 발생하는 enqueue는 (a), (b) 모두 어려움없이 구현가능하다. 문제는 dequeue인데, front가 가리키는 삭제 노드의 이전 노드를 알아야 하기 때문이다. (a)에서는 front의 이전 노드를 알아내려면 연결리스트의 맨 앞에서 해당 노드까지 한참을 이동하는 방법밖에 없지만 (b)에서는 연결리스트의 맨 처음 노드를 삭제하는 연산에 해당하기 때문에 아주 쉽게 구현할 수 있다. 따라서 [그림 8.5]의 (b)와 같은 방식으로 연결된 큐를 구현한다. 이 때 front를 연결리스트의 헤드 포인터로도 사용가능하다. 헤드 포인터 front가 널일 때 공백 큐가 된다.

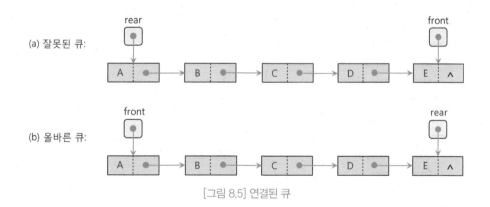

[그림 8.5] 연결된 큐

그럼 연결된 큐 구조를 정의해보자. 스택과 마찬가지로, 큐 연결리스트의 첫 번째 노드를 가리키는 헤드 포인터와 큐의 중요한 메타 정보들을 묶은 헤드 노드를 큐 구조로 사용하고자 한다. 다음은 큐 노드 구조 Qnode와 헤드 노드 구조 LinkedQueue 타입의 정의

이다. 가장 중요한 메타 정보는 바로 큐의 front와 rear인데 front는 헤드 포인터의 역할
도 같이 한다. 물론 큐의 길이와 같은 메타 정보가 필요하다면 언제든지 추가하면 된다.

```
#define DataType int
// 큐 노드 구조 정의
typedef struct Qnode {
    DataType data;
    struct Qnode *link;
} Qnode;
// 큐의 헤드 노드 구조 정의
typedef struct LinkedQueue {
    Qnode *front;                    // 헤드 포인터 겸용
    Qnode *rear;
} LinkedQueue;
```

8.3.2 연결리스트를 이용한 큐 함수

[프로그램 8.3]은 연결된 큐를 대상으로 [ADT 8.1]을 구현한 것이다.

</> **프로그램 8.3   연결된 큐**

```
1    #include <stdio.h>
2    #include <stdlib.h>
3    #define DataType int
4    // 큐 노드 구조 정의
5    typedef struct Qnode {
6        DataType data;
7        struct Qnode *link;
8    } Qnode;
9    // 큐의 헤드 노드 구조 정의
10   typedef struct LinkedQueue {
11       Qnode *front;                    // 헤드 포인터 겸용
12       Qnode *rear;
13   } LinkedQueue;
14
15   // 큐 초기화
16   void init_queue(LinkedQueue *LQ) {
17       LQ->front = LQ->rear = NULL;
```

```
18    }
19
20    // 큐 항목들을 출력
21    void print_queue(LinkedQueue *LQ) {
22        printf("front");
23        for ( Qnode *ptr = LQ->front ; ptr ; ptr = ptr->link )
24            printf("->%d", ptr->data);
25        printf("\n");
26    }
27
28    // 큐가 포화 상태인지 판단
29    int is_queue_full(Qnode *node) {
30        return node == NULL;
31    }
32
33    // 큐가 공백 상태인지 판단
34    int is_queue_empty(LinkedQueue *LQ) {
35        return LQ->front == NULL;
36    }
37
38    // 큐에 삽입
39    void enqueue(LinkedQueue *LQ, DataType data) {
40        Qnode *new = (Qnode *)malloc(sizeof(Qnode));
41        if (is_queue_full(new)) {
42            printf("포화 큐이므로 항목 삽입이 불가능합니다.\n");
43            exit(1);
44        }
45        else {
46            new->data = data;
47            new->link = NULL;
48            if (is_queue_empty(LQ)) LQ->front = new;    // 공백 큐에 삽입
49            else LQ->rear->link = new;                  // 일반적인 삽입
50            LQ->rear = new;                             // 공통 작업
51        }
52    }
53
54    // 큐에서 삭제
55    DataType dequeue(LinkedQueue *LQ) {
56        if (is_queue_empty(LQ)) {
57            printf("공백 큐이므로 항목 삭제가 불가능합니다.\n");
58            exit(1);
```

```
59          }
60          else {
61              Qnode *deleted = LQ->front;
62              DataType data = deleted->data;
63              LQ->front = LQ->front->link;              // LQ->front = deleted->link;
64              if (is_queue_empty(LQ)) LQ->rear = NULL;  // 삭제 후 공백 큐 경우
65              free(deleted);
66              return data;
67          }
68      }
69
70      // 큐에서 front 데이터를 반환
71      DataType peek(LinkedQueue *LQ) {
72          if (is_queue_empty(LQ)) {
73              printf("공백 큐이므로 데이터가 없습니다.\n");
74              exit(1);
75          }
76          else return LQ->front->data;
77      }
78
79      int main() {
80          LinkedQueue lqueue;
81          init_queue(&lqueue);
82          enqueue(&lqueue, 10);
83          enqueue(&lqueue, 20);
84          enqueue(&lqueue, 30);
85          print_queue(&lqueue);
86          printf("현재 front 항목은 %d\n", peek(&lqueue)); dequeue(&lqueue);
87          printf("현재 front 항목은 %d\n", peek(&lqueue)); dequeue(&lqueue);
88          printf("현재 front 항목은 %d\n", peek(&lqueue)); dequeue(&lqueue);
89          dequeue(&lqueue);
90      }
```

🖥️ **실행결과**

```
front->10->20->30
현재 front 항목은 10
현재 front 항목은 20
현재 front 항목은 30
공백 큐이므로 항목 삭제가 불가능합니다.
```

큐를 초기화하는 init_queue 함수는 front와 rear 필드를 NULL로 설정한다. 포화 큐인지 판단하는 is_queue_full과 공백 큐인지 판단하는 is_queue_empty 함수는 포화 조건과 공백 조건이 만족하지 않으면 0을 반환한다. is_queue_full은 enqueue 함수 내에 직접 구현하는 것이 더 간단하지만 [ADT 8.1]의 함수를 모두 구현한다는 측면에서 따로 함수를 두었다. 큐 항목들을 출력하는 print_queue 함수는 front가 가리키는 노드의 데이터부터 차례대로 출력하는 함수이다.

enqueue 함수는 동적 메모리 할당을 통해 노드를 생성한 후, 공백 큐에 삽입하는 경우와 일반적인 경우를 모두 처리해주어야 한다. [그림 8.6(a)]와 같은 공백 큐의 경우 front와 rear가 삽입되는 노드를 가리키도록 만든다(줄 48, 50). [그림 8.6(b)]와 같은 일반적인 삽입의 경우 rear가 가리키는 노드의 링크 필드가 삽입된 노드를 가리키게 하고 나서 rear가 삽입되는 노드를 가리키도록 한다(줄 49, 50).

(a) 공백 큐에 enqueue

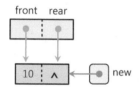

(b) 일반적인 enqueue

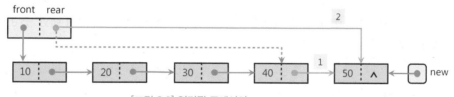

[그림 8.6] 연결된 큐에서의 enqueue

dequeue 함수는 공백 큐가 아닐 경우 큐의 맨 처음 노드를 삭제하고 데이터를 반환하면 된다([그림 8.7]). front가 가리키는 노드를 또 다른 포인터 deleted가 가리키게 한 다음, front를 옮겨 다음 노드를 가리키도록 한다(줄 63). 이 때 dequeue 이후 공백 큐가 된다면 rear를 NULL 포인터로 설정해야 한다(줄 64). 마지막으로 메모리를 반납하고 데이터를 반환한다.

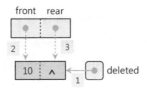

(a) 노드가 하나인 경우 dequeue

(b) 일반적인 dequeue

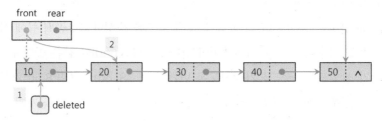

[그림 8.7] 연결된 큐에서의 dequeue

8.4 덱 : 양방향 큐

8.4.1 덱의 기본 개념

덱(deque)은 double-ended queue를 줄인 말로 양방향 큐라고도 불린다. 말 그대로 front와 rear에서 모두 삽입과 삭제가 가능한 큐이다. [ADT 8.2]는 덱에 대한 추상 데이터 타입이다.

	ADT 8.2 덱
1	데이터: 순서화된 n개의 항목
2	연산:
3	init_deque(deque): 덱 deque의 초기화
4	print_deque(deque): 덱 deque의 항목들을 출력
5	is_deque_full(deque): 덱 deque가 포화 상태인지 판단
6	is_deque_empty(deque): 덱 deque가 공백 상태인지 판단
7	insert_first(deque, data): 덱 deque의 앞에 data를 추가
8	insert_last(deque, data): 덱 deque의 뒤에 data를 추가
9	delete_first(deque): 덱 deque의 맨 앞 데이터를 삭제하여 반환
10	delete_last(deque): 덱 deque의 맨 뒤 데이터를 삭제하여 반환
11	peek_first(deque): 덱 deque의 맨 앞 데이터를 삭제하지 않고 반환
12	peek_last(deque): 덱 deque의 맨 뒤 데이터를 삭제하지 않고 반환

덱의 양쪽 끝에서 삽입과 삭제가 모두 가능하므로 삽입 함수도 둘, 삭제 함수도 둘이 필요하다. [그림 8.8]은 일련의 덱 연산 과정에 따른 덱의 모습을 보여준다.

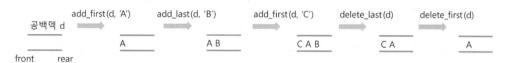

[그림 8.8] 덱의 삽입과 삭제

언뜻 보면 덱은 큐를 확장한 데이터 구조라고 생각할 수 있지만 사실 스택의 성격도 가지고 있다. 따라서 스택과 큐가 덱의 특수한 형태라고 보는 것이 정확하다[50]. 덱은 스택의 특징과 큐의 특징을 모두 지니고 있기 때문에 스택으로도 사용할 수 있고 큐로도 사용할 수 있다. [표 8.1]은 덱, 스택, 큐 연산들 사이의 관계를 나타낸다.

[표 8.1] 덱, 스택, 큐 비교

덱	스택	큐
insert_first	push	
insert_last		enqueue
delete_first	pop	dequeue
delete_last		
peek_first	peek	peek
peek_last		

8.4.2 덱의 구현

여기에서는 덱을 연결리스트로 구현해보도록 하자. 덱에서는 앞과 뒤에서 삽입과 삭제가 이루어지므로 이중 연결리스트를 사용하면 된다. 다음은 덱 노드 구조 Dnode와 헤드 노드 구조 LinkedDeque 타입의 정의이다.

---

50 C++에서는 덱의 멤버 함수를 스택 함수 이름을 따서 push_back, push_front, pop_back, pop_front라 부른다.

```
#define DataType int
// 덱 노드 구조 정의
typedef struct Dnode {
    struct Dnode *llink;
    DataType data;
    struct Dnode *rlink;
} Dnode;
// 덱의 헤드 노드 구조 정의
typedef struct LinkedDeque {
    Dnode *front;                   // 첫 번째 노드를 가리키는 포인터
    Dnode *rear;                    // 마지막 노드를 가리키는 포인터
} LinkedDeque;
```

[프로그램 8.4]는 이중 연결리스트를 이용한 덱을 대상으로 [ADT 8.2]를 구현한 결과이다. insert_first, insert_last, delete_first, delete_last를 제외하고는 비교적 단순하기 때문에 이 함수들을 대상으로 자세히 살펴보기로 한다.

⟨/⟩ **프로그램 8.4**　　**연결된 덱**

```
1   #include <stdio.h>
2   #include <stdlib.h>
3   #define DataType int
4   // 덱 노드 구조 정의
5   typedef struct Dnode {
6       struct Dnode *llink;
7       DataType data;
8       struct Dnode *rlink;
9   } Dnode;
10  // 덱의 헤드 노드 구조 정의
11  typedef struct LinkedDeque {
12      Dnode *front;               // 첫 번째 노드를 가리키는 포인터
13      Dnode *rear;                // 마지막 노드를 가리키는 포인터
14  } LinkedDeque;
15
16  // 덱 초기화
17  void init_deque(LinkedDeque *LD) {
18      LD->front = LD->rear = NULL;
19  }
20
21  // 덱 항목들을 출력
```

```
22  void print_deque(LinkedDeque *LD) {
23      printf("front");
24      for ( Dnode *ptr = LD->front ; ptr ; ptr = ptr->rlink )
25          printf("->%d", ptr->data);
26      printf("\n");
27  }
28
29  // 덱이 포화 상태인지 판단
30  int is_deque_full(Dnode *node) {
31      return node == NULL;
32  }
33
34  // 덱이 공백 상태인지 판단
35  int is_deque_empty(LinkedDeque *LD) {
36      return LD->front == NULL;
37  }
38
39  // 덱의 앞에 삽입
40  void insert_first(LinkedDeque *LD, DataType data) {
41      Dnode *new = (Dnode *)malloc(sizeof(Dnode));
42      if (is_deque_full(new)) {
43          printf("포화 덱이므로 항목 삽입이 불가능합니다.\n");
44          exit(1);
45      }
46      else {
47          // 앞에 삽입된 새 노드의 필드 값 설정
48          new->llink = NULL;
49          new->data = data;
50          new->rlink = LD->front;                    // 1. 새 노드의 링크
51          if (is_deque_empty(LD)) LD->rear = new;     // 2. 공백 덱에 삽입
52          else LD->front->llink = new;                // 2. 비공백 덱에 삽입
53          LD->front = new;                            // 3. 공통 작업
54      }
55  }
56
57  // 덱의 뒤에 삽입
58  void insert_last(LinkedDeque *LD, DataType data) {
59      Dnode *new = (Dnode *)malloc(sizeof(Dnode));
60      if (is_deque_full(new)) {
61          printf("포화 덱이므로 항목 삽입이 불가능합니다.\n");
62          exit(1);
63      }
```

```
64      else {
65          // 끝에 삽입된 새 노드의 필드 값 설정
66          new->llink = LD->rear;                  // 1. 새 노드의 링크
67          new->data = data;
68          new->rlink = NULL;
69          if (is_deque_empty(LD)) LD->front = new;  // 2. 공백 덱에 삽입
70          else LD->rear->rlink = new;             // 2. 비공백 덱에 삽입
71          LD->rear = new;                         // 3. 공통 작업
72      }
73  }
74
75  // 덱의 맨 앞 데이터를 삭제
76  DataType delete_first(LinkedDeque *LD) {
77      if (is_deque_empty(LD)) {
78          printf("공백 덱이므로 항목 삭제가 불가능합니다.\n");
79          exit(1);
80      }
81      else {
82          Dnode *deleted = LD->front;             // 1. 삭제 노드를 가리킴
83          DataType data = deleted->data;
84          LD->front = LD->front->rlink;           // 2. LD->front=deleted->rlink;
85          if (!LD->front) LD->rear = NULL;        // 3. 삭제 후 공백 덱
86          else LD->front->llink = NULL;           // 3. 삭제 후 비공백 덱
87          free(deleted);
88          return data;
89      }
90  }
91
92  // 덱의 맨 마지막 데이터를 삭제
93  DataType delete_last(LinkedDeque *LD) {
94      if (is_deque_empty(LD)) {
95          printf("공백 덱이므로 항목 삭제가 불가능합니다.\n");
96          exit(1);
97      }
98      else {
99          Dnode *deleted = LD->rear;              // 1. 삭제 노드를 가리킴
100         DataType data = deleted->data;
101         LD->rear = LD->rear->llink;             // 2. LD->rear=deleted->llink;
102         if (!LD->rear) LD->front = NULL;        // 3. 삭제 후 공백 덱
103         else LD->rear->rlink = NULL;            // 3. 삭제 후 비공백 덱
104         free(deleted);
105         return data;
```

```
106        }
107    }
108
109    // 덱에서 맨 처음 데이터를 반환
110    DataType peek_first(LinkedDeque *LD) {
111        if (is_deque_empty(LD)) {
112            printf("공백 덱이므로 데이터가 없습니다.\n");
113            exit(1);
114        }
115        else return LD->front->data;
116    }
117
118    // 덱에서 맨 마지막 데이터를 반환
119    DataType peek_last(LinkedDeque *LD) {
120        if (is_deque_empty(LD)) {
121            printf("공백 덱이므로 데이터가 없습니다.\n");
122            exit(1);
123        }
124        else return LD->rear->data;
125    }
126
127    int main() {
128        LinkedDeque ldeque;
129        init_deque(&ldeque);
130        insert_first(&ldeque, 20);
131        insert_last(&ldeque, 30);
132        insert_first(&ldeque, 10);
133        print_deque(&ldeque);
134        printf("맨 앞: %d\n", peek_first(&ldeque)); delete_first(&ldeque);
135        printf("맨 뒤: %d\n", peek_last(&ldeque)); delete_last(&ldeque);
136        printf("맨 앞: %d\n", peek_first(&ldeque)); delete_first(&ldeque);
137        delete_last(&ldeque);
138    }
```

💻 실행결과

```
front->10->20->30
맨 앞: 10
맨 뒤: 20
맨 앞: 30
공백 덱이므로 항목 삭제가 불가능합니다.
```

먼저 (줄 57~73)의 insert_last 함수는 이중 연결리스트를 사용함으로써 추가로 처리하는 부분만 제외하면 [프로그램 8.3]의 enqueue 함수와 거의 동일하다. 마지막에 삽입된 노드의 llink가 기존의 마지막 노드를 가리키는 코드만 추가하면 된다(줄 66). (줄 39~55)의 insert_first 함수는 insert_last 함수와 정반대로 동작한다. insert_last 함수에서 front와 rear를 서로 맞바꾸고 llink와 rlink를 서로 맞바꾸면 된다. 덱의 삽입 함수는 [그림 8.9]를 참조하라.

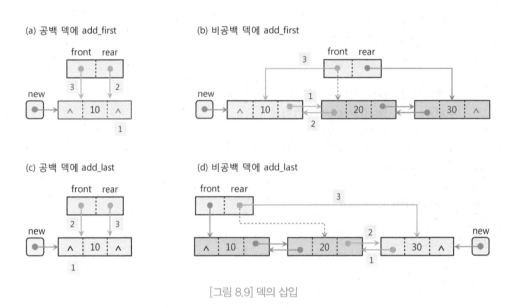

[그림 8.9] 덱의 삽입

(줄 75~90)의 delete_first 함수는 단순 연결리스트대신 이중 연결리스트를 사용함으로써 추가적으로 처리해야 하는 부분만 제외하면 [프로그램 8.3]의 dequeue 함수와 거의 동일하다. 삭제 후에 첫 번째 노드의 llink를 NULL로 설정하는 코드만 추가하면 된다(줄 86). (줄 92~107)의 delete_last 함수는 delete_first 함수와 정반대로 동작한다. delete_first 함수에서 front와 rear를 서로 맞바꾸고 llink와 rlink를 서로 맞바꾸면 된다. 덱의 삭제 함수는 [그림 8.10]을 참조하라.

(a) delete_first: 삭제 후 공백

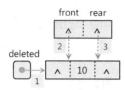

(b) delete_first: 삭제 후 비공백

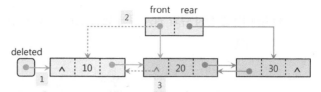

(c)) delete_last: 삭제 후 공백

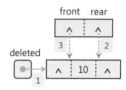

(d) delete_last: 삭제 후 비공백

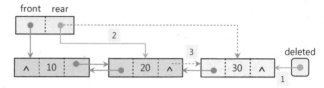

[그림 8.10] 덱의 삭제

EXERCISE

1. 배열을 이용한 선형 큐와 원형 큐에 대해 초기 값, 공백 큐, 포화 큐에 대한 조건을 아래 표에 기술하시오.

	선형 큐	원형 큐
초기 값		
공백 큐		
포화 큐		

2. 배열 큐에서 front가 삭제될 원소가 아닌 삭제될 원소의 바로 앞을 가리키는 이유는?

3. is_queue_full(queue)이 참일 때 프로그램의 동작을 중지하는 방식외의 처리 방안을 제시하고 구현하시오.

4. 다음 연결된 큐에서 front, rear의 위치는 a, b 중 각각 어디가 적당한가? 그 이유는?

5. 더미 노드를 사용하는 연결된 큐를 구현하시오.

6. [프로그램 8.4]를 이용하여 덱을 스택으로 사용하는 프로그램을 작성하시오.

7. [프로그램 8.4]를 이용하여 덱을 큐로 사용하는 프로그램을 작성하시오.

8. 문자열을 읽어 들여 첫 번째 줄에는 홀수 번째 문자들만 출력하고 두 번째 줄에는 짝수 번째 문자들만 출력하는 프로그램을 작성하시오. 문자열을 저장하는데 2개의 큐를 이용하시오.

9. 2개의 스택으로 큐를 구현할 수 있다. 예를 들어 in과 out이라는 두 스택이 있다고 가정하자. 삽입 데이터는 스택 in에 push하고 삭제 데이터는 스택 out에서 pop한다. 만약 출력할 때 스택 out이 비어있으면 스택 in에 저장된 모든 원소를 스택 out으로 옮긴 다음 스택 out의 데이터를 pop한다. 이러한 큐를 구현하시오.

10. 한 건물에 1에서 10까지의 번호가 차례대로 매겨진 주차 공간이 있다. 차가 도착하면 주차 안내원은 차량 번호(문자 7자리)를 기록한다. 만일 차고에 여유 공간이 없으면 그 차는 할 수없이 그냥 떠날 수 밖에 없다. 여유 공간이 있으면 주차 안내원은 차고로 도착한 차를 안내한다. 차는 차고의 남쪽 끝(5)에서 들어오고 북쪽 끝(1)으로 나간다. 입고되는 차들은 들어오는 순서대로 차고의 북쪽 끝에서부터 남쪽으로 주차되며 만일 손님이 차를 출고하려면 그 차의 북쪽에 있는 모든 차들을 밖으로 빼내고 해당 손님 차를 출고 시킨 후 빼냈던 모든 차들은 다시 원래의 순서대로 입고시킨다. 한 대의 차가 빠져 나갈 때마다 그 차보다 남쪽에 위치한 모든 차들을 북쪽으로 한 칸씩 이동시킨다. 이러한 주차관리 시스템을 구현하시오.

CHAPTER **9**

트리

9.1 트리

9.1.1 트리의 기본 개념

2부에서 지금까지 다룬 리스트, 스택, 큐는 모두 선형 데이터 구조이다. 데이터 사이에 일차원적 순서 관계만 존재한다면 선형 데이터 구조로 충분하겠지만 일차원 이상의 보다 복잡한 관계가 존재하면 비선형 데이터 구조를 사용해야 한다. **트리(tree)**는 계층적 (hierarchical) 관계를 갖는 데이터를 다루는 데 유용한 비선형 데이터 구조이다. 계층적 구조는 구조 내에 단계 또는 레벨이 있다는 의미로, 계층적 구조를 구성하는 데이터 간에는 상하 관계가 있거나 또는 없거나 둘 중 하나이다. 정부 조직, 행정 구역, 족보, 컴퓨터 폴더 등이 계층적 구조의 예이다. [그림 9.1]은 계층적 구조를 갖는 대학 행정 조직도를 보여준다. 계층의 가장 위에 존재하는 총장으로부터 아래로 내려오면서 처·국, 과실, 팀이라는 레벨이 존재하며 상위 레벨과 하위 레벨 사이에는 직접적인 상하 관계가 있다. 이 상하 관계는 상대적 관계로, '학생지원과'는 '학생처'의 하위 계층이지만 '학생지원팀'과 '학생복지팀'의 상위 계층이다.

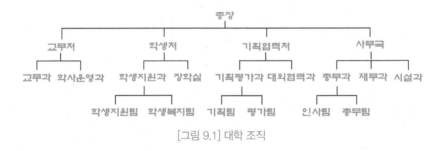

[그림 9.1] 대학 조직

이러한 계층 구조를 왜 나무에 빗대어 트리라고 부를까? 앙상한 겨울나무를 상상해보자. 뿌리에서 가지가 뻗어 나와 여러 갈래로 갈라지고, 갈라진 가지는 다시 여러 갈래로 갈라지는 모습을 반복하게 된다. 이 나무를 뿌리째 뽑아 거꾸로 들면 바로 트리 구조와 같은 모양을 하게 된다. 트리 구조에서는 뿌리, 가지가 갈라지는 곳, 가지의 끝에 데이터가 위치한다.

9.1.2 트리의 용어

트리의 기본 구성 요소는 **노드(node)**이다. 노드는 데이터와 다른 노드를 향해 뻗어나간 가지인 **간선(edge)**을 합하여 이르는 말이다[51]. 트리는 계층의 가장 위에 있는 **루트 노드(root node)**와 계층을 형성하는 여러 단계의 노드들로 구성된다. 트리를 도식화하여 표현하는 규칙은 간단하다. 첫째, 노드는 원으로 표시하고 둘째, 간선은 노드를 연결하는 선으로 나타내고 셋째, 계층은 위에서 아래로 표현한다. [그림 9.2]는 [그림 9.1]에 대응하는 트리이며 모두 20개의 노드가 있다. 루트 노드를 제거한 후 남아 있는 부분 트리를 **서브트리(subtree)**라고 한다. [그림 9.2]의 트리는 하나의 루트 노드와 4개의 서브트리로 구성되어 있다. 이를 일반화하면 트리는 하나의 루트 노드와 0개 이상의 서브트리로 구성된다. 각 서브트리도 트리이므로 서브트리도 서브트리의 루트 노드와 0개 이상의 서브트리로 구성된다. 예를 들어 [그림 9.2]의 첫 번째 서브트리는 루트 노드 '교무처'와 2개의 서브트리로 구성되며 각 서브트리는 다시 루트 노드와 0개의 서브트리로 구성된다. 이는 트리가 순환적으로 정의된다는 사실을 의미하며 뒤에 자세히 다루겠지만 트리에 관한 대부분의 연산은 순환 알고리즘을 사용하여 구현하게 된다.

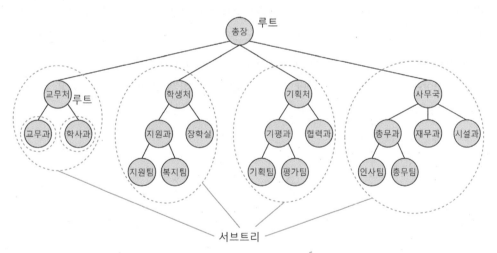

[그림 9.2] 트리의 구성: 루트와 서브트리

트리에서 루트 노드는 오직 하나만 존재한다. 당연히 루트 노드를 향해 내려오는 간선은 존재할 수 없으며 루트 노드를 제외한 모든 노드는 그 노드를 향해 내려오는 간선을

51　트리의 노드와 연결리스트 상의 노드를 혼동해서는 안 된다. 물론 트리를 연결리스트로 구현하게 되면 트리 노드는 연결리스트 노드로 표현된다.

오직 하나만 갖는다. 따라서 [그림 9.3]은 트리가 아니다. (a)와 (b)는 노드 E로 내려오는 간선이 2개이며[52] (c)는 루트 노드가 2개이다.

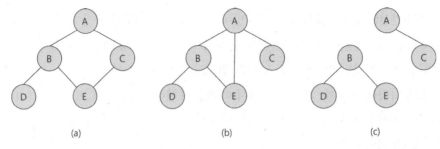

(a)   (b)   (c)

[그림 9.3] 트리가 아닌 예

[그림 9.4]의 트리를 바탕으로 트리 용어에 대해 더 알아보자. 트리 용어 중에는 현실 세계의 인간 관계를 반영하는 단어가 많다. 노드 C는 노드 H와 I의 **부모 노드**(parent node)이고 반대로 노드 H와 I는 노드 C의 **자식 노드**(child node)이다. 노드 H와 I는 서로 **형제 노드**(sibling node)가 된다. 부모라는 단어를 쓰지만 한 노드의 부모 노드는 유일하다. 어떤 노드의 **조상 노드**(ancestor node)는 그 노드에서 루트로 향하는 간선을 따라 올라가며 만나는 모든 노드이고 **자손 노드**(descendant node)는 그 노드의 서브트리에 있는 모든 노드를 말한다. 자식 노드가 없는 노드를 **리프 노드**(leaf node) 또는 **단말 노드** (terminal node)하며 리프 노드를 제외한 모든 노드를 **내부 노드**(internal node) 또는 **비단말 노드**(non-terminal node)라 한다. [그림 9.4]에서 진하게 표시된 {F, G, O, P, I, Q, R, K, S, T, M, N} 노드가 단말 노드이다.

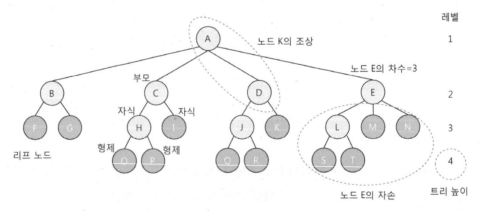

[그림 9.4] 트리 용어

노드의 **차수**(node degree)는 그 노드의 자식 노드의 개수 또는 서브트리의 개수를 말한다. 단말 노드는 차수가 0인 노드이고 비단말 노드는 차수가 0보다 큰 노드이다. 노드의 **레벨**(level)은 노드가 루트 노드로부터 얼마나 떨어져 있는지를 나타내는 값으로, 루트 노드의 레벨은 1이며 아래로 간선을 따라 내려갈수록 1씩 증가한다. 루트 노드 A의 레벨은 1, 노드 {B, C, D, E}의 레벨은 2, 노드 {F, G, H, I, J, K, L, M, N}의 레벨은 3, 노드 {O, P, Q, R, S, T}의 레벨은 4가 된다. **트리의 높이**(tree height) 또는 **깊이**(tree depth)는 트리의 모든 노드의 레벨 중 최대 값을 말한다[53]. [그림 9.4] 트리의 높이는 4이다. 마지막으로 [그림 9.3]의 (c)처럼 트리가 여럿 모여 있는 것을 **포리스트**(forest)라 한다.

[표 9.1] 트리의 용어

용어	설명
노드	데이터 + 간선
간선	한 노드에서 다른 노드로 뻗어나간 가지
서브트리	루트 노드를 제거하면 남는 부분 트리
루트 노드	계층의 가장 위에 있는 노드
부모 노드	한 노드에서 루트로 향하는 간선에 연결된 노드
자식 노드	부모 노드의 반대
형제 노드	같은 부모 노드를 갖는 노드
조상 노드	한 노드로부터 루트까지의 경로에 존재하는 노드
자손 노드	한 노드의 서브트리에 있는 모든 노드
리프 노드, 단말 노드	자식 노드가 없는 노드
내부 노드, 비단말 노드	리프 노드가 아닌 노드
노드 차수	자식 노드의 수
노드 레벨	1 + 루트 노드로부터의 해당 노드까지의 간선 수
트리 높이/깊이	노드의 레벨 중 최대 레벨
포리스트	트리들의 집합

---

53 노드의 높이와 깊이도 있다. 노드의 높이와 노드의 깊이는 또 서로 다른 의미로 사용된다. 혼동을 피하기 위해 설명은 생략한다.

9.1.3 트리의 표현

트리의 모습을 보면 연결리스트로 구현하기 적합한 구조라는 생각이 자연스럽게 들 것이다. 데이터 필드에다가 자식 노드를 가리키는 링크 필드를 합쳐서 노드 구조를 정의하면 된다. 그런데 연결리스트 상의 노드들은 모두 동일한 구조를 가져야 하므로 다음과 같은 자체 참조 구조체를 사용하여야 한다. 데이터를 저장하기 위한 공간 data와 자식 노드를 가리키는 포인터 배열 child로 구성된다.

```
#define DataType int
#define MAX_CHILD 100
// 트리 노드 구조 정의
typedef struct Tnode {
    DataType data;
    struct Tnode *child[MAX_CHILD];
} Tnode;
```

문제는 자식 노드의 수 MAX_CHILD의 크기이다. MAX_CHILD를 너무 큰 값으로 설정하면 노드가 차지하는 공간에 비해 낭비되는 공간이 많을 것이고, 반대로 너무 작은 값으로 설정하면 자식 노드를 위한 공간이 부족하게 될지도 모른다. MAX_CHILD가 k인 트리를 k진 트리(k-ary tree)라고 하는데 아무래도 MAX_CHILD를 크게 설정하면 신경 써야 할 부분이 증가할 수밖에 없다. 우리는 문제를 단순화하기 위해 자식의 수를 최소화하여 MAX_CHILD가 2인 트리인 이진 트리만을 다루기로 한다[54].

9.2 이진 트리

9.2.1 이진 트리의 정의

이진 트리(binay tree)는 모든 노드의 차수가 2 이하인 트리이다. 따라서 자식 노드는 최대 2개이다. 서브트리가 최대 2개이니 아예 서브트리 이름을 왼쪽 서브트리와 오른쪽 서브트리라고 부르자. 이진 트리도 트리이므로 트리에서 사용되는 용어를 이진 트리에

---

54 MAX_CHILD가 1이면 리스트가 된다.

그대로 사용할 수 있다. 이진 트리를 순환적으로 정의하면 [정의 9.1]과 같으며 순환 알고리즘 사용의 이론적 근거가 된다.

정의 9.1 이진 트리

- 공백 트리도 이진 트리이다.
- 루트 노드, 공백이 아닌 왼쪽 서브트리, 공백이 아닌 오른쪽 서브트리로 구성된다.

이진 트리와 일반 트리의 차이점은 다음 두 가지이다.

- 이진 트리는 공백 이진 트리를 허용한다.
- 이진 트리는 서브트리의 순서를 따진다.

[그림 9.5]의 (a)는 왼쪽서브트리인지 오른쪽 서브트리인지 구분이 되지 않으므로 이진 트리가 아니며, (b)와 (c)의 두 이진 트리는 서브 트리의 순서가 다르므로 서로 다른 이진 트리이다. 일반 트리에서는 (a)와 (b)의 세 트리가 모두 같으며 (c)의 두 트리도 같은 트리로 취급한다.

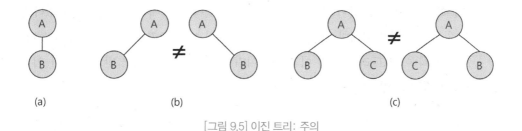

(a) (b) (c)

[그림 9.5] 이진 트리: 주의

9.2.2 특별한 이진 트리

트리의 모양에 따라 특별한 이름으로 불리는 이진 트리가 있다.

- **포화 이진 트리(full binary tree)**는 [그림 9.6]과 같이 단말 노드의 레벨이 같고 비단말 노드의 차수가 모두 2인 이진 트리를 말한다. 높이가 h인 포화 이진 트리는 2^h-1개의 노드를 갖는데 다음과 같이 계산된다. 예를 들어 [그림 9.6]의 (c)와 (d)처럼 높이가 3인 포화 이진 트리는 $2^3-1=7$개의 노드를 갖는다.

$$\sum_{i=1}^{h} 레벨\ i의\ 최대\ 노드수 = \sum_{i=1}^{h} 2^{i-1} = 2^h - 1$$

포화 이진 트리에서 루트 노드부터 아래로 내려오면서 왼쪽에서부터 오른쪽으로 번호를 붙여보면 [그림 9.6]의 (d)와 같다. 이를 너비 우선 순서(breadth-first order)라 하는데, 어떤 포화 이진 트리이건 같은 위치의 노드는 항상 같은 번호를 갖게 되며 이 번호는 트리를 배열로 구현할 때 유용하게 사용된다.

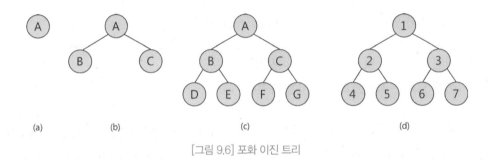

[그림 9.6] 포화 이진 트리

- 높이가 h인 **완전 이진 트리(complete binary tree)**는 h-1 레벨까지는 포화 이진 트리와 마찬가지로 모든 노드가 빠짐없이 채워져야 하고 마지막 h 레벨에서는 왼쪽에서 오른쪽으로 빈 노드 없이 채워지면 된다. [그림 9.6]의 (c)에서 노드 E나 F가 없다면 완전 이진 트리가 아니다. 포화 이진 트리는 완전 이진 트리의 특수한 경우가 된다. 모든 포화 이진 트리는 완전 이진 트리이지만 완전 이진 트리는 반드시 포화 이진 트리가 되지는 않는다.

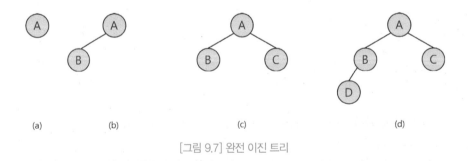

[그림 9.7] 완전 이진 트리

- **경사 이진 트리(skewed binary tree)**는 말 그대로 트리가 한쪽으로 기울어져 있는 트리이다. 어느 방향으로 기울어졌는가에 따라 왼쪽 경사 트리와 오른쪽 경사 트리로 나눌 수 있다. 동일한 레벨의 경사 이진 트리와 완전 이진 트리에 저장 가능한 노드 수가 크게 차이가 난다는 사실을 [그림 9.8]로부터 알 수 있다.

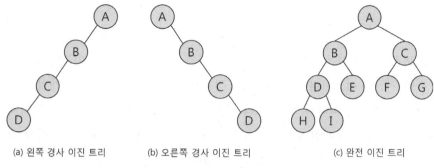

(a) 왼쪽 경사 이진 트리　　(b) 오른쪽 경사 이진 트리　　(c) 완전 이진 트리

[그림 9.8] 경사 이진 트리 vs. 완전 이진 트리

9.2.3 이진 트리의 특성

노드 개수와 높이, 노드 개수와 간선 개수의 상관 관계를 이해할 수 있는 유용한 특성
세 가지를 알아보도록 한다.

- 특성 1) 높이가 h인 이진 트리의 노드 개수 n은 최소 h개, 최대 2^h-1개이다.
  - 높이가 h인 이진 트리의 노드 개수가 가장 적은 트리는 경사 이진 트리이다. 최소
    노드 개수는 당연히 h개이다. 즉, $n \geq h$이다.
  - 높이가 h인 이진 트리의 노드 개수가 가장 많은 트리는 포화 이진 트리이다. 높이
    가 h인 포화 이진 트리의 노드 개수는 이미 유도한 바와 같이 2^h-1개이다. 즉, n
    $\leq 2^h$-1이다.
- 특성 2) n개의 노드를 갖는 이진 트리의 높이 h는 최소 $\lceil \log_2(n+1) \rceil$, 최대 n이다.
  - 노드 개수가 동일할 때 높이가 최대가 되는 트리는 경사 이진 트리이다. 노드 개
    수가 n일 때 경사 이진 트리의 최대 높이는 n이다. 이는 특성 1)의 $n \geq h$에서도
    유도할 수 있다. 즉, $h \leq n$이다.
  - 노드 개수가 동일할 때 높이가 최소가 되는 트리는 포화 이진 트리이다. 특성 1)
    에 따르면 $n \leq 2^h$-1이므로 $n+1 \leq 2^h$이다. 양변에 로그를 취하면 $\log_2(n+1) \leq h$이
    고 높이 h는 정수가 되어야 하므로 $h \geq \lceil \log_2(n+1) \rceil$이다.
- 특성 3) n개의 노드를 갖는 이진 트리는 n-1개의 간선을 갖는다.
  루트 노드를 제외한 모든 노드는 부모 노드로부터 내려오는 유일한 간선을 갖는다.
  루트 노드는 부모 노드가 없으므로 총 간선의 수는 n-1개이다.

9.2.4 이진 트리 ADT

 이진 트리의 순환적 성질에 따르면 이진 트리의 모든 서브트리도 이진 트리이므로 트리에 관한 연산은 서브트리를 대상으로도 적용가능하다. 여기에 추가로 개별 노드에 관한 연산도 필요하다. 따라서, 이진 트리 연산은 주어진 노드를 루트로 하는 트리에 관한 연산과 주어진 노드에 관한 연산으로 구분할 수 있다. [ADT 9.1]은 이진 트리에 대한 추상 데이터 타입이다. is_leaf, get_data, get_parent, get_left, get_right 등 아래 5개 연산은 주어진 노드에 관한 연산이며 나머지 연산들은 주어진 노드를 루트로 하는 트리에 관한 연산이다. 노드의 탐색, 삽입, 삭제 연산이 없다는 사실에 의아해할 수도 있다. 그 이유는 크게 두 가지이다. 첫째, 이진 트리를 필요로 하는 대부분의 문제에서는 이진 트리의 노드를 방문하는 것만으로도 충분히 원하는 결과를 얻을 수 있다. 이러한 유형에서는 노드의 삽입과 삭제 연산은 아예 사용되지 않는다. 둘째, 노드의 탐색, 삽입, 삭제에 효율적인 특수한 이진 트리가 별도로 존재한다. 따라서 노드의 탐색, 삽입, 삭제 연산은 10장에서 이진 탐색 트리나 히프처럼 빈번한 삽입과 삭제에 특화된 이진 트리들을 다룰 때까지 뒤로 미루도록 하겠다.

ADT 9.1 이진 트리

1	데이터: 루트, 왼쪽 서브트리, 오른쪽 서브트리를 구성하는 n개의 노드
2	연산:
3	init_BT(bt): 이진 트리 bt의 초기화
4	print_BT(bt): 이진 트리 bt의 노드들을 출력
5	is_BT_full(bt): 이진 트리 bt가 포화 상태인지 판단
6	is_BT_empty(bt): 이진 트리 bt가 공백 상태인지 판단
7	set_left(bt, left): left를 이진 트리 bt의 왼쪽 서브트리로 설정
8	set_right(bt, right): right를 이진 트리 bt의 오른쪽 서브트리로 설정
9	is_leaf(node): 노드 node가 단말 노드인지 판단
10	get_data(node): 노드 node의 데이터를 반환
11	get_parent(node): 노드 node의 부모 노드를 반환
12	get_left(node): 노드 node의 왼쪽 자식 노드를 반환
13	get_right(node): 노드 node의 오른쪽 자식 노드를 반환

9.3 배열 이진 트리

배열을 이용하여 이진 트리를 표현하는 방법은 아주 간단하다. [그림 9.6]의 (d)는 너비 우선 순서에 따라 노드 번호가 1부터 차례대로 부여되므로 노드 번호를 인덱스로 사용하여 일차원 배열에 이진 트리를 저장할 수 있다. [그림 9.9]는 완전 이진 트리와 경사 이진 트리가 배열에 저장된 모습을 보여준다. 노드위에 표시된 숫자가 배열 인덱스에 해당하며 인덱스 0 위치는 사용되지 않는다. 완전 이진 트리는 빈 공간 없이 빼곡하게 저장되며 경사 이진 트리는 낭비되는 공간이 많이 발생함을 알 수 있다. 따라서 완전 이진 트리에 가까울수록 공간 활용률이 높아진다.

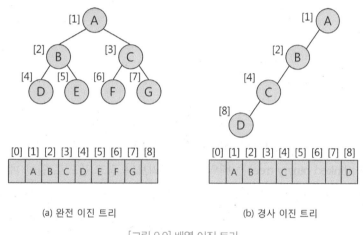

(a) 완전 이진 트리   (b) 경사 이진 트리

[그림 9.9] 배열 이진 트리

트리를 일차원 배열에 쉽게 저장할 수 있다는 점은 환영할 일이지만, 반대로 [그림 9.9]의 배열로부터 트리 정보를 쉽게 끄집어낼 수 있어야 배열에 저장하는 의미가 있을 것이다. 트리를 구성하는 노드사이에 존재하는 가장 핵심적인 관계는 부모 자식 관계일 것이다. 트리는 노드사이의 부모 자식 관계를 모아놓은 것이라 해도 과하지 않다. 다행히도 [그림 9.9]와 같은 방법으로 트리를 저장하면 노드의 부모와 자식의 인덱스를 쉽게 파악할 수 있다. 노드의 부모와 자식을 알아내는 간단한 규칙은 다음과 같다.

- 인덱스 i에 저장된 노드의 왼쪽 자식 노드 인덱스: $2i$
- 인덱스 i에 저장된 노드의 오른쪽 자식 노드 인덱스: $2i+1$
- 인덱스 i에 저장된 노드의 부모 노드 인덱스: $i \neq 1$이면 $\lfloor i/2 \rfloor$, $i=1$이면 부모가 없다.

예를 들어 [그림 9.9(a)]에서 노드 C의 인덱스는 3이므로 왼쪽 자식 노드의 인덱스는 6,

오른쪽 자식 노드의 인덱스는 7, 부모 노드의 인덱스는 1이 된다. [그림 9.9(b)]에서 노드 B의 인덱스는 2이므로 왼쪽 자식 노드의 인덱스는 4, 오른쪽 자식 노드의 인덱스는 5, 부모 노드의 인덱스는 1이 되는데 인덱스 5는 비어 있으므로 오른쪽 자식 노드는 존재하지 않는다는 것을 알 수 있다.

배열 이진 트리의 단점은 다른 데이터 구조에서 다룬 내용과 비슷하다. 첫째, 저장할 노드 개수를 정확히 예측 가능하여야 한다. 둘째, 단말 노드를 삽입하거나 삭제하는 경우에는 노드 이동이 없지만 트리 중간에 노드를 삽입하거나 삭제하는 경우 다른 노드들을 이동시켜야 한다. 특히 루트 노드가 새로 삽입되면 기존의 모든 노드가 이동해야 한다. 따라서 배열 이진 트리는 트리 중간에 삽입과 삭제가 없는 완전 이진 트리를 대상으로 사용하면 좋다. 배열 이진 트리의 구현은 10장에서 히프 구조를 다룰 때 자세히 살펴보도록 하자.

9.4 연결된 이진 트리

연결리스트로 트리를 구현하면 배열 이진 트리의 단점을 해결할 수 있다. 이러한 **연결된 이진 트리**(linked binary tree)는 배열 이진 트리보다 링크 필드로 인한 메모리 공간을 더 차지하게 된다는 단점이 있지만 트리의 모습을 자연스럽게 반영한다는 점에서 널리 사용된다. 앞으로 별다른 언급이 없으면 연결된 이진 트리를 사용하는 것으로 가정한다.

9.4.1 연결리스트를 이용한 이진 트리 정의

이진 트리는 데이터 필드와 자식 노드를 가리키는 2개의 링크 필드가 필요하므로 모두 3개의 필드로 구성된 노드 구조를 정의하면 될 것이다[55]. 다음은 이진 트리 노드 구조 Tnode와 헤드 노드 구조 LinkedBT 타입의 정의이다. Tnode는 왼쪽 자식 노드를 가리키는 left와 오른쪽 자식을 가리키는 right 링크를 포함한다. 선형 구조의 이중 연결리스트처럼 2개의 링크 필드를 갖지만 알다시피 트리는 비선형 구조이다. 물리적 데이터 구조가

---

55 부모 노드를 가리키는 포인터가 존재하지 않음에 주목하자. 우리가 다루는 범위 내에서는 부모 노드를 필요로 하지 않는다. 쓰이지 않을 메모리 공간을 모든 노드마다 할당하는 것은 낭비이다. 만약 부모 노드가 꼭 필요한 문제를 해결해야 한다면 부모 노드에 대한 포인터를 추가하면 된다.

동일하다고 해도 서로 다른 다양한 논리적 데이터 구조를 구축할 수 있다. LinkedBT 타입은 루트 노드를 가리키는 포인터만 포함하고 있으며 다른 메타 정보가 필요하다면 언제든지 추가하면 된다.

```
#define DataType int
// 이진 트리 노드 구조 정의
typedef struct Tnode {
    struct Tnode *left;        // 왼쪽 자식 노드를 가리키는 포인터
    DataType data;
    struct Tnode *right;       // 오른쪽 자식 노드를 가리키는 포인터
} Tnode;
// 이진 트리의 헤드 노드 구조 정의
typedef struct LinkedBT {
    Tnode *root;               // 루트 노드를 가리키는 포인터
} LinkedBT;
```

[그림 9.10]은 연결된 이진 트리가 메모리에 저장된 모습을 나타낸다. 노드가 n개일 때 널 포인터는 항상 n+1개이다.

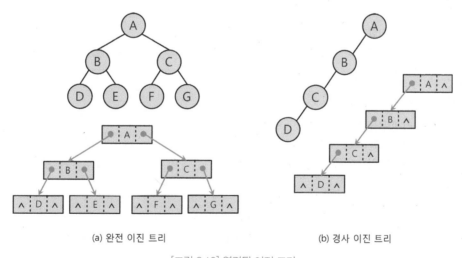

(a) 완전 이진 트리   (b) 경사 이진 트리

[그림 9.10] 연결된 이진 트리

9.4.2 연결리스트를 이용한 트리 함수

[프로그램 9.1]은 연결된 트리를 대상으로 [ADT 9.1]의 주요 연산을 구현한 것이다. print_BT 연산은 다음 절에서 다루기로 한다. 어떤 노드의 부모를 반환하는 get_parent

함수가 필요하다면, 노드 구조를 정의한 Tnode 타입에 부모 노드를 가리키는 링크 필드를 하나 더 추가하여야 한다. 물론, 이 링크 필드를 추가한다면 다른 몇몇 함수들도 수정이 필요해질 것이다[56]. 나머지 모든 함수들은 매우 직관적이다. 트리뿐만 아니라 서브트리도 처리할 수 있도록, 매개변수로 노드에 대한 포인터를 전달하였다.

⟨/⟩ 프로그램 9.1   연결된 트리

```
1    #include <stdio.h>
2    #include <stdlib.h>
3    #define DataType int
4    // 이진 트리 노드 구조 정의
5    typedef struct Tnode {
6        struct Tnode *left;              // 왼쪽 자식 노드를 가리키는 포인터
7        DataType data;
8        struct Tnode *right;            // 오른쪽 자식 노드를 가리키는 포인터
9    } Tnode;
10   // 이진 트리의 헤드 노드 구조 정의
11   typedef struct LinkedBT {
12       Tnode *root;                    // 루트 노드를 가리키는 포인터
13   } LinkedBT;
14
15   // 트리 초기화
16   void init_BT(Tnode **root) {
17       *root = NULL;
18   }
19
20   // 트리 항목들을 출력
21   void print_BT(Tnode *root) {
22   // 순회 알고리즘 사용
23   }
24
25   // child를 노드 root의 왼쪽 서브트리로 설정
26   void set_left(Tnode *root, Tnode *child) {
27       if (root->left) {
28           printf("왼쪽 서브트리가 이미 존재합니다.\n");
29           exit(1);
30       }
```

---

[56] 이미 강조하였지만 대개의 경우 부모 노드를 가리키는 링크는 필요치 않다. 다음 절의 순회를 공부하고 나면 그 이유를 이해하게 될 것이다.

```
31          else root->left = child;
32  }
33
34  // child를 노드 root의 오른쪽 서브트리로 설정
35  void set_right(Tnode *root, Tnode *child) {
36      if (root->right) {
37          printf("오른쪽 서브트리가 이미 존재합니다.\n");
38          exit(1);
39      }
40      else root->right = child;
41  }
42
43  // 단말 노드인지 판단
44  int is_leaf(Tnode *node) {
45      return !node->left && !node->right;
46  }
47
48  // 노드의 데이터를 반환
49  DataType get_data(Tnode *node) {
50      if (!node) {
51          printf("널 노드이므로 데이터를 반환할 수 없습니다.\n");
52          exit(1);
53      }
54      else return node->data;
55  }
56
57  // 노드의 부모 노드를 반환
58  Tnode *get_parent(Tnode *node) {
59  // 부모 노드를 가리키는 필드를 추가하여 구현
60  }
61
62  // 노드의 왼쪽 자식 노드를 반환
63  Tnode *get_left(Tnode *node) {
64      return node->left;
65  }
66
67  // 노드의 오른쪽 자식 노드를 반환
68  Tnode *get_right(Tnode *node) {
69      return node->right;
70  }
71
```

```
72  int main() {
73      LinkedBT lBT1, lBT2;
74      Tnode *node1 = (Tnode *)malloc(sizeof(Tnode));
75      Tnode *node2 = (Tnode *)malloc(sizeof(Tnode));
76      Tnode *node3 = (Tnode *)malloc(sizeof(Tnode));
77      Tnode *l, *r;
78      node1->data = 10; node1->left = node1->right = NULL;
79      node2->data = 20; node2->left = node2->right = NULL;
80      node3->data = 30; node3->left = node3->right = NULL;
81      init_BT(&(lBT1.root)); lBT1.root = node1;
82      init_BT(&(lBT2.root)); lBT2.root = node2;
83      set_left(lBT1.root, node3);
84      set_right(lBT1.root, lBT2.root);
85      init_BT(&(lBT2.root));
86      printf("%d\n", get_data(lBT1.root));
87      l = get_left(lBT1.root);  r = get_right(lBT1.root);
88      printf("%d ", get_data(l));
89      printf("%d\n", get_data(r));
90      if (is_leaf(l)) printf("단말 노드입니다.\n");
91      if (is_leaf(r)) printf("단말 노드입니다.\n");
92      printf("%d\n", get_data(lBT2.root));
93  }
```

🖥 **실행결과**

```
10
30 20
단말 노드입니다.
단말 노드입니다.
널 노드이므로 데이터를 반환할 수 없습니다.
```

9.5 이진 트리의 순회

트리를 **순회**(traversal)한다는 것은 트리에 속한 모든 노드들을 한 번씩 방문하면서 데이터 필드의 값을 처리함을 말한다[57]. 순회는 이진 트리를 다루는데 있어 가장 중요한

---

[57] 순회를 탐색이라 부르기도 하는데 구분할 필요가 있다. 탐색은 성공할 때까지 노드를 방문하는 것이고 순회는 모든 노드를 방문하는 것이다.

연산이다. 사실 다른 데이터 구조에서는 어쩔 수 없는 경우를 제외하고는 모든 데이터를 한 번씩 방문하는 알고리즘을 꺼릴 수밖에 없고 좀 더 나은 대안을 찾게 된다. 특이하게도 트리를 다루는 문제에서는 순회를 해야만 하는 상황이 자주 발생한다.

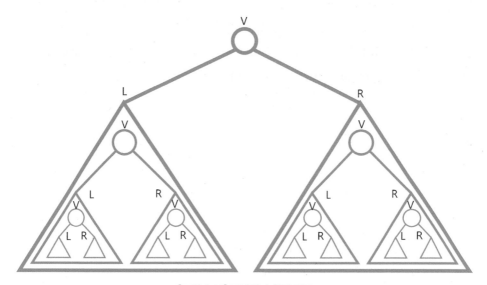

[그림 9.11] 트리의 순환적 구조

트리를 순회할 때 약속된 순서가 있다면 편리할 것이다. [그림 9.11]을 보자. 모든 이진 트리는 루트 노드, 왼쪽 서브트리, 오른쪽 서브트리라는 3개의 요소로 구성되어 있다. 따라서 어떤 순서로든지 다음 V, L, R 작업을 완료하면 트리 순회가 성공적으로 끝나게 된다.

- **V** : 루트 노드를 방문
- **L** : 왼쪽 서브트리의 노드를 모두 방문
- **R** : 오른쪽 서브트리의 노드를 모두 방문

V, L, R로 만들 수 있는 순서는 모두 3!=6 가지인데 왼쪽 다음에 오른쪽으로 넘어가는 것이 자연스러우므로 L 다음에 R을 수행하는 것으로 전제하면 3가지 순서가 남게 된다. 루트 노드를 언제 방문하느냐에 따라 이름을 붙이면 다음과 같다.

- **전위 순회**(preorder traversal) : VLR
- **중위 순회**(inorder traversal) : LVR
- **후위 순회**(postorder traversal) : LRV

전위 순회는 루트 노드를 가장 먼저 방문하고 중위 순회는 먼저 왼쪽 서브트리를 방문하고 난 다음에 루트 노드를 방문하고 후위 순회는 루트 노드를 가장 마지막에 방문한다 ([그림 9.12]). 세 순회 방식은 당연히 서로 다른 순서로 노드를 방문하게 될 것이다. 주어진 문제에 따라 적합한 순회 방식을 선택해야 한다. 마지막으로 해결해야 할 사항은 각 서브트리는 어떤 순서로 방문해야 하는가이다. 자주 강조한 바와 같이 [그림 9.11]을 보면 서브트리도 트리이므로 일관성을 살리는 것이 자연스럽다. 따라서, 전위 순회에서는 모든 서브트리를 전위 순회하고 중위 순회에서는 모든 서브트리를 중위 순회하고 후위 순회에서는 모든 서브트리를 후위 순회하면 된다.

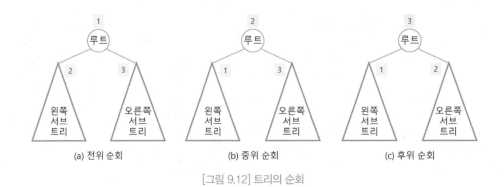

[그림 9.12] 트리의 순회

서브트리도 트리라는 순환적 정의는 순회 알고리즘에도 적용된다. 순회 알고리즘은 5장에서 자세히 다루었던 순환을 사용한다. 이진 트리의 서브트리는 최대 2개이므로 각 노드에서 2번의 순환 호출을 실행하게 될 것이다. 지금부터 3가지 순회 방법 및 결이 조금 다른 또 하나의 순회 방법에 대해 차례로 살펴보기로 한다. [그림 9.13]은 모든 순회에 공통적으로 사용될 예제 이진 트리로, 식 (A-B)*C+D/E를 나타낸 것이다. 7장에서 식을 계산할 때 스택을 이용하는 방법을 공부한 바 있는데 트리를 이용하는 방법도 있음을 눈치 빠른 독자는 알아채었을 것이다. 어떻게 식을 트리로 만드는지는 나중에 살펴보기로 하고 주어진 트리의 순회에 초점을 맞추기로 한다.

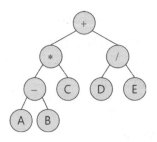

[그림 9.13] 예제 트리

9.5.1 전위 순회

전위 순회는 [그림 9.12(a)]처럼 루트 노드, 왼쪽 서브트리, 오른쪽 서브트리의 순서로 방문한다. [그림 9.13]의 예제 트리를 전위 순회한 순서를 [그림 9.14]에 나타내었다. 노드 옆에 표시된 번호가 방문 순서인데 +*-ABC/DE의 순으로 방문하며 순회 결과는 전위식이 된다. 맨 처음 방문하는 노드는 루트 노드이다. 그 다음에 루트 노드의 왼쪽 서브트리를 전위 순회하고 나서 오른쪽 서브트리를 전위 순회하면 된다. 각 서브트리도 전위 순회를 하게 되므로 서브트리의 루트 노드를 먼저 방문한 다음, 서브트리의 루트 노드의 왼쪽 서브트리를 전위 순회하고 나서 서브트리의 루트 노드의 오른쪽 서브트리를 전위 순회하면 된다. 전위 순회는 서브트리의 루트 노드가 먼저 방문되므로 부모 노드를 처리한 다음 자식 노드를 처리해야 하는 문제에 적합하다. 예를 들어 책이나 논문의 구성을 트리를 이용하여 계층적으로 표현했다면 전위 순회 결과는 목차를 생성하게 된다.

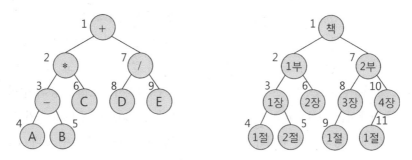

[그림 9.14] 전위 순회: 노드 방문 순서

[프로그램 9.2]는 순환문으로 작성된 전위 순회 알고리즘이다. 트리의 루트가 존재하면 루트 노드를 방문하고 왼쪽 서브트리와 오른쪽 서브트리를 차례로 전위 순회한다. 반복문을 이용하여 전위 순회를 구현하는 것은 어떨까? 사실 전위 순회에서는 서브트리의 모든 노드를 방문하고 나면 서브트리의 루트 노드로 되돌아와야 하므로 되돌아 올 노드를 기억해야 한다. 또한 트리의 루트 노드부터 출발해서 아래 레벨로 계속 진행하면서 노드를 방문하게 되는데 방문 순서의 역순으로 되돌아오게 된다. 따라서 전위 순회를 반복 프로그램으로 구현하려면 별도의 스택을 마련하여 노드를 삽입하고 삭제하는 작업을 수행해야 한다. 이러한 스택 관리 작업으로 인해 프로그램 코드는 꽤 길어질 수밖에 없다. 그러나 [프로그램 9.2]처럼 순환문을 사용하면 함수 호출 과정에서 시스템 스택의 지원을 받아 부모 노드로 되돌아가는 작업이 자연스럽게 이루어지므로 별도의 스택이 없어도 깔끔한 구현이 가능해진다.

> **프로그램 9.2   전위 순회**

```
1   // 전위 순회
2   preorder(Tnode *root) {
3       if (root) {
4           printf("%d ", root->data);        // 루트 노드 방문
5           preorder(root->left);             // 왼쪽 서브트리 전위 순회
6           preorder(root->right);            // 오른쪽 서브트리 전위 순회
7       }
8   }
```

9.5.2 중위 순회

중위 순회는 [그림 9.12(b)]처럼 왼쪽 서브트리, 루트 노드, 오른쪽 서브트리의 순서로 방문한다. [그림 9.13]의 예제 트리를 중위 순회한 순서를 [그림 9.15]에 나타내었다. A-B*C+D/E의 순으로 방문하며 순회 결과는 중위식이 된다. 각 서브트리도 중위 순회를 하게 되므로 서브트리의 루트 노드의 왼쪽 서브트리를 중위 순회하고 나서 서브트리의 루트 노드를 방문한 다음, 서브트리의 루트 노드의 오른쪽 서브트리를 중위 순회하면 된다. 중위 순회에서는 서브트리의 루트 노드가 중간에 방문되므로 루트 노드가 양 서브트리의 사이 값에 해당되도록 구성하면 데이터를 정렬한 결과를 얻을 수 있다. 예를 들어 [그림 9.15]의 오른쪽 이진 트리를 중위 순회하면 알파벳 순서대로 출력이 된다. 이러한 특성은 10장에서 이진 탐색 트리를 공부할 때 자세히 다루도록 한다.

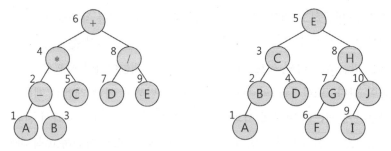

[그림 9.15] 중위 순회: 노드 방문 순서

[프로그램 9.3]은 순환문으로 작성된 중위 순회 알고리즘이다. 트리의 루트가 존재하면 왼쪽 서브트리를 중위 순회하고 루트 노드를 방문한 다음, 오른쪽 서브트리를 중위 순회한다. 중위 순회 역시 반복문을 사용하여 구현하게 되면 스택을 필요로 한다.

프로그램 9.3   중위 순회

```
1    // 중위 순회
2    inorder(Tnode *root) {
3        if (root) {
4            inorder(root->left);        // 왼쪽 서브트리 중위 순회
5            printf("%d ", root->data);    // 루트 노드 방문
6            inorder(root->right);        // 오른쪽 서브트리 중위 순회
7        }
8    }
```

9.5.3 후위 순회

후위 순회는 [그림 9.12(c)]처럼 왼쪽 서브트리, 오른쪽 서브트리, 루트 노드의 순서로 방문한다. [그림 9.13]의 예제 트리를 후위 순회한 순서를 [그림 9.16]에 나타내었다. AB-C*DE/+의 순으로 방문하며 순회 결과는 후위식이 된다. 각 서브트리도 후위 순회를 하게 되므로 서브트리 루트 노드의 왼쪽 서브트리를 후위 순회하고 서브트리 루트 노드의 오른쪽 서브트리를 후위 순회하고 나서 서브트리의 루트 노드를 방문하면 된다. 후위 순회는 서브트리의 루트 노드가 가장 마지막에 방문되므로 자식 노드를 처리한 다음에 부모 노드를 처리해야 하는 문제에 적합하다. 예를 들어 [그림 9.16]의 이진 트리를 후위 순회하면 루트 노드를 마지막으로 방문했을 때 식의 계산 결과를 얻을 수 있다.

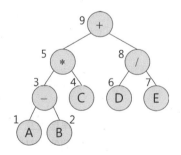

[그림 9.16] 후위 순회: 노드 방문 순서

[프로그램 9.4]는 순환문으로 작성된 후위 순회 알고리즘이다. 트리의 루트가 존재하면 왼쪽 서브트리와 오른쪽 서브트리를 차례로 후위 순회한 후 마지막으로 루트 노드를 방문한다. 후위 순회도 반복문을 사용하여 구현하게 되면 스택을 필요로 한다.

프로그램 9.4 후위 순회

```
1  // 후위 순회
2  postorder(Tnode *root) {
3     if (root) {
4        postorder(root->left);          // 왼쪽 서브트리 후위 순회
5        postorder(root->right);         // 오른쪽 서브트리 후위 순회
6        printf("%d ", root->data);      // 루트 노드 방문
7     }
8  }
```

[프로그램 9.5]는 [그림 9.13]의 이진 트리를 대상으로 전위, 중위, 후위 순회 알고리즘을 적용하는 프로그램이다. main 함수에서는 편의상 정적으로 트리를 구성하였다.

프로그램 9.5 전위, 중위, 후위 순회

```
1   #define DataType char
2   // 이진 트리 노드 구조 정의
3   typedef struct Tnode {
4      struct Tnode *left;              // 왼쪽 자식 노드를 가리키는 포인터
5      DataType data;
6      struct Tnode *right;             // 오른쪽 자식 노드를 가리키는 포인터
7   } Tnode;
8   // 이진 트리의 헤드 노드 구조 정의
9   typedef struct LinkedBT {
10     Tnode *root;                     // 루트 노드를 가리키는 포인터
11  } LinkedBT;
12
13  // 전위 순회
14  preorder(Tnode *root) {
15     if (root) {
16        printf("%c ", root->data);    // 루트 노드 방문
17        preorder(root->left);         // 왼쪽 서브트리 전위 순회
18        preorder(root->right);        // 오른쪽 서브트리 전위 순회
19     }
20  }
21
22  // 중위 순회
23  inorder(Tnode *root) {
```

```
24      if (root) {
25          inorder(root->left);            // 왼쪽 서브트리 중위 순회
26          printf("%c ", root->data);      // 루트 노드 방문
27          inorder(root->right);           // 오른쪽 서브트리 중위 순회
28      }
29  }
30
31  // 후위 순회
32  postorder(Tnode *root) {
33      if (root) {
34          postorder(root->left);          // 왼쪽 서브트리 후위 순회
35          postorder(root->right);         // 오른쪽 서브트리 후위 순회
36          printf("%c ", root->data);      // 루트 노드 방문
37      }
38  }
39
40  int main() {
41      Tnode node9 = { NULL, 'B',  NULL };
42      Tnode node8 = { NULL, 'A',  NULL };
43      Tnode node7 = { NULL, 'E',  NULL };
44      Tnode node6 = { NULL, 'D',  NULL };
45      Tnode node5 = { NULL, 'C',  NULL };
46      Tnode node4 = { &node8, '-',  &node9 };
47      Tnode node3 = { &node6, '/',  &node7 };
48      Tnode node2 = { &node4, '*',  &node5 };
49      Tnode node1 = { &node2, '+',  &node3 };
50      preorder(&node1); printf("<-전위순회\n");
51      inorder(&node1); printf("<-중위순회\n");
52      postorder(&node1); printf("<-후위순회\n");
53  }
```

💻 실행결과

```
+ * - A B C / D E <-전위순회
A - B * C + D / E <-중위순회
A B - C * D E / + <-후위순회
```

9.5.4 레벨 순서 순회

전위, 중위, 후위 순회는 형제보다는 자식을 향해 진행하는 **깊이 우선 순서**(depth-first order)로 노드를 방문한다. **레벨 순서 순회**(level order traversal)는 아래 레벨로 가기 전에 현재 레벨의 모든 노드를 방문하는 **너비 우선 순서**(breadth-first order)로 노드를 방문한다. [그림 9.13]의 예제 트리를 레벨 순서 순회한 순서를 [그림 9.17]에 나타내었다. +*/-CDEAB의 순으로 방문한다.

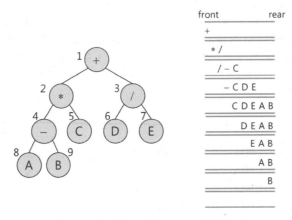

[그림 9.17] 레벨 순서 순회: 노드 방문 순서

깊이 우선 순서에 의한 순회는 스택을 필요로 하는 반면 레벨 순서 순회는 큐를 사용한다. [프로그램 9.6]은 큐를 이용한 레벨 순서 순회 알고리즘이다. 8장에서 다룬 큐 함수를 사용하여 프로그램을 구현하였다. 다만 (줄 16)에서 보듯이 큐에 트리 노드의 포인터를 저장함에 주의하라. 노드의 데이터 필드를 저장하지 않고 노드를 가리키는 포인터를 저장하는 이유는 나중에 이 노드를 dequeue했을 때 자식 노드에 대한 링크 필드가 필요하기 때문이다. enqueue나 dequeue 등 일부 큐 함수도 이를 반영하기 위해 매개변수나 반환값의 타입을 조정해야 한다.

프로그램 9.6   레벨 순서 순회

```
1   #define DataType char
2   // 이진 트리 노드 구조 정의
3   typedef struct Tnode {
4       struct Tnode *left;            // 왼쪽 자식 노드를 가리키는 포인터
5       DataType data;
6       struct Tnode *right;           // 오른쪽 자식 노드를 가리키는 포인터
7   } Tnode;
8   // 이진 트리의 헤드 노드 구조 정의
9   typedef struct LinkedBT {
10      Tnode *root;                   // 루트 노드를 가리키는 포인터
11  } LinkedBT;
12
13  typedef struct ArrayQueue {
14      int front;
15      int rear;
16      Tnode *queue[MAX_SIZE];
17  } ArrayQueue;
18
19  // 레벨 순서 순회
20  levelorder(Tnode *root) {
21      ArrayQueue queue;
22
23      init_queue(&queue);
24      if (root) {
25          enqueue(&queue, root);     // 루트 노드를 enqueue하고 시작
26          while (!is_queue_empty(&queue)) {
27              root = dequeue(&queue);
28              printf("%c ", root->data);
29              if (root->left) enqueue(&queue, root->left);
30              if (root->right) enqueue(&queue, root->right);
31          }
32      }
33  }
```

레벨 순서 순회는 루트 노드를 enqueue하는 것으로부터 시작한다(줄 25). 노드를 하나씩 dequeue하여 방문하고(줄 27~28) 그 노드의 왼쪽 자식과 오른쪽 자식 노드를 enqueue하게 된다(줄 29~30). [그림 9.17]의 오른쪽에는 레벨 순서 순회 과정에서 큐가 변화되는 모습을 나타내었다. 먼저 루트 노드인 '+'가 큐에 저장된 상태에서 순회가 시작

된다. 큐에서 '+'를 삭제하고 방문한 다음, 자식 노드인 '*'와 '/'를 차례로 큐에 저장한다. 이 과정은 공백 큐가 될 때까지 반복된다.

9.5.5 순회의 응용: 식의 계산

순회를 이용하여 식을 계산하는 프로그램을 작성하여 보자. 식이 연산자와 피연산자로 구성된다는 것은 모두가 아는 사실이다. 식을 표현한 트리를 전위, 중위, 후위 순회한 결과는 각각 전위식, 중위식, 후위식이 된다는 사실도 확인하였다. 그렇다면 어떤 순회를 이용해야 식을 계산할 수 있을까? [그림 9.13]을 자세히 보면 단말 노드에는 피연산자가 있고 비단말 노드에는 연산자가 있다. 이는 연산자 노드의 경우 왼쪽 서브트리와 오른쪽 서브트리를 계산한 결과가 피연산자가 된다는 의미이다. 예를 들어 노드 '-'의 피연산자는 'A'와 'B'이고 '/'의 피연산자는 'D'와 'E'가 된다. '*'의 피연산자는 '-'를 루트로 하는 서브트리 계산 결과와 'C'이고, 루트 노드 '+'의 피연산자는 '*'를 루트로 하는 서브트리 계산 결과와 '/'를 루트로 하는 서브트리 계산 결과이다. 연산자 노드를 방문했을 때 연산이 가능하려면 피연산자가 미리 계산되어 있어야 한다. 즉, 루트를 방문하기 전에 양 서브트리를 모두 방문해야 한다. 따라서 자식 노드를 먼저 방문하는 후위 순회를 활용하면 주어진 식을 계산할 수 있다.

[프로그램 9.7]은 트리로 표현된 식을 후위 순회를 이용하여 계산한다. 식의 피연산자는 상수만 허용된다고 가정하였다. 피연산자가 저장된 단말 노드를 방문했을 때는 노드의 데이터 값을 반환하고(줄 17), 연산자가 저장된 비단말 노드를 방문했을 때는 양 서브트리를 계산한 피연산자 값을 구한 다음에(줄 19~20) 연산 결과를 반환한다(줄 21~27).

프로그램 9.7   식 트리 계산

```
1    #include <stdio.h>
2    #define DataType int
3    // 이진 트리 노드 구조 정의
4    typedef struct Tnode {
5        struct Tnode *left;        // 왼쪽 자식 노드를 가리키는 포인터
6        DataType data;
7        struct Tnode *right;       // 오른쪽 자식 노드를 가리키는 포인터
8    } Tnode;
9    // 이진 트리의 헤드 노드 구조 정의
10   typedef struct LinkedBT {
```

```
11        Tnode *root;                  // 루트 노드를 가리키는 포인터
12    } LinkedBT;
13
14    // 후위 순회를 이용한 식 트리 계산
15    int evaluate_tree(Tnode *root) {
16        if(!root) return 0;
17        if(!root->left && !root->right) return root->data; // 피연산자 노드
18        else { // 연산자 노드
19            int opd1 = evaluate_tree(root->left);
20            int opd2 = evaluate_tree(root->right);
21            switch (root->data) {
22                case '+': return opd1 + opd2;
23                case '-': return opd1 - opd2;
24                case '*': return opd1 * opd2;
25                case '/': return opd1 / opd2;
26                case '%': return opd1 % opd2;
27            }
28        }
29    }
30
31    int main() {
32        Tnode node1 = { NULL, 10,  NULL };
33        Tnode node2 = { NULL, 5,   NULL };
34        Tnode node3 = { &node1, '-',  &node2 };
35        Tnode node4 = { NULL, 4,   NULL };
36        Tnode node5 = { &node3, '*',  &node4 };
37        Tnode node6 = { NULL, 40,  NULL };
38        Tnode node7 = { NULL, 8,   NULL };
39        Tnode node8 = { &node6, '/',  &node7 };
40        Tnode node9 = { &node5, '+',  &node8 };
41        LinkedBT expr;
42        expr.root = &node9;
43        printf("%d\n", evaluate_tree(expr.root));
44    }
```

🖥️ 실행결과

25

[그림 9.18(a)]의 트리를 대상으로 [프로그램 9.7]을 시뮬레이션 해보면 각 노드를 방문했을 때의 반환 값은 [그림 9.18(b)]와 같다.

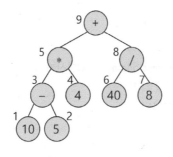

방문 순서	방문 노드	반환값
1	10	10
2	5	5
3	-	5
4	4	4
5	*	20
6	40	40
7	8	8
8	/	5
9	+	25

(a) 예제 트리   (b) 노드의 반환 값

[그림 9.18] 식 계산을 위한 예제 트리

9.5.6 순회의 응용: 이진 트리의 노드 개수

이진 트리의 노드 개수를 알려주는 프로그램을 작성하여 보자. 헤드 노드에 노드 개수 필드가 있다면 그 값을 반환하면 되겠지만 여기서는 순회를 이용하여 개수를 계산한다. 트리의 노드 개수는 (왼쪽 서브트리의 노드 개수 + 오른쪽 서브트리의 노드 개수 + 1)이다. 각 서브트리의 노드 개수는 순환적으로 구할 수 있으므로 [프로그램 9.8]과 같이 후위 순회를 응용하여 구현하면 된다.

</> 프로그램 9.8   이진 트리의 노드 개수

```
1   // 후위 순회를 이용한 노드 개수 구하기
2   int count_nodes(Tnode *root) {
3       if (!root) return 0;
4       return count_nodes(root->left) + count_nodes(root->right) + 1;
5   }
```

9.5.7 순회의 응용: 두 이진 트리의 동일 여부

두 이진 트리가 같은지 알려주는 프로그램을 생각해 보자. 두 이진 트리가 똑 같으려면 구조도 같고 대응되는 노드의 데이터 값도 같아야 한다. 두 이진 트리의 루트 노드에서부터 전위 순회를 동시에 시작하여 노드의 데이터 값이 다르거나 자식 노드의 존재 유무가 다르면 서로 다른 트리이고 순회를 종료할 때까지 모두 일치하게 되면 같은 트리이다. [프로그램 9.9]는 전위 순회를 응용하여 두 트리가 동일한지 판단하는 프로그램이다.

프로그램 9.9   이진 트리의 동일 여부 판단

```
1   // 전위 순회를 이용한 트리의 동일 여부 판단
2   int is_equal(Tnode *root1, Tnode *root2) {
3       return (!root1 && !root2) ||                    // 널 트리
4        (root1 && root2 && root1->data==root2->data // 같은 데이터
5          && is_equal(root1->left, root2->left)       // 같은 왼쪽 서브트리
6          && is_equal(root1->right, root2->right));   // 같은 오른쪽 서브트리
7   }
```

9.5.8 순회의 응용: 이진 트리의 출력

[프로그램 9.1]에서 뒤로 미뤘던 print_BT 함수를 구현할 때가 되었다. 사실 비선형 구조인 이진 트리를 정확히 출력하는 것은 쉬운 일이 아니다. 대신 각 노드에 대해 자식 노드를 함께 출력하면 이진 트리의 모습을 유추하는데 도움이 될 것이다. 그렇다면 어떤 순회를 활용하면 좋을까? 루트 노드에서부터 너비 우선 순서에 따라 노드를 출력하는 것이 트리의 계층 구조를 나타내는데 적합하므로 레벨 순서 순회를 사용하자. [프로그램 9.10]은 레벨 순서 순회를 응용한 이진 트리 출력 프로그램이다. 자식 노드를 enqueue할 때 출력하는 부분이 추가되었다는 점(줄 12, 16)외에는 레벨 순서 순회와 같다.

프로그램 9.10   이진 트리의 출력

```
1   // 레벨 순서 순회를 이용한 이진 트리 출력
2   print_BT(Tnode *root) {
3       ArrayQueue queue;
4
5       init_queue(&queue);
```

```
6    if (root) {
7        enqueue(&queue, root);    // 루트 노드를 enqueue하고 시작
8        while (!is_queue_empty(&queue)) {
9            root = dequeue(&queue);
10           printf("%c ", root->data);
11           if (root->left) {
12               printf("왼쪽 자식: %c ", root->left->data);
13               enqueue(&queue, root->left);
14           }
15           if (root->right) {
16               printf("오른쪽 자식: %c", root->right->data);
17               enqueue(&queue, root->right);
18           }
19           printf("\n");
20       }
21   }
22 }
```

1. 배열 이진 트리와 연결된 이진 트리의 장단점을 비교하시오.

2. 다음 이진 트리에 대해 답하시오

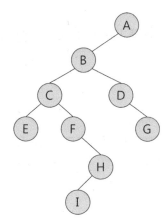

    (1) 전위 순회한 결과는?   (2) 중위 순회한 결과는?

    (3) 후위 순회한 결과는?   (4) 레벨 순서 순회한 결과는?

3. 어떤 이진 트리를 전위 순회한 결과가 a u s e i m h n이고 중위 순회한 결과가 s u i e m a h n일 때 다음 물음에 답하시오.

    (1) 해당 이진 트리를 그리시오.

    (2) 이를 후위 순회한 결과는 ?

4. 이진 트리를 복사하는 프로그램을 작성하시오.

5. 순환문 대신 반복문을 이용하여 중위 순회 프로그램을 작성하시오. 시스템 스택을 대신할 스택을 만들어서 사용해야 한다.

6. 이진 트리에서 단말 노드의 개수를 세는 프로그램을 작성하시오.

7. 이진 트리가 완전 이진 트리인지 검사하는 프로그램을 작성하시오.

8. 주어진 트리의 높이를 계산하는 프로그램을 작성하시오.

9. 주어진 노드의 레벨을 구하는 프로그램을 작성하시오.

이진 탐색 트리와
히프

9장에서 이진 트리에 대해 다루었다. 10장에서는 특수한 이진 트리인 이진 탐색 트리와 히프에 대해 공부한다. 이진 탐색 트리는 효율적인 탐색을 위한 이진 트리이며 히프는 우선순위 큐를 구현하는데 적합한 이진 트리이다.

10.1 이진 탐색 트리

10.1.1 이진 탐색 트리의 기본 개념

리스트, 스택, 큐, 이진 트리를 다루면서 각 데이터 구조의 쓰임새에 대해서 살펴보았다. 곰곰이 생각해보면 이러한 데이터 구조들은 저마다의 장점이 있었지만 탐색을 주된 용도로 삼지는 않았다. 탐색(search)은 데이터를 다룰 때 가장 기본적인 연산가운데 하나다. 수많은 데이터 중에 내가 찾고자하는 항목을 가능한 빠른 시간 내에 찾는 일은 매우 중요한 작업이다. n개의 데이터가 저장되어 있을 때 임의의 항목을 탐색하는데 걸리는 시간은 리스트, 스택, 큐, 이진 트리 모두 $O(n)$이다. 원하는 항목을 찾아 처음부터 하나씩 조사해야하며 원하는 항목이 없을 경우 모든 항목들을 뒤져야 하기 때문이다[58]. 2장에서 보았듯이 최악의 경우가 아닌 평균적인 경우를 가정하더라도 $\Theta(n)$이다. **이진 탐색 트리**(binary search tree)는 임의의 항목을 탐색하고 삽입하고 삭제하는 데 효율적인 이진 트리이다. 이진 탐색 트리는 [정의 10.1]과 같이 정의된다.

> 🔘 **정의 10.1** **이진 탐색 트리**
> - 모든 키 값은 유일하다.
> - 왼쪽 서브트리에 있는 모든 노드의 키 값은 루트 노드의 키 값보다 작다.
> - 오른쪽 서브트리에 있는 모든 노드의 키 값은 루트 노드의 키 값보다 크다.
> - 왼쪽 서브트리와 오른쪽 서브트리도 이진 탐색 트리이다.

여기서 **키**(key)는 항목들을 구분 가능한 값을 갖는 데이터 필드를 말한다. 예를 들어 학번, 이름, 주소로 구성된 학생 정보의 경우 학번이 키 값이 될 것이고 차량 번호, 차종, 제조일로 구성된 자동차 정보의 경우 차량 번호가 키 값이 될 것이다.

---

58 유일한 예외는 이진 탐색이 가능한 경우이다. 뒤에서 다시 논한다.

[그림 10.1(a)]의 이진 트리는 이진 탐색 트리이다. [그림 10.1(b)]의 이진 트리는 루트 노드의 키 값 20이 왼쪽 서브트리의 루트 노드 키 값 30보다 작으므로 이진 탐색 트리가 아니다. 문자를 키 값으로 갖는 [그림 10.1(c)]의 이진 트리는 사전 순서로 키 값을 비교해야 한다. 따라서 키 값 F의 노드가 키 값 G를 갖는 노드의 오른쪽 서브트리에 있으므로 이진 탐색 트리가 아니다.

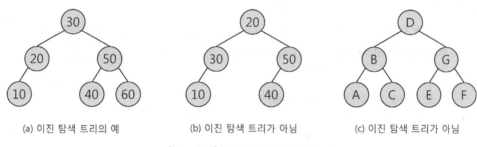

(a) 이진 탐색 트리의 예   (b) 이진 탐색 트리가 아님   (c) 이진 탐색 트리가 아님

[그림 10.1] 이진 탐색 트리의 조건

이진 탐색 트리는 9장에서 사용하였던 이진 트리 데이터 구조를 그대로 쓰면 되고 순회를 포함한 다양한 이진 트리 연산도 그대로 적용할 수 있다. 이진 탐색 트리는 "키 값이 10인 항목을 탐색"처럼 키 값에 의한 연산은 말할 것도 없고 "키 값이 10번째인 항목을 탐색"처럼 순서에 의한 연산이 모두 가능하다. 순서에 의한 연산은 중위 순회에 기반한다. 예를 들어 [그림 10.1(a)]를 중위 순회하면 10, 20, 30, 40, 50, 60의 키 값 순서대로 노드를 방문한다.

이진 탐색 트리의 추상 데이터 타입은 트리를 참고하기 바라며 따로 정의하지 않겠다. 여기에서는 키 값을 기준으로 하는 탐색, 삽입, 삭제 함수를 설명하도록 한다.

10.1.2 이진 탐색 트리의 탐색

이진 탐색 트리 역시 순환적으로 정의되는 이진 트리이므로 순환문을 사용하여 키 값 data를 갖는 항목을 탐색하는 알고리즘을 구현해 보자. 이진 탐색 트리의 탐색은 루트 노드로부터 출발한다. 다음 네 가지 가능성이 있다.

- 경우 1) 루트 노드가 없는 경우
- 경우 2) data가 루트 노드의 키 값과 같은 경우
- 경우 3) data가 루트 노드의 키 값보다 작은 경우
- 경우 4) data가 루트 노드의 키 값보다 큰 경우

각각의 대처 방안을 생각해보자.

- 경우 1) 탐색이 실패로 끝났음을 알려줘야 한다.
- 경우 2) 탐색을 성공적으로 종료해야 한다.
- 경우 3) 루트 노드의 왼쪽 서브트리를 대상으로 다시 탐색을 시작한다.
- 경우 4) 루트 노드의 오른쪽 서브트리를 대상으로 다시 탐색을 시작한다.

[프로그램 10.1]은 이 과정을 순환적으로 표현한 함수이다. 탐색이 실패하면 널 포인터를 반환하며 탐색이 성공하면 해당 노드에 대한 포인터를 반환한다.

프로그램 10.1   이진 탐색 트리의 순환 탐색

```
1   // 순환 탐색
2   Tnode *recur_search_BST(Tnode *root, DataType data) {
3       if (!root) return NULL;                          // 1)
4       if (data == root->data) return root;            // 2)
5       if (data < root->data)
6           return recur_search_BST(root->left, data);  // 3)
7       else return recur_search_BST(root->right, data); // 4)
8   }
```

순환 탐색 함수는 같은 기능을 하는 반복 탐색 함수로 쉽게 변환할 수 있다. [프로그램 10.2]는 반복문을 이용한 탐색 함수이다.

프로그램 10.2   이진 탐색 트리의 반복 탐색

```
1   // 반복 탐색
2   Tnode *iter_search_BST(Tnode *root, DataType data) {
3       while (root) {
4           if (data == root->data) return root;   // 2)
5           if (data < root->data) root = root->left;  // 3)
6           else root = root->right;               // 4)
7       }
8       return NULL;                               // 1)
9   }
```

이진 탐색 트리의 탐색은 루트 노드에서부터 아래로 내려가면서 차례로 키를 비교하는 방식으로 이루어지기 때문에 탐색 시간은 키의 비교 횟수 즉 찾고자 하는 키가 있는 노드의 레벨과 비례한다. 예를 들어 [그림 10.1(a)]의 이진 탐색 트리의 경우 최소 1번에서 최대 3번의 비교를 하게 된다. 따라서 높이가 h인 이진 탐색 트리의 순환 탐색과 반복 탐색의 실행 시간은 모두 $O(h)$이다. 다만 순환 탐색의 경우 함수 호출을 처리해야 하므로 불리할 수밖에 없다.

10.1.3 이진 탐색 트리의 삽입

이진 탐색 트리에 노드를 삽입하려면 동일한 키 값을 갖는 항목이 존재하는지 확인하기 위해서 탐색을 먼저 수행해야 한다. 그러나 앞에서 살펴본 탐색과는 다음 두 가지 측면에서 차이가 난다. 첫째, 탐색을 성공하면 삽입이 불가능해지는 것이고 탐색을 실패해야 삽입이 가능하다. 탐색이 실패한 지점에 노드를 삽입하여야 한다. 둘째, 링크를 따라 아래로 내려가다 보면 널 노드에 도달했을 때 비로소 탐색이 실패했다는 사실을 알게 된다. 이 때 마지막으로 탐색한 노드에 대한 포인터가 필요하므로 마냥 링크를 따라 내려가면 안 된다. 따라서 [프로그램 10.1] 또는 [프로그램 10.2]의 탐색을 그대로 사용할 수는 없고 변형된 형태의 탐색 과정을 거쳐야 한다.

삽입 과정을 구체적으로 살펴보자. [그림 10.2(a)]의 이진 탐색 트리에서 새로운 노드 new를 삽입해야 한다면 [그림 10.2(b)]처럼 두 포인터 searched와 parent를 이용하여 탐색이 실패할 때까지 아래로 진행한다. 포인터 searched가 널이 되어 탐색이 실패하면 parent는 삽입할 노드의 부모 노드를 가리키게 된다. 이후 [그림 10.2(c)]처럼 parent의 왼쪽 자식으로 새로운 노드 new를 삽입한다.

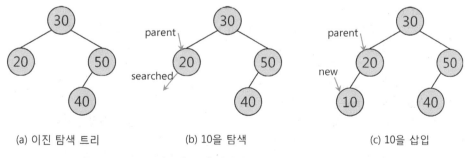

(a) 이진 탐색 트리   (b) 10을 탐색   (c) 10을 삽입

[그림 10.2] 이진 탐색 트리의 삽입

[프로그램 10.3]은 이진 탐색 트리의 삽입 함수이다. (줄 7)의 조건에 따라 1단계 탐색이 종료되면 parent는 마지막에 탐색한 단말 노드를 가리킨다. 2단계 삽입 과정이 시작되는 (줄 18)부터는 searched 포인터는 필요 없고 parent 포인터만으로 충분하다. (줄 19~25)에서 삽입할 노드 new를 생성한 후 (줄 26~29)에서 parent와 new를 연결한다. 빈 트리에 삽입하는 경우 트리의 루트 노드가 변경되기 때문에 루트 노드 포인터에 대한 포인터를 매개변수로 전달받아야 한다(줄 2). 이진 탐색 트리의 삽입 시간은 결국 탐색 과정에서 걸리는 시간에 비례한다. 따라서 높이가 h인 이진 탐색 트리의 삽입은 $O(h)$이다.

</> 프로그램 10.3　이진 탐색 트리의 삽입

```
1   // data를 키 값으로 하는 노드를 트리 root에 삽입
2   void insert_node_BST(Tnode **root, DataType data) {
3       Tnode *searched = *root;   // 동일한 키 값이 존재하는지 탐색되는 노드
4       Tnode *parent = NULL;       // searched의 부모 노드
5
6       // 1단계: 탐색
7       while (searched) {
8           if (data == searched->data) {
9               printf("이미 노드가 존재하므로 삽입이 불가능합니다.\n");
10              return;
11          }
12          parent = searched;                      // parent를 아래로
13          if (data < searched->data)
14              searched = searched->left;          // searched를 왼쪽으로
15          else searched = searched->right;        // searched를 오른쪽으로
16      }
17
18      // 2단계: 삽입
19      Tnode *new = (Tnode *)malloc(sizeof(Tnode));
20      if (!new) {
21          printf("새 노드 메모리 할당 실패\n");
22          exit(1);
23      }
24      new->data = data;
25      new->left = new->right = NULL;
26      if (!parent) *root = new;                   // 빈 트리에 삽입
27      else if (data < parent->data)
28          parent->left = new;                     // parent의 왼쪽에 삽입
29      else parent->right = new;                   // parent의 오른쪽에 삽입
30  }
```

10.1.4 이진 탐색 트리의 삭제

이진 트리 연산 중 노드 삭제가 가장 복잡하다. 트리에 변화를 준다는 점에서는 삽입과 마찬가지이지만, 삽입은 다른 노드에 영향을 주지 않는 대신 삭제는 다른 노드, 더 나아가서 다른 서브트리에 영향을 줄 확률이 높기 때문이다.

삽입에서도 먼저 노드를 탐색하였던 것처럼, 삭제에서도 삭제할 노드를 먼저 탐색하여야 한다. 탐색이 성공하면 삭제가 가능해지고 탐색을 실패하면 삭제가 불가능해지므로 삽입에서의 탐색과는 반대이며 기본 탐색과 유사하다. 한편으로는 탐색이 성공한 후 노드 삭제를 하려면 탐색중인 노드의 부모 노드를 알아야하므로 삽입에서의 탐색과 유사하다. 결국 탐색, 삽입에서의 탐색, 삭제에서의 탐색은 많이 닮았지만 차이가 나므로 주의 깊게 살펴보아야 한다. 탐색 과정은 구체적인 프로그램을 보면서 다시 설명하기로 한다.

탐색이 성공하면 삭제하려는 노드는 다음 세 가지 경우 가운데 하나에 해당한다.

- 경우 1) 서브트리를 하나도 갖지 않는 단말 노드
- 경우 2) 서브트리를 하나만 갖는 노드
- 경우 3) 서브트리를 둘 갖는 노드

이진 트리에서의 노드 삭제는 왕이 승하하여 왕위를 계승하거나 직원의 퇴사로 인해 하위 직급의 직원을 승진시키는 상황에 빗대어 생각하면 이해가 빠르다. 결국 누가 삭제된 자리를 대신할지 결정하는 것이 핵심이다. 단말 노드를 삭제하는 경우는 승계할 후보가 아예 없으므로 아주 간단하다. 단말 노드만 삭제하면 된다. 서브트리를 하나만 갖는 노드를 삭제하는 경우는 승계할 후보가 하나밖에 없으므로 별다른 반발 없이 서브트리의 루트가 삭제된 노드를 대신하면 된다. 서브트리를 둘 갖는 노드를 삭제하는 경우가 가장 복잡하다. 승계할 후보가운데 누구를 후계자로 앉혀도 시끄러울 수밖에 없고 최악의 경우에는 조직이 무너지거나 갈라서게 된다. 따라서 조직의 안정을 최우선적으로 고려하여 승계할 적임자를 선택하여야 한다.

삭제 과정을 구체적으로 살펴보자. 첫 번째, 단말 노드의 삭제이다. [그림 10.3(a)]에서 단말 노드 60을 삭제해야 한다면 먼저 탐색을 통해 단말 노드 60을 찾아야 한다. 탐색이 성공하면 단말 노드의 부모 노드에 속한 해당 링크 필드를 널로 설정하고 삭제 노드가 차지한 메모리 공간을 반납하면 된다. 그 결과는 [그림 10.3(b)]와 같다. 두 번째, 서브트리를 하나만 갖는 노드를 삭제하는 경우이다. [그림 10.3(b)]에서 노드 40을 삭제해야 한다면 먼저 탐색을 통해 노드 40을 찾아야 한다. 탐색이 성공하면 삭제 노드의 부모 노드에 속한 해당 링크 필드가 삭제 노드의 자식 노드를 가리키도록 설정하고 삭제 노드가 차지한 메모리 공간을 반납하면 된다. 그 결과는 [그림 10.3(c)]와 같다.

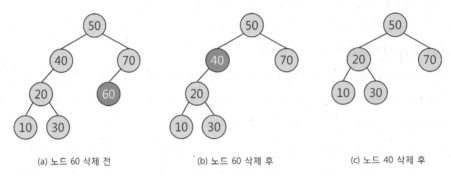

(a) 노드 60 삭제 전   (b) 노드 60 삭제 후   (c) 노드 40 삭제 후

[그림 10.3] 이진 탐색 트리의 삭제: 단말 노드와 하나의 서브트리를 가진 노드

세 번째, 서브트리를 둘 다 갖는 노드를 삭제하는 경우이다. 삭제 노드의 왼쪽 자식이나 오른쪽 자식을 덜컥 승계자로 결정했다가는 낭패를 볼 수도 있다. 예를 들어 [그림 10.4(a)]에서 노드 50을 삭제하는 경우, 왼쪽 자식 20을 승계자로 하면 노드 20의 오른쪽 자식 노드가 둘이 되고, 오른쪽 자식 70을 승계자로 하면 노드 70의 왼쪽 자식 노드가 둘이 되어 이진 탐색 트리의 정의에 위배된다. 이러한 문제를 미연에 방지하려면 이진 탐색 트리의 구조에 영향을 최소화하는 승계자를 선택하여야 한다. 어떠한 승계자라면 이러한 조건을 만족할 수 있을까? 영화 '광해, 왕이 된 남자'에 해답이 있다. 외모는 물론이고 왕의 흉내도 똑같이 내는 천한 신분의 인물을 광해군의 대역으로 삼아 광해군 부재의 혼란을 덮고자하는 시도로부터 영화가 시작되는데 이진 탐색 트리에서도 유사한 해결책을 사용한다. 삭제 노드와 완전히 같은 노드는 없으니 가장 비슷한 노드를 승계자로 삼는다. 삭제 노드와 가장 비슷한 노드는 키 값 순서에서 삭제 노드와 가장 가까운 노드라고 할 수 있으며 삭제 노드의 왼쪽 서브트리에서 키 값이 가장 큰 노드 또는 오른쪽 서브트리에서 키 값이 가장 작은 노드이다. [그림 10.4(a)]에서 승계자 후보는 노드 40과 60이다. 노드 50 위치에 노드 40이나 60을 대신 둔다면 적어도 삭제 노드 부근에서는 아무런 문제가 없다.

이제 승계자 노드를 어떻게 찾아가는지에 대해 알아보자. 승계자 노드의 탐색은 삭제 노드로부터 출발한다. 노드 40은 왼쪽 서브트리에서 가장 큰 값이므로 왼쪽 서브트리의 루트로부터 오른쪽 자식을 따라 널 링크를 만날 때까지 내려가면 된다. 반대로 노드 60은 오른쪽 서브트리에서 가장 작은 값이므로 오른쪽 서브트리의 루트로부터 왼쪽 자식을 따라 널 링크를 만날 때까지 내려가면 된다. 어차피 삭제 알고리즘을 구현하려면 둘 중 하나로 결정해야 하므로 우리는 왼쪽 서브트리에서 가장 큰 노드를 승계자로 삼기로 한다. [그림 10.4(b)]에서 승계자는 노드 40으로 결정되었다.

마지막으로 승계와 삭제 과정을 알아보자. 먼저 승계자의 데이터를 삭제 노드의 데이터로 옮긴다. 이제 더 이상 승계자 노드는 필요 없으므로 삭제 노드 대신 승계자 노드를 삭제하여야 한다. 다행히도 승계자 노드는 단말 노드이거나 서브트리를 하나만 갖는다. 널 링크를 만날 때까지 내려왔으므로 절대로 서브트리를 둘 다 가질 수 없다. 이미 학습한 단말 노드이거나 서브트리를 하나만 가진 노드를 삭제하는 방법을 이용하여 승계자 노드를 삭제하면 된다. [그림 10.4(c)]에 승계자 노드를 삭제한 결과를 보여준다.

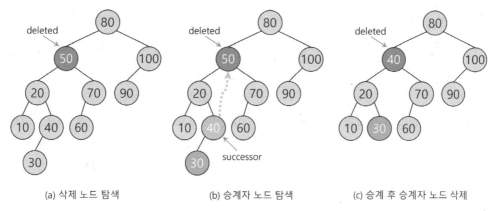

(a) 삭제 노드 탐색   (b) 승계자 노드 탐색   (c) 승계 후 승계자 노드 삭제

[그림 10.4] 이진 탐색 트리의 삭제: 두 서브트리를 가진 노드

[프로그램 10.4]는 이진 탐색 트리에서 노드를 삭제하는 함수이다. 탐색 과정에서 (줄 6)의 조건이 거짓이 되어 탐색이 종료되면 삭제할 노드가 존재하지 않는 경우이므로 더 진행하지 않고 종료하며, (줄 7)의 조건을 만족하여 반복문을 빠져나왔다면 deleted는 삭제 노드를 가리키고 parent는 삭제 노드의 부모를 가리킨다. 실질적인 삭제는 (줄 18)에서 시작한다. (줄 18~29)에서 보듯이 단말 노드와 서브트리가 하나인 노드를 삭제하는 작업은 동일한 코드에 의해 실행가능하다. (줄 21~22)를 통해 단말 노드이면 자식 노드를 가리키는 포인터 child는 널이 되고, 왼쪽 서브트리만 존재하면 child는 왼쪽 서브트리의 루트를 가리키고, 오른쪽 서브트리만 존재하면 child는 오른쪽 서브트리의 루트를 가리킨다. 이후 삭제 노드의 부모 노드와 자식 노드를 연결하면 된다(줄 25~26). 루트 노드를 삭제하는 경우에는 트리의 루트 노드가 변경되기 때문에(줄 23) 루트 노드 포인터에 대한 포인터로 매개변수를 전달받아야 한다(줄 2). 마지막으로 삭제 노드가 차지하고 있는 메모리를 시스템에 반납한다(줄 28).

(줄 31~44)는 서브트리가 둘인 노드를 삭제하는 작업을 처리한다. 먼저 승계자 노드를 찾기 위해 왼쪽 서브트리의 루트로부터 출발(줄 34)하여 오른쪽 자식을 따라 널 링크를 만날 때까지 이동한다(줄 35~38). 승계자 노드를 발견하고 나면 승계자 노드의 데이터를

삭제 노드로 복사(줄 39)하고 승계자 노드를 삭제하기 위해 승계자 부모 노드와 승계자 왼쪽 자식 노드를 연결한다(줄 41~42). 승계자는 오른쪽 자식 노드가 없음을 다시 강조한다. 승계자가 왼쪽 서브트리의 루트 노드이면 승계자 부모 노드 즉 삭제 노드의 왼쪽 자식 링크와 승계자의 왼쪽 자식 노드를 연결해야 하고, 그 밖의 경우에는 승계자 부모 노드의 오른쪽 자식 링크와 승계자의 왼쪽 자식 노드를 연결하면 된다. 마지막으로 승계자 노드가 차지하고 있는 메모리를 시스템에 반납한다(줄 43).

마지막으로 삭제 복잡도에 대해 생각해보자. 삭제 노드가 존재하지 않으면 (줄 6~16)의 1단계 탐색만 실행하게 되는데 루트에서부터 단말 노드까지 탐색해야 한다. 반대로 삭제 노드가 존재하면 1단계 탐색에서 삭제 노드가 있는 레벨까지 탐색하게 되고, 2단계 삭제가 이어진다. 2단계 삭제에서 단말 노드 또는 서브트리가 하나인 노드를 삭제하는 작업은 상수 시간이 걸리고, 서브트리가 둘인 노드를 삭제하는 작업은 삭제 노드가 있는 레벨부터 출발하여 최악의 경우 승계자를 찾아 단말 노드까지 내려간다. 결국 [프로그램 10.4]의 복잡도는 두 번의 탐색 과정(줄 6~12, 줄 35~38)에서 걸리는 시간에 비례한다. 따라서 높이가 h인 이진 탐색 트리의 삭제는 $O(h)$이다.

▣ 프로그램 10.4 이진 탐색 트리의 삭제

```
1   // data를 키 값으로 하는 노드를 트리 root에서 삭제
2   void delete_node_BST(Tnode **root, DataType data) {
3       Tnode *deleted = *root, *parent = NULL; // 삭제 노드와 부모 노드
4
5       // 1단계: 탐색
6       while (deleted) {
7           if (data == deleted->data) break;    // 탐색 성공
8           parent = deleted;                    // 부모 노드를 아래로
9           if (data < deleted->data)
10              deleted = deleted->left;         // 탐색을 왼쪽으로
11          else deleted = deleted->right;       // 탐색을 오른쪽으로
12      }
13      if (!deleted) {
14          printf("탐색이 실패했으므로 삭제가 불가능합니다.\n");
15          return;
16      }
17
18      // 2단계: 삭제 case 1+2. 단말 노드와 서브트리가 하나인 노드
19      if (!deleted->left || !deleted->right) {
20          Tnode *child;                        // 삭제 노드의 자식 노드
```

```
21        if (deleted->left) child = deleted->left;
22        else child = deleted->right;
23    if (!parent) *root = child;              // 루트 노드 삭제를 위한 링크 변경
24        else {                               // 일반 노드 삭제를 위한 링크 변경
25        if (parent->left == deleted) parent->left = child;
26        else parent->right = child;
27    }
28        free(deleted);                       // 삭제 노드 반납
29    }
30
31    // 2단계: 삭제 case 3.서브트리가 둘인 노드(승계자는 왼쪽 서브트리에)
32    else {
33        parent = deleted;                    // 승계자 부모 노드
34        Tnode *successor = deleted->left;    // 승계자 노드
35        while (successor->right) {           // 승계자를 찾아 오른쪽으로
36            parent = successor;
37            successor = successor->right;
38        }
39        deleted->data = successor->data;     // 승계
40        // 승계자 노드 삭제를 위한 링크 변경
41        if (parent == deleted) parent->left = successor->left;
42        else parent->right = successor->left;
43        free(successor);                     // 승계자 노드 반납
44    }
45 }
```

10.1.5 이진 탐색 트리의 높이

키의 개수가 같아도 이진 탐색 트리의 높이는 천차만별이다. 예를 들어 insert_node_BST 함수를 이용하여 키 값 1, 2, 3, 4, 5를 차례로 삽입하면 [그림 10.5(a)]와 같은 경사 이진 트리가 만들어질 것이고 키 값 4, 2, 5, 3, 1을 차례로 삽입하면 [그림 10.5(b)]와 같은 완전 이진 트리가 만들어질 것이다. 이진 탐색 트리 연산들은 탐색을 기반으로 한다는 걸 이미 배운바 있다. 탐색은 루트 노드에서부터 아래로 내려가면서 차례로 키를 비교하는 방식으로 이루어지기 때문에 탐색 시간은 키의 비교 횟수 즉 찾고자 하는 키가 있는 노드의 레벨과 비례한다. 각 키에 대한 탐색 확률이 모두 같다고 가정할 때 [그림 10.5(a)]의 평균 비교 횟수는 (1+2+3+4+5)/5=3회이고 [그림 10.5(b)]는 (3+2+3+1+2)/5=2.2회가 되므로 기왕이면 완전 이진 트리에 가까울수록 효율성이 높아진다.

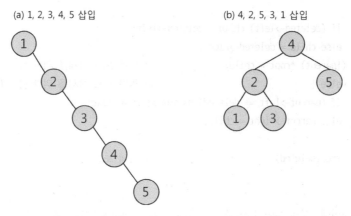

[그림 10.5] 같은 노드 개수, 다른 높이의 이진 탐색 트리

높이가 h인 이진 탐색 트리의 탐색, 삽입, 삭제는 모두 $O(h)$이다. n개의 노드를 갖는 이진 트리의 높이는 최소 $\lceil \log_2(n+1) \rceil$, 최대 n이므로 이진 탐색 트리의 탐색, 삽입, 삭제는 $O(n)$이다. 이 정도의 점근 복잡도는 배열에서 순차 탐색을 하는 경우와 다를 바가 없다. 물론 삽입과 삭제가 무작위로 발생한다면 트리의 높이를 최악으로 만드는 경사 이진 트리가 만들어질 확률이 매우 낮다. 그럼에도 불구하고 트리의 높이를 억제하는 안전장치가 있다면 좀 더 안심하고 사용할 수 있을 것이다. 트리의 높이를 $O(\log_2 n)$으로 유지하는 탐색 트리를 **균형 탐색 트리**(balanced search tree)라고 한다. AVL 트리, 레드-블랙 트리는 삽입과 삭제 시에 높이의 불균형이 발생하면 높이를 낮추기 위해 스스로 트리 구조를 변경하여 균형을 잡는 이진 탐색 트리로 탐색, 삽입, 삭제가 모두 $O(\log_2 n)$이다. 자세한 내용은 참고 문헌을 참조하기 바란다.

10.1.6 이진 탐색 트리 vs. 이진 탐색

5장에서 다룬 이진 탐색과 10장의 이진 탐색 트리는 '이진 탐색'이라는 말을 공통적으로 포함하고 있느니만큼 개념적으로는 유사한 측면이 있지만 사실 비교 불가능한 대상이다. 이진 탐색은 정렬된 배열을 대상으로 하는 탐색 알고리즘이고 이진 탐색 트리는 배열 또는 연결리스트로 구현하는 것이 모두 가능한 추상 데이터 구조이다. 여기에서는 정렬된 배열에서의 탐색, 삽입, 삭제와 연결리스트로 구현한 이진 탐색 트리의 탐색, 삽입, 삭제를 비교하도록 하자.

일단, 탐색은 원리가 유사하다. 정렬된 배열에서의 이진 탐색이나 이진 탐색 트리의 탐색 모두 탐색의 대상을 절반씩 줄여나가는 것이 목표이다. 이진 탐색은 $O(\log_2 n)$인 반면, 이진 탐색 트리의 탐색은 균형을 유지한다고 가정했을 때 $O(\log_2 n)$이고 그렇지 못하면 $O(n)$이다. 정렬된 배열에서의 삽입과 삭제는 이진 탐색을 실행한 후에 이루어지는데 배열을 이용하다보니 데이터 이동에 걸리는 시간이 $O(n)$이다. 반면, 이진 탐색 트리의 삽입과 삭제는 균형을 유지한다고 가정했을 때 $O(\log_2 n)$이고 그렇지 못하면 $O(n)$이다. 따라서 탐색만 고려하면 이진 탐색이 더 나은 측면이 있지만 삽입과 삭제는 오히려 이진 탐색 트리가 효율적이다. 따라서, 삽입과 삭제가 거의 없고 탐색만 있는 문제를 해결하려면 정렬된 배열에서 이진 탐색을 사용하는 것이 효과적이고 삽입과 삭제가 빈번하게 발생하는 문제에는 이진 탐색 트리를 사용하는 것이 좋다.

10.2 우선순위 큐와 히프

우선순위 큐와 히프는 매우 밀접한 관계가 있다. 추상 데이터 구조인 우선순위 큐를 구현하는 가장 효과적인 방법은 특별한 이진 트리인 히프를 사용하는 것이다.

10.2.1 우선순위 큐

줄 또는 대기 행렬을 효과적으로 처리하는 큐에 대해 공부한바 있다. 큐의 동작 방식은 선입선출이다. '새치기'나 '양보'가 없다. 그런데 경우에 따라서는 새치기 또는 양보가 필요한 상황이 있다. 서울 지하철 9호선에는 일반 열차와 급행 열차가 있다. 주요 역에만 정차하는 급행 열차는 모든 역에 정차하는 일반 열차를 추월해야 하는 상황이 생긴다. 추월이 허용되는 역에서는 일반 열차가 급행 열차에게 철도를 양보해야 한다. 그렇지 않으면 급행 열차를 운행하는 이유가 없을 것이다. 병원 응급실도 마찬가지이다. 위급한 환자의 경우 늦게 도착했더라도 먼저 치료를 받도록 조치해야 할 것이다. 가끔 식당이나 카페에 가서 차례를 기다리다보면 연세가 많거나 아주 어린 손님들에게는 순서를 양보하는 경우가 생긴다. 이렇게 도착한 순서와는 관계없이 우선순위에 따라 처리 순서가 결정되는 큐를 **우선순위 큐**(priority queue)라고 한다. 컴퓨터에서도 이런 상황이 자주 발생한다. 운영체제는 실행을 기다리는 프로세스가운데 높은 우선순위의 프로세스에게 먼저 중앙처리장치를 할당한다. 우선순위 큐에서는 각 데이터에 우선순위가 매겨져 있으며 우선순위가 가장 높은 데이터를 먼저 삭제한다.

우선순위 큐가 특수한 큐처럼 보이지만 사실 일반 큐가 특수한 우선순위 큐이다. 데이터가 도달한 시간이 빠를수록 우선순위를 높게 부여한다면 우선순위 큐는 일반 큐와 똑같이 움직일 것이다. 그렇다면 일반 큐가 필요한 곳에 일반 큐처럼 동작하는 우선순위 큐를 사용한다면? 우선순위 큐를 사용하는 것이 안 될 거야 없지만 일반 큐를 써야 할 곳에는 일반 큐를 쓰는 것이 효율적이다. 삽이면 충분한 상황에서 포크레인을 사용할 이유가 없다.

[ADT 10.1]은 우선순위 큐에 대한 추상 데이터 타입이다. 기본적으로 큐에 대한 추상 데이터 타입과 차이가 없다. 가장 중요한 핵심 연산은 삽입 연산 insert와 삭제 연산 delete이다. 우선순위 큐에서의 삭제는 우선순위가 가장 높은 데이터를 삭제하는 것임을 잊지 말자.

ADT 10.1   우선순위 큐

```
1   데이터: 우선순위를 갖는 n개의 항목
2   연산:
3     init_pqueue(pq): 우선순위 큐 pq의 초기화
4     print_pqueue(pq): 우선순위 큐 pq의 항목들을 출력
5     is_pqueue_full(pq): 우선순위 큐 pq가 포화 상태인지 판단
6     is_pqueue_empty(pq): 우선순위 큐 pq가 공백 상태인지 판단
7     insert(pq, data): 우선순위 큐 pq에 data를 추가
8     delete(pq): 우선순위 큐 pq에서 가장 우선순위가 높은 데이터를 삭제 반환
9     peek(pq): 우선순위 큐 pq에서 가장 우선순위가 높은 데이터를 반환
```

우선순위 큐는 여러 방법으로 구현이 가능하다. [표 10.1]은 다양한 방법으로 구현한 우선순위 큐에 대해 삽입과 삭제 시간을 비교한 것이다. 현재 우선순위 큐에 n개의 데이터가 저장되어 있다고 가정하자.

- **정렬되지 않은 배열** : 삽입은 매우 간단하다. 저장된 항목의 맨 끝에 추가하면 되므로 $\Theta(1)$이다. 우선순위가 가장 높은 데이터를 삭제하려면 먼저 순차 탐색을 통해 가장 우선순위가 높은 데이터를 찾고 나서 삭제해야 한다. 탐색은 전체 데이터를 모두 훑어야하므로 $\Theta(n)$이고 삭제로 인한 데이터 이동 시간은 $O(n)$이다. 따라서 삭제에 걸리는 시간은 $\Theta(n)$이 된다.

- **정렬되지 않은 연결리스트** : 정렬되지 않은 배열과 다르지 않다. 삽입은 연결리스트의 맨 처음이나 맨 끝[59]에 추가하면 되므로 $\Theta(1)$이다. 우선순위가 가장 높은 데이터를 삭제하려면 마찬가지로 순차 탐색을 통해 가장 우선순위가 높은 데이터를 찾

고 나서 삭제해야 한다. 탐색은 전체 연결리스트의 노드를 모두 훑어야하므로 $\Theta(n)$ 이다. 노드 삭제로 인한 데이터 이동 시간은 없다. 따라서 삭제에 걸리는 시간은 $\Theta(n)$이 된다.

- **정렬된 배열** : 우선순위에 따라 오름차순으로 정렬된 배열을 생각해보자. 삽입은 새 데이터가 들어갈 위치를 찾고 나서 삽입이 이루어져야 한다. 정렬된 배열이므로 이 진 탐색이 가능하다. 이진 탐색으로 삽입 위치를 탐색하는 작업은 $O(\log_2 n)$이고 삽 입 위치 이후의 데이터를 이동하는데 $O(n)$이므로 삽입에 걸리는 시간은 $O(n)$이다. 삭제는 저장된 맨 마지막 항목을 제거하면 되므로 $\Theta(1)$이다.

- **정렬된 연결리스트** : 삭제의 효율성을 위해서 우선순위에 따라 내림차순으로 정렬된 리스트가 유리하다. 노드 삽입이나 삭제로 인한 데이터 이동은 없다. 삽입은 새 데 이터가 들어갈 위치를 찾는 일이 복잡도를 좌우하는데 연결리스트이므로 순차 탐색 을 사용해야 한다. 순차 탐색으로 삽입 위치를 탐색하는 작업은 $O(n)$이므로 삽입에 걸리는 시간은 $O(n)$이다. 삭제는 연결리스트의 맨 처음 노드를 제거하면 되므로 $\Theta(1)$이다.

지금까지 살펴본 모든 구현 방법은 삽입에 월등히 유리하던지 아니면 삭제에 월등히 유리하다. 얼마나 많은 삽입과 삭제가 일어날지 모르는 상황에서 삽입과 삭제의 복잡도 가 차이가 크다면 선뜻 사용하기가 쉽지 않다. 뒤에서 자세히 다루겠지만 히프를 이용하 여 우선순위 큐를 구현하면 삽입과 삭제 시간이 모두 $O(\log_2 n)$이 되어 다른 방법과 비해 상당히 효과적이다.

[표 10.1] 우선순위 큐의 구현 방법에 따른 삽입과 삭제

구현 방법	삽입	삭제
정렬되지 않은 배열	$\Theta(1)$	$\Theta(n)$
정렬되지 않은 연결리스트	$\Theta(1)$	$\Theta(n)$
정렬된 배열	$O(n)$	$\Theta(1)$
정렬된 연결리스트	$O(n)$	$\Theta(1)$
히프	$O(\log_2 n)$	$O(\log_2 n)$

---

59 헤드 포인터 외에 맨 마지막 노드를 가리키는 포인터가 하나 더 필요하다.

10.2.2 히프의 정의

히프(heap)는 특수한 완전 이진 트리이다[60]. 대표적인 히프에는 **최대 히프**(max heap)와 **최소 히프**(min heap)가 있는데 다음과 같이 정의된다.

> ◎ **정의 10.2** **최대 히프와 최소 히프**
> - 최대 히프: 부모 노드의 값이 자식 노드의 값보다 크거나 같은 완전 이진 트리
> - 최소 히프: 부모 노드의 값이 자식 노드의 값보다 작거나 같은 완전 이진 트리

정의에서 알 수 있듯이 이진 탐색 트리와는 달리 히프는 데이터가 같은 노드를 허용한다. [그림 10.6]은 최대 히프와 최소 히프의 예를 보여준다. 최대 히프의 루트 노드는 트리에서 가장 큰 데이터 값을 가지며, 반대로 최소 히프의 루트 노드는 트리에서 가장 작은 데이터 값을 가진다. 히프에서는 루트에서 단말 노드에 이르는 경로 상의 노드 간에만 확실한 순서가 매겨진다. 형제 노드를 포함하여 나머지 노드들하고는 상관이 없다. 나중에 자세히 공부하겠지만 이러한 부분 순서 관계(partial order relation)가 삽입과 삭제를 효과적으로 만드는 원동력이 된다.

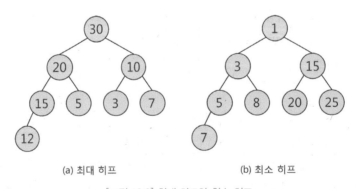

(a) 최대 히프　　　　　　　(b) 최소 히프

[그림 10.6] 최대 히프와 최소 히프

히프는 우선순위 큐를 구현하는 가장 효과적인 데이터 구조이다[61]. 우선순위를 데이터 값으로 설정한다면 최대 히프는 우선순위가 가장 높은 항목을 삭제하는데 적합하고 최소 히프는 우선 순위가 가장 낮은 항목을 삭제하는데 적합하다. 앞으로 최대 히프를

60　우리는 이진 히프만 다루도록 한다. 이진 트리가 아닌 히프의 유형도 여럿 있다.
61　종종 우선순위 큐를 히프라고 부르기도 한다.

기준으로 설명하기로 한다. 최소 히프 연산은 최대 히프와 대칭적이다.

10.2.3 최대 히프의 표현

히프는 완전 이진 트리이므로 배열로 구현하는 것이 적합하다. 물론 배열의 경우 삽입
과 삭제 시 데이터 이동으로 인한 오버헤드가 크다는 사실을 잘 알고 있을 것이다. 그러
나, 히프의 삽입과 삭제는 좀 특별해서 배열에서도 효율적으로 동작한다. 다음은 배열로
구현한 히프 구조로 사용할 **ArrayHeap** 타입의 정의이다. 사실 6장에서 다룬 배열리스트
의 정의와 동일하다. 메타 정보로 히프에 저장된 데이터 개수만을 포함하고 있으며 언제
든지 필요하면 메타 정보를 변경하거나 추가하면 된다.

```
#define MAX_SIZE 100
#define DataType int
typedef struct ArrayHeap {
    int length;                 // 히프에 저장된 항목의 개수
    DataType heap[MAX_SIZE];    // 히프
} ArrayHeap;
```

10.2.4 최대 히프에서의 삽입

최대 히프에 새로운 데이터를 삽입하는 방법을 알아보자. [그림 10.7(a)]의 최대 히프
에 25를 삽입한다고 가정하자. 최대 히프는 완전 이진 트리이므로 삽입이 끝나면 [그림
10.7(b)]와 같은 모습이 될 것이다. 이제 남은 것은 완전 이진 트리의 노드 값을 변경하여
최대 히프가 되도록 만드는 일이다. 만약 1을 삽입하는 경우라면 배열 인덱스 9에 1을 그
냥 저장하면 된다. 최대 히프를 만족하기 때문이다. 그런데 25의 경우 배열 인덱스 9에
그냥 저장하면 안 된다. 왜냐하면 부모 노드의 데이터 값보다 커서 최대 히프의 조건에
어긋나기 때문이다. 따라서 저장하기 전에 반드시 부모 노드와 비교해야 한다. [그림
10.7(c)]는 부모 노드의 값 15를 아래로 내리고 인덱스 4에 25를 저장하기 직전의 모습이
다. 어차피 인덱스 4에는 이전 값 15보다 더 큰 값이 저장되기 때문에 왼쪽 서브트리에는
전혀 영향을 주지 않는다. 역시 이 시점에서 25를 인덱스 4에 저장하기 전에 부모 노드의
값 20과 비교한다. [그림 10.7(d)]는 부모 노드의 값 20을 아래로 내리고 인덱스 2에 25를
저장하기 직전의 모습이다. 다행히도 부모 노드의 값 30보다 작으므로 25를 저장하고 삽

입 과정을 종료한다. [그림 10.7(e)]는 삽입이 완료된 최대 히프를 보여준다.

최대 히프의 삽입은 완전 이진 트리의 단말 노드에서부터 출발하여 루트 노드에 이르기까지의 경로를 따라 올라가면서 부모 노드와 자식 노드의 값을 비교하고 이동하는 작업이 대부분이다. 루트에서 단말 노드에 이르는 경로 상의 노드 간에만 확실한 순서가 매겨진다는 히프의 특성을 이용함으로써 데이터의 이동을 최소화한다. 완전 이진 트리의 높이를 생각해보면 삽입 시간이 $O(\log_2 n)$이 됨을 짐작할 수 있을 것이다.

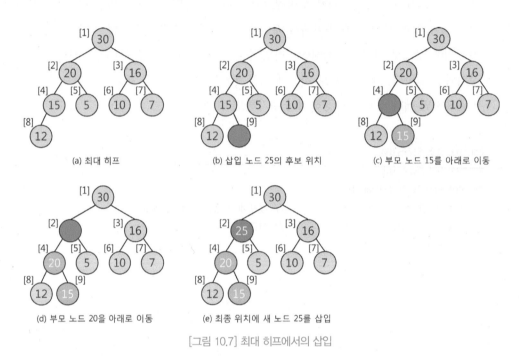

(a) 최대 히프   (b) 삽입 노드 25의 후보 위치   (c) 부모 노드 15를 아래로 이동

(d) 부모 노드 20을 아래로 이동   (e) 최종 위치에 새 노드 25를 삽입

[그림 10.7] 최대 히프에서의 삽입

[프로그램 10.5]는 최대 히프의 삽입 함수이다. 배열로 구현된 히프는 인덱스 연산만 가지고도 부모 노드와 자식 노드를 쉽게 찾아갈 수 있으니 구현에 별 어려움이 없다. (줄 8~11)이 단말 노드에서 출발하여 트리를 거슬러 올라가면서 부모 노드의 값을 자식 노드로 옮기는 과정이다. 이 과정은 루트 노드에 도달하거나 삽입 값이 부모 노드의 값보다 같거나 작아지면 멈춘다. 히프의 높이는 $\lceil \log_2(n+1) \rceil$이므로 (줄 8~11)이 $O(\log_2 n)$ 만큼 반복된다는 것을 의미한다. 따라서 삽입 함수의 시간 복잡도는 $O(\log_2 n)$이다.

프로그램 10.5   최대 히프의 삽입

```
1   // 최대 히프에 data를 삽입
2   void insert_max_heap(ArrayHeap *AH, DataType data) {
3       if (AH->length == MAX_SIZE-1) {
4           printf("포화 히프이므로 항목 삽입이 불가능합니다.\n");
5           exit(1);
6       }
7       int parent = ++AH->length;              // 새 노드의 위치
8       while ((parent != 1) && (data > AH->heap[parent/2])) {
9           AH->heap[parent] = AH->heap[parent/2];   // 자식 노드로 값 복사
10          parent /= 2;                         // 부모 노드로 이동
11      }
12      AH->heap[parent] = data;                 // 새 노드를 삽입
13  }
```

10.2.5 최대 히프에서의 삭제

최대 히프에서 삭제 노드는 무조건 루트 노드이다. [그림 10.8(a)]의 최대 히프에서 노드를 삭제하면 [그림 10.8(b)]가 된다. 완전 이진 트리를 유지해야 하므로 히프의 마지막 노드를 삭제하여 비어있는 루트 노드로 대치하면 [그림 10.8(c)]와 같은 완전 이진 트리 모양이 만들어지게 될 것이다. 이제 남은 것은 이 완전 이진 트리의 노드 값을 변경하여 최대 히프가 되도록 만드는 일이다. 짐작하겠지만 삽입과는 반대로 루트에서부터 단말 노드 쪽으로 내려가면서 최대 히프로 재조정하게 된다.

마지막 노드의 값 15를 루트 노드에 그냥 저장하면 안 된다. 왜냐하면 자식 노드 값보다 작으면 최대 히프의 조건에 어긋나기 때문이다. 따라서 자식 노드 값과 비교하여야 한다. 그런데 자식 노드 중 어떤 자식 노드와 비교할 것인가? [그림 10.8(c)]에서 자식 노드 값 25와 16 중 더 큰 값인 25와 비교하여야 한다. 만약 16과 비교하게 되면 16이 부모 노드인 루트 노드로 이동하게 되고 그 결과 자식 노드 값 25보다 작기 때문에 최대 히프가 깨지기 때문이다. 따라서 두 자식 노드 중 값이 큰 노드와 비교하여야 한다. [그림 10.8(d)]는 25를 위로 올리고 인덱스 2에 15를 저장하기 직전의 모습이다. 역시 이 시점에서도 15를 인덱스 2에 그냥 저장할 수 없다. 다시 두 자식 노드 중 더 큰 값인 20과 15를 비교한다. [그림 10.8(e)]는 자식 노드 값 20을 위로 올리고 인덱스 4에 15를 저장하기 직전의 모습이다. 이 상황에서는 다행히도 자식 노드 값 12보다 15가 큰 값이므로 15를

저장하고 삭제 과정을 종료한다. [그림 10.8(f)]는 삭제가 완료된 최대 히프를 보여준다.

최대 히프의 삭제는 완전 이진 트리의 루트 노드에서부터 출발하여 단말 노드에 이르기까지의 경로를 따라 내려가면서 부모 노드와 자식 노드의 값을 비교하고 이동하는 작업이 대부분이다. 루트에서 단말 노드에 이르는 경로 상의 노드 간에만 확실한 순서가 매겨진다는 히프의 특성을 이용함으로써 데이터의 이동을 최소화한다. 삭제 시간이 $O(\log_2 n)$이 됨을 짐작할 수 있을 것이다.

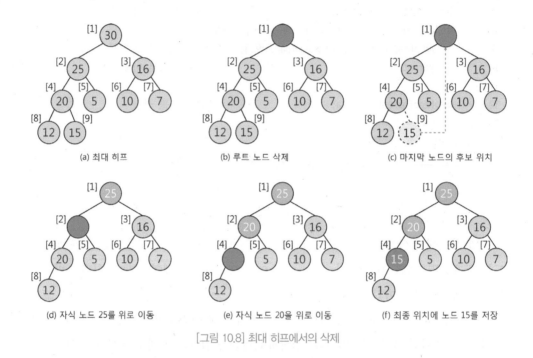

[그림 10.8] 최대 히프에서의 삭제

[프로그램 10.6]는 최대 히프의 삭제 함수이다. (줄 11~18)이 루트 노드에서부터 출발하여 트리를 따라 내려가면서 자식 노드의 값을 부모 노드로 옮기는 과정이다. 왼쪽 자식과 오른쪽 자식 중 큰 노드와 비교한다(줄 12~14). 이 과정은 단말 노드에 도달(줄 11)하거나 자식 노드의 데이터 값보다 같거나 커지면(줄 15) 멈춘다. 히프의 높이는 $\lceil \log_2(n+1) \rceil$ 이므로 (줄 11~18)이 $O(\log_2 n)$ 만큼 반복된다는 것을 의미한다. 따라서 삭제 함수의 시간 복잡도는 $O(\log_2 n)$이다.

프로그램 10.6   최대 히프의 삭제

```c
1   // 최대 히프에서 루트 노드를 삭제
2   DataType delete_max_heap(ArrayHeap *AH) {
3       int child = 2;
4
5       if (AH->length == 0) {
6           printf("공백 히프이므로 항목 삭제가 불가능합니다.\n");
7           exit(1);
8       }
9       DataType deleted = AH->heap[1];            // 삭제할 노드를 저장
10      DataType last = AH->heap[AH->length--];    // 마지막 노드를 저장
11      while (child <= AH->length) {
12          // 큰 값의 자식 노드를 선정
13          if (child < AH->length && AH->heap[child] < AH->heap[child+1])
14              child++;
15          if (last >= AH->heap[child]) break;
16          AH->heap[child/2] = AH->heap[child];   // 부모 노드로 값 복사
17          child *= 2;                            // 왼쪽 자식 노드로 이동
18      }
19      AH->heap[child/2] = last;                  // 맨 마지막 노드 값 저장
20      return deleted;                            // 삭제한 노드 반환
21  }
```

1. 다음 물음에 답하시오.

   (1) 다음 순서로 입력되었을 때 만들어진 이진 탐색 트리를 나타내시오.

      5, 3, 7, 2, 4, 6, 9, 1, 8, 10

   (2) 생성된 이진 탐색 트리를 배열에 저장한 결과를 표현하시오.

0	1	2	3	4	5	6	7	8	9	10	11	12	13	14	15	16	17	18	19

2. 다음 표현 방법에 대해 임의의 원소를 삽입하고 삭제하는 데 걸리는 시간 복잡도를 나타내시오. 현재 저장된 원소들은 n개이며 모든 원소의 키 값은 유일해야 한다.

표현 방법	삽입	삭제
순서없는 배열		
순서없는 연결 리스트		
정렬된 배열		
정렬된 연결 리스트		
이진 탐색 트리		

3. 이진 탐색 트리에서는 기본적으로 키 값에 대한 탐색이 가능하지만 순서에 의한 탐색, 예를 들어 다섯 번째 작은 키를 탐색하는 연산도 가능하다. 어떤 방법으로 하면 되는지 설명하시오.

4. 히프의 표현은 연결리스트보다 배열을 사용하는 것이 효과적이다. 그 이유는 ?

5. 텍스트 파일을 읽어 들여 각 단어가 등장한 횟수와 줄을 출력하는 프로그램을 이진 탐색 트리를 이용하여 작성하시오. 예를 들어 다음 두 줄에 대한 출력 결과는 아래 표와 같이 될 것이다.

Is   this   the   real   life?
Is   this   just   fantasy?

단어	횟수	줄
fantasy	1	2
is	2	1, 2
just	1	2
life	1	1
real	1	1
the	1	1
this	2	1, 2
계	9	

6. 다음 최대 히프와 최소 히프를 대상으로 물음에 답하시오.

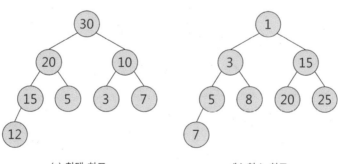

(a) 최대 히프   (b) 최소 히프

(1) 4가 삽입되고 난 후 히프의 모습을 나타내시오.

(2) 삭제 연산 이후의 히프의 모습을 나타내시오.

7. 다음 순서로 입력되었을 때 생성되는 최대 히프와 최소 히프를 나타내시오.

   5, 3, 7, 2, 4, 6, 9, 1, 8, 10

8. 히프에는 최대 히프와 최소 히프외에도 다양한 유형이 존재한다. 이 가운데 최소−최대 히프, 디프, 피보나치 히프에 대해 조사하시오.

CHAPTER **11**

그래프

11.1 그래프 ADT

11.1.1 그래프의 기본 개념

그래프는 수학의 그래프 이론 분야가 원조이다. 스위스 수학자 오일러(Leonhard Euler)가 1736년에 쓴 '쾨니히스베르크의 7개 다리'에 관한 논문에서 그래프라는 개념이 처음으로 사용되었다[62]. 지금은 러시아 칼리닌그라드주의 주도인 칼리닌그라드(Kaliningrad)는 과거 독일에 속해 있을 당시에는 쾨니히스베르크(Königsberg)라 불리었다[63]. 쾨니히스베르크 시는 프레겔 강으로 인해 4개의 지역으로 분할되어 있었고 이 지역은 7개의 다리로 서로 연결되어 있었다. 쾨니히스베르크의 다리 문제는 모든 다리를 단 한 번씩만 건너서 처음 출발한 지역으로 돌아올 수 있는지를 묻는 것이었다. 유명한 오일러의 한붓그리기 문제이다. 그래프에 존재하는 모든 간선을 단 한번씩 만 거치면서 출발 정점으로 돌아오는 경로를 오일러 회로(Euler circuit) 또는 오일러 사이클(Euler cycle)이라 부른다.

오일러는 4개의 지역과 이를 연결하는 7개의 다리에만 촛점을 맞추고 나머지 모든 내용들은 제거하는 이른바 추상화를 통해 문제를 단순화하였다. 지역은 정점으로, 다리는 간선으로 표현하여 실세계를 모델링한 것이다. [그림 11.1]은 그러한 추상화 과정을 보여준다. 오일러는 모든 정점에 연결된 간선 개수가 짝수일 때만 오일러 회로가 존재함을 증명하였으며 쾨니히스베르크의 다리 문제에는 오일러 회로가 존재하지 않는다는 결론을 내렸다.

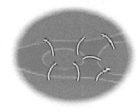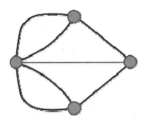

[그림 11.1] 쾨니히스베르크 다리 문제(위키 백과)

---

62 그래프라는 용어는 거의 150년이 지나 1878년 영국의 수학자 실베스터(James Joseph Sylvester)에 의해서 처음 만들어졌다.

63 2018 러시아 월드컵축구 대회의 개최 도시 중 하나이다. 1724년 철학자 임마누엘 칸트가 태어나서 평생을 살았던 곳이기도 하다.

컴퓨터 과학에서의 그래프는 수학에서의 그래프 이론 분야의 개념을 구현하기 위한 추상 데이터 구조이다. 그래프는 물리학, 생물학, 사회학 등 여러 분야에서 다양한 유형의 관계를 모델링하는데 사용되어 왔다. 수많은 실세계의 문제들이 그래프를 이용하여 표현될 수 있다. 컴퓨터과학도 예외는 아니어서 그래프는 객체 간의 네트워크를 표현하는데 널리 사용된다. 예를 들어 웹사이트의 링크 구조는 웹 페이지를 정점으로 하고 페이지 사이의 링크를 간선으로 하는 그래프로 표현가능하며 유사한 접근 방식이 소셜 미디어, 도로망, 통신망, 유통망, 배관, 컴퓨터 칩 설계 등에 관련된 문제들에도 사용될 수 있다. 그래프는 네트워크를 표현하는 모든 분야에 적용가능하며 모든 수학적 구조 중에서 가장 널리 사용된다고 해도 과언이 아니다. [그림 11.2], [그림 11.3], [그림 11.4]는 그래프를 이용하는 예를 보여준다.

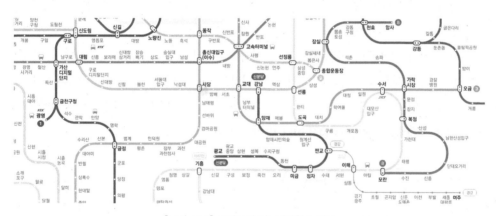

[그림 11.2] 그래프의 예: 지하철 노선도

[그림 11.3] 그래프의 예: SNS

[그림 11.4] 그래프의 예: 전기회로망

11.1.2 그래프의 용어

그래프는 **정점(vertex)**과 **간선(edge)**들의 집합으로 구성된다. 수학적으로 그래프 G는 정점들의 집합 $V(G)$와 간선들의 집합 $E(G)$로 구성되며 그래프 $G = (V, E)$로 표현한다. 정점은 하나 이상 있어야 하지만 간선은 공집합도 허용한다. 정점을 노드라고도 부르기 때문에 트리나 그래프나 구성 요소는 동일하다. 그러나, 트리의 노드는 상대적 위치가 중요한 반면 그래프의 정점은 그 위치가 어디라도 상관없다. [그림 11.5]의 G_1과 G_2는 같은 그래프이며 G_3과 G_4도 같은 그래프이다. 이렇게 정점과 간선의 집합이 동일한 그래프를 **동형 그래프(isomorphic graph)**라고 하며 같은 그래프로 여긴다.

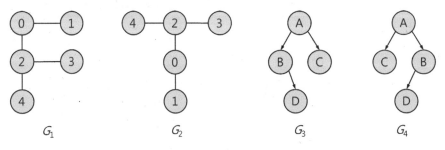

[그림 11.5] 동형 그래프

그래프에 대한 설명을 이어나가기 전에 우리가 다루는 그래프는 **단순 그래프(simple graph)**라는 점을 명확히 하고자 한다. 단순 그래프는 다음과 같은 두 가지 조건을 만족해야 한다.

- 양 끝 정점이 동일한 다중 간선을 허락하지 않는다. 다중 간선을 갖는 그래프를 다중그래프(multigraph)라고 한다([그림 11.6(a)]).
- 간선의 양 끝 정점은 서로 달라야 한다. 따라서 양 끝 점이 같은 간선인 자체 루프(self-loop)를 허용하지 않는다([그림 11.6(b)]).

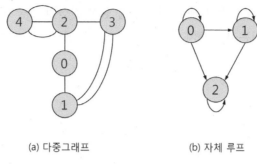

(a) 다중그래프　　　　　　　(b) 자체 루프

[그림 11.6] 허용되지 않는 그래프

그래프를 분류하는 방법으로 크게 두 가지가 있다. 첫째, **무방향 그래프**(undirected graph)와 **방향 그래프**(directed graph)이다. 방향그래프를 **다이그래프**(digraph)라고 줄여 말하기도 한다. [그림 11.5]의 G_1과 G_2는 무방향 그래프이고 G_3과 G_4는 방향 그래프이다. 둘의 차이는 간선을 바라보는 입장 차이다. 무방향 그래프에서는 간선의 방향성이 없다. 정점 v_i와 v_j사이의 간선과 정점 v_j와 v_i사이의 간선은 동일한 간선이다. 무방향 그래프에서는 정점 v_i와 v_j사이의 간선을 (v_i, v_j)라 표시하는데 $(v_i, v_j) = (v_j, v_i)$이다. [그림 11.5]의 무방향 그래프 G_1과 G_2는 다음과 같은 집합 형식으로도 표현 가능하다.

- $V(G_1) = V(G_2) = \{0, 1, 2, 3, 4\}$
- $E(G_1) = E(G_2) = \{(0, 1), (0, 2), (2, 3), (2, 4)\}$

방향 그래프에서는 간선에 방향성이 있어 화살표로 표현된다. 정점 v_i로부터 출발하여 v_j에 도달하는 간선과 정점 v_j로부터 출발하여 v_i에 도달하는 간선은 서로 다른 간선이다. 방향 그래프에서는 v_i로부터 출발하여 v_j에 도달하는 간선을 $\langle v_i, v_j \rangle$라 표시하는데 $\langle v_i, v_j \rangle \neq \langle v_j, v_i \rangle$이다. 간선 $\langle v_i, v_j \rangle$에서 정점 v_i를 **꼬리**(tail), v_j를 **머리**(head)라 한다. [그림 11.5]의 방향 그래프 G_3과 G_4는 다음과 같은 집합 형식으로도 표현 가능하다.

- $V(G_3) = V(G_4) = \{A, B, C, D\}$
- $E(G_3) = E(G_4) = \{\langle A, B \rangle, \langle A, C \rangle, \langle B, D \rangle\}$

둘째, **비가중치 그래프**(unweighted graph)와 **가중치 그래프**(weighted graph)이다. 둘의 차이는 간선에 가중치가 있는지 여부이다. 비가중치 그래프에서는 간선에 어떠한 정보도 없다. 따라서 응용 범위가 상대적으로 제한적이다. 반면 가중치 그래프에서는 [그림 11.7]처럼 간선에 어떤 값을 부여하여 훨씬 복잡한 관계를 표현한다[64]. 가중치 그래프를 활용하여 문제를 해결해야 하는 경우가 훨씬 많다. 예를 들어 도로망에서는 도시 간의 거리, 통신망에서는 라우터 간 패킷 전송 비용 등을 간선의 가중치로 삼아 문제를 해결할 수 있다. 이 장에서는 비가중치 그래프를 중심으로 살펴보고 가중치 그래프는 12장에서 자세히 다룰 예정이다.

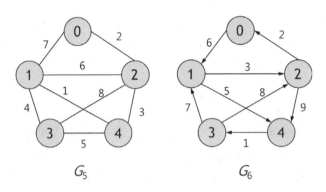

[그림 11.7] 가중치 그래프

그래프 용어에 대해 더 알아보자.

무방향 그래프에 간선 (v_i, v_j)가 존재하면 정점 v_i와 v_j는 **인접(adjacent)**했다고 말한다. 그래프는 어떤 정점들이 인접했는가를 모아놓은 것이나 다름없으므로 인접은 정점 사이에 존재하는 가장 기본적인 관계이다. 한 정점에 직접 연결된 간선 수 또는 인접한 정점 수를 정점의 **차수(degree)**라 한다. 무방향 그래프 G_5에서 정점 2에 인접한 정점은 {0, 1, 3, 4}이고 정점 2의 차수는 4이다. 모든 정점의 차수를 다 더하면 그래프 간선 수의 2배가 된다. 이는 한 간선이 두 정점의 차수 계산에 포함되기 때문이다. 그래프 G_5의 정점 0부터 차수를 모두 더하면 2+4+4+3+3=16이고 총 간선 수는 8이다.

방향 그래프에 간선 $\langle v_i, v_j \rangle$가 존재하면 정점 v_i는 v_j에 인접했다고 하고, 정점 v_j는 v_i로부터 인접했다고 한다. 한 정점에 바깥으로부터 들어오는 간선 수를 정점의 **진입차수(in-degree)**, 바깥으로 향하는 간선 수를 **진출차수(out-degree)**라 한다. 방향 그래프 G_6에서 정점 2에 인접한 정점은 {1, 3}, 정점 2의 진입차수는 2이고 정점 2로부터 인접한 정점은 {0, 4}, 정점 2의 진출차수는 2이다. 모든 정점의 진입 차수를 다 더하면 그래프 간선 수와 같고 진출 차수를 다 더해도 그래프 간선 수와 같다. 그래프 G_6의 정점 0부터 진입 차수를 모두 더하면 1+2+2+1+2=8, 진출 차수를 모두 더하면 1+2+2+2+1=8, 총 간선 수도 8이다.

무방향 그래프에서 간선 (v_i, v_1), (v_1, v_2), (v_2, v_3), …, (v_n, v_j)가 모두 있다면 정점 v_i에

---

64 정점에 가중치를 부여하는 경우도 있으나 우리가 다루는 범위에서 벗어난다.

서 v_j까지 $v_i, v_1, v_2, v_3, \ldots, v_n, v_j$ 라는 **경로(path)**가 존재한다. **경로의 길이(path length)**는 비가중치 그래프인 경우 그 경로 상에 있는 간선의 수이고 가중치 그래프인 경우 그 경로 상에 있는 간선의 가중치 합이다. 그래프 G_1의 경로 1, 0, 2, 4는 길이가 4인 경로이고 경로 1, 3, 2, 4는 존재하지 않는다. 그래프 G_5의 경로 1, 0, 2, 4는 길이가 7+2+3=12인 경로이다. 한 경로 상의 모든 정점이 다른 경로는 **단순 경로(simple path)**이고 처음과 마지막 정점이 같은 단순 경로는 **사이클(cycle)**이다. 그래프 G_5의 경로 1, 0, 2, 4는 단순 경로이고, 경로 1, 0, 2, 4, 1은 사이클이다.

방향 그래프에서 간선 $\langle v_i, v_1 \rangle$, $\langle v_1, v_2 \rangle$, $\langle v_2, v_3 \rangle$, $\ldots$, $\langle v_n, v_j \rangle$가 모두 있다면 정점 v_i에서 v_j까지의 $v_i, v_1, v_2, v_3, \ldots, v_n, v_j$라는 경로가 존재한다. 그래프 G_3의 경로 A, B, D는 길이가 2인 경로이고 경로 D, B, A는 존재하지 않는다. 그래프 G_6의 경로 0, 1, 4, 3은 길이가 6+5+1=12인 단순 경로이고 경로 4, 3, 1, 4는 길이가 1+7+5=13인 사이클이다[65].

그래프 G에 속한 정점들의 부분 집합과 간선들의 부분 집합으로 구성된 그래프를 G의 **서브그래프(subgraph)** 또는 부분그래프라 한다. [그림 11.8]은 그래프 G_1의 서브그래프들을 보여준다.

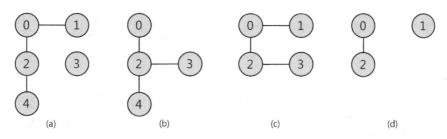

[그림 11.8] 그래프 G_1의 서브그래프

완전 그래프(complete graph)는 가질 수 있는 최대한의 간선을 포함하는 그래프이다. 당연히 완전 그래프의 모든 정점들은 서로 인접해있다. 정점의 개수가 n인 무방향 완전 그래프의 경우 총 간선의 수는 n개에서 2개를 뽑는 조합의 수와 같으므로 $n \times (n-1)/2$이고, 정점의 개수가 n인 방향 완전 그래프의 경우 총 간선의 수는 n개에서 2개를 뽑는 순열의 수와 같으므로 $n \times (n-1)$이다. [그림 11.9]는 완전 그래프의 예를 보여준다. G_7은 $5 \times 4/2 = 10$개, G_8은 $4 \times 3/2 = 6$개, G_9는 $3 \times 2/2 = 3$개, G_{10}은 $3 \times 2 = 6$개의 간선을 갖는다.

---

65 방향 그래프에서는 방향 경로, 단순 방향 경로, 방향 사이클이 더 정확한 표현이지만 혼란을 주지 않는 경우라면 무방향 그래프와 동일한 용어를 사용할 것이다.

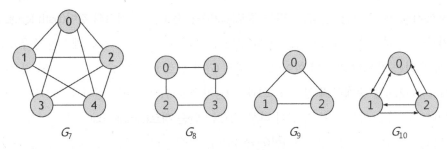

[그림 11.9] 완전 그래프

연결(connectivity)과 관련된 용어도 자주 사용된다. 무방향 그래프의 경우 두 정점 사이에 경로가 존재하면 두 정점은 **연결되었다**(connected). 만약 모든 정점들 간에 경로가 존재하면 즉, 모든 정점들이 연결되어 있으면 **연결 그래프**(connected graph)라고 한다. 무방향 그래프 G의 **연결 요소**(connected component)는 G의 최대 연결 서브그래프이고 각 정점과 간선은 오직 하나의 연결 요소에 속한다. 연결 그래프는 하나의 연결 요소로 이루어져 있다. 그래프의 관점에서 트리를 정의한다면 트리는 사이클이 없는 연결 그래프이다. 무방향 그래프 G_1, G_2, G_5, G_7, G_8, G_9 모두 연결 그래프이다. [그림 11.8(a),(d)]는 연결 그래프가 아니며 각각 2개의 연결 요소로 구성된 그래프이다.

방향 그래프의 경우 모든 정점들 간에 한쪽 방향의 경로라도 존재하면 연결 그래프라 하고 모든 정점들 간에 양방향으로 경로가 존재하면 **강연결 그래프**(strongly connected graph)라고 한다. 방향 그래프 G의 **강연결 요소**(strongly connected component)는 G의 최대 강연결 서브그래프이다. G_3과 G_4는 강연결 그래프가 아니다. G_6은 모든 정점 간에 양방향 경로가 있으므로 강연결 그래프이며 완전 그래프인 G_{10}도 당연히 강연결 그래프이다.

11.1.3 그래프 ADT

[ADT 11.1]은 무방향 그래프에 대한 추상 데이터 타입이다. 방향 그래프의 경우, add_edge 연산과 get_edge_size 연산에서 방향 간선을 처리한다는 점, 정점의 차수를 알려주는 get_degree 연산을 진입 차수와 진출 차수로 분리해야 한다는 점을 제외하고는 크게 다르지 않다. 삭제와 관련된 연산, 즉 정점을 삭제하는 연산과 간선을 삭제하는 연산을 포함시키지 않은 것에 주의하라. 우리가 다루는 범위 내에서는 정점과 간선을 삭제하는 작업을 수행하지 않기 때문에 배제하였다. 만약 그래프를 처리하는 과정 중에 동적으로 정점이나 간선이 삭제되는 상황을 처리해야 한다면 추가로 구현해야 할 것이다. 아

무래도 간선의 삭제는 간선만 삭제하면 되므로 간단하지만, 정점의 삭제는 정점뿐만 아니라 관련된 간선들을 모두 찾아 삭제하여야 하므로 훨씬 복잡하다.

</>   ADT 11.1   무방향 그래프

```
1    데이터: n개의 정점 집합과 정점의 쌍으로 표현되는 간선 집합
2    연산:
3       init_graph(g): 그래프 g의 초기화
4       print_graph(g): 그래프 g를 출력
5       add_vertex(g, v): 그래프 g에 정점 v를 추가
6       add_edge(g, v1, v2): 그래프 g에 간선 (v1, v2)를 추가
7       is_adjacent(g, v1, v2): 그래프 g에서 정점 v1과 v2가 인접하였는지 판단
8       get_degree(g, v): 그래프 g에서 정점 v의 차수를 계산
9       get_edge_size(g): 그래프 g에서 총 간선의 수를 계산
```

11.2 배열 그래프

11.2.1 인접 행렬

배열을 이용하여 그래프를 표현하는 방법은 아주 간단하다. 관계 행렬처럼 이차원 배열을 이용하여 정점들 간의 인접 여부를 나타내면 되는데 이를 **인접 행렬**(adjacency matrix)이라 한다. 정점의 수가 n인 그래프의 각 정점은 0에서 $n-1$까지 번호가 부여되어 있다고 가정하자. 무방향 그래프 G를 저장하기 위한 인접 행렬 *adjacency*의 각 원소는 다음과 같은 간단한 규칙에 따라 값이 설정된다.

- 그래프 G에 간선 (i, j)가 포함 : *adjacency*$[i][j] = 1$
- 그래프 G에 간선 (i, j)가 없음 : *adjacency*$[i][j] = 0$

만약 그래프 G가 방향 그래프라면 인접 행렬 *adjacency*의 각 원소는 다음과 같이 설정된다.

- 그래프 G에 간선 $\langle i, j \rangle$가 포함 : *adjacency*$[i][j] = 1$
- 그래프 G에 간선 $\langle i, j \rangle$가 없음 : *adjacency*$[i][j] = 0$

우리가 다루는 그래프에는 자체 루프를 허용하지 않으므로 인접 행렬의 대각선은 모두 0이다. 무방향 그래프의 인접 행렬은 대각선을 중심으로 대칭적이지만 방향 그래프의 인접 행렬은 대칭이 아닌 경우가 일반적이다. [그림 11.10]은 G_{11}과 G_{12}에 대한 인접 행렬이다. 정점의 수가 n인 그래프를 인접 행렬에 저장하기 위해서는 $\Theta(n^2)$ 만큼의 메모리를 필요로 한다. 간선의 수와는 관계없이 오로지 정점의 수에 비례한다.

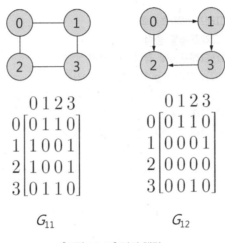

[그림 11.10] 인접 행렬

인접 행렬에 저장된 모습만 보고서도 그래프에 관한 연산의 실행 시간을 유추해 볼 수 있다. 예를 들어, 정점의 수가 n인 그래프에 대해

- **두 정점 i, j가 인접했는지를 알려주는 is_adjacent 연산** : 인접 행렬의 i행 j열 값이 1이면 인접이고 0이면 인접이 아님을 바로 알 수 있으므로 $\Theta(1)$이다.
- **정점 i의 차수를 계산하는 get_degree 연산** : 무방향 그래프의 경우, 인접 행렬의 i행 또는 i열에 1이 몇 개 있는지 조사하면 된다. 방향 그래프의 경우, 진출 차수는 인접 행렬의 i행에 1이 몇 개 있는지 조사하면 되고, 진입 차수는 인접 행렬의 i열에 1이 몇 개 있는지 조사하면 된다. 하나의 행 또는 열에 있는 원소의 수는 n이므로 정점의 차수를 계산하는데 걸리는 시간은 $\Theta(n)$이다.
- **총 간선 수를 계산하는 get_edge_size 연산** : 무방향 그래프의 경우, 인접 행렬을 모두 뒤져서 1이 몇 개 있는지 조사한 다음 2로 나누면 된다. 방향 그래프의 경우, 인접 행렬을 모두 뒤져서 1이 몇 개 있는지 조사하면 된다. 인접 행렬에 있는 모든 원소의 수는 n^2이므로 총 간선 수를 계산하는데 걸리는 시간은 $\Theta(n^2)$이다.

11.2.2 인접 행렬을 이용한 그래프 정의

다음은 인접 행렬로 표현된 그래프를 저장할 `ArrayGraph` 타입의 정의이다. 그래프의 정점 개수를 나타내는 `vtx_size`와 인접 행렬 `adjacency` 필드로 이루어진다. 만약 정점에 부여된 번호 외에 정점의 데이터가 별도로 존재하면 데이터를 저장한 배열 필드를 추가하면 된다. 우리는 정점의 번호를 정점의 데이터로 간주하기로 한다.

```
#define MAX_SIZE 100
typedef struct ArrayGraph {
    int vtx_size;                        // 그래프에 있는 정점의 개수
    int adjacency[MAX_SIZE][MAX_SIZE];   // 인접 행렬
} ArrayGraph;
```

11.2.3 인접 행렬을 이용한 그래프 함수

[프로그램 11.1]은 인접 행렬로 표현된 무방향 그래프를 대상으로 [ADT 11.1]을 구현한 결과이다.

* 그래프를 초기화하는 `init_graph` 함수는 정점의 수뿐만 아니라 인접 행렬의 모든 값을 0으로 설정한다.
* 그래프를 출력하는 `print_graph` 함수는 인접 행렬만 출력하도록 구현되어 있는데 정점의 데이터도 출력하려면 반복문에서 데이터를 출력하는 코드를 추가하면 된다.
* 정점을 추가하는 `add_vertex` 함수는 정점에 0부터 차례대로 번호를 할당한다. 번호 0, 1, 2, ..., n-1이 부여된 n개의 정점이 있을 때 `add_vertex` 함수를 실행하면 번호 n이 부여된 새로운 정점이 추가된다.
* 무방향 그래프에 간선을 추가하는 `add_edge` 함수는 한 번에 두 개의 간선을 추가한다. 방향 그래프에 간선을 추가하는 함수는 하나의 간선만 추가하도록 코드를 수정하면 될 것이다.
* 두 정점이 인접했는지를 알려주는 `is_adjacent` 함수는 배열의 행과 열 인덱스를 통해 쉽게 결과를 얻어낼 수 있다.
* 정점의 차수를 계산하는 `get_degree` 함수는 인접 행렬의 한 행의 값을 모두 뒤져서 1의 개수를 모두 합한다. 방향 그래프의 경우 진출 차수는 `get_degree` 함수를 그냥

이용하면 되고 진입 차수를 계산하려면 인접 행렬의 행이 아닌 열을 뒤져서 1의 개수를 모두 합하도록 구현하면 된다.

- 무방향 그래프의 총 간선 수를 계산하는 **get_edge_size**는 인접 행렬을 모두 뒤져서 1인 원소의 개수를 모두 합한 다음 2로 나눈다. 방향 그래프의 총 간선 수를 구하는 함수는 2로 나누는 부분만 제외하도록 코드를 수정하면 될 것이다.

- **main** 함수는 G_{11}을 대상으로 그래프 연산을 실행하기 위한 코드이다. 사실 [프로그램 11.1]은 매번 그래프의 정점과 간선을 추가해야 하므로 매우 불편하다. 그래프의 인접 행렬을 포함하여 정점의 수와 데이터를 파일에 저장해놓고 필요할 때마다 읽어 들이는 것이 바람직하다. 이는 연습 문제로 남긴다.

프로그램 11.1 **인접 행렬을 이용한 그래프**

```
1   #include <stdio.h>
2   #define MAX_SIZE 100
3   typedef struct ArrayGraph {
4       int vtx_size;                       // 그래프에 있는 정점의 개수
5       int adjacency[MAX_SIZE][MAX_SIZE];  // 인접 행렬
6   } ArrayGraph;
7
8   // 그래프 초기화
9   void init_graph(ArrayGraph *AG) {
10      AG->vtx_size = 0;
11      for ( int i = 0 ; i < MAX_SIZE ; i++ )
12          for ( int j = 0 ; j < MAX_SIZE ; j++ )
13              AG->adjacency[i][j] = 0;
14  }
15
16  // 인접 행렬을 출력
17  void print_graph(ArrayGraph *AG) {
18      printf("  ");
19      for ( int i = 0 ; i < AG->vtx_size ; i++ ) printf(" %d", i);
20      for ( int i = 0 ; i < AG->vtx_size ; i++ ) {
21          printf("\n%2d", i);
22          for ( int j = 0 ; j < AG->vtx_size ; j++ )
23              printf(" %d", AG->adjacency[i][j]);
24      }
25  }
26
27  // 그래프에 정점을 추가
```

```
28    void add_vertex(ArrayGraph *AG) {
29        if (AG->vtx_size == MAX_SIZE) printf("정점 추가가 불가능합니다.\n");
30        else AG->vtx_size++;
31    }
32
33    // 그래프에 간선을 추가
34    void add_edge(ArrayGraph *AG, int v1, int v2) {
35        if (v1 >= AG->vtx_size || v2 >= AG->vtx_size)
36            printf("정점이 존재하지 않습니다.\n");
37        else {
38            AG->adjacency[v1][v2] = 1;
39            AG->adjacency[v2][v1] = 1;
40        }
41    }
42
43    // 두 정점이 인접하였는지 판단
44    int is_adjacent(ArrayGraph *AG, int v1, int v2) {
45        return AG->adjacency[v1][v2];
46    }
47
48    // 정점의 차수를 계산
49    int get_degree(ArrayGraph *AG, int v) {
50        int i = 0, count = 0;
51        for ( i = 0 ; i < AG->vtx_size ; i++ ) count += AG->adjacency[v][i];
52        return count;
53    }
54
55    // 총 간선 수를 계산
56    int get_edge_size(ArrayGraph *AG) {
57        int count = 0;
58        for ( int i = 0 ; i < AG->vtx_size ; i++ )
59            for ( int j = 0 ; j < AG->vtx_size ; j++ )
60                count += AG->adjacency[i][j];
61        return count/2;
62    }
63
64    int main() {
65        ArrayGraph agraph;
66        init_graph(&agraph);
67        add_vertex(&agraph);
68        add_vertex(&agraph);
```

```
69        add_vertex(&agraph);
70        add_vertex(&agraph);
71        add_edge(&agraph, 0, 1);
72        add_edge(&agraph, 0, 2);
73        add_edge(&agraph, 3, 1);
74        add_edge(&agraph, 3, 2);
75        print_graph(&agraph);    printf("\n");
76        for (int i = 0 ; i < agraph.vtx_size ; i++ )
77            printf(" %d의 차수:%d   ", i, get_degree(&agraph, i));
78        printf("\n 총 간선 수:%d", get_edge_size(&agraph));
79   }
```

🖥 **실행결과**

```
  0 1 2 3
0 0 1 1 0
1 1 0 0 1
2 1 0 0 1
3 0 1 1 0
0의 차수:2  1의 차수:2  2의 차수:2  3의 차수:2
총 간선 수:4
```

[표 11.1]은 [프로그램 11.1]의 주요 함수들에 대한 시간 복잡도이다. 방향 그래프도 무방향 그래프 함수를 대부분 그대로 사용 가능하지만, 일부 함수는 조금 수정되거나 추가함수가 필요하다. 다음 절의 연결된 그래프를 다룰 때 함수의 실행 시간을 비교해 보도록 하자.

[표 11.1] 인접 행렬로 구현한 그래프의 함수

함수	무방향 그래프	방향 그래프
정점 추가: add_vertex	$\Theta(1)$	$\Theta(1)$
간선 추가: add_edge	$\Theta(1)$	$\Theta(1)$
인접 여부 확인: is_adjacent	$\Theta(1)$	$\Theta(1)$
정점의 차수 구하기: get_degree	$\Theta(n)$	$\Theta(n)$
총 간선 수 구하기: get_edge_size	$\Theta(n^2)$	$\Theta(n^2)$

11.3 연결된 그래프

11.3.1 인접 리스트

인접 행렬의 값 가운데 1은 인접을, 0은 인접하지 않음을 나타낸다. 그렇다면 인접을 뜻하는 1만 따로 저장하면 되지 않을까? **인접 리스트**(adjacency lists)는 각 정점별로 인접한 정점들만 따로 모아 연결리스트로 관리하는 구조이다. 영문의 복수 표현에서도 알 수 있는 것처럼 인접 리스트는 각 정점에 대한 인접 리스트의 집합이다. 각 정점마다 하나의 연결리스트가 필요하므로 정점의 수가 n이면 n개의 연결리스트가 있어야 한다. 따라서 각 연결리스트를 가리킬 헤드 포인터들을 하나로 묶을 포인터 배열이 필요하다. 결국 정점에 부여된 번호가 바로 포인터 배열의 인덱스가 되기 때문에 정점의 번호를 통해 해당 연결리스트로 접근할 수 있다.

[그림 11.11]은 G_{11}과 G_{12}에 대한 인접 리스트이다. 각 정점에 인접한 정점들만 리스트 노드로 표현한다. 무방향 그래프에서는 간선 하나 당 두 개의 리스트 노드가 표현된다. 즉, 간선 (i, j)가 존재할 때 i번째 정점에 대한 인접 리스트는 리스트 노드 j를 포함하고 j번째 정점에 대한 인접 리스트는 리스트 노드 i를 포함한다. 방향 그래프에서는 i번째 정점에 대한 인접 리스트는 정점 i로부터 인접한 정점들만 리스트 노드로 표현한다. 즉, 간선 $\langle i, j \rangle$가 존재할 때 i번째 정점에 대한 인접 리스트는 리스트 노드 j를 포함한다. 일반적으로 각 연결리스트의 리스트 노드의 순서는 중요하지 않지만 문제에 따라 정렬해야 하는 경우도 있다.

정점의 수가 n인 그래프를 인접 리스트에 저장하기 위해서는 어느 정도 메모리를 필요로 할까? 인접 리스트의 저장 공간은 간선 수와 연관이 있다. 예를 간선 수를 e개라고 한다면 G_{11}같은 무방향 그래프는 n개의 헤드 포인터와 $2e$개의 리스트 노드가 필요하고 G_{12}같은 방향 그래프는 n개의 헤드 포인터와 e개의 리스트 노드가 필요하다. 따라서 인접 리스트가 차지하는 공간은 $\Theta(n+e)$라는 사실을 알 수 있다. 그래프의 간선이 무방향 그래프는 최대 $n \times (n-1)/2$개이고 방향 그래프는 최대 $n \times (n-1)$이라고 배운바 있으므로 인접 리스트가 차지하는 공간은 최대 $\Theta(n^2)$에 이른다. 그러나, 간선의 수가 정점에 비해 매우 적은 **희소 그래프**(sparse graph)는 $e \fallingdotseq 0$이 되어 $\Theta(n+e) \fallingdotseq \Theta(n)$이므로 간선의 수가 적은 그래프일수록 인접 행렬보다는 인접 리스트에 저장하는 것이 메모리 효율 측면에서는 유리하다.

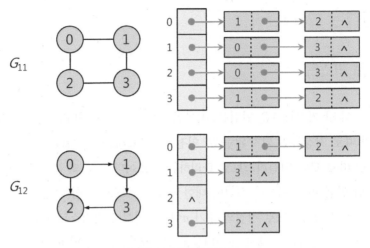

[그림 11.11] 인접 리스트

인접 리스트에 저장된 모습만 보고서도 그래프에 관한 연산의 실행 시간을 유추해 볼 수 있다. 예를 들어, 정점의 수가 n인 그래프에 대해

- **두 정점 i, j가 인접했는지를 알려주는 is_adjacent 연산** : i번째 정점에 대한 인접 리스트에 리스트 노드 j가 있는지 순차 탐색해야 한다. 한 인접 리스트에는 최대 e개의 리스트 노드가 존재하므로 $O(e)$이다.

- **정점 i의 차수를 계산하는 get_degree 연산** : 무방향 그래프의 경우, i번째 인접 리스트에 있는 리스트 노드가 몇 개인지 조사하면 되므로 $O(e)$이다. 방향 그래프의 경우, 진출 차수는 무방향 그래프의 경우와 마찬가지 방법을 사용하면 되지만, 진입 차수는 전체 인접 리스트를 모두 뒤져서 리스트 노드 i가 얼마나 많이 있는지 확인하여야 한다. 인접 리스트의 전체 노드 수는 $n+e$이므로 $\Theta(n+e)$이다.

- **총 간선 수를 계산하는 get_edge_size 연산** : 무방향 그래프의 경우, 인접 리스트를 모두 뒤져서 리스트 노드가 몇 개인지 조사한 다음 2로 나누면 된다. 방향 그래프의 경우, 인접 리스트를 모두 뒤져서 리스트 노드가 몇 개인지 조사하면 된다. 인접 리스트의 전체 노드 수는 $n+e$이므로 $\Theta(n+e)$이다.

11.3.2 인접 리스트를 이용한 그래프 정의

다음은 인접 리스트로 표현된 그래프를 저장할 LinkedGraph 타입의 정의이다. 현재 사용 중인 정점 개수를 나타내는 vtx_size와 인접 리스트 adjacency 필드로 이루어진다.

adjacency 필드는 각 정점의 연결 리스트에 대한 헤드 포인터를 모아놓은 포인터 배열이다. 만약 정점에 부여된 번호 외에 정점의 데이터가 별도로 존재하면 데이터를 저장한 배열 필드를 추가하면 된다. 편의상 정점의 번호를 정점의 데이터로 간주하기로 한다.

```
#define MAX_SIZE 100
// 그래프 노드 구조 정의
typedef struct Gnode {
    int vtx_id;                          // 정점의 번호
    struct Gnode *link;
} Gnode;
// 그래프 헤드 노드 구조 정의
typedef struct LinkedGraph {
    int vtx_size;                        // 그래프에 있는 정점의 개수
    Gnode *adjacency[MAX_SIZE];          // 인접 리스트
} LinkedGraph;
```

11.3.3 인접 리스트를 이용한 그래프 함수

[프로그램 11.2]는 인접 리스트로 표현된 무방향 그래프를 대상으로 [ADT 11.1]을 구현한 결과이다.

- 그래프를 초기화하는 init_graph 함수는 정점의 수를 0으로 만들고 모든 인접 리스트의 헤드 포인터를 널로 설정한다.
- 그래프를 출력하는 print_graph 함수는 인접 리스트를 출력하도록 구현되어 있다. 정점의 데이터도 출력하려면 반복문에서 데이터를 출력하는 코드를 추가하면 된다.
- 두 정점이 인접했는지를 알려주는 is_adjacent 함수는 인접 리스트를 순차 탐색하여 매칭되는 리스트 노드가 있는지 조사한다.
- 정점을 추가하는 add_vertex 함수는 정점에 0부터 차례대로 번호를 할당하며 인접 행렬 함수와 동일하다.
- 무방향 그래프에 간선을 추가하는 add_edge 함수는 한 번에 두 개의 간선을 추가한다. 다만 이미 해당 간선이 존재하는지 검사하여야 하는데 is_adjacent 함수를 이용하면 된다. 방향 그래프에 간선을 추가하는 함수는 하나의 간선만 추가하도록 코드를 수정하면 될 것이다.
- 정점의 차수를 계산하는 get_degree 함수는 4장의 연결리스트에서 다루었던 연결리

스트 길이 계산 함수인 count_nodes와 사실 동일하다. 방향 그래프의 경우 진출 차수는 get_degree 함수를 그냥 이용하면 되고 진입 차수를 계산하려면 인접 리스트 전체를 모두 뒤져서 매칭되는 노드를 모두 찾도록 구현해야 한다.

- 무방향 그래프의 총 간선 수를 계산하는 get_edge_size는 모든 인접 리스트를 대상으로 연결리스트 길이 계산 함수인 count_nodes를 실행한 다음 2로 나누면 된다. 방향 그래프의 총 간선 수를 구하는 함수는 2로 나누는 부분만 제외하도록 코드를 수정하면 될 것이다.

- main 함수는 G_{11}을 대상으로 그래프 연산을 실행하기 위한 코드이다. [프로그램 11.2] 역시 그래프 정보를 파일에 저장해놓고 필요할 때마다 읽어 들이는 것이 바람직하다. 이는 연습 문제로 남긴다.

프로그램 11.2 인접 리스트를 이용한 그래프

```
1   #include <stdio.h>
2   #include <stdlib.h>
3   #define MAX_SIZE 100
4   // 그래프 노드 구조 정의
5   typedef struct Gnode {
6       int vtx_id;                        // 정점의 번호
7       struct Gnode *link;
8   } Gnode;
9   // 그래프 헤드 노드 구조 정의
10  typedef struct LinkedGraph {
11      int vtx_size;                      // 그래프에 있는 정점의 개수
12      Gnode *adjacency[MAX_SIZE];        // 인접 리스트
13  } LinkedGraph;
14
15  // 그래프 초기화
16  void init_graph(LinkedGraph *LG) {
17      LG->vtx_size = 0;
18      for ( int i = 0 ; i < MAX_SIZE ; i++ ) LG->adjacency[i] = NULL;
19  }
20
21  // 인접 리스트를 출력
22  void print_graph(LinkedGraph *LG) {
23      for ( int i = 0 ; i < LG->vtx_size ; i++ ) {
24          printf("헤드포인터%d", i);
25          for ( Gnode *ptr = LG->adjacency[i] ; ptr ; ptr = ptr->link )
```

```
26              printf("->%d", ptr->vtx_id);
27          printf("\n");
28      }
29  }
30
31  // 두 정점이 인접하였는지 판단
32  int is_adjacent(LinkedGraph *LG, int v1, int v2) {
33      Gnode *ptr = LG->adjacency[v1];
34      while (ptr) {
35          if (ptr->vtx_id == v2) break;
36          ptr = ptr->link;
37      }
38      return ptr != NULL;
39  }
40
41  // 그래프에 정점을 추가
42  void add_vertex(LinkedGraph *LG) {
43      if (LG->vtx_size == MAX_SIZE) printf("정점 추가가 불가능합니다.\n");
44      else LG->vtx_size++;
45  }
46
47  // 그래프에 간선을 추가
48  void add_edge(LinkedGraph *LG, int v1, int v2) {
49      if (v1 >= LG->vtx_size || v2 >= LG->vtx_size)
50          printf("정점이 존재하지 않습니다.\n");
51      else if (is_adjacent(LG, v1,v2)) {
52          printf("이미 간선이 존재합니다.\n");
53      }
54      else {
55          // 정점 v1에 대한 인접 리스트의 맨 처음에 노드 v2를 삽입
56          Gnode *new = (Gnode *)malloc(sizeof(Gnode));
57          new->vtx_id = v2;
58          new->link = LG->adjacency[v1];
59          LG->adjacency[v1] = new;
60          // 정점 v2에 대한 인접 리스트의 맨 처음에 노드 v1을 삽입
61          new = (Gnode *)malloc(sizeof(Gnode));
62          new->vtx_id = v1;
63          new->link = LG->adjacency[v2];
64          LG->adjacency[v2] = new;
65      }
66  }
```

```
67
68   // 정점의 차수를 계산
69   int get_degree(LinkedGraph *LG, int v) {
70       return count_nodes(LG->adjacency[v]);        // 프로그램 4.5
71   }
72
73   // 총 간선 수를 계산
74   int get_edge_size(LinkedGraph *LG) {
75       int count = 0;
76       for ( int i = 0 ; i < LG->vtx_size ; i++ )
77           count += count_nodes(LG->adjacency[i]);  // 프로그램 4.5
78       return count/2;
79   }
80
81   int main() {
82       LinkedGraph lgraph;
83       init_graph(&lgraph);
84       add_vertex(&lgraph);
85       add_vertex(&lgraph);
86       add_vertex(&lgraph);
87       add_vertex(&lgraph);
88       add_edge(&lgraph, 0, 1);
89       add_edge(&lgraph, 0, 2);
90       add_edge(&lgraph, 3, 1);
91       add_edge(&lgraph, 3, 2);
92       print_graph(&lgraph);
93       for (int i = 0 ; i < lgraph.vtx_size ; i++ )
94           printf("%d의 차수:%d  ", i, get_degree(&lgraph, i));
95       printf("\n총 간선 수:%d", get_edge_size(&lgraph));
96   }
```

🖥️ **실행결과**

헤드포인터0->2->1
헤드포인터1->3->0
헤드포인터2->3->0
헤드포인터3->2->1
0의 차수:2 1의 차수:2 2의 차수:2 3의 차수:2
총 간선 수:4

[표 11.2]는 [프로그램 11.2]의 주요 함수들에 대한 시간 복잡도이다. [표 11.1]과 비교해보자.

[표 11.2] 인접 리스트로 구현한 그래프의 함수

함수	무방향 그래프	방향 그래프
정점 추가: add_vertex	$\Theta(1)$	$\Theta(1)$
간선 추가: add_edge	$O(e)$	$O(e)$
인접 여부 확인: is_adjacent	$O(e)$	$O(e)$
정점의 차수 구하기: get_degree	$O(e)$	진입: $O(e)$, 진출: $\Theta(n+e)$
총 간선 수 구하기: get_edge_size	$\Theta(n+e)$	$\Theta(n+e)$

- **add_vertex 함수** : 인접 행렬과 인접 리스트 모두 동일한 시간 복잡도를 갖는다.
- **add_edge 함수** : 인접 행렬은 $\Theta(1)$, 인접 리스트는 $O(e)$이므로 인접 행렬이 효율적이다. 완전 그래프에 가까울수록 더욱 차이가 날 것이다. 다만 추가할 간선이 중복되지 않는다는 전제가 있다면 인접 여부를 조사하지 않아도 되므로 인접 리스트도 $\Theta(1)$의 실행 시간을 갖는다. 또한, 간선의 수가 매우 적은 희소 그래프의 경우에도 인접 행렬과 큰 차이가 없다.
- **is_adjacent 함수** : 인접 행렬은 $\Theta(1)$, 인접 리스트는 $O(e)$이므로 인접 행렬이 효율적이지만 간선의 수가 매우 적은 희소 그래프의 경우 큰 차이가 없다.
- **get_degree 함수** : 인접 행렬은 $\Theta(n)$, 인접 리스트는 방향 그래프의 진출 차수를 구하는 경우를 제외하고는 $O(e)$이다[66]. 희소 그래프일수록 인접 리스트가 유리하고 완전 그래프에 가까울수록 인접 행렬이 유리하다.
- **get_edge_size 함수** : 인접 행렬은 $\Theta(n^2)$, 인접 리스트는 $\Theta(n+e)$이다. 희소 그래프의 경우 인접 리스트는 $\Theta(n)$이 되어 인접 행렬보다 효율적이다. 완전 그래프의 경우 인접 리스트는 $\Theta(n+e)=\Theta(n+n^2)=\Theta(n^2)$이 되어 인접 행렬과 같은 시간 복잡도를 갖는다.

분석 결과를 정리하면 희소 그래프일수록 인접 리스트의 효율성이 커지고 완전 그래프에 가까울수록 인접 행렬의 효율성이 커진다. 결국 간선의 개수가 판단의 근거가 된다.

---

[66] 진출 차수를 효과적으로 알아낼 수 있는 역인접 리스트를 추가로 활용하면 방향 그래프의 진출 차수를 구하는데 $O(e)$만큼 시간이 걸린다. 연습문제 6을 참고하라.

11.4 그래프의 탐색

이진 트리의 순회, 이진 탐색 트리의 탐색이 가장 기본이 되는 연산이었던 것처럼 그래프에서도 탐색 알고리즘이 매우 중요하다. 우리의 목표는 그래프 G의 한 정점 v에서 시작하여 v에 연결된 모든 정점을 한 번씩 방문하는 일이다. G가 연결 그래프라면 그래프의 모든 정점을 방문하겠지만 연결 그래프가 아니라면 정점 v가 속한 연결 요소의 정점들만 방문하게 될 것이다. 그래프 탐색 알고리즘으로는 깊이 우선 탐색과 너비 우선 탐색이 대표적이다. 깊이 우선 탐색은 트리의 전위 순회 알고리즘을 일반화한 것이고 너비 우선 탐색은 트리의 레벨 순서 순회를 일반화한 것이다.

11.4.1 깊이 우선 탐색

깊이 우선 탐색(DFS: Depth First Search)은 미로(maze) 찾기 과정에 비유할 수 있다. 미로에서는 일단 갈 수 있을 때까지 앞으로 나아간다. 분기점이 나오거나 막다른 길에 몰리면 특별한 움직임이 필요하다. 분기점을 만나면 아직 시도하지 않은 길 중에 하나를 선택하여 그 길을 따라 앞으로 나아간다. 막다른 길이라면 별다른 대안이 없고 가장 최근에 지났던 분기점까지 되돌아와야 한다. 출구를 찾을 때까지 이러한 행동을 반복해야 한다.

트리의 전위 순회를 바탕으로 깊이 우선 탐색을 이해해 보자. 트리의 전위 순회는 한 노드를 먼저 방문하고 나서 형제보다는 자식을 향해 진행하는 깊이 우선 순서에 따라 나머지 노드를 방문한다. 구체적으로 다음과 같이 묘사할 수 있다.

- 한 노드 n을 방문하고 나면 다음에 방문하게 될 후보 노드는 n의 부모와 자식 노드이다.
- 부모는 이미 방문하였기 때문에 더 이상 방문의 대상이 아니고 자식은 아직 방문하지 않았으므로 방문의 대상이다.
- n의 자식 노드를 루트로 하는 트리에 대해 차례대로 전위 순회를 한다.
- 만약 n의 자식 노드를 모두 방문하였다면 n의 부모 노드로 되돌아가서 아직 방문하지 않은 자식 노드를 대상으로 전위 순회를 한다.

이제 트리를 그래프라 생각하고 전위 순회를 그래프에 대한 깊이 우선 탐색으로 일반화시켜보자.

- 한 정점 v를 방문하고 나면 다음에 방문하게 될 후보 정점은 v에 인접한 정점이다.
- 인접한 정점 중에는 이미 방문한 정점과 아직 방문하지 않은 정점들이 섞여 있다.
- v에 인접한 정점 중 아직 방문하지 않은 정점들을 대상으로 깊이 우선 탐색을 한다.
- 만약 v에 인접한 모든 정점을 방문하였다면 v 직전에 방문한 정점으로 되돌아가서 아직 방문하지 않은 인접 정점들을 대상으로 깊이 우선 탐색을 한다.

종합하여 보면 깊이 우선 탐색이 전위 순회와 다른 점은 첫째, 방문한 정점에 인접한 모든 정점이 다음에 방문할 후보이다. 둘째, 방문하지 않은 정점과 방문한 정점을 기억하여야 한다. [프로그램 11.3]은 깊이 우선 탐색에 대한 의사 코드이다. 정점을 방문했다고 표시한 다음(줄 5), 인접한 정점가운데 아직 방문하지 않은 정점들을 대상으로 깊이 우선 탐색을 실행한다(줄 6~7).

프로그램 11.3   깊이 우선 탐색(의사 코드)

```
1    procedure DFS(graph, v)
2        입력 : 그래프 graph와 정점 v
3        출력 : 깊이 우선 탐색에 따른 정점 방문 순서
4
5        graph의 v를 출력하고 방문했다고 표시
6        for each (v에 인접한 정점 adjacent)  do
7            if adjacent를 방문하지 않았음 then DFS(adjacent)
```

예제 11.1

[그림 11.12(a)]에 주어진 그래프를 대상으로 깊이 우선 탐색 과정을 살펴본다. 시작 정점은 0으로 가정하고 방문할 정점이 여럿일 경우 번호가 낮은 정점부터 방문하기로 한다.

- 그림(a): 시작 정점인 0을 방문한다.
- 그림(b): 정점 0에 인접한 정점 {1, 2, 4} 중 아직 방문하지 않은 정점 {1, 2, 4} 가운데 번호가 가장 낮은 정점 1을 방문한다.
- 그림(c): 정점 1에 인접한 정점 {0, 3, 4} 중 아직 방문하지 않은 정점 {3, 4} 가운데 번호가 가장 낮은 정점 3을 방문한다.
- 그림(d): 정점 3에 인접한 정점 {1, 5} 중 아직 방문하지 않은 정점 {5} 가운데 번호가 가장 낮은 정점 5를 방문한다.
- 그림(e): 정점 5에 인접한 정점 {1, 3} 중 방문하지 않은 정점은 없으므로 이전 방문 정점인 정점 3으로 되돌아간다. 정점 3에 인접한 정점 {1, 5} 중 방문하지 않은 정점도 역시 없으므로 이전 방문 정점인 정점 1로 되돌아간다. 정점 1에 인접한 정점 {0, 3, 4} 중 아직 방문하지 않은 정점 {4} 가운데 번호가 가장 낮은 정점 4를 방문한다.

- 그림(f): 정점 4에 인접한 정점 {0, 1, 2} 중 아직 방문하지 않은 정점 {2} 가운데 번호가 가장 낮은 정점 2를 방문한다.
- 그림(g): 정점 2에 인접한 정점 {0, 4} 중 방문하지 않은 정점은 없으므로 이전 방문 정점인 정점 4로 되돌아간다. 정점 4에 인접한 정점 {0, 1, 2} 중 방문하지 않은 정점도 역시 없으므로 이전 방문 정점인 정점 1로 되돌아간다. 정점 1에 인접한 정점 {0, 3, 4} 중 아직 방문하지 않은 정점도 역시 없으므로 이전 방문 정점인 정점 0으로 되돌아간다. 정점 0에 인접한 정점 {1, 2, 4} 중 아직 방문하지 않은 정점도 역시 없으므로 깊이 우선 탐색은 종료하게 된다.

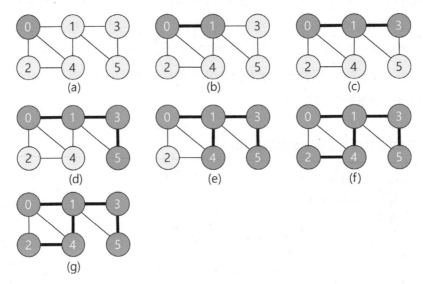

[그림 11.12] 깊이 우선 탐색 예

[프로그램 11.4]는 인접 행렬로 표현된 그래프의 깊이 우선 탐색 함수 DFS_M이다. (줄 3)에 이미 방문한 정점을 표시해놓기 위한 배열 visited[MAX_SIZE]를 선언하였다. 배열 visited의 초기 값을 모두 FALSE로 설정해놓았다고 가정하자. 방문한 정점은 나중에 또 다시 방문하는 일이 없도록 배열 visited에 표시한다(줄 7). 방문한 정점을 출력(줄 8)한 다음 인접한 정점 가운데 아직 방문하지 않은 정점을 대상으로 깊이 우선 탐색을 다시 시작한다(줄 9~10). 인접한 정점 가운데 아직 방문하지 않은 정점이 남아 있다면 계속 전진하게 되고 인접한 정점을 모두 방문하였다면 이전 정점으로 되돌아가게 된다.

프로그램 11.4 인접 행렬로 표현된 그래프의 깊이 우선 탐색

```
1   #define FALSE 0
2   #define TRUE 1
3   int visited[MAX_SIZE];      // 이미 방문한 정점을 표시해놓은 배열
4
5   // 인접 행렬을 깊이 우선 탐색
6   void DFS_M(ArrayGraph *AG, int v) {
7       visited[v] = TRUE;
8       printf("%d, ", v);
9       for ( int adj = 0 ; adj < AG->vtx_size ; adj++ )
10          if (AG->adjacency[v][adj] && !visited[adj]) DFS_M(AG, adj);
11  }
```

[프로그램 11.5]는 인접 리스트로 표현된 그래프의 깊이 우선 탐색 함수 DFS_L이다. [프로그램 11.4]와 마찬가지로 이미 방문한 정점을 표시해놓기 위한 배열 visited[MAX_SIZE]를 선언하였다(줄 3). 배열 visited의 초기 값을 모두 FALSE로 설정해놓았다고 가정하자. 방문한 정점은 나중에 또다시 방문하는 일이 없도록 배열 visited에 표시한다(줄 7). 방문한 정점을 출력(줄 8)한 다음 인접한 정점(줄 9) 가운데 아직 방문하지 않은 정점(줄 10의 if)을 대상으로 깊이 우선 탐색을 다시 시작한다(줄 10). 똑같은 그래프라 할지라도 간선의 삽입 순서를 어떻게 했느냐에 따라 인접 리스트의 리스트 노드 순서가 달라지기 때문에 깊이 우선 탐색의 결과도 달라질 수 있다는 사실을 주의해야 한다.

프로그램 11.5 인접 리스트로 표현된 그래프의 깊이 우선 탐색

```
1   #define FALSE 0
2   #define TRUE 1
3   int visited[MAX_SIZE];      // 이미 방문한 정점을 표시해놓은 배열
4
5   // 인접 리스트를 깊이 우선 탐색
6   void DFS_L(LinkedGraph *LG, int v) {
7       visited[v] = TRUE;
8       printf("%d, ", v);
9       for ( Gnode *adj = LG->adjacency[v] ; adj ; adj = adj->link )
10          if (!visited[adj->vtx_id]) DFS_L(LG, adj->vtx_id);
11  }
```

11.4.2 너비 우선 탐색

너비 우선 탐색(BFS: Breadth First Search)은 탐색 시작 정점에 가까운 정점부터 먼 정점의 순으로 방문하게 된다. 트리의 레벨 순서 순회를 바탕으로 너비 우선 탐색을 이해해 보자. 트리의 레벨 순서 순회는 아래 레벨로 가기 전에 현재 레벨의 모든 노드를 먼저 방문하는 너비 우선 순서에 따라 노드를 방문한다. 구체적으로 다음과 같이 묘사할 수 있다.

- 레벨 i의 노드를 모두 방문한다.
- 다음에 방문하게 될 후보는 레벨 $i+1$의 노드이다.
- 레벨 $i+1$ 노드를 대상으로 위 과정을 반복한다.

이제 트리를 그래프라 생각하고 레벨 순서 순회를 그래프에 대한 너비 우선 탐색으로 일반화시켜보자.

- 시작 정점에서 경로 길이가 i인 정점들을 모두 방문한다.
- 다음에 방문하게 될 후보는 시작 정점으로부터의 경로 길이가 $i+1$인 정점들, 즉 경로 길이가 i인 정점들에 인접한 정점들이다.
- 경로 길이가 $i+1$인 정점들 가운데 아직 방문하지 않은 정점들을 대상으로 위 과정을 반복한다.

너비 우선 탐색이 레벨 순서 순회와 다른 점은 깊이 우선 탐색이 전위 순회와 다른 점하고 큰 차이가 없다. 첫째, 시작 정점으로부터 경로 길이가 $i+1$인 모든 정점이 다음에 방문할 후보이다. 둘째, 방문하지 않은 정점과 방문한 정점을 기억하여야 한다. 레벨 순서 순회와 마찬가지로 너비 우선 탐색은 방문한 정점을 저장했다가 차례대로 꺼내기 위한 큐를 필요로 한다. [프로그램 11.6]은 너비 우선 탐색에 대한 의사 코드이다. 시작 정점을 방문했다고 표시하고 enqueue하면서 너비 우선 탐색이 시작된다(줄 5~6). 이후 큐가 공백이 될 때까지 dequeue한 정점에 인접한 정점가운데 아직 방문하지 않은 정점들을 대상으로 방문했다고 표시하고 enqueue하는 과정을 반복한다(줄 7~12).

프로그램 11.6　　너비 우선 탐색(의사 코드)

```
1   procedure BFS(graph, v)
2       입력 : 그래프 graph와 정점 v
3       출력 : 너비 우선 탐색에 따른 정점 방문 순서
4
5       v를 출력하고 방문했다고 표시
6       enqueue(Q, v)
7       while (!is_queue_empty(Q)) do
8           deleted = dequeue(Q)
9           for each (deleted에 인접한 정점 adjacent)  do
10              if (adjacent가 아직 방문되지 않았음) then
11                  adjacent를 출력하고 방문했다고 표시
12                  enqueue(Q, adjacent)
```

예제 11.2

[그림 11.13(a)]에 주어진 그래프를 대상으로 너비 우선 탐색 과정을 살펴본다. 시작 정점은 0으로 가정하고 방문할 정점이 여럿일 경우 번호가 낮은 정점부터 방문하기로 한다.

- 그림(a): 시작 정점인 0을 방문하고 정점 0을 enqueue한다.
- 그림(b): 큐에서 0을 dequeue한다. 정점 0에 인접한 정점 {1, 2} 중 아직 방문하지 않은 정점 {1, 2}를 차례로 방문하고 enqueue한다.
- 그림(c): 큐에서 1을 dequeue한다. 정점 1에 인접한 정점 {0, 2, 5} 중 아직 방문하지 않은 정점 {5}를 방문하고 enqueue한다.
- 그림(d): 큐에서 2를 dequeue한다. 정점 2에 인접한 정점 {0, 1, 4} 중 아직 방문하지 않은 정점 {4}를 방문하고 enqueue한다.
- 그림(e): 큐에서 5를 dequeue한다. 정점 5에 인접한 정점 {1, 3, 4} 중 아직 방문하지 않은 정점 {3}을 방문하고 enqueue한다.
- 그림(f): 큐에서 4를 dequeue한다. 정점 4에 인접한 정점 {2, 3, 5}는 모두 방문했으므로 큐에서 3을 dequeue한다. 정점 3에 인접한 정점 {4, 5}는 모두 방문했고 큐는 비었으므로 너비 우선 탐색은 종료하게 된다.

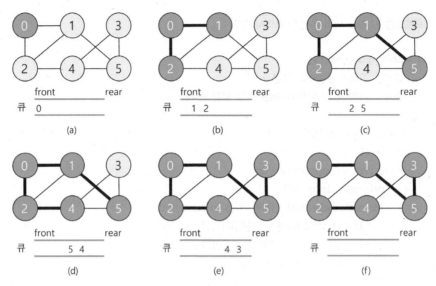

[그림 11.13] 너비 우선 탐색 예

[프로그램 11.7]은 인접 행렬로 표현된 그래프의 너비 우선 탐색 함수 BFS_M이다. 이미 방문한 정점을 표시해놓기 위한 배열 visited[MAX_SIZE]는 깊이 우선 탐색과 동일하게 사용된다(줄 3). 배열 visited의 초기 값을 모두 FALSE로 설정해놓았다고 가정하자. 방문한 정점은 나중에 또다시 방문하는 일이 없도록 배열 visited에 표시한다(줄 10, 17). 8장에서 다룬 배열 큐를 사용하여 프로그램을 구현하였다(줄 7). 너비 우선 탐색은 시작 정점을 방문했다고 표시하고 enqueue하는 것으로부터 시작한다(줄 10~12). 정점을 하나씩 dequeue하여 그 정점에 인접한 정점 가운데 아직 방문하지 않은 정점(줄 15~16)을 차례로 방문했다고 표시하고 enqueue하게 된다(줄 17~19).

프로그램 11.7　　인접 행렬로 표현된 그래프의 너비 우선 탐색

```c
1   #define FALSE 0
2   #define TRUE 1
3   int visited[MAX_SIZE];      // 이미 방문한 정점을 표시해놓은 배열
4
5   // 인접 행렬을 너비 우선 탐색
6   void BFS_M(ArrayGraph *AG, int v) {
7       ArrayQueue queue;
8
9       init_queue(&queue);
10      visited[v] = TRUE;                      // 시작 정점을 방문했다고 표시
```

```
11      printf("%d, ", v);                      // 시작 정점을 출력
12      enqueue(&queue, v);                     // 시작 정점을 enqueue
13      while (!is_queue_empty(&queue)) {
14          v = dequeue(&queue);                // 정점을 dequeue
15          for ( int adj = 0 ; adj < AG->vtx_size ; adj++ )
16              if (AG->adjacency[v][adj] && !visited[adj]) {
17                  visited[adj] = TRUE;        // 정점을 방문했다고 표시
18                  printf("%d, ", adj);        // 정점을 출력
19                  enqueue(&queue, adj);       // 정점을 enqueue
20              }
21      }
22  }
```

[프로그램 11.8]은 인접 리스트로 표현된 그래프의 너비 우선 탐색 함수 BFS_L이다. [프로그램 11.7]과 다른 점은 (줄 15~16)이다. 인접 행렬 대신 인접 리스트를 사용하였으므로 인접한 정점 가운데 아직 방문하지 않은 정점을 찾는 과정이 다를 수밖에 없다. 한편 깊이 우선 탐색과 마찬가지로 인접 리스트에 그래프를 저장할 때 간선의 삽입 순서를 어떻게 했느냐에 따라 리스트 노드 순서가 달라진다. 따라서 같은 그래프라도 깊이 우선 탐색의 결과가 달라질 수 있다는 사실을 주의해야 한다.

〈/〉 프로그램 11.8   인접 리스트로 표현된 그래프의 너비 우선 탐색

```
1   #define FALSE 0
2   #define TRUE 1
3   int visited[MAX_SIZE];                      // 이미 방문한 정점을 표시해놓은 배열
4
5   // 인접 리스트를 너비 우선 탐색
6   void BFS_L(LinkedGraph *LG, int v) {
7       ArrayQueue queue;
8
9       init_queue(&queue);
10      visited[v] = TRUE;                      // 시작 정점을 방문했다고 표시
11      printf("%d, ", v);                      // 시작 정점을 출력
12      enqueue(&queue, v);                     // 시작 정점을 enqueue
13      while (!is_queue_empty(&queue)) {
14          v = dequeue(&queue);                // 정점을 dequeue
15          for ( Gnode *adj = LG->adjacency[v] ; adj ; adj = adj->link )
16              if (!visited[adj->vtx_id]) {
```

```
17                      visited[adj->vtx_id] = TRUE;    // 정점을 방문했다고 표시
18                      printf("%d, ", adj->vtx_id);    // 정점을 출력
19                      enqueue(&queue, adj->vtx_id);   // 정점을 enqueue
20                  }
21          }
22  }
```

11.4.3 연결 요소

앞에서 이미 설명하였지만 그래프 G의 연결 요소는 G의 최대 연결 서브그래프이다. 예를 들어 [그림 11.14]의 G_{13}은 3개의 연결 요소로 이루어진 그래프이다. 깊이 우선 탐색이나 너비 우선 탐색은 시작 정점을 포함하는 연결 요소의 정점들만을 탐색한다. 따라서 주어진 그래프가 연결 그래프인지 확인하는 문제나 그래프의 연결 요소를 모두 구하는 문제는 그래프 탐색 알고리즘을 이용하면 쉽게 해결할 수 있다. 여기에서는 모든 연결 요소를 찾는 문제를 해결하여 보자. 깊이 우선 탐색이나 너비 우선 탐색 모두 사용가능하지만 깊이 우선 탐색을 이용하기로 한다.

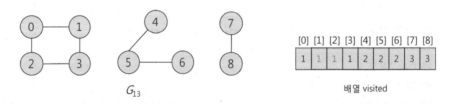

G_{13} 배열 visited

[그림 11.14] 3 연결 요소로 구성된 그래프

하나의 시작 정점으로부터 깊이 우선 탐색을 실시하면 하나의 연결 요소를 구할 수 있다. 방문되지 않은 정점을 선택하여 다시 깊이 우선 탐색을 시행하면 또 하나의 연결 요소를 구할 수 있다. 이 과정을 모든 정점이 방문될 때까지 반복하면 모든 연결 요소를 구할 수 있다. [프로그램 11.9]는 모든 연결 요소를 찾는 프로그램이다. (줄 44~53)의 get_all_connected_component는 반복적으로 깊이 우선 탐색 함수를 호출하면서 연결 요소의 수를 의미하는 component 값을 증가시키고 마지막에는 총 연결 요소의 수를 출력한다. 깊이 우선 탐색 함수 DFS_M은 기존의 깊이 우선 탐색을 약간 수정하였는데 (줄 37)에서 visited[v]의 값을 TRUE로 설정하는 부분을 변경하여 한 연결 요소의 정점들은 동일한 연결 요소 아이디를 갖도록 하였다. main 함수는 그래프 G_{13}이 가진 모든 연결 요소를

찾는 코드로, 실행이 종료한 이후 visited 배열의 상태를 [그림 11.14]에 나타내었다.

프로그램 11.9 그래프의 연결 요소 찾기

```c
#include <stdio.h>
#define FALSE 0
#define TRUE 1
#define MAX_SIZE 100
typedef struct ArrayGraph {
    int vtx_size;                       // 그래프에 있는 정점의 개수
    int adjacency[MAX_SIZE][MAX_SIZE];  // 인접 행렬
} ArrayGraph;
int visited[MAX_SIZE];                  // 이미 방문한 정점을 표시해놓은 배열

// 그래프 초기화
void init_graph(ArrayGraph *AG) {
    AG->vtx_size = 0;
    for ( int i = 0 ; i < MAX_SIZE ; i++ )
        for ( int j = 0 ; j < MAX_SIZE ; j++ )
            AG->adjacency[i][j] = 0;
}

// 그래프에 정점을 추가
void add_vertex(ArrayGraph *AG) {
    if (AG->vtx_size == MAX_SIZE) printf("정점 추가가 불가능합니다.\n");
    else AG->vtx_size++;
}

// 그래프에 간선을 추가
void add_edge(ArrayGraph *AG, int v1, int v2) {
    if (v1 >= AG->vtx_size || v2 >= AG->vtx_size)
        printf("정점이 존재하지 않습니다.\n");
    else {
        AG->adjacency[v1][v2] = 1;
        AG->adjacency[v2][v1] = 1;
    }
}

// 인접 행렬을 깊이 우선 탐색
void DFS_M(ArrayGraph *AG, int v, int id) {
    visited[v] = id;
```

```
38        printf("%d, ", v);
39        for ( int adj = 0 ; adj < AG->vtx_size ; adj++ )
40            if (AG->adjacency[v][adj] && !visited[adj]) DFS_M(AG, adj, id);
41    }
42
43    // 연결 요소 찾기
44    void get_all_connected_component(ArrayGraph *AG) {
45        int component = 0;
46        for ( int v = 0 ; v < AG->vtx_size ; v++ )
47            if (!visited[v]) {
48                printf("연결 요소 %d: ", component);
49                DFS_M(AG, v, ++component);
50                printf("\n");
51            }
52        printf("연결 요소의 수는 %d개입니다.", component);
53    }
54
55    int main() {
56        ArrayGraph agraph;
57        init_graph(&agraph);
58        for ( int i = 0 ; i < 9 ; i++ ) add_vertex(&agraph);
59        add_edge(&agraph, 0, 1);
60        add_edge(&agraph, 0, 2);
61        add_edge(&agraph, 1, 3);
62        add_edge(&agraph, 2, 3);
63        add_edge(&agraph, 4, 5);
64        add_edge(&agraph, 5, 6);
65        add_edge(&agraph, 7, 8);
66        get_all_connected_component(&agraph);
67    }
```

🖥️ **실행결과**

```
연결 요소 0: 0, 1, 3, 2,
연결 요소 1: 4, 5, 6,
연결 요소 2: 7, 8,
연결 요소의 수는 3개입니다.
```

1. [프로그램 11.1]을 수정하여 그래프를 파일로 읽어 들이는 프로그램을 작성하시오.

2. 깊이 우선 탐색을 이용하여 깊이 우선 신장 트리를 구하는 프로그램을 작성하시오.

3. 다음 그래프가 인접 행렬에 표현되어 있다고 가정할 때 다음 물음에 답하시오.

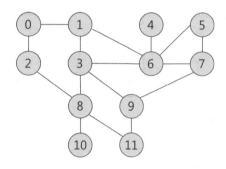

   (1) 정점 3에서 출발하여 깊이 우선 탐색했을 경우의 방문 순서

   (2) 정점 3에서 출발하여 너비 우선 탐색했을 경우의 방문 순서

4. 인접 행렬로 표현된 방향 그래프를 대상으로 [ADT 11.1]을 구현하시오.

5. 인접 리스트로 표현된 방향 그래프를 대상으로 [ADT 11.1]을 구현하시오.

6. 인접 리스트에 저장된 방향 그래프의 경우 진입 차수를 구하려면 전체 인접 리스트를 모두 뒤져야 한다. 이를 개선하기 위해서 간선의 방향을 반대로 하여 인접 리스트를 구성한 역인접 리스트를 추가로 사용하면 진입 차수를 구하는 데 $O(e)$만큼 시간이 걸린다. G_{12}에 대한 역인접 리스트는 다음과 같다. 역인접 리스트를 구성하도록 add_vertex와 add_edge 함수를 개선하고 차수를 구하는 get_degree 함수를 구현하시오.

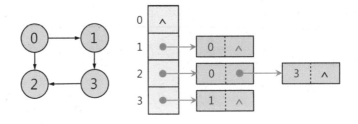

CHAPTER **12**

가중치 그래프

가중치 그래프(weighted graph)는 비가중치 그래프에 비해 간선의 용도가 확장된 것이다. 비가중치 그래프에서는 두 정점이 인접했다는 정보만 제공하지만 가중치 그래프에서는 인접과 관련된 비용을 추가로 표현한다. 여기에서는 가중치 그래프를 표현하는 방법을 먼저 알아보고 널리 알려진 예제인 최소 신장 트리와 최단 경로 문제를 중심으로 가중치 그래프를 살펴보도록 한다. 11장에서 배운 비가중치 그래프를 바탕으로 하되 추가로 필요한 부분만 강조하여 설명할 것이다.

12.1 가중치 그래프의 표현

12.1.1 비용 인접 행렬

비가중치 그래프는 이차원 배열로 표현할 수 있으며 이를 인접 행렬이라 한다고 배웠다. 간선에 가중치가 있는 가중치 그래프 역시 배열을 이용하여 간단히 표현할 수 있다. 인접 행렬의 값은 두 정점의 인접 여부만 나타내기 때문에 0 또는 1인데 이 값 대신 간선의 가중치를 나타내도록 하는 것이다. 이렇게 간선의 가중치를 저장한 인접 행렬을 **비용 인접 행렬**(cost adjacency matrix)이라 한다.

무방향 가중치 그래프 WG를 저장하기 위한 비용 인접 행렬 $adjacency$의 각 원소는 다음과 같은 규칙에 따라 값이 설정된다.

- 가중치 그래프 WG에 가중치 w의 간선 (i, j)가 포함 : $adjacency[i][j] = w$
- 가중치 그래프 WG에 간선 (i, j)가 없음 : $adjacency[i][j] = \infty$ 단, $adjacency[i][i] = 0$

여기서 주의할 것은 간선이 존재하지 않을 때이다. 일반적으로 간선이 존재하지 않는 경우는 어떠한 가중치 간선보다 큰 가중치를 갖도록 처리해야 한다. 예를 들어 간선이 두 도시간의 고속도로이고 간선의 가중치는 두 도시간 거리라면 고속도로가 존재하지 않는 두 도시간 거리는 어떤 고속도로의 길이보다 큰 값을 지정해야 할 것이다. 나중에 가중치 그래프를 다루는 최소 신장 트리나 최단 경로 문제에서 존재하지 않는 간선을 어떻게 구현하는지 구체적으로 살펴보기로 한다. 한편, 간선 (i, i)의 가중치는 의미하는 바가 거리가 되건 비용이 되건 0이 되어야 할 것이다.

만약 가중치 그래프 WG가 방향 그래프라면 비용 인접 행렬 $adjacency$의 각 원소는 다음과 같다.

- 가중치 그래프 **WG**에 가중치 w의 간선 $\langle i, j \rangle$가 포함 : *adjacency*[i][j] = w
- 가중치 그래프 **WG**에 간선 $\langle i, j \rangle$가 없음 : *adjacency*[i][j] = ∞ 단, *adjacency*[i][i] = 0

[그림 12.1]은 가중치 그래프 WG_1과 WG_2에 대한 비용 인접 행렬이다. 정점의 수가 n인 가중치 그래프를 비용 인접 행렬에 저장하기 위해서는 인접 행렬과 마찬가지로 $\Theta(n^2)$ 만큼의 메모리를 필요로 한다. 간선의 수와는 관계없이 오로지 정점의 수에 비례한다.

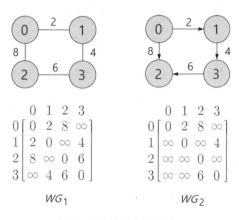

[그림 12.1] 비용 인접 행렬

12.1.2 비용 인접 리스트

비용 인접 행렬의 값 가운데 ∞ 또는 0은 인접하지 않음을 나타내고 그 밖의 값들은 가중치 간선에 의해 인접했음을 나타낸다. 인접한 정점들의 가중치만 따로 저장하는 것도 가중치 그래프를 표현하는 한 방법이다. **비용 인접 리스트**(cost adjacency lists)는 각 정점에 인접한 정점들만 따로 모아 가중치 정보와 함께 연결리스트로 관리하는 구조이다. [그림 12.2]는 WG_1과 WG_2에 대한 비용 인접 리스트이다. 각 정점에 인접한 정점들만 리스트 노드로 표현한다. 가중치를 저장하기 위한 필드가 추가로 필요하다는 것만 제외하고는 인접 리스트와 동일하다.

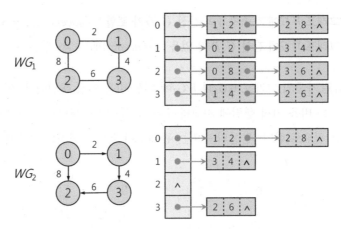

[그림 12.2] 인접 리스트

12.2 최소 신장 트리

12.2.1 신장 트리와 최소 신장 트리

　신장 트리(spanning tree)란 특별한 서브그래프로, 연결 그래프가 주어졌을 때, 정점은 그대로 두고 사이클을 형성하는 간선들을 제거하여 만든 트리이다. 트리는 계층 관계를 나타내기 위한 구조이지만 신장 트리는 계층 구조가 없는 그래프이다. 단지 사이클이 없이 연결되어 있다는 트리의 특성을 가졌기 때문에 붙여진 이름이다. 신장 트리도 일반 트리처럼 정점의 수가 n개이면 간선의 수가 정확히 n-1개다. [그림 12.3]은 완전 그래프에 대한 신장 트리 예를 보여준다.

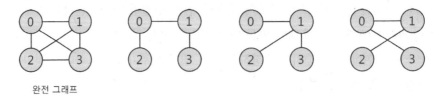

완전 그래프

[그림 12.3] 완전 그래프와 신장 트리

　신장 트리를 만드는 가장 쉬운 방법은 깊이 우선 탐색이나 너비 우선 탐색을 실행시켜서 정점을 방문할 때 사용되는 간선을 모으는 것이다. 깊이 우선 탐색에 사용된 간선으로 만든 신장 트리를 **깊이 우선 신장 트리**, 너비 우선 탐색에 사용된 간선으로 만든 신장 트리를 **너비 우선 신장 트리**라 한다. 예를 들어 [그림 11.12]와 [그림 11.13]의 굵게 표시된 간선이 각각 깊이 우선 신장 트리와 너비 우선 신장 트리의 간선이다.

신장 트리는 최소한의 간선 수를 가진 연결 그래프이므로 여러 가지 응용 분야에 활용될 수 있다. 예를 들어 각 정점이 도시를 나타내고 간선이 도로를 나타낸다면 신장 트리는 모든 도시들을 연결하는 최소한의 도로망이 된다. 물론 여러 가지 가능한 신장 트리가 존재하는 것처럼 모든 도시를 연결하는 도로망에는 여러 가지 대안이 있을 수 있다. 또한, 도시와 도시를 연결하는 도로를 건설하는데 들어가는 비용은 도로마다 다를 것이다. 그렇다면 "최소한의 비용으로 모든 도시를 연결하는 도로망을 건설하라"는 문제가 주어졌다면 어떻게 해결할 것인가? 당연히 간선에 도로의 건설 비용에 해당하는 가중치를 부여하고 가중치의 합이 가장 작은 신장 트리를 구해야 한다. 이러한 신장 트리를 **최소 신장 트리**(MST: minimum spanning tree) 또는 **최소 비용 신장 트리**(MCST: minimum cost spanning tree)라고 한다. 만약 "도로의 길이를 최소로 하면서 모든 도시를 연결하는 도로망을 건설하라"는 문제가 주어졌다면 간선에 도로 길이에 해당하는 가중치를 부여하고 최소 신장 트리를 구해야 할 것이다. 도로망외에도 통신망, 유통망, 배관 등의 네트워크에서 비용, 거리, 시간 등의 가중치를 갖는 그래프를 이용하여 최소 신장 트리를 구하는 다양한 문제가 있을 수 있다. 이를 일반화하면 우리가 해결하여야 하는 문제는 연결된 무방향 가중치 그래프가 주어졌을 때 간선의 가중치 합이 최소가 되는 최소 신장 트리를 구하는 것이다. [그림 12.4]는 가중치 그래프 WG_3에 대한 가중치 합이 가장 작은 최소 신장 트리와 가중치 합이 가장 큰 최대 신장 트리를 보여준다. 최소 신장 트리의 가중치 합은 11인 반면 최대 신장 트리의 가중치 합은 21임을 알 수 있다.

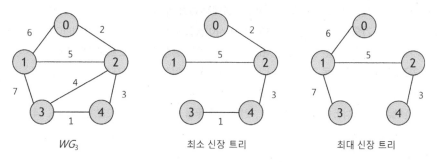

WG_3 　　　　　 최소 신장 트리 　　　　　 최대 신장 트리

[그림 12.4] 가중치 그래프와 최소 신장 트리

최소 신장 트리를 찾는 가장 단순한 방법은 가능한 신장 트리를 모두 구한 다음, 최소 비용을 갖는 신장 트리를 찾으면 된다. 그런데 문제는 n개의 정점을 갖는 완전 그래프의 경우 가능한 신장 트리는 n^{n-2}개나 된다. 정점이 10개라면 1억개의 서로 다른 신장 트리가 존재한다. 이러한 알고리즘은 현실적으로 사용이 불가능하다. 지금부터 최소 신장 트

리를 효율적으로 구하는 크러스컬(Kruskal)의 알고리즘과 프림(Prim)의 알고리즘을 살펴보기로 한다[67]. *n*개의 정점을 갖는 그래프의 최소 신장 트리는 다음 두가지 제약 조건을 만족해야함을 기억하자.

- *n*-1개의 간선을 사용한다.
- 절대로 사이클을 형성해서는 안 된다.

12.2.2 크러스컬의 최소 신장 트리 알고리즘

아무래도 가중치가 낮은 간선이 최소 신장 트리를 구성할 가능성이 높다. 그렇다면 가중치가 작은 간선부터 욕심을 부려보는 건 자연스러운 생각이다. 크러스컬의 알고리즘은 가중치가 작은 간선부터 차례로 선택한다. 선택한 간선 때문에 사이클이 만들어진다면 선택한 간선은 과감히 버린다. 결국 받아들여진 간선 수가 *n*-1개가 되면 종료한다. 이렇게 단순한 방법으로 최소 신장 트리가 생성될까라는 의문이 들 수도 있겠지만 크러스컬 알고리즘에 의해 생성된 신장 트리가 최소 신장 트리가 된다는 것은 증명된 사실이다.

📄 **예제 12.1** 크러스컬 알고리즘의 실행 예 1

[그림 12.5]를 보면서 가중치 그래프 WG_3을 대상으로 크러스컬 알고리즘이 실행되는 과정을 확인하자. 실선으로 표시된 간선은 선택이 완료된 간선이고 점선으로 표시된 간선은 아직 선택되지 않은 간선이다.

- (a): 연결 그래프의 정점만으로 구성된 포리스트에서 출발한다.
- (b): 가장 낮은 가중치 1을 갖는 간선 (3, 4)는 사이클을 형성하지 않으므로 선택한다.
- (c): 가장 낮은 가중치 2를 갖는 간선 (0, 2)는 사이클을 형성하지 않으므로 선택한다.
- (d): 가장 낮은 가중치 3을 갖는 간선 (2, 4)는 사이클을 형성하지 않으므로 선택한다.
- (e): 가장 낮은 가중치 4를 갖는 간선 (2, 3)은 사이클이 만들어지므로 버린다.
- (f): 가장 낮은 가중치 5를 갖는 간선 (1, 2)는 사이클을 형성하지 않으므로 선택한다. 4개의 간선이 모아졌으므로 최소 신장 트리가 완성되었다.

---

67 두 알고리즘 모두 욕심쟁이 방법(greedy method)라는 알고리즘 설계 패러다임을 사용한다. 욕심쟁이 방법에서는 해답에 포함될 원소들을 차례로 선택하는 과정을 거치는데 각 단계에서 전체적인 상황을 종합적으로 판단하여 선택하는 것이 아니라 현 시점의 정보를 바탕으로 현재 가장 이익이 되는 선택을 한다. 이렇게 욕심을 부리는 근시안적 판단에도 불구하고 최소 신장 트리 등 몇몇 중요한 문제들에 대한 해답을 얻는데 사용된다. 우리가 사는 세상에도 눈앞의 이익만을 쫓아가다간 대부분 망하기 십상이지만 재수 좋게 성공하는 예외적 케이스가 있기 마련이다.

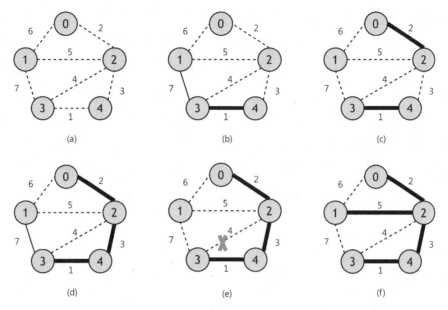

[그림 12.5] 크러스컬 알고리즘에 의한 최소 신장 트리 찾기 1

이제 크러스컬의 알고리즘을 설계하여 보자. 상당히 간단해 보이는 알고리즘이지만 실제로는 만만치 않다. 두 가지 고려 사항이 있다.

첫째, 가중치가 작은 간선을 선택하는데 걸리는 시간을 최소화하는 방법이 필요하다. 간선의 개수가 점점 줄면서 선택하는 시간도 따라 줄겠지만 최솟값 찾기 알고리즘을 여러 번 실행한다는 건 큰 부담이다. 해결책은 본격적인 선택 과정이 시작되기 전에 모든 간선을 오름차순으로 정렬해 놓는 것이다. 이렇게 하면 각 단계에서 아주 쉽게 다음 간선을 선택할 수 있다.

둘째, 선택한 간선으로 인해 사이클이 만들어지는지를 알 수 있는 효율적인 방법이 필요하다. 그래프 탐색 알고리즘을 이용할 수도 있지만, 점점 선택한 간선이 늘어나게 되면 감당하기 어려울 만큼 시간이 오래 걸리게 된다. 우리는 이른바 union-find 연산을 사용하여 사이클 유무를 검사한다. 지금부터 union-find 연산의 개념을 살펴보기로 한다. 연결되지 않은 정점들은 서로 다른 집합의 원소이고 연결된 정점들은 같은 집합의 원소가 되는 상호배타적 집합(disjoint set)[68]을 생각하자. 이 때, 새로 선택된 간선 (u, v)의 두 정점 u와 v가 같은 집합의 원소라면 반드시 사이클이 생성되고 u와 v가 다른 집합의 원소라면 사이클이 만들어지지 않는다. 예를 들어 [그림 12.6(a)]를 보면 정점 집합 $V = \{\{0,$

---

68 집합 간에 교집합이 없음

2}, {1}, {3, 4}}는 3개의 집합으로 구성되어 있다. 다음에 선택된 간선이 그림 (b)처럼 (2, 4)이면 정점 2와 4는 서로 다른 집합의 원소이므로 사이클이 생성되지 않기 때문에 추가할 수 있다. 이 두 집합의 원소들은 이제 서로 연결되므로 하나의 집합 {0, 2, 3, 4}로 합쳐지고 그 결과 정점 집합 V = {{0, 2, 3, 4}, {1}}이 된다. 만약 다음에 선택된 간선이 그림 (c)처럼 (2, 3)이면 정점 2와 3은 같은 집합의 원소이므로 사이클이 생성되기 때문에 버려야 한다. 이와 같은 과정을 처리하려면 최초에 정점 하나만을 원소로 하는 집합을 만드는 init_set 연산, 한 정점이 어느 집합의 원소인지를 알아내는 find_set 연산, 두 집합을 하나로 합치는 union_set 연산이 필요하다.

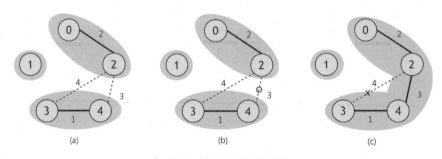

[그림 12.6] 집합과 사이클 검사

[프로그램 12.1]에 크러스컬 알고리즘을 의사코드로 나타내었다. 맨 먼저 간선들을 가중치의 오름차순으로 정렬(줄 3)한 다음 각 정점을 상호배타적인 하나의 집합으로 초기화한다(줄 4). 매 단계에서 가중치가 작은 간선부터 고려하되 사이클을 형성하지 않는다면(줄 8) 최소 신장 트리의 구성 요소로 받아들이고 두 집합을 하나로 합친다. 크러스컬 알고리즘에서는 n개의 트리로 구성된 포리스트로부터 출발하여 최종적으로는 1개의 트리가 만들어진다.

크러스컬 알고리즘의 실행 시간 분석은 매우 복잡하여 여기에서는 분석 결과만 인용하기로 한다. 결론적으로 (줄 3)의 정렬이 전체 알고리즘의 복잡도를 좌우한다. 간선의 수가 e개인 연결 그래프의 경우, 가장 성능이 우수한 정렬 기법을 사용하면 $O(e\log_2 e)$가 걸린다. 결국 크러스컬 알고리즘은 $O(e\log_2 e)$이다.

프로그램 12.1 크러스컬의 최소 신장 트리 알고리즘(의사코드)

```
1   void kruskal_MST(int vtx_size, Edge E[], int edge_size) {
2       Edge MST_E[]  = {};     // 최소 신장 트리의 간선
3       E = sort(E);
4       for ( i = 0 ; i < edge_size ; i++ ) init_set(i);   // 집합 초기화
5       while (MST_E의 간선 수 < vtx_size-1) {
6           (v1, v2) = E의 최소 가중치 간선;
7           E = E - {(v1, v2)} ;
8           if (find_set(v1) ≠ find_set(v2)) {       // v1과 v2가 다른 집합 원소
9               MST_E = MST_E ∪ {(v1, v2)} ;         // 간선 추가
10              union_set(v1, v2);                   // 두 집합을 합병
11          }
12      }
13  }
```

예제 12.2 크러스컬 알고리즘의 실행 예 2

[그림 12.7]을 보면서 가중치 그래프 WG_3을 대상으로 [프로그램 12.1]이 실행되는 과정을 확인하자. 실선으로 표시된 간선은 선택이 완료된 간선이고 점선으로 표시된 간선은 아직 선택되지 않은 간선이다. 정점을 포함하는 영역이 집합에 해당한다.

- (a): 각각 하나의 원소로 이루어진 5개의 집합으로 초기화된 모습이다. 가중치의 오름차순으로 간선을 정렬하면 {(3, 4), (0, 2), (2, 4), (2, 3), (1, 2), (0, 1), (1, 3)}이다.
- (b): 간선 (3, 4)를 선택하고 집합 {3}과 {4}는 하나의 집합으로 합쳐져 4개의 집합으로 줄어든 모습이다. 이제 가중치가 가장 작은 간선은 (0, 2)이다.
- (c): 간선 (0, 2)를 선택하고 집합 {0}과 {2}는 하나의 집합으로 합쳐져 3개의 집합으로 줄어든 모습이다. 이제 가중치가 가장 작은 간선은 (2, 4)이다.
- (d): 간선 (2, 4)를 선택하고 집합 {0, 2}와 {3, 4}는 하나의 집합으로 합쳐져 2개의 집합으로 줄어든 모습이다. 이제 가중치가 가장 작은 간선은 (2, 3)이다.
- (e): 간선 (2, 3)은 같은 집합의 원소이므로 사이클이 만들어진다. 따라서 이 간선은 버린다. 이제 가중치가 가장 작은 간선은 (1, 2)이다.
- (f): 간선 (1, 2)를 선택하고 집합 {1}과 {0, 2, 3, 4}는 하나의 집합으로 합쳐져 1개의 집합으로 줄어들었으며 간선이 모두 4개가 모아졌으므로 최소 신장 트리가 완성되었다.

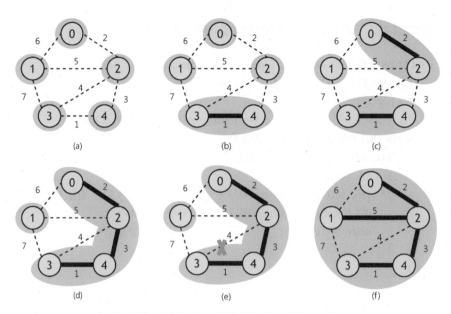

[그림 12.7] 크러스컬 알고리즘에 의한 최소 신장 트리 찾기 2

[프로그램 12.1]의 핵심은 결국 집합을 다루는 세 연산 init_set, find_set, union_set 이다. 우리는 트리를 이용하여 집합을 표현하고 연산들을 구현하기로 한다. 하나의 트리 가 하나의 집합을 나타내고 트리의 노드들이 집합의 원소를 구성하게 만든다고 생각해 보자. 트리들은 상호배타적 집합이므로 트리의 루트는 서로 다르다. 따라서 루트 노드를 집합 이름으로 사용하기로 한다. [그림 12.8]은 포리스트로 표현된 집합들을 하나의 트리 로 줄여가는 과정을 나타낸 것이다. init_set 연산을 통해 모든 정점이 각각 트리를 구성 하도록 초기화한 후 일련의 union_set 연산을 적용하여 집합의 숫자를 줄여 나간다. union_set 연산을 할 때 원소의 개수가 적은 트리를 서브트리로 만들었음에 주의해야 한 다. 원소의 개수가 적은 트리를 자식으로 하는 것이 트리의 높이를 증가시키지 않을 확 률이 높다. 트리의 높이가 중요한 이유는 find_set 연산에 영향을 주기 때문이다. 예를 들어 [그림 12.8(d)]에서 어떤 노드가 속한 집합의 이름이 0라는 것을 알려면 트리의 높 이가 낮을수록 유리하다.

[그림 12.8의 트리는 자식이 몇 개가 될지 모르기 때문에 이진 트리도 아닐뿐더러 노 드가 소속된 집합을 찾기 위해 간선의 방향이 부모로 향하기 때문에 우리가 아는 일반적 인 트리도 아니다. 우리는 일차원 배열 parent를 사용하여 이 문제에 대처하고자 한다. 배열의 각 원소에 값을 지정하는 규칙은 다음과 같다.

- **루트 노드가 아닌 노드** *node* : *parent[node]* = *node*의 부모 노드 인덱스
- **루트 노드** *root* : *parent[root]* = −(*root* 집합의 원소 개수)

루트 노드는 부모 노드가 없으므로 음수의 값을 갖되, 집합의 원소 개수도 알고 있어야 **union_set** 연산 시 부모와 자식을 결정할 수 있으므로 집합의 원소 개수를 음수로 만들어 저장한다. [그림 12.8]에는 집합 연산 후의 배열 **parent**의 모습도 같이 표시하였다.

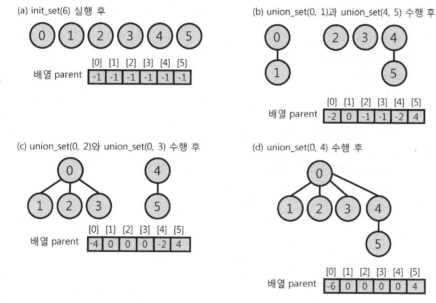

[그림 12.8] 트리를 이용한 집합 표현

[프로그램 12.2]는 집합 연산인 init_set, find_set, union_set이다. init_set은 배열 parent의 값을 모두 −1로 초기화한다. find_set은 루트 노드에 도달할 때까지 트리를 거슬러 올라가서 루트 노드의 인덱스를 반환한다[69]. union_set은 트리의 노드 개수가 적은 쪽이 서브트리가 되도록 설정한다.

---

[69] find_set은 일명 붕괴법칙(collapsing rule)을 적용하는 코드로 개선하면 효율성이 더욱 증가한다. 자세한 내용은 생략한다.

</> **프로그램 12.2** **집합 연산**

```c
1   int parent[MAX_SIZE];  // 집합 연산에 사용되는 배열
2
3   // 집합 초기화
4   void init_set(int n) {
5       for ( int i = 0 ; i < n ; i++ ) parent[i] = -1;
6   }
7
8   // 정점이 속한 집합을 반환
9   int find_set(int vertex) {
10      while (parent[vertex] >= 0) vertex = parent[vertex];
11      return vertex;
12  }
13
14  // 두 원소가 속한 집합을 합병
15  void union_set(int set1, int set2) {
16      if (parent[set1] > parent[set2]) {        // set1의 노드 수가 적음
17          parent[set2] += parent[set1];
18          parent[set1] = set2;
19      }
20      else {                                    // set2의 노드 수가 같거나 적음
21          parent[set1] += parent[set2];
22          parent[set2] = set1;
23      }
24  }
```

[프로그램 12.3]은 크러스컬 알고리즘을 완전히 구현한 결과이다. 그래프는 비용 인접 행렬에 저장하기로 한다. 입력그래프 WG_3를 저장할 때 11장의 함수들을 이용하는 대신 여기서는 main 함수에서 직접 초기화하였는데(줄 83~87) 두 정점 사이에 간선이 존재하지 않으면 ∞를 대신하여 가장 큰 정수를 나타내는 매크로 상수 INT_MAX[70]를 사용하였다. 크러스컬 알고리즘은 간선의 집합만 필요하므로 비용 인접 행렬로부터 간선의 집합만 추출하는 함수 get_edge_set을 호출한다(줄 89). get_edge_set은 (줄 10~14)에 정의된 간선 구조인 Edge 타입의 원소를 배열에 저장하게 된다. Edge 타입은 간선의 양 끝 정점

---

[70] INT_MAX는 헤더파일 limits.h에 정의되어 있으며 32비트 int 형의 경우 2,147,483,647($2^{31}-1$)이다. 다만 stdlib.h가 limits.h를 포함하기 때문에 여기서는 limits.h대신 stdlib.h를 포함하였다. 물론 다른 이유도 있으니 본문을 참고하기 바란다.

과 가중치를 필드로 갖는 구조체이다. 크러스컬 알고리즘의 실행은 (줄 51)부터 시작된다. (줄 56)은 C 언어에서 제공하는 표준 정렬 함수인 퀵 정렬을 이용하여 간선의 집합을 정렬하는 코드이다. 퀵 정렬 함수 qsort는 〈stdlib.h〉에 정의되어 있으며 자세한 사용 방법은 C 프로그래밍 관련 서적을 참조하라. 크러스컬 알고리즘의 나머지 부분은 [프로그램 12.1]과 크게 다르지 않다.

⟨/⟩ 프로그램 12.3 크러스컬의 최소 신장 트리 알고리즘

```
1   #include <stdio.h>
2   #include <stdlib.h>                    // qsort가 정의되어있음
3   #define MAX_SIZE 100
4   typedef struct ArrayGraph {
5       int vtx_size;                      // 그래프에 있는 정점의 개수
6       int adjacency[MAX_SIZE][MAX_SIZE]; // 인접 행렬
7   } ArrayGraph;
8
9   // 간선 타입 정의
10  typedef struct Edge {
11      int v1;              // 정점 1
12      int v2;              // 정점 2
13      int weight;          // 간선 (v1, v2)의 가중치
14  } Edge;
15
16  int parent[MAX_SIZE];  // 집합 연산에 사용되는 배열
17
18  // 집합 초기화
19  void init_set(int n) {
20      for ( int i = 0 ; i < n ; i++ ) parent[i] = -1;
21  }
22
23  // 정점이 속한 집합을 반환
24  int find_set(int vertex) {
25      while (parent[vertex] >= 0) vertex = parent[vertex];
26      return vertex;
27  }
28
29  // 두 원소가 속한 집합을 합병
30  void union_set(int set1, int set2) {
31      if (parent[set1] > parent[set2]) {
32          parent[set2] += parent[set1];
33          parent[set1] = set2;
```

```
34          }
35          else {
36              parent[set1] += parent[set2];
37              parent[set2] = set1;
38          }
39      }
40
41      // qsort에서 사용하는 비교 함수
42      int compare_weight(const void *edge1, const void *edge2) {
43          Edge *p2edge1 = (Edge *)edge1;
44          Edge *p2edge2 = (Edge *)edge2;
45
46          if (p2edge1->weight > p2edge2->weight) return 1;    // 교환
47          else return 0;          // 교환하지 않음
48      }
49
50      // 크러스컬의 최소 신장 트리 함수
51      void kruskal_MST(int vtx_size, Edge E[], int edge_size) {
52          int edges_MST;          // 현재까지 최소 신장 트리에 포함된 간선 수
53          int set1, set2;         // 정점 v1과 v2가 속한 집합
54          int i;                  // 간선 배열 E의 인덱스
55
56          qsort(E, edge_size, sizeof(Edge), compare_weight);
57          init_set(vtx_size);// 집합 초기화
58          for ( i = 0, edges_MST = 0; edges_MST < vtx_size - 1 ; i++ ) {
59              set1 = find_set(E[i].v1);
60              set2 = find_set(E[i].v2);
61              if (set1 != set2) {
62                  printf("간선 (%d, %d) 추가\n", E[i].v1, E[i].v2);
63                  edges_MST++;
64                  union_set(set1, set2);
65              }
66          }
67      }
68
69      int get_edge_set(ArrayGraph *AG, Edge edge_set[]) {
70          int idx = 0;
71          for (int i=0; i < AG->vtx_size; i++)
72              for (int j = i + 1; j < AG->vtx_size; j++) {
73                  if (AG->adjacency[i][j] != INT_MAX) {
74                      edge_set[idx].v1 = i;
75                      edge_set[idx].v2 = j;
```

```
76                    edge_set[idx++].weight = AG->adjacency[i][j];
77            }
78        }
79        return idx;
80  }
81
82  int main() {
83      ArrayGraph agraph = { 5, { { 0, 6, 2, INT_MAX, INT_MAX },
84                                 { 6, 0, 5, 7, INT_MAX },
85                                 { 2, 5, 0, 4, 3 },
86                                 { INT_MAX, 7, 4, 0, 1 },
87                                 { INT_MAX, INT_MAX, 3, 1, 0 } } };
88      Edge edge_set[MAX_SIZE*(MAX_SIZE-1)];
89      int edge_size = get_edge_set(&agraph, edge_set);
90
91      kruskal_MST(agraph.vtx_size, edge_set, edge_size);
92  }
```

🖥 실행결과

간선 (3, 4) 추가
간선 (0, 2) 추가
간선 (2, 4) 추가
간선 (1, 2) 추가

12.2.3 프림의 최소 신장 트리 알고리즘

크러스컬의 알고리즘과 마찬가지로 프림의 알고리즘도 가중치가 낮은 간선부터 선택한다. 다만, 크러스컬의 알고리즘은 n개의 트리로 구성된 포리스트에서 출발하여 점차 트리의 수를 줄여가면서 마지막에 최소 신장 트리를 만들어내는 반면, 프림의 알고리즘은 처음부터 끝까지 하나의 트리를 유지하되 트리를 점점 확장하여 마지막에 최소 신장 트리를 완성하게 된다. 즉 프림의 알고리즘 실행 내내 트리는 하나만 존재한다. 아무 정점이나 하나를 선택하여 시작 트리로 초기화하고 각 단계에서 간선 하나와 정점 하나를 붙여나가면서 트리를 유지한다. 가중치가 낮은 간선이 무조건 선택되는 것이 아니라 트리를 유지하는데 문제가 없으면서 가중치가 낮은 간선을 선택하여 트리를 확대해 나간다. 결국 모든 정점을 선택하면, 즉 n-1개의 간선을 선택하면 종료한다.

프로그램 12.4 프림의 최소 신장 트리 알고리즘(의사코드)

```
1   void prim_MST(ArrayGraph *AG, int s) {
2       edge_set MST_E = { };
3       vertex_set MST_V = {s};
4       for (int i = 1 ; i < AG->vtx_size ; i++ ) { // n-1번 반복
5           (v1, v2) = v1 ∈ MST_V, v2 ∉ MST_V를 만족하는 최소 가중치 간선;
6           MST_E = MST_E ∪ {(v1, v2)};
7           MST_V = MST_V ∪ {v2};
8       }
9   }
```

[프로그램 12.4]에 프림의 최소 신장 트리 알고리즘을 개괄적으로 나타내었다. MST_E 는 최소 신장 트리의 간선 집합이고 MST_V는 최소 신장 트리의 정점 집합이다. 최소 신장 트리는 정점 하나로부터 출발한다(줄 2~3). 매 단계에서 가중치가 작은 간선이 선택되는 데 주의해야 할 것은 현재까지 구축된 트리에 있는 정점과 아직 트리에 포함되지 않은 정점을 연결하는 간선 중에 가중치가 최소인 것을 선택하여야 한다(줄 5). 이미 트리에 포함된 두 정점 간의 간선을 추가하면 사이클이 생성되고 트리에 포함되지 않은 두 정점 간의 간선을 추가하면 트리의 수가 두 개가 되어버린다.

예제 12.3 프림 알고리즘의 실행 예 1

[그림 12.9]을 보면서 가중치 그래프 WG_3을 대상으로 프림의 알고리즘이 실행되는 과정을 확인하자. 점선으로 표시된 간선은 아직 선택되지 않은 간선이고 실선으로 표시된 간선은 선택이 완료된 간선이다. 음영으로 표시된 부분은 현재까지 만들어진 최소 신장 트리를 나타낸다.

- (a): 시작 정점인 0만 최소 신장 트리에 포함되어 있다. 즉 MST_V = {0}이다.
- (b): MST_V = {0}과 인접한 외부 정점사이의 간선 중 가중치가 가장 작은 간선 (0, 2)와 정점 2를 최소 신장 트리에 포함시킨다. 이제 MST_E = {(0, 2)}이고 MST_V = {0, 2}이다.
- (c): MST_V = {0, 2}와 인접한 외부 정점사이의 간선 중 가중치가 가장 작은 간선 (2, 4)와 정점 4를 최소 신장 트리에 포함시킨다. 이제 MST_E = {(0, 2), (2, 4)}이고 MST_V = {0, 2, 4}이다.
- (d): MST_V = {0, 2, 4}와 인접한 외부 정점사이의 간선 중 가중치가 가장 작은 간선 (4, 3)과 정점 3을 최소 신장 트리에 포함시킨다. 이제 MST_E = {(0, 2), (2, 4), (4, 3)}이고 MST_V = {0, 2, 4, 3}이다.
- (e): MST_V = {0, 2, 4, 3}과 인접한 외부 정점사이의 간선 중 가중치가 가장 작은 간선 (2, 1)과 정점 1을 최소 신장 트리에 포함시킨다. 이제 MST_E = {(0, 2), (2, 4), (4, 3), (2, 1)}이고 MST_V = {0, 2, 4, 3, 1}이다. 4개의 간선이 모두 모아졌으므로 최소 신장 트리가 완성되었다.

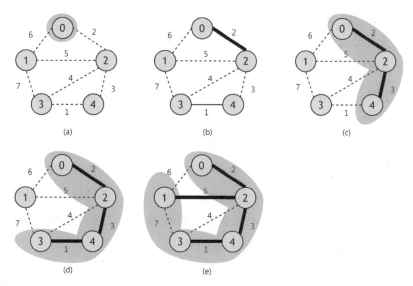

[그림 12.9] 프림 알고리즘에 의한 최소 신장 트리 찾기 1

[프로그램 12.4]는 크러스컬 알고리즘과는 달리 타당성 조사 즉, 사이클이 존재하는지를 검사하는 부분이 없다. 이래도 아무 문제가 없는 이유는 프림의 알고리즘이 사이클을 생성하지 않기 때문이다. 예를 들어 [그림 12.10]에서 정점 v를 선택하는 순간, 간선 (x, v)로 인해 정점 x, y, v를 포함하는 사이클이 생성되었다고 가정하자. 그렇다면 간선 (y, v)와 정점 v는 이미 최소 신장 트리에 포함되어 있다는 것을 뜻하고 간선 (x, v)와 정점 v는 절대로 선택의 대상이 될 수 없다. 따라서 프림의 알고리즘은 사이클을 생성하지 않는다.

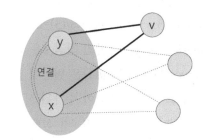

현재까지의 최소 신장 트리

[그림 12.10] 사이클 검사 없는 프림 알고리즘

[프로그램 12.4]를 구현하는데 가장 신경 써야 하는 부분은 누가 보더라도 (줄 5)의 최소 가중치 간선을 선택하는 방법이다. 그림에서 눈으로 최소 가중치 간선을 찾는 것은 어려운 일이 아니겠지만, 매번 최소 신장 트리 내부와 외부 정점을 인접하게 하는 모든

간선들을 대상으로 최소 가중치를 조사하는 것은 알고리즘 측면에서는 시간 낭비이다. 보는 각도를 바꾸어 간선 대신 정점을 기준으로 생각해보자[71]. 일반적으로 정점의 수가 간선의 수보다는 적으므로 각 정점 별로 자신과 직접 연결된 간선 중 어떤 것이 최소 가중치 간선인지 기억하도록 한다. 말하자면 최소 가중치 간선의 정보를 정점에 저장하고 각 단계에서 최소 가중치 정점을 선택하도록 하는 것이다. 이를 구현하기 위해 두 값을 정의할 필요가 있다. 바로 최소 신장 트리에 포함되지 않은 각 정점 v에 대한 $distance(v)$와 $nearest(v)$이다. 거리를 의미하는 $distance(v)$는 현재 최소 신장 트리에 속한 정점과 v 사이의 간선 중 최소 가중치이며 $nearest(v)$는 그 때의 최소 신장 트리의 정점이다. 예를 들어 [그림 12.11(a)]를 보자. 현재 최소 신장 트리에 정점 {0, 2, 5}가 포함되어 있고 후보 정점인 {1, 3, 4} 중에 한 정점을 택하려는 순간이다.

- **정점 1** : 간선 (0, 1)은 가중치 9이고 간선 (5, 1)은 가중치 8이므로 $distance(1)=8$, $nearest(1)=5$이다.
- **정점 3** : 간선 (5, 3)은 가중치 10이고 간선 (2, 3)은 가중치 5이므로 $distance(3)=5$, $nearest(3)=2$이다.
- **정점 4** : 유일한 후보 간선 (2, 4)는 가중치 3이므로 $distance(4)=3$이고 $nearest(4)=2$이다.

이제 정점을 선택해보자. 세 정점 가운데 $distance(4)$가 최소이므로 정점 4와 간선 (2, 4)가 선택된다. 여기서 아주 중요한 작업이 이루어진다. 새로운 정점이 최소 신장 트리에 추가되었기 때문에 추가된 정점에 인접한 나머지 정점들의 $distance$와 $nearest$가 변경될 가능성이 있다. 이 변경 작업이 완료된 후에 다음 정점을 선택하여야 한다. 예를 들어 [그림 12.11(a)]에서 $distance(3)=5$이고 $nearest(3)=2$였지만 정점 4가 추가됨으로써 $distance(3)=1$, $nearest(3)=4$로 변경된다. 반면 정점 1은 정점 4와 인접하지 않기 때문에 정점 4가 추가되어도 $distance(1)$과 $nearest(1)$은 변함이 없다. 이러한 변경 처리를 굳이 다음 단계로 미룰 이유가 없고 새로운 정점이 추가된 시점에서 미리 해 놓으면 다음 단계에서는 정점만 선택하면 된다. 따라서 정점 v가 선택될 때마다, v에 인접했으나 아직 최소 신장 트리에 포함되지 않은 모든 정점 w에 대해 다음과 같이 재계산한다. 간선 (v, w)의 가중치를 $weight(v, w)$라 하면

---

71 크루스컬 알고리즘은 간선을 기준으로, 프림 알고리즘은 정점을 기준으로 최소 가중치 간선을 선택한다.

> 🔊 **정의 12.1 프림의 최소 신장 트리 알고리즘의 distance와 nearest**
>
> $distance(w) = minimum \{ distance(w), weight(v, w) \}$
>
> $nearest(w) = v$ if $distance(w)$가 변경됨

이런 재계산을 미리 해놓음으로써 다음 단계에서는 미리 변경해놓은 *distance* 값을 비교하여 쉽게 다음 정점을 선택할 수 있다. [그림 12.11(b)]를 보면 정점 4가 선택되면서 나머지 정점들에 대한 *distance*와 *nearest*가 변경되었음을 알 수 있다.

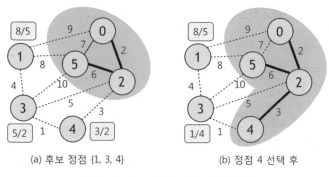

[그림 12.11] 프림 알고리즘의 정점 선택

[프로그램 12.5]에 프림의 알고리즘을 구현하였다. 크러스컬 알고리즘과 마찬가지로 그래프는 비용 인접 행렬에 저장하기로 한다. main 함수에서 시작 정점을 0으로 하여 prim_MST를 호출함으로써 프림 알고리즘이 시작한다. (줄 24)에 선언된 배열 MST_V는 최소 신장 트리에 포함된 정점들을 저장하기 위한 것으로 정점이 최소 신장 트리에 포함될 때마다 TRUE로 설정한다. 배열 distance와 nearest는 각 정점의 *distance*와 *nearest* 값을 저장한다.

(줄 27~31)은 초기화를 진행하는 부분으로 시작 정점을 제외한 나머지 정점들의 *distance*와 *nearest*를 설정한다. (줄 33)부터 시작되는 반복문이 프림 알고리즘의 핵심이다. 각 단계에서, 최소 가중치를 갖는 정점을 선택(줄 35)하여 최소 신장 트리에 추가(줄 37)하고 나머지 정점들에 대해 *distance*와 *nearest*를 재설정(줄 40~45)한다. 모두 *n-1*개의 정점을 선택하면 반복문은 종료한다(줄 33). 혹시 (줄 37)에서 왜 최소 신장 트리에 정점만 추가하고 간선은 추가하지 않는지 의문을 가질 수 있는데 간선에 관한 정보는 배

열 nearest에 저장되므로 따로 추가할 필요가 없다.

주어진 연결 그래프의 정점의 수가 n이고 간선의 수가 e일 때 프림 알고리즘의 복잡도를 구해보자.

- (줄 27~31)의 초기화 블록은 $\Theta(n)$이다. 프림 알고리즘의 복잡도는 결과적으로 이보다 높기 때문에 초기화 과정은 전체 복잡도에 영향을 주지 못한다.
- (줄 33~46)의 반복 블록은 n-1회 반복한다. 반복 블록 내부를 보면 (줄 35)의 select_min 함수가 $\Theta(n)$이고 (줄 40~45) 역시 $\Theta(n)$이므로 중첩된 반복 블록은 $\Theta(n^2)$이다.

따라서, 비용 인접 행렬을 기반으로 하는 프림 알고리즘은 $\Theta(n^2)$이다.

프로그램 12.5 프림의 최소 신장 트리 알고리즘

```c
1    #include <stdio.h>
2    #include <limits.h>
3    #define TRUE 1
4    #define FALSE 0
5    #define MAX_SIZE 100
6    typedef struct ArrayGraph {
7        int vtx_size;                       // 그래프에 있는 정점의 개수
8        int adjacency[MAX_SIZE][MAX_SIZE];  // 인접 행렬
9    } ArrayGraph;
10
11   // 최소 가중치 간선의 정점 찾기
12   int select_min(int distance[], int n, int found[]) {
13       int i, min = INT_MAX, min_idx = 0;
14       for ( i = 0 ; i < n ; i++ )
15           if (distance[i] < min && found[i] == FALSE) {
16               min = distance[i];
17               min_idx = i;
18           }
19       return min_idx;
20   }
21
22   // 프림의 최소 신장 트리 함수
23   void prim_MST(ArrayGraph *AG, int s) {
24       int MST_V[MAX_SIZE], distance[MAX_SIZE], nearest[MAX_SIZE];
25       int i, v, w;
```

```
26
27      for ( i = 0 ; i < AG->vtx_size ; i++ ) {  // 초기화
28          MST_V[i] = FALSE;
29          distance[i] = AG->adjacency[s][i];
30          nearest[i] = s;
31      }
32      MST_V[s] = TRUE;
33      for ( i = 1 ; i < AG->vtx_size ; i++ ) {
34          // 최소 가중치를 갖는 정점 선택
35          v = select_min(distance, AG->vtx_size, MST_V);
36          // 최소 신장 트리에 정점을 추가
37          MST_V[v] = TRUE;
38          printf("간선 (%d, %d) 추가, 정점 %d 추가\n", nearest[v], v, v);
39          // distance와 nearest 재설정
40          for ( w = 0 ; w < AG->vtx_size ; w++ )
41              if (MST_V[w] == FALSE)
42                  if (AG->adjacency[v][w] < distance[w]) {
43                      distance[w] = AG->adjacency[v][w];
44                      nearest[w] = v;
45                  }
46      }
47  }
48
49  int main() {
50      ArrayGraph agraph = { 5, { { 0, 6, 2, INT_MAX, INT_MAX },
51                                 { 6, 0, 5, 7, INT_MAX },
52                                 { 2, 5, 0, 4, 3 },
53                                 { INT_MAX, 7, 4, 0, 1 },
54                                 { INT_MAX, INT_MAX, 3, 1, 0 } } };
55
56      prim_MST(&agraph, 0);
57  }
```

🖥️ 실행결과

```
간선 (0, 2) 추가, 정점 2 추가
간선 (2, 4) 추가, 정점 4 추가
간선 (4, 3) 추가, 정점 3 추가
간선 (2, 1) 추가, 정점 1 추가
```

예제 12.4 프림 알고리즘의 실행 예 2

[그림 12.12]는 가중치 그래프 WG_3을 대상으로 [프로그램 12.5]가 실행되는 과정을 보여준다. 정점 0을 시작으로 삼기로 한다. 점선으로 표시된 간선은 아직 선택되지 않은 것이고 실선으로 표시된 간선은 선택이 완료된 간선이다. 음영으로 표시된 영역은 최소 신장 트리이다. 입력으로 받은 비용 인접 행렬은 다음과 같다.

adjacency[][]	0	1	2	3	4
0	0	6	2	∞	∞
1	6	0	5	7	∞
2	2	5	0	4	3
3	∞	7	4	0	1
4	∞	∞	3	1	0

• (a): 정점 0을 제외한 나머지 정점들에 대해 배열 MST_V, distance, nearest를 초기화한 모습이다. 그림에서는 INT_MAX 대신 ∞를 사용하였다.

	0	1	2	3	4
MST_V[]	TRUE	FALSE	FALSE	FALSE	FALSE
distance[]	0	6	2	∞	∞
nearest[]	0	0	0	0	0

• (b): distance가 가장 작은 정점 2를 선택하고 최소 신장 트리에 추가한다. 이에 따라 나머지 정점 {1, 3, 4}의 distance와 nearest를 다시 구한다.

	0	1	2	3	4
MST_V[]	TRUE	FALSE	TRUE	FALSE	FALSE
distance[]	0	5	2	4	3
nearest[]	0	2	0	2	2

distance[1] = min {distance[1], (2,1)의 가중치} = min {6, 5} = 5
istance[3] = min {distance[3], (2,3)의 가중치} = min {∞, 4} = 4
distance[4] = min {distance[4], (2,4)의 가중치} = min {∞, 3} = 3

• (c): distance가 가장 작은 정점 4를 선택하고 최소 신장 트리에 추가한다. 이에 따라 나머지 정점 {1, 3}의 distance와 nearest를 다시 구한다.

	0	1	2	3	4
MST_V[]	TRUE	FALSE	TRUE	FALSE	TRUE
distance[]	0	5	2	1	3
nearest[]	0	2	0	4	2

distance[1] = min {distance[1], (4,1)의 가중치} = min {5, ∞} = 5
distance[3] = min {distance[3], (4,3)의 가중치} = min {4, 1} = 1

- (d): distance가 가장 작은 정점 3을 선택하고 최소 신장 트리에 추가한다. 이에 따라 나머지 정점 {1}의 distance와 nearest를 다시 구한다.

	0	1	2	3	4
MST_V[]	TRUE	FALSE	TRUE	TRUE	TRUE
distance[]	0	5	2	1	3
nearest[]	0	2	0	4	2

distance[1] = min {distance[1], (3,1)의 가중치} = min {5, 7} = 5

- (e): 마지막 남은 정점 1을 선택하고 최소 신장 트리에 추가한다. 간선이 모두 4개가 모아졌으므로 최소 신장 트리가 완성되었다.

	0	1	2	3	4
MST_V[]	TRUE	TRUE	TRUE	TRUE	TRUE
distance[]	0	5	2	1	3
nearest[]	0	2	0	4	2

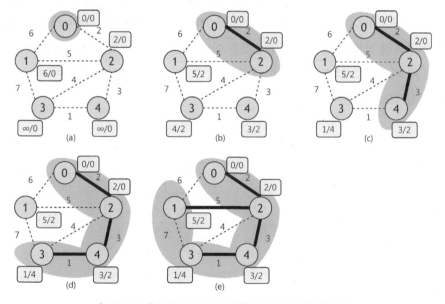

[그림 12.12] 프림 알고리즘에 의한 최소 신장 트리 찾기 2

12.3 최단 경로

이 절에서는 내비게이션 시스템의 기본이라 할 수 있는 **최단 경로**(shortest path) 알고리즘을 다루어보자. 최단 경로 알고리즘은 네트워크상에서 목적지에 이르는 여러 가능한 경로가운데 주어진 기준에 최적인 경로를 찾는다. 네트워크는 지리적인 지도 이외에도 통신망, 배관망, 사회망 등이 모두 가능하다. 최단 경로의 기준 역시 도로망의 경우 거리, 시간, 비용(예를 들어 통행료) 등이 될 수 있으며 거리가 가장 짧은 경로, 시간이 가장 적게 걸리는 경로, 통행료가 가장 적은 경로 등을 구할 수 있다. 최소 신장 트리를 다룰 때와 마찬가지로 비용 인접 행렬에 그래프를 저장하기로 한다.

최단 경로 알고리즘에는 두 가지 유형이 있다. 첫째, 출발 지점을 하나 선택하면 나머지 모든 지점까지의 최단 경로를 알려주는 **단일 시작점(single source) 최단 경로** 알고리즘과 둘째, 모든 지점들 간의 최단 경로를 알려주는 **모든 쌍(all-pairs) 최단 경로** 알고리즘이다.

12.3.1 단일 시작점 최단 경로: 다익스트라 알고리즘

다익스트라(Dijkstra) 알고리즘은 어떤 간선도 음수 값을 갖지 않는 방향 가중치 그래프에서 출발점과 나머지 도착점 사이의 최단 경로 문제를 푸는 알고리즘이다. [그림 12.13]의 방향 그래프 WG_4를 보자. 예를 들어 정점 0에서 출발하여 정점 4까지의 최단 경로를 어떻게 구하면 될까? 눈으로는 5라는 것을 어렵지 않게 알 수 있지만 결국 모든 가능한 경로를 다 따져보고 얻은 답일 것이다. 이렇게 모든 가능한 경로를 일일이 계산하는 방식은 현실적으로 사용이 불가능하다[72].

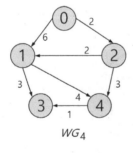

최단경로	길이
0 → 2	2
0 → 2 → 1	4
0 → 2 → 4	5
0 → 2 → 4 → 3	6

[그림 12.13] 최단 경로 찾기

다익스트라 알고리즘은 [그림 12.13]의 오른쪽 표처럼 출발점에서 가까운 정점부터 차례대로 최단 경로를 구해나간다. 따라서 정점 2, 1, 4, 3의 순서로 최단 경로를 구한다. 출발점에서부터 가까운 순서대로 미리 정점을 줄 세우는 것이 아니라 알고리즘을 수행하면 그러한 순서에 따라 최단 경로가 결정된다는 의미이다. 이 과정에서 일단 한번 결정된 최단 경로는 절대로 바뀌지 않는다. 한 정점의 최단 경로는 이미 결정된 최단 경로

---

72 모든 정점들이 인접해 있다면 출발점에서 가능한 경로의 수는 약 $(n-1)!$ 개이다.

를 이용하여 구하게 된다. [그림 12.14]를 보자. SP_V는 현재까지 최단 경로가 결정된 정점 집합이고 $\{v, x, y\}$는 아직 최단 경로가 결정되지 않은 정점 집합일 때, $\{v, x, y\}$ 중 최단 경로가 결정되는 다음 정점은 SP_V내의 정점만을 거쳐서 도달하는 최단 경로가 가장 짧은 정점 v이다. 혹시 한번 결정된 최단 경로가 나중에 바뀔 수 있지 않을까 의심할 수도 있다. 그러나 간선의 가중치가 음수를 허용하지 않기 때문에 절대로 그러한 일은 발생하지 않는다. 예를 들어 [그림 12.14]에서 정점 v의 최단 경로는 정점 x나 y를 거쳐서 정점 v에 도달하는 최단 경로보다 짧을 수밖에 없기 때문에 나중에 정점 x나 y의 최단 경로가 결정되더라도 정점 v의 최단 경로에는 영향을 주지 않는다.

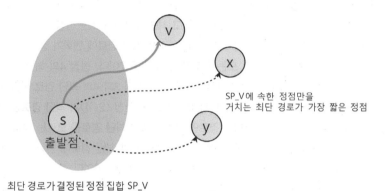

최단 경로가 결정된 정점 집합 SP_V

[그림 12.14] 정점 선택

다익스트라 알고리즘은 프림의 최소 신장 트리 알고리즘과 원리가 거의 동일하다. 다익스트라 알고리즘 역시 처음부터 끝까지 트리[73]를 유지한다. 출발점을 시작 정점으로 하여 시작 트리로 초기화하고 매 단계에서 하나의 정점과 간선을 붙여나가면서 트리를 유지하면 된다. 정점이 추가된다는 것은 그 정점까지의 최단 경로를 구했다는 것을 말하며 모든 정점을 선택하면 즉 모든 다른 정점까지의 최단 경로를 찾으면 알고리즘은 종료한다. 결국 최단 경로가 확정된 정점들의 집합이 처음에는 출발 정점만 포함하고 있다가 매 단계마다 하나씩 정점을 늘려나가면서 모든 정점들이 포함될 때까지 반복한다.

📋 예제 12.5 다익스트라 알고리즘의 실행 예 1

[그림 12.15]를 보면서 가중치 그래프 WG_4를 대상으로 다익스트라 알고리즘이 실행되는 과정을 확인하자. 점선으로 표시된 간선은 아직 선택되지 않은 간선이고 실선으로 표시된 간선은 선택이 완료된 간선이다. 음영으로 표시된 영역은 최단 경로가 알려진 정점들이다.

---

73 방향 간선을 사용하는 사이클이 없는 연결된 그래프를 유지한다.

- **(a):** 출발점은 정점 0이며 현재 정점 0까지의 최단 경로만 0으로 결정된 상태이다.
- **(b):** 출발점인 정점 {0}의 최단 경로만 알려져 있으므로 경유할 정점은 없다. 그러므로 출발점에서 가장 작은 가중치로 연결된 정점이 선택된다. 출발점으로부터 인접한 정점은 1, 2이고 최단 경로 길이는 각각 6, 2이다. 나머지 정점들의 최단 경로는 ∞이다. 이 가운데 정점 2로 가는 경로가 가장 짧으며 정점 2의 최단 경로 길이는 2로 결정된다. 간선 〈0, 2〉가 최단 경로를 구성한다.
- **(c):** 현재 정점 {0, 2}의 최단 경로만 알려져 있고 최단 경로를 모르는 정점은 {1, 3, 4}이다. 정점 2의 최단 경로가 새로 결정되었으므로 정점 2로 인해 {1, 3, 4}의 최단 경로에 변화가 생기는지 확인한다. 정점 1의 최단 경로는 정점 2에서 직접 오는 경로이며, 그 값은 4이다. 정점 3의 최단 경로는 변함없이 출발점에서 직접 오는 경로이며 그 값은 여전히 ∞이다. 정점 4의 최단 경로는 정점 2에서 직접 오는 경로이며, 그 값은 5이다. 즉 정점 1, 3, 4의 최단 경로 길이는 각각 4, ∞, 5이므로 정점 1이 선택되고 최단 경로 길이는 4로 결정된다. 간선 〈2, 1〉이 최단 경로를 구성한다.
- **(d):** 현재 정점 {0, 2, 1}의 최단 경로만 알려져 있고 최단 경로를 모르는 정점은 {3, 4}이다. 정점 1의 최단 경로가 새로 결정되었으므로 정점 1로 인해 {3, 4}의 최단 경로에 변화가 생기는지 확인한다. 정점 3의 최단 경로는 정점 1에서 직접 오는 경로이며, 그 값은 7이다. 정점 4의 최단 경로는 변함없이 정점 2에서 직접 오는 경로이며 그 값은 여전히 5이다. 즉 정점 3과 4의 최단 경로의 길이는 각각 7과 5이므로 정점 4가 선택되고 최단 경로 길이는 5로 결정된다. 간선 〈2, 4〉가 최단 경로를 구성한다.
- **그림 (e):** 현재 정점 {0, 2, 1, 4}의 최단 경로만 알려져 있고 최단 경로를 모르는 정점은 {3}이다. 정점 4의 최단 경로가 새로 결정되었으므로 정점 4로 인해 {3}의 최단 경로에 변화가 생기는지 확인한다. 정점 3의 최단 경로는 정점 4에서 직접 오는 경로이며, 그 값은 6이다. 따라서 정점 3이 선택되고 최단 경로 길이는 6으로 결정된다. 간선 〈4, 3〉이 최단 경로를 구성한다. 출발 정점으로부터 모든 정점으로의 최단 경로가 결정되었다. 도착 정점으로부터 굵은 실선을 역으로 거슬러 가면 최단 경로를 확인할 수 있다.

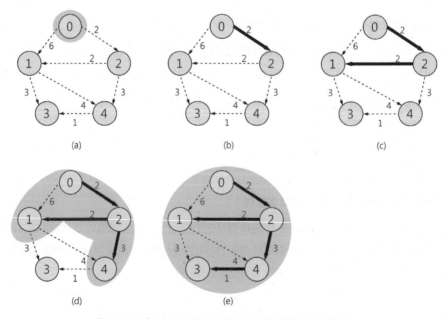

[그림 12.15] 다익스트라 알고리즘에 의한 최단 경로 찾기 1

다익스트라 알고리즘의 성능은 최단 경로가 결정될 새로운 정점을 선택하는 방법이 좌우한다. 프림의 최소 신장 트리 알고리즘과 유사하다. 그렇다면 새로운 방법을 찾을 필요 없이 프림 알고리즘에서 사용했던 방법을 빌려오자. 각 정점 별로 현재까지의 최단 경로를 기억하도록 한다. 이를 위해 최단 경로가 확정되지 않은 각 정점 v에 대해 $distance(v)$와 $earlier(v)$를 정의한다. $distance(v)$는 최단 경로가 확정된 정점만을 중간 경유지로 하여 출발 정점에서 정점 v까지 가는 최단 경로의 길이이며 $earlier(v)$는 그 경로 상에서 정점 v의 직전 정점이다. 예를 들어 [그림 12.15(b)]를 보자. 현재 정점 {0, 2}의 최단 경로만 알려져 있고 최단 경로를 모르는 정점 {1, 3, 4} 중에 한 정점을 택하려는 순간이다. 정점 2의 최단 경로가 새로 결정되었다.

- **정점 1** : 바로 출발점에서 오는 최단 경로 길이가 6이고 정점 2에서 직접 오는 최단 경로 길이가 4이므로 $distance(1) = 4$이고 $earlier(1) = 2$이다.
- **정점 3** : 바로 출발점에서 오는 경로가 없고 정점 2에서 직접 오는 경로는 없으므로 변함이 없다. 즉 $distance(3) = \infty$이고 $earlier(3) = 0$이다.
- **정점 4** : 바로 출발점에서 오는 경로가 없고 정점 2에서 직접 오는 최단 경로 길이가 5이므로 $distance(4) = 5$이고 $earlier(4) = 2$이다.

세 정점 가운데 $distance(1)$이 최소이므로 정점 1과 간선 〈2, 1〉이 선택된다. 프림 알고리즘처럼 여기서 중요한 작업이 이루어진다. 최단 경로가 결정된 새로운 정점이 추가되었기 때문에 추가된 정점으로부터 인접한 나머지 정점들의 $distance$와 $earlier$가 변경될 가능성이 있다. 예를 들어 $distance(3) = \infty$이고 $earlier(3) = 0$이지만 정점 1이 추가됨으로써 $distance(3) = 7$, $earlier(3) = 1$이 되어야 한다. 반면 정점 1이 추가되더라도 $distance(4)$와 $earlier(4)$는 변함이 없다. 이러한 변경 처리를 굳이 다음 단계로 미룰 이유가 없고 새로운 정점이 추가된 시점에서 미리 해 놓으면 다음 단계에서는 정점만 선택하면 된다. 따라서 새로운 정점 v가 선택되면, v에 인접했으나 아직 최단 경로가 확정되지 않은 모든 정점 w에 대해, (기존의 v를 거치지 않은 최단 경로 길이)와 (최단 경로가 확정된 정점 v까지의 최단 경로 길이와 간선 〈v, w〉의 가중치 간선 가중치의 합) 중 짧은 것을 새로운 최단 경로 길이로 만든다. 따라서 간선 〈v, w〉의 가중치를 $weight(v, w)$라 하면

정의 12.2 다익스트라 **최단 경로 알고리즘**의 distance와 earlier

$distance(w) = minimum \{ distance(w), distance(v) + weight(v, w) \}$

$earlier(w) = v \ \ if \ distance(w)$가 변경됨

[프로그램 12.6]에 다익스트라 알고리즘을 구현하였다. 그래프는 비용 인접 행렬에 저장하였다. main 함수에서 시작 정점을 0으로 하여 Dijkstra_SP를 호출함으로써 다익스트라 알고리즘이 시작한다. (줄 24)에 선언된 배열 SP_V는 최단 경로가 결정된 정점들이 생길 때마다 TRUE로 설정한다. 배열 distance와 earlier는 각 정점의 *distance*와 *earlier* 값을 저장한다. 사실 [프로그램 12.5]의 프림 알고리즘과 다른 부분은 변수 이름을 제외하고는 *distance* 정의와 관련된 (줄 31~33) 뿐이다. (줄 31)은 정수 오버플로로 인한 오류를 방지하기 위한 코드이다. 비용 인접 행렬을 기반으로 하는 다익스트라 알고리즘의 복잡도 역시 $\Theta(n^2)$이다.

다익스트라 알고리즘은 기본적으로 출발점으로부터 다른 모든 정점까지의 최단 경로를 계산하지만 만약 특정한 정점 stop까지의 최단 경로를 알고 싶다면 (줄 24)에서 v==stop일 경우 종료하면 된다. 배열 earlier를 역으로 추적하면 최단 경로와 길이를 알아낼 수 있다.

프로그램 12.6   다익스트라의 최단 경로 알고리즘

```c
1    #include <stdio.h>
2    #include <limits.h>
3    #define TRUE 1
4    #define FALSE 0
5    #define MAX_SIZE 100
6    typedef struct ArrayGraph {
7        int vtx_size;                        // 그래프에 있는 정점의 개수
8        int adjacency[MAX_SIZE][MAX_SIZE];   // 인접 행렬
9    } ArrayGraph;
10
11   // 다익스트라의 최단 경로 함수
12   void Dijkstra_SP(ArrayGraph *AG, int s) {
13       int SP_V[MAX_SIZE], distance[MAX_SIZE], earlier[MAX_SIZE];
14       int i, v, w;
15
16       for ( i = 0 ; i < AG->vtx_size ; i++ ) {  // 초기화
17           SP_V[i] = FALSE;
18           distance[i] = AG->adjacency[s][i];
19           earlier[i] = s;
20       }
21       SP_V[s] = TRUE;
22       for (i = 1; i < AG->vtx_size; i++) {
23           // 현재까지의 최단 경로가 가장 최소인 정점 선택
```

```
24          v = select_min(distance, AG->vtx_size, SP_V);    // 프로그램 12.5
25          // 최단 경로가 결정된 정점 집합에 정점을 추가
26          SP_V[v] = TRUE;
27          printf("간선 <%d, %d> 추가, 정점 %d 추가\n", earlier[v], v, v);
28          // distance와 earlier 재설정
29          for (w = 0; w < AG->vtx_size; w++)
30              if (SP_V[w] == FALSE)
31                  if (AG->adjacency[v][w] != INT_MAX &&
32                      distance[v] + AG->adjacency[v][w] < distance[w]) {
33                      distance[w] = distance[v] + AG->adjacency[v][w];
34                      earlier[w] = v;
35                  }
36      }
37 }
38
39 int main() {
40     ArrayGraph agraph = { 5, { { 0, 6, 2, INT_MAX, INT_MAX },
41                               { INT_MAX, 0, INT_MAX, 3, 4 },
42                               { INT_MAX, 2, 0, INT_MAX, 3 },
43                               { INT_MAX, INT_MAX, 4, 0, INT_MAX },
44                               { INT_MAX, INT_MAX, INT_MAX, 1, 0 } } };
45
46     Dijkstra_SP(&agraph, 0);
47 }
```

💻 실행결과

```
간선 <0, 2> 추가, 정점 2 추가
간선 <2, 1> 추가, 정점 1 추가
간선 <2, 4> 추가, 정점 4 추가
간선 <4, 3> 추가, 정점 3 추가
```

📋 예제 12.6 다익스트라 알고리즘의 실행 예 2

[그림 12.16]은 가중치 그래프 WG_4를 대상으로 [프로그램 12.6]이 실행되는 과정을 보여준다. 정점 0
을 시작 정점으로 삼기로 한다. 점선으로 표시된 간선은 아직 선택되지 않은 간선이고 실선으로 표시된
간선은 선택이 완료된 간선이다. 음영으로 표시된 영역은 최단 경로가 알려진 정점들이다. 입력으로 받
은 비용 인접 행렬은 다음과 같다.

adjacency[][]	0	1	2	3	4
0	0	6	2	∞	∞
1	∞	0	∞	3	4
2	∞	2	0	∞	3
3	∞	∞	4	0	∞
4	∞	∞	∞	1	0

- (a): 정점 0을 제외한 나머지 정점들에 대해 배열 SP_V, distance, earlier를 초기화한 모습이다. 그림에서는 INT_MAX 대신 ∞를 사용하였다.

	0	1	2	3	4
SP_V[]	TRUE	FALSE	FALSE	FALSE	FALSE
distance[]	0	6	2	∞	∞
earlier[]	0	0	0	0	0

- (b): distance가 가장 작은 정점 2를 선택하고 간선 ⟨0, 2⟩를 최단 경로에 추가한다. 이에 따라 나머지 정점 {1, 3, 4}의 distance와 earlier를 다시 구한다.

	0	1	2	3	4
SP_V[]	TRUE	FALSE	TRUE	FALSE	FALSE
distance[]	0	4	2	∞	5
earlier[]	0	2	0	0	2

distance[1] = min {distance[1], distance[2] + ⟨2, 1⟩의 가중치} = min {6, 2+2} = 4
distance[3] = min {distance[3], distance[2] + ⟨2, 3⟩의 가중치} = min {∞, 2+∞} = ∞
distance[4] = min {distance[4], distance[2] + ⟨2, 4⟩의 가중치} = min {∞, 2+3} = 5

- (c): distance가 가장 작은 정점 1을 선택하고 간선 ⟨2, 1⟩을 최단 경로에 추가한다. 이에 따라 나머지 정점 {3, 4}의 distance와 earlier를 다시 구한다.

	0	1	2	3	4
SP_V[]	TRUE	TRUE	TRUE	FALSE	FALSE
distance[]	0	4	2	7	5
earlier[]	0	2	0	1	2

distance[3] = min {distance[3], distance[1] + ⟨1, 3⟩의 가중치} = min {∞, 4+3} = 7
distance[4] = min {distance[4], distance[1] + ⟨1, 4⟩의 가중치} = min {5, 4+4} = 5

• (d): distance가 가장 작은 정점 4를 선택하고 간선 〈2, 4〉를 최단 경로에 추가한다. 이에 따라 나머지 정점 {3}의 distance와 earlier를 다시 구한다.

	0	1	2	3	4
SP_V[]	TRUE	TRUE	TRUE	FALSE	TRUE
distance[]	0	4	2	6	5
earlier[]	0	2	0	4	2

distance[3] = min {distance[3], distance[4] + 〈4, 3〉의 가중치} = min {7, 5+1} = 6

• (e): 마지막 남은 정점 3을 선택하고 간선 〈4, 3〉을 최단 경로에 추가한다. 간선이 모두 4개가 모아졌으므로 모든 정점에 대한 최단 경로가 결정되었다.

	0	1	2	3	4
SP_V[]	TRUE	TRUE	TRUE	TRUE	TRUE
distance[]	0	4	2	6	5
earlier[]	0	2	0	4	2

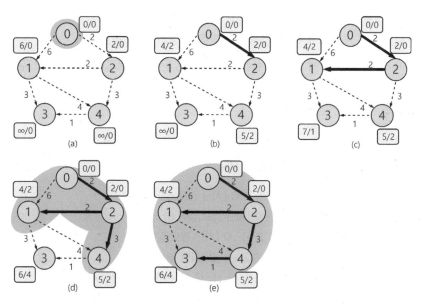

[그림 12.16] 다익스트라 알고리즘에 의한 최단 경로 찾기 2

12.3.2 모든 쌍 최단 경로: 플로이드-워셜 알고리즘

모든 정점들 간의 최단 경로를 알려주는 모든 쌍 최단 경로 문제를 해결해보자. 이 문제는 단일 시작점 최단 경로를 구하는 다익스트라 알고리즘을 여러 번 반복하면 해결할 수 있다. 출발 정점을 바꿔가며 $\Theta(n^2)$인 다익스트라 알고리즘을 n번 반복하면 되므로 Θ

(n^3)이다. **플로이드-워셜 알고리즘(Floyd-Warshall Algorithm)** 역시 모든 쌍 최단 경로를 $\Theta(n^3)$에 찾는 알고리즘이지만 훨씬 간결하다. 더구나 음의 가중치 간선도 허용한다.

플로이드-워셜 알고리즘의 기본 개념을 이해해보자. 정점 집합 V={0, 1, 2, …, n-1}과 간선 집합 E가 주어졌을 때 임의의 두 정점사이 최단 경로는 V에 속한 정점들만 경유한다. 그렇다면 아무 정점도 거치지 않는 최단 경로부터 구하기 시작해서, 매 단계마다 경유 가능한 정점을 하나씩 추가하면서 최단 경로를 구하는 절차를 반복하여, 최종적으로는 모든 정점을 경유 가능한 최단 경로를 구하면 우리가 원하는 결과를 얻게 될 것이다. 플로이드-워셜 알고리즘은 다음과 같은 과정을 거친다.

- 중간에 아무 정점도 거치지 않는 최단 경로
  → {0}에 속한 정점들만 경유 가능한 최단 경로
  → {0, 1}에 속한 정점들만 경유 가능한 최단 경로
  → …
  → {0, 1, 2, …, n-3}에 속한 정점들만 경유 가능한 최단 경로
  → {0, 1, 2, …, n-2}에 속한 정점들만 경유 가능한 최단 경로
  → {0, 1, 2, …, n-1}에 속한 정점들만 경유 가능한 최단 경로(정점 간 최단 경로)

예제 12.7

방향 그래프 WG_5가 주어졌을 때 플로이드-워셜 알고리즘을 사용하여 정점 2에서 정점 0까지의 최단 경로와 최단 경로 길이를 구하는 과정은 다음과 같다.

- 중간에 아무 정점도 거치지 않는 경우 : 2→0 (최단 경로 길이 8)
- {0}에 속한 정점들만 거치는 경우: 2→0 (최단 경로 길이 8)
- {0, 1}에 속한 정점들만 거치는 경우: 2→1→0 (최단 경로 길이 5)
- {0, 1, 2}에 속한 정점들만 거치는 경우: 2→1→0 (최단 경로 길이 5)
- {0, 1, 2, 3}에 속한 정점들만 거치는 경우: 2→1→3→0 (최단 경로 길이 4)
- {0, 1, 2, 3, 4}에 속한 정점들만 거치는 경우: 2→4→3→0 (최단 경로 길이 1)

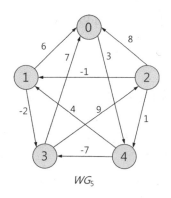

[그림 12.17] 방향 그래프 예

 우리가 구해야 할 최종 목표는 모든 정점들 간의 최단 경로이지만 최단 경로는 경로의 길이를 알아야 이에 기반해서 구할 수 있으므로 우선 최단 경로의 길이를 알아내는 방법에 초점을 맞추기로 한다. 여기에서는 수학적 귀납법을 사용해서 최단 경로의 길이를 정의한다. $\{0, 1, 2, \ldots, k\}$에 속한 정점들만 거치면서 정점 i에서 정점 j에 이르는[74] 최단 경로의 길이를 $D_k(i, j)$라 하자. 이 최단 경로는 다음 두 경로 중 더 짧은 경로이다([그림 12.18]).

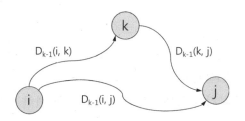

[그림 12.18] 최단 경로 길이 $D_k(i, j)$

- **정점 k를 중간에 경유하지 않는 최단 경로** : $\{0, 1, 2, \ldots, k\text{-}1\}$에 속한 정점들만 거치는 최단 경로와 같으므로 $D_k(i, j) = D_{k-1}(i, j)$이다.
- **정점 k를 중간에 경유하는 최단 경로** : 이 경우는 $i \leadsto k \leadsto j$의 최단 경로이다. $i \leadsto j$의 최단 경로가 k를 경유한다면 $i \leadsto k$도 최단 경로이고 $k \leadsto j$도 최단 경로여야 한다. 따라서 $D_k(i, j) = D_k(i, k) + D_k(k, j)$이다. 그런데 $i \leadsto k$의 최단 경로는 중간에 정점 k를 경유하지 않으며[75] $k \leadsto j$의 최단 경로 역시 중간에 정점 k를 경유하지 않는다. 결국 $D_k(i, j) = D_{k-1}(i, k) + D_{k-1}(k, j)$이다.

---

74 앞으로 "정점 i에서 정점 j까지"는 $i \leadsto j$로 표기한다.

75 최단 경로에는 사이클이 없다.

초기 상태인 중간에 아무 정점도 거치지 않는 최단 경로까지 반영하면 다음과 같이 최단 경로의 길이가 정의된다.

🎯 정의 12.3 두 정점 사이의 최단 경로 길이

$$D_k(i,j) = \begin{cases} minimum \ \{D_{k-1}(i,j), D_{k-1}(i,k) + D_{k-1}(k,j)\} & \text{if } k \geq 0 \\ <i,j> \text{의 가중치} & \text{if } k = -1 \end{cases}$$

[정의 12.3]에 따라 최단 경로의 길이를 저장하려면 어떻게 해야 할까? $\{0, 1, 2, ..., k\}$에 속한 정점들만 거치는 $i \leadsto j$의 최단 경로 길이가 $D_k(i, j)$이므로 $\{0, 1, 2, ..., k\}$에 속한 정점들만 거치는 모든 쌍 사이의 최단 경로 길이를 저장하려면 2차원 배열 $D_k[n][n]$이 필요하다. 그래프가 인접 행렬 *adjacency*에 저장되어 있다면 귀납적 정의에 따라 배열 원소 배열 $D_k[i][j]$에 저장될 값은 다음과 같다.

$$D_k[i][j] = \begin{cases} minimum \ \{D_{k-1}[i][j], D_{k-1}[i][k] + D_{k-1}[k][j]\} & \text{if } k \geq 0 \\ adjacency[i][j] & \text{if } k = -1 \end{cases}$$

따라서 중간에 아무 정점도 거치지 않는 최단 경로 길이를 저장하기 위한 배열 D_{-1}에서부터 시작하여 차례로 배열 $D_0, D_1, ..., D_{n-1}$을 생성하는 단계를 거친다. 배열 D_{-1}은 인접 행렬과 동일한 값을 갖는다.

마지막으로, 최단 경로 길이가 아닌 최단 경로 자체에 관한 정보를 저장할 배열이 하나 더 필요하다. $D_k[i][j]$의 값을 최소로 만든 k를 $V_k[i][j]$에 저장하자. 즉 $i \leadsto j$의 최단 경로가 k를 경유한다면 정점 k를 기억하도록 $V_k[i][j] = k$로 저장한다. 배열 V_{n-1}을 조사하면 $i \leadsto j$의 최단 경로가 어떤 정점들을 경유하는지 모두 알아낼 수 있다. 배열 V_{-1}은 경유하는 정점이 하나도 없음을 나타내야 하므로 −1로 초기화한다.

📋 **예제 12.8**

방향 그래프 WG_5에 대해 모든 쌍 사이의 최단 경로를 구하시오.

〈초기화: D_{-1} & V_{-1}〉

D_{-1} = 인접 행렬

D_{-1}	0	1	2	3	4
0	0	∞	∞	∞	3
1	6	0	∞	-2	∞
2	8	-1	0	∞	1
3	7	∞	9	0	∞
4	∞	3	∞	-7	0

V_{-1}	0	1	2	3	4
0	-1	-1	-1	-1	-1
1	-1	-1	-1	-1	-1
2	-1	-1	-1	-1	-1
3	-1	-1	-1	-1	-1
4	-1	-1	-1	-1	-1

〈반복: 각 단계에서 변경된 원소는 색을 달리하여 표시하였음〉

1) D_0 & V_0

D_0	0	1	2	3	4
0	0	∞	∞	∞	3
1	6	0	∞	-2	9
2	8	-1	0	∞	1
3	7	∞	9	0	10
4	∞	3	∞	-7	0

V_0	0	1	2	3	4
0	-1	-1	-1	-1	-1
1	-1	-1	-1	-1	0
2	-1	-1	-1	-1	-1
3	-1	-1	-1	-1	0
4	-1	-1	-1	-1	-1

2) D_1 & V_1

D_1	0	1	2	3	4
0	0	∞	∞	∞	3
1	6	0	∞	-2	9
2	5	-1	0	-3	1
3	7	∞	9	0	10
4	9	3	∞	-7	0

V_1	0	1	2	3	4
0	-1	-1	-1	-1	-1
1	-1	-1	-1	-1	0
2	1	-1	-1	1	-1
3	-1	-1	-1	-1	0
4	1	-1	-1	-1	-1

3) D_2 & V_2

D_2	0	1	2	3	4
0	0	∞	∞	∞	3
1	6	0	∞	-2	9
2	5	-1	0	-3	1
3	7	8	9	0	10
4	9	3	∞	-7	0

V_2	0	1	2	3	4
0	-1	-1	-1	-1	-1
1	-1	-1	-1	-1	0
2	1	-1	-1	1	-1
3	-1	2	-1	-1	0
4	1	-1	-1	-1	-1

4) D_3 & V_3

D_3	0	1	2	3	4
0	0	∞	∞	∞	3
1	5	0	7	-2	8
2	4	-1	0	-3	1
3	7	8	9	0	10
4	0	1	2	-7	0

V_3	0	1	2	3	4
0	-1	-1	-1	-1	-1
1	3	-1	3	-1	3
2	3	-1	-1	1	-1
3	-1	2	-1	-1	0
4	3	3	3	-1	-1

5) D_4 & V_4

D_4	0	1	2	3	4
0	0	4	5	-4	3
1	5	0	7	-2	8
2	1	-1	0	-6	1
3	7	8	9	0	10
4	0	1	2	-7	0

V_4	0	1	2	3	4
0	-1	4	4	4	-1
1	3	-1	3	-1	3
2	4	-1	-1	4	-1
3	-1	2	-1	-1	0
4	3	3	3	-1	-1

〈최단 경로〉

최단 경로는 V_4로부터 구한다. 예를 들어 2→0의 최단 경로는

- $V_4[2][0]=4$이므로 2→4→0이다.
- $V_4[2][4]=-1$이고 $V_4[4][0]=3$이므로 2→4→3→0이다.
- $V_4[4][3]=V4[3][0]=-1$이므로 2→4→3→0이 최단 경로가 된다.

[프로그램 12.7]은 모든 쌍 사이의 최단 경로를 구하는 플로이드-워셜 알고리즘이다. main 함수에서는 WG_5를 인접 행렬에 저장(줄 20~24)하고 배열 D_{-1}과 V_{-1}을 초기화한다 (줄 29~33). 최단 경로를 구하는 함수 floyd_warshall_SP는 10줄 이내의 코드로 작성할 수 있을 만큼 간결하다. 알고리즘을 자세히 보면 배열 D_{-1}에서부터 시작하여 차례로 배열 $D_0, D_1, …, D_{n-1}$을 만들어가는 과정에서 여러 개의 배열을 사용하지 않고 하나의 배열만 사용해서 계속 덮어쓰기를 반복한다. 이렇게 해도 무방한 이유는 $D_k[i][j]$를 구하기 위해서는 $D_{k-1}[i][k]$과 $D_{k-1}[k][j]$가 필요한데, $D_{k-1}[i][k]=D_k[i][k]$이고 $D_{k-1}[k][j]=D_k[k][j]$이므로 이 두 값은 배열 D_k를 구하는 k번째 반복문 내에서는 절대로 변경되지 않기 때문이다.

(줄 10)의 반복이 배열 D_{-1}에서부터 시작하여 차례로 배열 $D_0, D_1, …, D_{n-1}$을 만들어가는 효과를 내며 (줄 11)과 (줄 12)는 배열 원소들에 대한 반복이다. (줄 13)은 정수 오버플로로 인한 오류를 방지하기 위한 코드이며 (줄 14)가 정점 k를 경유 가능하도록 했을 때 최단 경로가 바뀌는지를 검사하는 코드이다. 비용 인접 행렬을 기반으로 하는 플로이드-워셜 알고리즘의 복잡도는 $\Theta(n^3)$이며 이 복잡도를 갖는 알고리즘 가운데 가장 단순한 형태이다. 덧셈 연산을 주로 사용하기 때문에 단순한 알고리즘 중 하나인 $n×n$ 차원의 두 정방 행렬 곱셈에 비해서도 시간이 적게 걸린다.

프로그램 12.7   플로이드-워셜의 최단 경로 알고리즘

```c
1   #include <stdio.h>
2   #include <limits.h>
3   #define MAX_SIZE 100
4   typedef struct ArrayGraph {
5       int vtx_size;                       // 그래프에 있는 정점의 개수
6       int adjacency[MAX_SIZE][MAX_SIZE];       // 인접 행렬
7   } ArrayGraph;
8
9   void floyd_warshall_SP(int D[][MAX_SIZE], int V[][MAX_SIZE], int n) {
10      for ( int k = 0 ; k < n ; k++ )
11          for ( int i = 0 ; i < n ; i++ )
12              for ( int j = 0 ; j < n ; j++ )
13                  if (D[i][k] != INT_MAX && D[k][j] != INT_MAX &&
14                          D[i][k] + D[k][j] < D[i][j]) {
15                      D[i][j] = D[i][k] + D[k][j];
16                      V[i][j] = k;
17                  }
18  }
19
20  int main() {
21      ArrayGraph agraph = { 5, { { 0, INT_MAX, INT_MAX, INT_MAX, 3 },
22                              { 6, 0, INT_MAX, -2, INT_MAX },
23                              { 8, -1, 0, INT_MAX, 1 },
24                              { 7, INT_MAX, 9, 0, INT_MAX},
25                              { INT_MAX, 3, INT_MAX, -7, 0 } } };
26
27      int D[MAX_SIZE][MAX_SIZE];
28      int V[MAX_SIZE][MAX_SIZE];
29
30      for (int i=0; i < agraph.vtx_size; i++)
31          for (int j = 0; j < agraph.vtx_size; j++) {
32              D[i][j] = agraph.adjacency[i][j];
33              V[i][j] = -1;
34          }
35
36      floyd_warshall_SP(D, V, agraph.vtx_size);
37  }
```

1. 비용 인접 행렬을 사용하는 가중치 그래프 구조를 정의하고 [ADT 11.1]의 연산을 구현하시오.

2. 비용 인접 리스트를 사용하는 가중치 그래프 구조를 정의하고 [ADT 11.1]의 연산을 구현하시오.

3. 다음 그래프에 대해 최소 신장 트리를 구하려 한다.

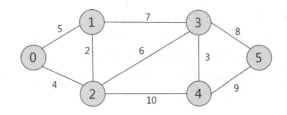

   (1) 크러스컬 알고리즘으로 구하는 과정에서 선택되는 간선을 차례대로 구하시오.

   (2) 프림 알고리즘으로 구하는 과정에서 선택되는 간선을 차례대로 구하시오. 단, 시작
       점은 1

4. 프림 알고리즘을 수행하여 얻은 신장 트리는 최소 신장 트리임을 증명하시오.

5. [프로그램 12.2]의 find_set을 수정하여 붕괴법칙을 적용하는 코드로 개선하시오. 기본 아이
   디어는 정점이 속한 집합을 찾아 루트 노드에 도달하면 거기서 멈추지 않고 다시 정점으로부터
   루트 노드에 도달할 때까지 트리를 거슬러 올라가면서 모든 노드의 부모를 루트 노드로 만드는
   것이다. 연속적으로 find_set을 하는 경우 효율성을 크게 높일 수 있다.

6. 크러스컬 알고리즘에서 최소 히프를 사용하면 굳이 정렬할 필요가 없다. 크러스컬 알고리즘을 최소 히프를 이용하여 구현하시오.

7. 다익스트라 알고리즘을 수행하여 얻은 경로는 최단 경로임을 증명하시오.

8. [프로그램 12.6]을 수정하여 최단 경로와 길이를 알아낼 수 있도록 구현하시오.

9. 아래 그래프를 대상으로 다익스트라 최단 경로 알고리즘에 따라 최단 경로를 찾으시오. 단 출발점은 0이다.

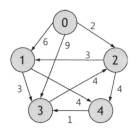

10. 문제 9의 그래프를 대상으로 플로이드–워셜 알고리즘에 따라 모든 쌍 사이의 최단 경로를 찾으시오.

11. 플로이드–워셜 알고리즘을 이용하면 정점사이에 경로가 존재하는지 여부를 조사하는 문제에 대한 답을 얻을 수 있다. 단순하게 생각하면 플로이드–워셜 알고리즘을 실행시키고 여전히 ∞ 의 값을 갖는 원소는 0으로, ∞가 아닌 원소의 값은 1로 설정하는 방법이 있다. 이보다 더 단순한 방법을 생각해보자. 정점 $\{0, 1, 2, ..., k\}$에 속한 정점들만 거치는 $i \rightsquigarrow j$의 경로가 존재하려면 다음 두 가지 조건 중 적어도 하나가 참이어야 한다.

(1) 정점 $\{0, 1, 2, ..., k\text{-}1\}$에 속한 정점들만 거치는 $i \rightsquigarrow j$의 경로가 존재한다.

(2) 정점 $\{0, 1, 2, ..., k\text{-}1\}$에 속한 정점들만 거치는 $i \rightsquigarrow k$의 경로가 존재하고, 정점 $\{0, 1, 2, ..., k\text{-}1\}$에 속한 정점들만 거치는 $k \rightsquigarrow j$의 경로가 존재한다.

위 성질은 플로이드–워셜의 알고리즘에서 사용한 [정의 12.3]과 거의 유사하다. 이를 이용하여 정점사이에 경로가 존재하는지 알아내는 프로그램을 작성하시오.

CHAPTER **13**

정렬

13.1 정렬의 기본 개념

정렬(sorting)이란 비교할 수 있는 데이터 집합을 입력으로 받아 순서화 하려는 기준에 의해 오름차순이나 내림차순으로 재배열하는 연산이다[76]. 예를 들어 전 세계의 국가들은 국민소득, 국내총생산, 부패지수 등을 기준으로 정렬이 가능하며 포털사이트에서 제공하는 뉴스 댓글도 최신순, 순공감순, 공감비율순으로 정렬이 가능하다. 영어 사전의 단어들이 알파벳 순서로 정렬되어 있고 국어 사전의 단어들이 한글자모 순으로 정렬되어 있는 것은 아주 빠르게 단어를 찾을 수 있게 하기 위함이다. 만약 단어들이 정렬되어 있지 않다면 결국 순차 탐색으로 원하는 단어를 찾아야 하며 어느 누구도 사전을 이용하려 하지 않을 것이다. 사용 빈도가 좀 줄긴 했지만 전화번호부도 마찬가지이다. 전화를 소유하고 있는 사람이나 상호의 이름을 기준으로 정렬되어 있기 때문에 원하는 전화번호를 쉽게 찾을 수 있다.

정렬은 이렇게 일상생활에서도 많이 사용되는 가장 기본적인 알고리즘 가운데 하나로 다양한 응용 분야에 사용된다. 아무리 컴퓨터가 빠르다 하더라도 정렬되지 않은 리스트와 정렬된 리스트를 다루는 것은 커다란 차이가 있다. 예를 들어 정렬이 되어 있어야만 이진 탐색을 할 수 있다.

정렬 대상이 되는 입력 리스트는 **레코드**(record)의 모임이다. 레코드는 **필드**(field)라는 속성들로 이루어진다. [그림 13.1]은 사전의 예를 보여주는데 각 레코드는 단어, 발음기호, 뜻이라는 3개의 필드로 구성되어 있다. 각 레코드를 정렬하려는 기준이 되는 필드를 **키**(key)라 하며 사전을 구성하는 레코드의 키는 바로 단어이다.

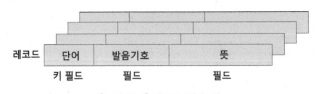

[그림 13.1] 레코드, 필드, 키

정렬 기법은 매우 다양하며 여러 기준에 의해 분류될 수 있다. 정렬하기 전에 모든 리스트가 주기억 장치에 저장되면 **내부 정렬**(internal sorting)이라 하고 외부 기억장치에 있는 리스트를 주기억 장치로 읽어 들여가며 정렬하는 방법을 **외부 정렬**(external sorting)이라 한다. 또한 사용하는 연산의 종류에 따라 구분할 수도 있는데 리스트의 키 값을 비

---

76 앞으로는 오름차순으로 정렬하는 것을 기준으로 이야기한다.

교하는 연산을 사용하는 정렬 기법을 **비교 기반 정렬**이라 하고 키 값의 분포에 따라 분배하는 연산을 사용하는 정렬 기법을 **분포(분배) 기반 정렬**이라고 한다. 우리는 비교 기반의 내부 정렬 기법들을 차례로 살펴보도록 한다. 비교 기반 정렬 방법이므로 키를 비교하는 연산횟수가 시간 복잡도를 좌우한다. 입력 리스트의 레코드 수는 n이라 가정한다.

13.2 삽입 정렬

카드놀이를 생각해보자. 딜러는 한 장씩 카드를 나눠주고 있으며 플레이어는 현재까지 받은 카드를 왼손에 쥐고 있다. 이 상태에서 플레이어가 새로운 카드를 받으면 오른손으로 이 카드를 집어 들고 나서 왼손에 있는 카드 뭉치에 올바른 순서에 맞도록 끼워 넣는다. 이 과정을 반복하는 것이 삽입 정렬이다.

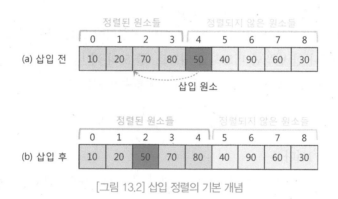

[그림 13.2] 삽입 정렬의 기본 개념

삽입 정렬(insertion sort)은 정렬되지 않은 입력 레코드를 하나씩 꺼내서 정렬된 리스트에 순서에 맞게 끼워 넣는 기법이다. [그림 13.2]와 같이 한 단계가 지날 때마다 정렬된 리스트의 크기는 1씩 증가하고 정렬되지 않은 레코드의 수는 1씩 감소한다. 따라서 시작할 때 한 개의 레코드만을 가지고 있는 정렬된 리스트로부터 출발한다면[77] 총 n-1단계를 거치고 나서 종료한다. 한 레코드를 추가할 때마다 뒤에서부터 차례대로 비교하여 제 위치를 찾을 때까지 진행하게 된다. 결국 새로운 원소는 순차 탐색에 의해 자기 위치를 찾아간다.

---

[77] 왼손에 카드 한 장을 쥐고 시작한다면

≣ **예제 13.1**

다음은 입력 리스트 (5 2 4 1 3)을 삽입 정렬하는 과정이다. [ ]는 이미 정렬된 리스트이고 [ ]의 오른쪽은 아직 정렬되지 않은 원소들이다.

- 시작 상태   : [5] 2 4 1 3
- 1 단계   : 정렬되지 않은 리스트의 첫 번째 원소인 2를 삽입 ⇒ [2 5] 4 1 3
- 2 단계   : 정렬되지 않은 리스트의 첫 번째 원소인 4를 삽입 ⇒ [2 4 5] 1 3
- 3 단계   : 정렬되지 않은 리스트의 첫 번째 원소인 1을 삽입 ⇒ [1 2 4 5] 3
- 4 단계   : 정렬되지 않은 리스트의 첫 번째 원소인 3을 삽입 ⇒ [1 2 3 4 5]

[프로그램 13.1]은 삽입 정렬 알고리즘이다. 정렬된 리스트는 배열 list의 앞쪽에 위치하며 아직 정렬되어 있지 않은 원소들은 배열 list의 뒤쪽에 위치한다. 삽입 대상 원소는 정렬된 리스트의 뒤에서부터 비교(줄 5)하며, 제 위치를 찾을 때까지 정렬된 리스트의 원소가 한 칸씩 오른쪽으로 이동한다(줄 6).

실행 시간을 분석해보자. 입력 리스트가 이미 정렬되어 있는 경우 비교횟수가 최소가된다. 매 단계마다 한 번씩만 비교하면 되므로 (줄 5)의 키 비교횟수는 총 n-1회이다. 입력 리스트가 역으로 정렬되어 있는 경우 키 비교횟수가 최대가 되는데 각 단계마다 비교횟수가 1씩 늘어나게 되므로 총 $\sum_{i=1}^{n-1} i = \dfrac{n(n-1)}{2}$ 회 비교한다. 따라서 삽입 정렬의 점근 복잡도는 $O(n^2)$이다.

삽입 정렬에서는 같은 수의 레코드로 구성된 입력 리스트라 하더라도 입력 리스트가어느 정도 정렬되어 있는가에 따라 실행 시간이 달라진다. 정렬된 정도가 높은 입력 리스트일수록 빠르게 정렬 가능하다. 삽입 정렬은 리스트의 원소가 적을 때 가장 빠른 알고리즘 가운데 하나이다.

프로그램 13.1   삽입 정렬

```
1   void insertion_sort(int list[], int n) {
2       int i, j, next;
3       for ( i = 1 ; i < n ; i++ ) {
4           next = list[i];
5           for ( j = i-1 ; j >= 0 && next < list[j] ; j-- )
6               list[j+1] = list[j];
7           list[j+1] = next;
8       }
9   }
```

13.3 선택 정렬

선택 정렬(selection sort)은 정렬되지 않은 원소들 가운데 키 값이 가장 작은 원소 또는 가장 큰 원소를 하나씩 선택하여 정렬 리스트로 옮기는 방법이다. 삽입 정렬처럼 한 단계가 지날 때마다 정렬된 리스트의 크기는 1씩 증가하고 정렬되지 않은 원소의 수는 1씩 감소한다. 정렬된 리스트에 새로 포함될 원소는 키 순서에 따라 차례대로 선택한다. 따라서 한번 선택된 레코드의 위치(순서)는 절대로 변하지 않는다.

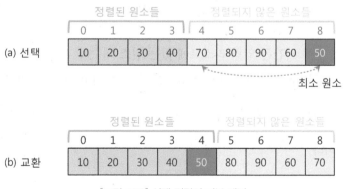

[그림 13.3] 선택 정렬의 기본 개념

앞서 설명한 바와 같이 원소를 선택하는 두 가지 방식이 있다. 키가 작은 순으로 하나씩 꺼내서 정렬되지 않은 리스트의 맨 앞에 있는 원소와 교환하는 것을 반복하거나 키가 큰 순으로 하나씩 꺼내서 정렬되지 않은 리스트의 맨 뒤에 있는 원소와 교환하는 것을 반복한다. 여기서는 전자의 알고리즘을 따르도록 하자([그림 13.3]). i번째 단계를 마치면 키 값이 가장 작은 i개의 원소들이 정렬되어 있고 $n-i$개의 원소들이 선택을 기다리며 대기 중인 상태가 된다.

선택 정렬은 삽입 정렬과 마찬가지로 레코드의 개수가 적을 때 효율적이다. 한 단계에 최대 한 번의 레코드 이동이 있으며, 한번 이동된 레코드는 알고리즘이 종료할 때까지 이동하지 않는다.

≣ 예제 13.2

다음은 입력 리스트 (5 2 4 1 3)를 선택 정렬하는 과정이다. [ ]는 이미 정렬된 리스트이고 [ ]의 오른쪽은 아직 정렬되지 않은 원소들이다.

- 시작 상태　　: 5 2 4 1 3
- 1 단계　　　: 가장 작은 키 1과 맨 앞 5를 교환 $\Rightarrow$ [1] 2 4 5 3
- 2 단계　　　: 가장 작은 키 2와 맨 앞 2를 교환 $\Rightarrow$ [1 2] 4 5 3
- 3 단계　　　: 가장 작은 키 3과 맨 앞 4를 교환 $\Rightarrow$ [1 2 3] 5 4
- 4 단계　　　: 가장 작은 키 4와 맨 앞 5를 교환 $\Rightarrow$ [1 2 3 4] 5

[프로그램 13.2]는 선택 정렬 알고리즘이다. 삽입 정렬과 마찬가지로, 정렬된 리스트는 배열 list의 앞쪽에 위치하며 아직 정렬되어 있지 않은 레코드들은 배열 list의 뒤쪽에 위치한다. $n-1$단계를 거치고 나면 정렬되지 않은 리스트에는 키 값이 가장 큰 원소 하나만 남게 되므로 더 진행할 필요가 없다(줄 4). (줄 8)의 SWAP은 두 값을 교환하는 매크로이다.

선택 정렬의 실행 시간은 입력 리스트에 있는 원소 개수가 같은 경우 키의 분포와 관계없이 항상 일정하다. 키 비교횟수는 1 단계에서 n-1회이고 다음 단계마다 1씩 줄어들기 때문에 (줄 7)의 키 비교횟수는 총 $(n-1)+(n-2)+...+2+1 = \sum_{i=1}^{n-1} i = \frac{n(n-1)}{2}$ 회이며 $\Theta(n^2)$이다.

프로그램 13.2   선택 정렬

```
1   #define SWAP(x, y, t) ((t)=(x), (x)=(y), (y)=(t))
2   void selection_sort(int list[], int n) {
3       int i, j, min, temp;
4       for ( i = 0 ; i < n-1 ; i++ ) {
5           min = i;
6           for ( j = i+1 ; j < n ; j++ )      // 키가 최소인 원소 찾기
7                   if (list[j] < list[min]) min = j;
8           SWAP(list[i], list[min], temp);  // 키가 최소인 원소를 이동
9       }
10  }
```

13.4 버블 정렬

풍선 또는 거품을 의미하는 단어인 버블은 둥둥 뜬다는 특징을 갖는다. 풍선은 공기 중에서 둥둥 떠다니고 거품은 물위에서 둥둥 떠다닌다. **버블 정렬**(bubble sort)은 레코드가 자기 위치를 찾아 버블처럼 조금씩 이동하는 모습에 착안하여 붙여진 이름이다.

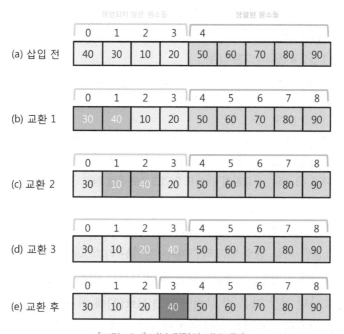

[그림 13.4] 버블 정렬의 기본 개념

버블 정렬에서는 각 단계마다 모든 인접한 두 원소를 차례대로 비교하여 순서가 맞지 않으면 교환하는 방법을 사용한다. 선택 정렬처럼 두 가지 방식이 있다. 배열의 아래쪽에서 위쪽으로 향하면서 인접한 원소를 교환해 나가거나 배열의 위쪽에서 아래쪽을 향하면서 인접한 원소를 교환해 나간다. 여기에서는 버블의 특징을 살리는 취지로 전자의 방식을 따르기로 하자([그림 13.4]).

첫 번째 단계가 끝나면 키가 가장 큰 레코드가 배열의 맨 끝에 위치한다. 두 번째 단계가 끝나면 키가 두 번째로 큰 레코드가 끝에서 두 번째에 자리를 잡는다. i번째 단계가 끝나면 키 값이 가장 큰 i개 레코드들의 위치가 정해진다. 삽입 정렬이나 선택 정렬과는 달리 모든 단계를 다 거쳐야 하는 것은 아니다. 만약 어떤 단계에서 한 번도 교환이 일어나지 않았다면 정렬된 것이므로 더 이상 진행할 필요가 없다.

📄 **예제 13.3**

다음은 입력 리스트 (5 1 3 2 4)을 버블 정렬하는 과정이다. [ ]는 이미 정렬된 리스트이고 [ ]의 왼쪽은 아직 정렬되지 않은 원소들이다. 4단계까지 진행하지 않고 3단계에 종료하는 것을 확인할 수 있다.

- 시작 상태   : 5 1 3 2 4
- 1 단계   : 5 1 3 2 4 ⇒ 교환
            1 5 3 2 4 ⇒ 교환
            1 3 5 2 4 ⇒ 교환
            1 3 2 5 4 ⇒ 교환
            1 3 2 4 [5]
- 2 단계   : 1 3 2 4 [5] ⇒ 교환 없음
            1 3 2 4 [5] ⇒ 교환
            1 2 3 4 [5] ⇒ 교환 없음
            1 2 3 [4 5]
- 3 단계   : 1 2 3 [4 5] ⇒ 교환 없음
            1 2 3 [4 5] ⇒ 교환 없음
            1 2 [3 4 5] ⇒ 교환이 한 번도 없었으므로 정렬 완료

[프로그램 13.3]은 버블 정렬 알고리즘이다. 정렬된 리스트는 배열 list의 뒤쪽에 위치하며 아직 정렬되어 있지 않은 레코드들은 배열 list의 앞쪽에 위치한다. n-1개의 원소가 자리를 잡고 나면 가장 작은 키 값의 원소는 list[0]에 위치하므로 더 진행할 필요가 없다. (줄 11)은 교환이 발생하지 않아서 정렬을 종료하게 되는 경우를 처리한다.

버블 정렬의 실행 시간을 분석해보자. 입력 리스트가 이미 정렬되어 있는 경우 키 비

교횟수는 최소가 된다. 교환할 레코드가 없으므로 1 단계를 거치면 더 이상 진행할 필요가 없으며 이때의 키 비교횟수는 총 n-1회이다. 입력 리스트가 역으로 정렬되어 있는 경우에 키 비교횟수가 최대가 된다. 1 단계에서 n-1회이고 다음 단계마다 1씩 줄어들기 때문에 (줄 6)의 키 비교횟수는 총 $(n-1)+(n-2)+...+2+1 = \sum_{i=1}^{n-1} i = \dfrac{n(n-1)}{2}$ 회이다. 따라서 버블 정렬은 $O(n^2)$이다. 같은 수의 레코드로 구성된 입력 리스트라 하더라도 키 값의 분포에 따라 실행 시간이 달라진다.

버블 정렬은 어떤 레코드의 최초 저장 위치가 최종적으로 정렬된 후의 위치에서 멀리 떨어져 있다면, 여러 번 교환이 발생하는 단점을 갖는다. 따라서 다른 정렬 방법에 비해 교환횟수가 많기 때문에 간단한 알고리즘에도 불구하고 잘 쓰이지 않는다.

▣ **프로그램 13.3   버블 정렬**

```
1   #define SWAP(x, y, t) ((t)=(x), (x)=(y), (y)=(t))
2   void bubble_sort(int list[], int n) {
3       int i, j, temp, flag;
4       for ( i = n-1 ; i > 0 ; i-- ) {        // i : 키가 최대인 원소가 들어갈 위치
5           flag = 0;                          // 교환 없음
6           for ( j = 0 ; j < i ; j++ )
7               if (list[j] > list[j+1]) {
8                   SWAP(list[j], list[j+1], temp);
9                   flag = 1;                  // 교환 발생
10              }
11          if (!flag) break;                  // 교환이 없었다면 종료
12      }
13  }
```

13.5 셸 정렬

삽입 정렬은 입력 리스트가 정렬되어 있을수록 효율적이라는 사실을 이미 설명하였다. 반면 삽입 정렬의 단점은 정렬 후 위치에서 많이 벗어나 있는 원소도 한 단계에서 한 칸씩만 이동할 수밖에 없다는 사실이다. 따라서 키 값이 큰 원소들이 앞에 몰려 있으면 상대적으로 정렬 시간이 오래 걸린다. 예를 들어 [예제 13.1]에서 첫 번째 레코드(키 5)는 최종적으로는 마지막 칸에 위치해야 하지만 각 단계에서 한 칸씩만 이동하게 된다. 따라

서 삽입 정렬의 장점을 유지하면서, 멀리 떨어진 위치로 한 번에 이동할 수 있다면 더 좋은 성능을 나타낼 것이다. 셸(Donald Shell)에 의해 고안된 **셸 정렬(Shell sort)**의 기본 개념은 순서가 맞지 않는 레코드들을 장거리 이동시킴으로써 보다 빨리 제자리에 접근시키도록 하는 것이다. 개선된 삽입 정렬이라 할 수 있다.

셸 정렬의 각 단계에서는 입력 리스트를 여러 개의 부분 리스트들로 쪼갠 후 각 부분 리스트를 삽입 정렬한 다음, 이를 다시 하나의 리스트로 만든다. 각 부분 리스트는 일정한 거리만큼 떨어진 레코드들로 구성하며 이 거리를 **갭(gap)**이라 한다. 부분 리스트가 p개 있다면 각 부분 리스트는 갭이 p인 레코드들로 구성된다. 갭은 다음 단계로 넘어갈 때마다 점점 줄어들게 되며 이에 따라 부분 리스트의 크기는 커지고 부분 리스트의 개수는 줄어들게 된다. 마지막 단계에서는 1개의 부분 리스트에 대한 삽입 정렬을 진행한다. [그림 13.5]는 갭이 3일 때 인덱스가 3씩 차이나는 원소들끼리 삽입 정렬하는 예를 보여주고 있다.

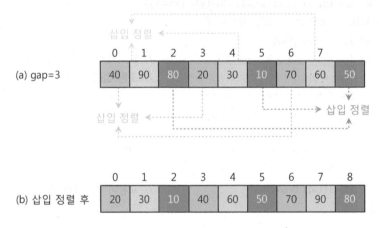

[그림 13.5] 셸 정렬의 기본 개념

갭의 값을 어떻게 변화시키는 것이 가장 좋은지는 여전히 열린 문제, 즉 아직 답이 알려지지 않은 문제이다. 1959년 셸이 처음 셸 정렬을 세상에 발표했을 때는 정수 i에 대해 $\lfloor n/2^i \rfloor$에 따라 생성되는 수의 역순 즉 $1, \ldots, \lfloor n/4 \rfloor, \lfloor n/2 \rfloor$이라는 갭 순열을 사용했으며 실행 시간은 최악의 경우 $\Theta(n^2)$이었다. 그 후 여러 연구자들이 다양한 변형들을 제시하였는데 여기서는 커누스(Donald Ervin Knuth)가 제시한 다음 재귀 정의를 사용한다.

- $h_1 = 1$
- $h_{i+1} = 3h_i + 1$

이 순열은 1, 4, 13, 40, 121, … 이며 실제로 셸 정렬에 사용하게 되는 갭 순열은 이의 역순이다. 예를 들어 입력 리스트의 크기가 20이면 13 〈 20 〈 40이므로 13개의 부분 리스트로 나누어 삽입 정렬을 하고 이를 합쳐 다시 4개의 부분 리스트로 나누어 삽입 정렬을 하고 이를 합쳐 마지막으로 전체를 대상으로 삽입 정렬을 하면 된다. 이러한 갭 순열을 사용하는 셸 정렬의 점근 복잡도는 최악의 경우 $\Theta(n^{1.5})$으로 알려져 있다.

예제 13.4

다음은 입력 리스트 (21 19 13 6 10 14 20 24 3 12 16 7 2 15 8 9 22 1 17 23 5 11 4 18)를 셸 정렬하는 과정이다.

- 시작 상태　　: 21 19 13 6 10 14 20 24 3 12 16 7 2 15 8 9 22 1 17 23 5 11 4 18
- 1 단계　　　　: 갭이 13인 13개의 부분 리스트를 삽입 정렬

　　　　　　　　부분 리스트 1:　21　15　⇒　　15　21
　　　　　　　　부분 리스트 2:　19　　8　⇒　　　8　19
　　　　　　　　부분 리스트 3:　13　　9　⇒　　　9　13
　　　　　　　　부분 리스트 4:　　6　22　⇒　　　6　22
　　　　　　　　부분 리스트 5:　10　　1　⇒　　　1　10
　　　　　　　　부분 리스트 6:　14　17　⇒　　14　17
　　　　　　　　부분 리스트 7:　20　23　⇒　　20　23
　　　　　　　　부분 리스트 8:　24　　5　⇒　　　5　24
　　　　　　　　부분 리스트 9:　　3　11　⇒　　　3　11
　　　　　　　　부분 리스트 10:　12　　4　⇒　　　4　12
　　　　　　　　부분 리스트 11:　16　18　⇒　　16　18
　　　　　　　　부분 리스트 12:　7　　　⇒　　　7
　　　　　　　　부분 리스트 13:　2　　　⇒　　　2
　　　　　　　　결과: 15 8 9 6 1 14 20 5 3 4 16 7 2 21 19 13 22 10 17 23 24 11 12 18
- 2 단계　　　　: 갭이 4인 4개의 부분 리스트를 삽입 정렬

　　　　　　　　부분 리스트 1: 15　 1　3　2 22 24　⇒　1　2　3 15 22 24
　　　　　　　　부분 리스트 2:　8 14　4 21 10 11　⇒　4　8 10 11 14 21
　　　　　　　　부분 리스트 3:　9 20 16 19 17 12　⇒　9 12 16 17 19 20
　　　　　　　　부분 리스트 4:　6　 5　7 13 23 18　⇒　5　6　7 13 18 23
　　　　　　　　결과: 1 4 9 5 2 8 12 6 3 10 16 7 15 11 17 13 22 14 19 18 24 21 20 23
- 3 단계　　　　: 갭이 1인 1개의 부분 리스트를 삽입 정렬

　　　　　　　　부분 리스트 1: 1 4 9 5 2 8 12 6 3 10 16 7 15 11 17 13 22 14 19 18 24 21 20 23
　　　　　　　　결과: 1 2 3 4 5 6 7 8 9 10 11 12 13 14 15 16 17 18 19 20 21 22 23 24

[프로그램 13.4]는 셸 정렬 알고리즘이다. 같은 수의 레코드로 구성된 입력 리스트라 하더라도 키 값의 분포에 따라 실행 시간이 달라진다. (줄 5~11)에서는 갭을 줄여가며 부분 리스트의 삽입 정렬이 이루어진다. 가장 마지막 단계에서 $h=1$이 되면 일반 삽입 정렬과 동일한 알고리즘이 된다.

프로그램 13.4   셸 정렬

```c
1   void shell_sort(int list[], int n) {
2       int i, j, h = 1, next;
3       while (h < n) h =  3 * h + 1;      // 갭 순열의 시작 계산
4       while (h > 1) {
5           h = h / 3;                     // 갭 순열의 다음 값
6           for ( i = h ; i < n ; i++ ) {
7               next = list[i];
8               for ( j = i-h ; j >= 0 && next < list[j] ; j = j-h )
9                   list[j+h] = list[j];
10              list[j+h] = next;
11          }
12      }
13  }
```

13.6 합병 정렬

합병 정렬(merge sort)은 정렬된 두 개의 데이터 리스트를 하나로 합병하는 과정을 하나의 데이터 리스트만 남을 때까지 반복한다. 합병 대상이 되는 데이터 리스트는 미리 정렬이 되어 있어야 하므로 최초의 합병은 데이터가 하나만 있는 데이터 리스트를 대상으로 해야 한다. 여기서 두 가지 선택이 가능하다. 입력 레코드들을 데이터 개수가 1인 데이터 리스트가 될 때까지 분할하고 나서 합병하는 방법과 입력 레코드 각각을 크기가 1인 정렬된 리스트로 간주하고 분할 과정 없이 합병하는 방법이다. 전자를 **순환 합병 정렬**[78]이라 하고 후자를 **반복 합병 정렬**이라 하는데 당연히 분할 과정이 없는 반복 합병 정렬의 성능이 좀 더 뛰어나다. 두 방식 모두 합병 과정은 동일한데 스포츠 경기의 토너먼트 방식을 떠올리면 된다.

---

78 분할 정복에 바탕을 둔 합병 정렬이라고도 한다.

13.6.1 순환 합병 정렬

입력 레코드의 개수 n이 2의 거듭제곱수라 가정하고 순환 합병 정렬의 처리 과정을 요약하면 다음과 같다.

- n개의 레코드로 이루어진 1개의 비정렬 리스트
  → $n/2$개의 레코드로 이루어진 2개의 비정렬 리스트
  → $n/4$개의 레코드로 이루어진 4개의 비정렬 리스트
  → …
  → 1개의 레코드로 이루어진 n개의 정렬 리스트
  → 2개의 레코드로 이루어진 $n/2$개의 정렬 리스트
  → 4개의 레코드로 이루어진 $n/4$개의 정렬 리스트
  → …
  → n개의 레코드로 이루어진 1개의 정렬 리스트

[그림 13.6]은 순환 합병 정렬을 수행하는 과정의 예이다. (a)는 분할 과정을 보여주고 있다. 루트 노드로부터 시작하여 데이터를 하나만 가질 때까지 분할한다. (b)는 합병 과정이다. 화살표에서 알 수 있듯이 단말 노드로부터 위쪽으로 향하여 합병이 이루어진다. 노드 내부에 합병 후 정렬된 결과들을 나타내었다.

분할은 어렵지 않을 것으로 짐작할 수 있다. 정렬 대상을 단순히 반쪽으로 나누면 된다. 합병 정렬에서는 이름그대로 합병 과정이 핵심이고 실행 시간을 좌우한다. 사실 정렬된 두 리스트를 합병하는 알고리즘은 3장 박스오피스 예제를 통해 충분히 다루었다.

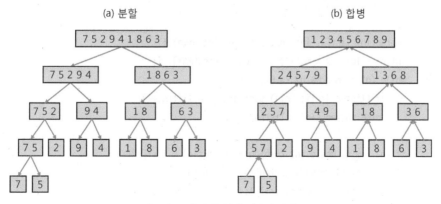

[그림 13.6] 순환 합병 정렬의 실행

　　[프로그램 13.5]는 순환 합병 정렬 알고리즘으로 (줄 12~20)의 recursive_merge_sort 함수를 호출하면 합병 정렬이 시작된다. (줄 12)의 매개 변수 low와 high는 입력 데이터가 저장된 배열에서 정렬 대상의 양쪽 끝을 나타내는 인덱스로, 분할 과정에서 두 매개 변수가 조정됨으로써 정렬 대상이 절반씩 줄어든다. 정렬 대상의 크기가 1이라면 아무런 일도 하지 않는다(줄 14). 정렬할 원소 개수가 2 이상이라면 정렬 대상을 절반으로 줄이고 각각을 합병 정렬한 다음(줄 16~17) 두 정렬 리스트를 합병한다(줄 18). 합병 과정은 merge 함수가 맡는다. merge 함수는 [프로그램 3.7]의 merge_BO 함수와 유사하게 동작한다. 합병되는 원소를 차례대로 저장하기 위하여 배열 sorted가 추가로 정의되었다(줄 2). 대결을 펼칠 선수 데이터가 양쪽 리스트에 모두 남아 있는 동안 계속 대결을 펼쳐 승자를 sorted에 차례대로 저장한다(줄 3~6). 적어도 어느 한쪽의 선수 데이터가 소진되었다면 소진되지 않은 팀의 데이터를 전부 차례대로 sorted에 저장한다(줄 7~8). 마지막으로 sorted에 저장된 데이터들을 원래 저장 공간인 배열 list로 옮긴다.(줄 9). 만약 두 리스트의 원소가 모두 합해 p개라면 결국 모든 원소들이 sorted와 list에 차례대로 저장되어야 하므로 merge 함수는 $\Theta(p)$이다.

　　순환 합병 정렬의 실행 시간을 분석해보자. 비교 연산의 대부분은 합병을 실제로 수행하는 merge 함수에서 발생한다. 논의를 간단히 하고자 원소의 수는 2의 거듭제곱 수라 가정하면 [그림 13.6(b)]의 합병 트리는 포화 이진 트리가 될 것이다. 합병 트리의 어떤 레벨을 보더라도 n개의 데이터가 merge 함수에 참여한다. 따라서 모든 레벨에서 비교 연산은 동일하게 $\Theta(n)$이다. 또한 포화 이진 트리의 높이는 $\log_2 n + 1$이기 때문에 순환 합병 정렬은 $\Theta(n\log_2 n)$임을 알 수 있다. 앞에서 다룬 정렬 방법과 비교해 볼 때 순환 합병 정렬은 매우 우수한 성능을 갖는 정렬 기법이다.

프로그램 13.5　순환 합병 정렬

```
1   void merge(int list[], int low, int mid, int high) {
2       int n1 = low, n2 = mid+1, s = low, sorted[MAX], i;
3       while (n1 <= mid && n2 <= high) {
4           if (list[n1]<=list[n2]) sorted[s++] = list[n1++];
5           else sorted[s++] = list[n2++];
6       }
7       if (n1 > mid) while (n2 <= high) sorted[s++] = list[n2++];
8       else while (n1 <= mid) sorted[s++] = list[n1++];
9       for (i = low; i <= high; i++) list[i] = sorted[i];
10  }
```

```
11
12  void recursive_merge_sort(int list[], int low, int high) {
13      int middle;
14      if (low  < high) {
15          middle =(low + high)/2;
16          recursive_merge_sort(list, low, middle);
17          recursive_merge_sort(list, middle+1, high);
18          merge(list, low, middle, high);
19      }
20  }
```

마지막으로 메모리에 관한 이야기를 해보자. 어떤 정렬 알고리즘이던지 일단 입력 데이터를 저장하기 위한 메모리 공간은 반드시 필요하다. [프로그램 13.5]의 배열 list가 여기에 해당한다. 대부분의 정렬 알고리즘은 입력 데이터의 개수와 무관한, 다시 말해서 무시할 만한 메모리 공간을 추가적으로 사용하는데 이러한 유형을 **제자리(in-place) 정렬 알고리즘**이라 한다. 삽입 정렬, 선택 정렬, 버블 정렬, 셸 정렬 모두 제자리 정렬 알고리즘이다. 그러나 순환 합병정렬은 추가적으로 $\Theta(n)$의 공간을 필요로 하기 때문에 제자리 정렬이 아니다. 바로 두 개의 정렬된 데이터 집합을 하나로 합치는데 사용되는 임시적인 배열 sorted 때문이다.

13.6.2 반복 합병 정렬

반복 합병 정렬은 분할 과정 없이 바로 합병 작업에 들어가기 때문에 순환 합병 정렬보다 실행 시간이 적게 걸린다. 다만 [그림 13.6]에서 보듯이 분할 트리와 합병 트리의 높이가 같고 어차피 대부분의 비교 연산은 합병 과정에서 발생하기 때문에 점근 복잡도는 동일하다. [그림 13.7]은 [그림 13.6]과 동일한 입력 리스트를 대상으로 반복 합병 정렬하는 과정이다. 분할 과정이 없기 때문에 앞에서부터 둘씩 짝을 지어 합병을 하게 된다. 가장 마지막 원소 3은 결합할 상대를 만나지 못하다가 마지막에 합병된다. 점선은 부전승이라 할 수 있겠다.

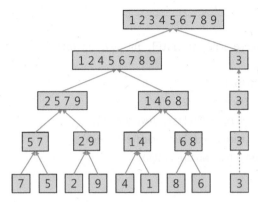

[그림 13.7] 반복 합병 정렬의 실행 예

[프로그램 13.6]은 반복 합병 정렬 알고리즘이다. (줄 5)와 (줄 6)의 merge 함수는 순환 합병 정렬에서 사용한 함수와 동일하다. (줄 4~5)는 동일한 크기의 두 리스트를 합병하는 코드이다. (줄 6)에 있는 if 문의 조건이 참이면 크기가 같지 않은 마지막 두 리스트를 합병하고 조건이 거짓이면 마지막 리스트를 부전승으로 올리기 위해 더 이상 병합하지 않는다.

(줄 3~8)의 블록을 한 번 반복할 때마다 length의 값이 2배씩 증가(줄 7)하므로 총 반복횟수는 $\lceil \log_2 n \rceil$ 회이다. (줄 4~7)은 트리의 한 레벨에서 이루어지는 합병 작업이므로 $\Theta(n)$이다. 따라서 실행 시간은 $\Theta(n\log_2 n)$이다.

</> 프로그램 13.6   반복 합병 정렬

```
1   void iterative_merge_sort(int list[], int n) {
2       int i, length = 1;
3       while (length < n) {
4           for ( i = 0 ; i <= n - 2*length ; i += 2*length )
5               merge(list, i, i + length - 1, i + 2*length - 1);
6           if (i + length < n) merge(list, i, i + length - 1, n-1);
7           length *= 2;   // 다음 단계 병합에서는 리스트 길이가 두배 증가
8       }
9   }
```

13.7 퀵 정렬

퀵 정렬(Quicksort)은 1959년 호어(C.A.R Hoare)[79]가 개발한 정렬 방법으로 가장 널리 쓰이는 정렬 기법 중 하나이며 이름에서 드러난 자신감에서 알 수 있듯이 데이터의 크기가 충분히 클 때 평균적으로 가장 성능이 우수한 정렬 기법이다. C, C++, Java 등 거의 모든 언어에서 퀵 정렬 혹은 퀵 정렬의 변형 알고리즘을 표준 함수로 제공하며 C 언어의 경우 〈stdlib.h〉 라이브러리에 **qsort**란 이름으로 정의되어 있다[80].

퀵 정렬은 전체 입력 리스트를 두 리스트로 분할하고 각각을 퀵 정렬하는 방법을 사용한다. 분할 후 각각을 합병 정렬한 다음 두 정렬 리스트를 하나로 합치는 순환 합병 정렬과 유사하다. 퀵 정렬이 순환 합병 정렬과 다른 점이 두 가지 있다. 첫째, 두 정렬 리스트를 하나로 합치는 결합 과정이 없다. 분할 과정에서 정렬이 차근차근 이루어지기 때문이다. 둘째, 퀵 정렬에서는 분할된 리스트의 크기가 일정하지 않다. 이러한 두 가지 차별성은 모두 분할과 연관이 있으며 합병 정렬은 합병이 핵심이듯이 퀵 정렬은 분할이 핵심이다. 지금부터 퀵 정렬의 분할 방법을 알아보기로 하자.

우선 입력 리스트에서 **피봇**(pivot)[81]이라 불리는 원소 하나를 선택한다. 피봇을 정하는 가장 쉬운 방법은 정렬 대상의 맨 앞 원소를 피봇으로 선택하는 것이다. 퀵 정렬은 피봇을 기준으로 피봇보다 작은 원소들을 입력 리스트의 왼쪽으로 옮기고 피봇보다 큰 원소들을 오른쪽으로 옮긴 다음, 두 그룹 사이에 피봇을 위치시키는 방법을 사용하여 입력 리스트를 분할한다. 결과적으로 피봇을 중심으로 왼쪽에는 피봇보다 키 값이 작은 원소들이 놓이고 오른쪽에는 피봇보다 키 값이 큰 원소들이 놓이게 된다. 한번 정해진 피봇의 위치는 정렬이 완료되어도 변하지 않으므로 향후 분할 대상에서 제외한다. 따라서 분할할 때마다 원소 하나의 위치가 결정된다. 비록 단 하나의 원소이지만 매 분할마다 하나씩 제외함으로써 정렬의 효율성을 높인다.

[그림 13.8]은 퀵 정렬의 실행 과정을 보여주는 분할 트리이다. 점선은 피봇을 나타내고 점선의 왼쪽은 피봇보다 작은 원소들, 점선의 오른쪽은 피봇보다 큰 원소들로 분할된다. 피봇이 가장 작은(큰) 값이라면 피봇 왼쪽(오른쪽)에는 빈 리스트가 자리한다. 원소가 없거나 하나인 리스트는 더 이상 진행할 필요가 없다.

---

79 1980년 컴퓨터과학계의 노벨상이라고 불리는 튜링상을 수상하였다.
80 12장에서 크러스컬의 최소 신장 트리 알고리즘을 구현할 때 사용한 바 있다.
81 중심점[축]이라는 뜻이다.

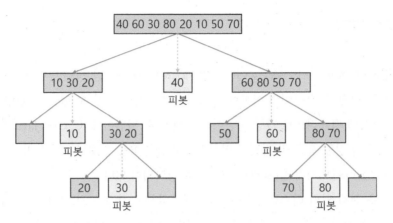

[그림 13.8] 퀵 정렬의 실행

[프로그램 13.7]의 quicksort는 퀵 정렬 알고리즘의 구조를 잘 나타내고 있다. 원소가 둘 이상이면 피봇을 중심으로 분할(줄 17)한 후 좌우 그룹을 대상으로 다시 퀵 정렬을 수행한다.

프로그램 13.7 퀵 정렬

```
1   #define SWAP(x, y, t) ((t)=(x), (x)=(y), (y)=(t))
2
3   int partition(int list[], int low, int high) {
4       int i, j = low, temp;
5       for ( i = low + 1 ; i <= high ; i++ )
6           if (list[i] < list[low]) {
7               SWAP(list[i], list[j+1], temp);
8               j++;
9           }
10      SWAP(list[low], list[j], temp);
11      return j;
12  }
13
14  void quicksort(int list[], int low, int high) {
15      int pivot_pos;
16      if (low < high) {
17          pivot_pos = partition(list, low, high);
18          quicksort(list, low, pivot_pos-1);
19          quicksort(list, pivot_pos+1, high);
20      }
21  }
```

이제 퀵 정렬의 핵심인 분할을 구체적으로 살펴보자. 피봇이 정해지면 배열 원소들을 처음부터 차례대로 한 번만 스캔함으로써 분할이 가능하다. 그런데 이 과정에서 피봇보다 작은 그룹과 피봇보다 큰 그룹으로 나누어 보관할 바구니가 추가적으로 필요하다. 따라서 합병 정렬처럼 $\Theta(n)$의 추가 공간이 필요하며 분류가 끝나면 원래 배열로 다시 옮기는 번거로움도 감수해야 한다. 기왕이면 추가 공간을 거의 사용하지 않는 분할 방법이 있다면 훨씬 효율적일 것이다. 지금부터는 $O(1)$의 추가 공간만 가지고 분할하는 방법을 소개한다. 바로 [프로그램 13.7]의 partition 함수가 실행되는 방식이다[82]. 지금부터 [그림 13.8]의 첫 번째 분할이 완료될 때까지의 과정을 알아본다. [프로그램 13.7]의 (줄 4)에 선언된 i는 피봇과 비교할 원소의 인덱스이고 j는 현재까지 리스트의 왼쪽에 모아놓은, 피봇보다 작은 원소들의 오른쪽 끝 인덱스이다. 최초의 상태는 다음과 같다.

j	i						
40	60	30	80	20	10	50	70

i를 이동시키면서 피봇보다 작은 값을 찾는다(줄 6).

j		i					
40	60	30	80	20	10	50	70

이 값과 j+1번째 원소와 교환하고 j를 1 증가시킨다(줄 7~8).

	j	i					
40	30	60	80	20	10	50	70

i를 이동시키면서 피봇보다 작은 값을 찾는다(줄 6).

	j			i			
40	30	60	80	20	10	50	70

이 값과 j+1번째 원소와 교환하고 j를 1 증가시킨다(줄 7~8). j를 포함하여 리스트의 왼편에는 피봇보다 작은 원소들이 모이고 있음을 알 수 있다.

		j		i			
40	30	20	80	60	10	50	70

---

82 이 방법이 유일한 분할 방식은 아니다. 연습문제 8을 참고하라.

i를 이동시키면서 피봇보다 작은 값을 찾는다(줄 6).

		j			i		
40	30	20	80	60	10	50	70

이 값과 j+1번째 원소와 교환하고 j를 1 증가시킨다(줄 7~8).

			j		i		
40	30	20	10	60	80	50	70

i를 이동시키면서 피봇보다 작은 값을 찾는다. 없으면 피봇과 j번째 원소와 교환한다
(줄 10).

			j				
10	30	20	40	60	80	50	70

이제 피봇인 40을 중심으로 왼쪽에는 (10 30 20), 오른쪽에는 (60 80 50 70)이 있음을
확인할 수 있다. partition이 종료하면 분할된 두 리스트를 각각 퀵 정렬하면 된다([그림
13.8]).

지금부터 퀵 정렬의 실행 시간을 분석해보자. 퀵 정렬의 복잡도를 구하는 것은 간단한
일이 아니다. 어떤 값이 피봇으로 선택되느냐에 따라 분할된 리스트의 크기가 달라지기
때문이다. 이럴 때는 대개 최악의 경우 분석을 통해 복잡도를 이야기하지만 퀵 정렬은
좀 더 세밀한 분석이 필요하다. 우리는 최악의 경우, 평균적인 경우, 최선의 경우 분석을
통해 퀵 정렬의 성능을 알아보도록 한다.

- **최선의 경우 분석** : 퀵 정렬이 빨리 종료되려면 분할 트리의 높이가 최대한 낮아야
  한다. 그러기 위해서는 합병 정렬처럼 분할이 절반씩 이루어져야 하며 이때의 트리
  높이는 $\Theta(\log_2 n)$이다. 분할 과정을 처리하는 partition 실행 시 피봇을 나머지 모든
  원소와 한 번씩 비교해야 하므로 각 레벨에서의 비교횟수는 모두 동일하게 $\Theta(n)$이
  다. 따라서 실행 시간은 $\Theta(n\log_2 n)$이다.
- **최악의 경우 분석** : 최악의 경우는 분할이 완전히 불균형적으로 일어나서 매번 한쪽은
  원소가 아예 없는 경우이다. 예를 들어 처음부터 정렬되어 있거나 역순으로 정렬되어
  있는 경우가 이에 해당된다. [그림 13.9]는 최악의 경우에 퀵 정렬이 일어나는 과정을
  보여준다. 비교횟수를 모두 합하면 $(n-1)+(n-2)+...+2+1 = \dfrac{n(n-1)}{2}$이므
  로 $\Theta(n^2)$이다.

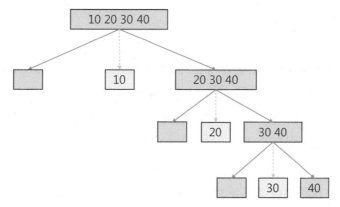

[그림 13.9] 퀵 정렬에서 최악의 경우

- **평균적인 경우 분석** : 평균적인 경우는 모든 가능한 경우의 실행 시간에 대한 평균을 구하면 되는데 계산 과정이 복잡하니 결과만 인용하면 $\Theta(n\log_2 n)$이다.

위의 분석 결과로 볼 때 퀵 정렬은 최악의 경우 $\Theta(n^2)$이란 점만 가지고 본다면 삽입 정렬, 선택 정렬, 버블 정렬 등과 동급이다. 실제로는 최악의 경우를 발생시키는 경우가 거의 없고 평균적으로 $\Theta(n\log_2 n)$이기 때문에 매우 좋은 정렬 방법이다. 다른 정렬 방법 들과 비교하기 위해 실행 시간을 측정해보면 가장 빠른 것으로 나타난다. 이는 피봇이 다음번 분할에 포함되지 않는다는 점에 크게 기인한다.

퀵 정렬에서 좀 더 좋은 피봇을 선택하는 전략을 취한다면 최악의 경우도 발생시키지 않을뿐더러 동일한 입력 리스트에 대해서 더 빠른 시간 안에 정렬을 마칠 수 있다. 많이 사용되는 방법은 리스트의 첫 번째 원소, 가운데 원소, 마지막 원소 중 중간 값을 피봇으로 선택하는 방법[83]이다. 아주 단순한 전략이지만 절대로 최악의 경우를 만들어 내지 않으며 비교적 고른 크기로 분할할 확률이 높아 자주 사용된다.

메모리에 관한 이야기를 마지막으로 해보자. 퀵 정렬은 제자리 정렬인가? 그럴 수도 있고 아닐 수도 있다. 이는 제자리 정렬을 보는 관점에 달려있다. 퀵 정렬은 순환적으로 실행되기 때문에 시스템 스택을 사용하게 되는데 여기에 $O(n)$의 공간을 필요로 한다. 알 고리즘에 명시적으로 나타나지 않는데도 불구하고 시스템 스택을 추가 공간으로 보면 제자리 정렬이 아니고 명시적인 추가 공간만 따진다면 제자리 정렬이 된다.

---

83 median of three라 한다.

13.8 히프 정렬

히프 정렬(heapsort)은 우선순위 큐를 구현하는데 사용했던 히프를 이용하는 정렬 방법이다. 히프는 최댓값이나 최솟값을 쉽게 삭제할 수 있는 특징을 갖기 때문에 입력 리스트를 최대 히프 또는 최소 히프로 변환한 후 차례대로 히프에서 원소를 제거하여 저장한다면 정렬 결과를 얻을 수 있다. 여기서는 최댓값을 처리할 수 있도록 최대 히프를 사용하기로 하자.

[프로그램 13.8]은 최대 히프를 이용한 히프 정렬 알고리즘이다. n개의 입력 레코드는 배열 인덱스 1~n에 저장되어 있다. 가장 먼저 할 일은 입력 배열을 최대 히프로 재구성하는 작업이다. (줄 29)는 자식 노드를 갖는 모든 서브 트리에 대해 최대 히프의 조건을 만족하도록 조정하는 작업을 수행한다. 주의해야 할 점은 높이가 낮은 서브 트리부터 차례대로 조정해야 한다는 것이다. 따라서 높이가 2인 서브 트리로부터 출발하여 마지막에는 높이가 최대인 서브 트리 즉 전체 트리를 대상으로 조정 작업이 이루어진다. adjust_heap 함수는 서브트리의 루트 노드부터 아래 레벨로 진행하면서 최대 히프를 만족하도록 조정한다. 이 조정 메커니즘은 히프 구조에서의 삭제 연산과 동일하다.

프로그램 13.8   히프 정렬

```
1   #define SWAP(x, y, t) ((t)=(x), (x)=(y), (y)=(t))
2
3   void adjust_heap(int list[], int root, int last) {
4       int parent, child, l_child, r_child, root_key;
5       parent = root;
6       root_key = list[root];
7       l_child = 2*root;
8       r_child = l_child + 1;
9       while (l_child <= last) {  // 루트 노드에서 아래로 내려가며 진행
10          // 루트 노드와 비교할 자식 노드 결정
11          if (l_child < last && list[l_child] < list[r_child])
12              child = r_child;
13          else child = l_child;
14          // 루트 노드의 키 값이 저장될 노드 탐색
15          if (root_key < list[child]) {
16              list[parent] = list[child];
17              parent = child;
18              l_child = 2*parent;
19              r_child = l_child + 1;
```

```
20          }
21          else break;
22       }
23       list[parent] = root_key;
24  }
25
26  void heap_sort(int list[], int n) {
27       int i, temp;
28       // 최대 히프로 재구성
29       for ( i = n/2 ; i > 0 ; i-- ) adjust_heap(list, i, n);
30       // 히프 정렬
31       for ( i = n-1 ; i > 0 ; i-- ) {
32          SWAP(list[1], list[i+1], temp);     // 최대 히프에서 최댓값을 삭제
33          adjust_heap(list, 1, i);            // 최대 히프 재조정
34       }
35  }
```

　[그림 13.10]은 입력 배열을 최대 히프로 조정하는 과정을 보여준다. 높이가 2인 서브트리 중 루트 노드의 인덱스가 가장 큰 서브트리부터 조정이 시작된다. 바로 인덱스 4를 루트로 하는 서브트리이다. 이후 인덱스 1에 도달할 때까지 인덱스를 1씩 감소시키면서 조정을 반복한다. 예를 들어 (b)의 경우 최대 히프를 만족하기 위해 노드 5와 14가 서로 교환된다. 진하게 표시된 노드가 조정 과정에서 교환된 노드이다.

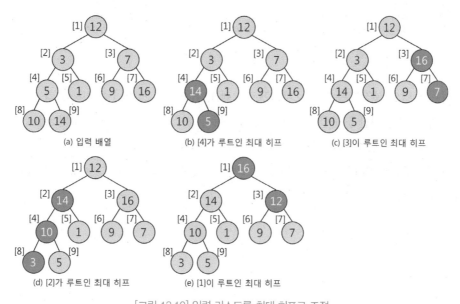

[그림 13.10] 입력 리스트를 최대 히프로 조정

최대 히프로 재구성하고 나면 다음으로는 최댓값의 원소부터 차례대로 최대 히프에서 삭제하고 배열의 뒤쪽으로 옮기는 작업을 반복한다(줄 31~34). 구체적으로 살펴보면 각 단계에서, 루트 노드에 있는 키를 히프의 마지막 원소와 교환한 후 히프의 조건을 만족하도록 조정한다. 역시 `adjust_heap` 함수가 조정 과정에서 사용된다. [그림 13.11]의 (a)~(e)는 [그림 13.10]의 최대 히프를 히프 정렬하는 초반 단계를 보여준다. 진하게 칠한 노드는 정렬된 리스트이며 단계가 진행될수록 정렬된 리스트의 길이가 하나씩 증가한다. (f)는 히프 정렬의 실행 결과이다. 배열 원소들이 키 값에 따라 오름차순으로 정렬되어 있음을 확인할 수 있다.

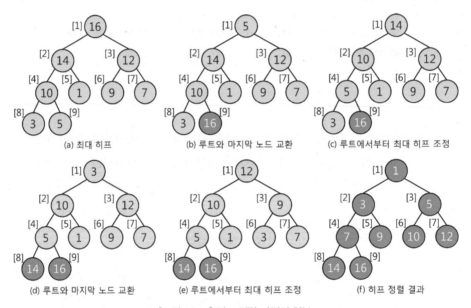

[그림 13.11] 히프 정렬 과정의 일부

히프 정렬의 복잡도를 알아보자. [프로그램 13.8]의 (줄 29)와 (줄 31~34)의 비교횟수를 구하면 실행 시간을 구할 수 있다. (줄 29)에서, 자식이 있는 노드에 대해 `adjust_heap` 함수를 한 번씩 호출한다. 따라서 각 레벨별로 자식이 있는 노드 수와 최대 비교횟수를 곱하여 모두 합하면 (줄 29)의 복잡도를 얻을 수 있다. 예를 들어 $2^{k-1} \leq n < 2^k$이라면 최대 비교횟수는 [표 13.1]과 같다.

[표 13.1] 비교횟수: 입력 배열을 최대 히프로 조정

레벨	최대 노드 수	최대 비교횟수
1	2^0	$k-1$
2	2^1	$k-2$
3	2^2	$k-3$
...	...	...
$k-1$	2^{k-2}	1

따라서 (줄 29)의 최대 비교횟수는 다음과 같다.

$$
\begin{aligned}
\sum_{i=1}^{k-1} 2^{i-1}(k-i) &= k\sum_{i=1}^{k-1} 2^{i-1} - \sum_{i=1}^{k-1} 2^{i-1}i \\
&= k(2^{k-1}-1) - 2^{-1}\sum_{i=1}^{k-1} 2^i i \\
&= k(2^{k-1}-1) - 2^{-1}\{(k-2)2^k + 2\} \\
&= 2^k - k - 1 \\
&< 2^k < 2n = O(n)
\end{aligned}
$$

(줄 31~34)에서는 adjust_heap 함수를 n-1번 호출하며 한번 호출할 때마다 최대 $O(\log_2 n)$ 만큼 비교를 한다. 따라서 히프 정렬의 실행 시간은 $O(n\log_2 n)$이다.

1. 순차 탐색대신 이진 탐색을 사용하도록 [프로그램 13.1]의 삽입 정렬 알고리즘을 수정하시오.

2. 내림차순으로 정렬이 가능하도록 [프로그램 13.2]의 선택 정렬 알고리즘을 수정하시오.

3. 내림차순으로 정렬이 가능하도록 [프로그램 13.3]의 버블 정렬 알고리즘을 수정하시오.

4. 1959년 셸 정렬을 처음 발표했을 때의 갭 순열을 사용하도록 [프로그램 13.4]의 셸 정렬 알고리즘을 수정하시오.

5. 내림차순으로 정렬이 가능하도록 [프로그램 13.5]의 순환 합병 정렬 알고리즘을 수정하시오.

6. 순환 합병 정렬과 반복 합병 정렬의 실행 시간을 측정하여 비교하시오.

7. 퀵정렬에서 피봇을 선택하는 다양한 방법을 조사하고 성능을 비교하시오.

8. [프로그램 13.7]의 퀵정렬 알고리즘에서 partition 함수를 다른 방식으로 구현해보자. [프로그램 13.7]에서는 피봇보다 작은 값을 앞에서부터 찾은 후, 앞서 지나친 피봇보다 큰 값과 교환하였지만 새로운 방식에서는 피봇보다 큰 값은 앞에서부터 찾고 피봇보다 작은 값은 뒤에서부터 찾아 이를 교환한다. 양쪽이 서로 교차하게 되면 분할은 멈춰진다. 예를 들어 다음 배열이 주어졌다고 가정하자.

40	60	30	80	20	10	50	70

앞에서부터 피봇보다 큰 값인 60을 찾고 뒤에서부터 피봇보다 작은 값 10을 찾아 교환한다.

40	10	30	80	20	60	50	70

앞에서부터 피봇보다 큰 값인 80을 찾고 뒤에서부터 피봇보다 작은 값 20을 찾아 교환한다.

40	10	30	20	80	60	50	70

앞에서부터 피봇보다 큰 값인 80을 찾고 뒤에서부터 피봇보다 작은 값 20을 찾았으나 인덱스가 교차하였으므로 멈춘다. 피봇과 마지막으로 찾은 피봇보다 작은 값을 교환한다.

20	10	30	40	80	60	50	70

9. 내림차순으로 정렬이 가능하도록 [프로그램 13.8]의 히프 정렬 알고리즘을 수정하시오.

10. 안정적인(stable) 정렬에 대해 조사하고 각 정렬 방법이 안정적인지 설명하시오.

11. 모든 정렬 방법에 대해 배열의 원소수를 증가시키면서 실행 시간을 측정하고 비교하시오. 배열의 값은 rand 함수를 이용하여 생성하시오.

참고문헌

- C로 구현한 알고리즘 (Mastering Algorithms With C), 허욱 역, 한빛미디어, 2000.
- C 언어로 쉽게 풀어쓴 자료 구조, 천인국 공용해 하상호, 생능출판사, 2014.
- 개념을 콕콕 잡아주는 C 프로그래밍, 천정아, 이한미디어, 2012.
- 누구나 자료 구조와 알고리즘, 심지현 역, 길벗, 2018.
- 뇌를 자극하는 알고리즘, 박상현, 한빛미디어, 2009.
- 두근두근 자료구조, 최영규 천인국 공용해, 생능출판사, 2018.
- 똑똑한 데이터 구조, 손진곤 외, 정익사, 2016.
- 스위프트 데이터 구조와 알고리즘, 동준상 역, 에이콘출판, 2017.
- 알기 쉬운 알고리즘, 양성봉, 생능출판사, 2013.
- 알고리즘 기초, 도경구 역, 홍릉과학출판사, 2014.
- 이산수학론, 임해철 정균락, 정익사, 2014.
- 자료구조 개념 및 구현, 유석종, 휴먼싸이언스, 2018.
- 차근차근 이해하는 알고리즘, 이형원, 정익사, 2015.
- 컴퓨팅 사고력을 키우는 이산수학, 박주미, 한빛아카데미, 2017.
- 파이썬과 함께 하는 자료구조의 이해, 양성봉, 생능출판사, 2018.
- Do it! 자료구조와 함께 배우는 알고리즘 입문, 강민 역, 이지스퍼블리싱, 2017.
- Data Structures and Algorithm Analysis in C, Mark A. Weiss, Prentice-Hall, 2009.
- Data Structures and Other Objects Using C++, Michael Main and Walter Savitch, Addison Wesley Longman, 2001.
- Fundamentals of Data Structures, Ellis Horowitz and Sartaj Sahni, Computer Science Press, 1983.
- Fundamentals of Data Structures in C, Ellis Horowitz, Sartaj Sahni, and Susan Anderson-Freed, Computer Science Press, 1993.
- Introduction to Algorithms, Thomas H. Cormen, Charles E. Leiserson, Ronald L. Rivest, and Clifford Stein. Third Edition, MIT Press, 2009.

INDEX

데이터 구조 에센스

1판 1쇄 인쇄   2019년 02월 10일
1판 1쇄 발행   2019년 02월 20일
저   자 이형원
발 행 인 이범만
발 행 처 **21세기사** (제406-00015호)
          경기도 파주시 산남로 72-16 (10882)
          Tel. 031-942-7861   Fax. 031-942-7864
          E-mail : 21cbook@naver.com
          Home-page : www.21cbook.co.kr
          ISBN 978-89-8468-828-5

          정가 29,000원